F

MANUEL

DU

SURNUMÉRAIRE

DE L'ENREGISTREMENT ET DES DOMAINES,

SUIVI

DE LA LÉGISLATION SPÉCIALE A L'ALGÉRIE,

PAR

FLOUR DE SAINT-GENIS,

INSPECTEUR DES DOMAINES,
CHEVALIER DE LA LÉGION-D'HONNEUR.

QUATRIÈME EDITION.

Paris,

AU BUREAU DU JOURNAL DE L'ENREGISTREMENT,

RUE SAINT-FLORENTIN, 14.

1846

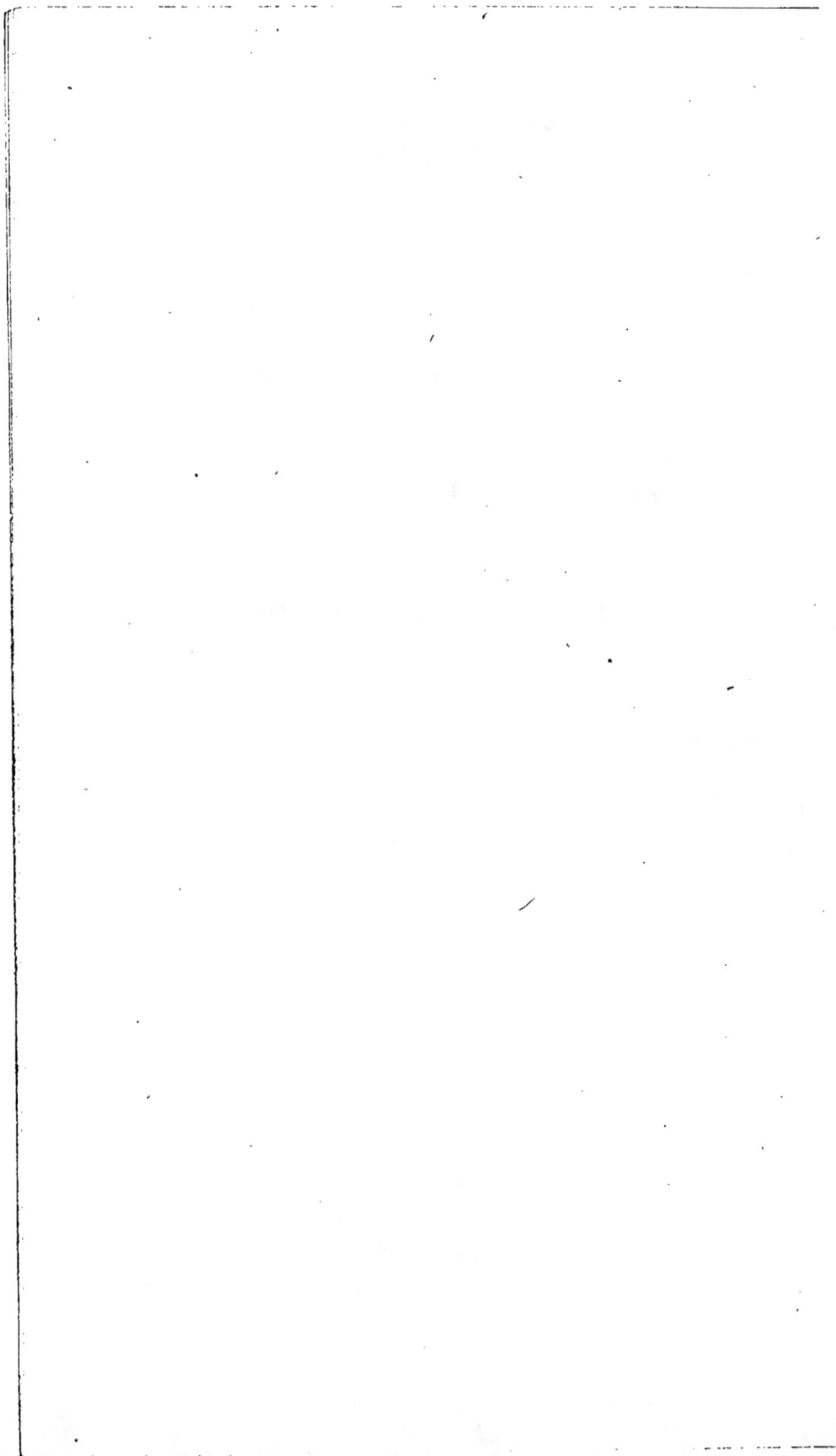

Il s'opère dans les sociétés modernes un mouvement de transformation et de nivellement auquel les administrations publiques ne peuvent, pas plus que les individus, rester étrangères.

Les éléments producteurs de la richesse s'accroissent rapidement sous les efforts incessants de l'industrie, stimulés par une concurrence chaque jour plus active. Le bien-être général qui en résulte pour les masses réalise, au moins à la surface, un niveau de fortune qui revêt tous les dehors de l'égalité de position.

D'un autre côté, les établissements d'instruction, se multipliant sur tous les points, concourent à la consécration de la dignité de l'homme en développant ses facultés morales et intellectuelles, et introduisent incessamment dans les rangs de la société des éléments nouveaux du véritable pouvoir, celui de l'intelligence.

Un pareil état de choses amènerait à lui seul un résultat remarquable, si déjà il n'était écrit dans nos lois et dans nos mœurs, à savoir que le droit de diriger, d'administrer, de faire les affaires du pays, ne saurait, pas plus que tous autres priviléges, être la part exclusive de quelques uns.

Aussi carrières libérales, industrie, beaux-arts, administrations, tous les abords sont encombrés, mille postulants à titres égaux se pressent partout à la fois.

Il ne s'agit plus aujourd'hui d'admettre parce que l'on se présente ; il s'agit de choisir parmi les meilleurs et les plus dignes. De là cette loi nouvelle de nos sociétés actuelles : élections et concours, moyens de recrutement, probité et instruction, gages de succès.

L'une des premières, l'Administration de l'Enregistrement et des Domaines, sous l'habile direction de son chef, est entrée dans cette voie.

Dès l'année 1834 les surnuméraires étaient astreints à trois examens rigoureux avant d'être admis à devenir receveurs.

Aujourd'hui ce ne sont plus seulement les surnuméraires, mais encore les aspirants au surnumérariat, qui doivent subir des épreuves du même genre; et il est à croire qu'il entre dans la pensée de l'Administration d'étendre à tous les grades essentiels ce système d'épreuves et de concours.

Dans des circonstances pareilles, et la 3ᵉ édition du *Manuel du surnuméraire* étant épuisée, nous avons pensé pouvoir être utile à nos jeunes camarades en publiant cette nouvelle édition.

Outre quelques modifications de détail amenées par le temps nous avons cru devoir ajouter à ce volume le texte de plusieurs ordonnances spéciales à l'Algérie.

L'Algérie, en effet, c'est la France. Puisse venir bientôt le moment où l'assimilation sera complète ! C'est vers ce résultat que nous avons constamment tendu dans la limite restreinte de l'action qu'il nous a été donné d'exercer en Algérie.

Qu'on ne s'y trompe point, les besoins des peuples se traduisent généralement en législations dont les formes extérieures sont seules dissemblables. Le fond reste le même.

Comme corollaire, il paraît plus facile et plus sûr d'amener les peuples conquis à la législation du vainqueur que de lui créer long-temps une législation transitoire.

Nous donnons à la suite du *Manuel* :

L'ordonnance du 15 avril 1845 sur la position des agents en Algérie ;

Celle du 2 janvier 1846 sur la comptabilité ;

Celle du 19 octobre 1841 sur l'enregistrement ;

Celle du 18 janvier 1843 sur le timbre ;

Enfin la législation spéciale sur le Domaine.

MANUEL

DU SURNUMÉRAIRE

DE L'ENREGISTREMENT ET DES DOMAINES.

———————◦◦◦———————

SURNUMÉRAIRES.

Ancien état des choses. — État actuel.

Le nombre des surnuméraires de l'enregistrement et des doma és a subi de nombreuses variations.

Dès le 5 frimaire an 6, une circulaire des administrateurs de la régie, n. 1138, avait statué qu'il ne serait plus admis de surnuméraires jusqu'à nouvel ordre, sauf exception cependant en faveur des officiers réformés et des défenseurs de la patrie qui auraient l'aptitude nécessaire.

« Le nombre des surnuméraires, portait la circulaire, s'est multiplié au point que dans beaucoup de bureaux ils ne font qu'embarrasser, bien loin de faciliter le travail des receveurs. Il importe au bien général de ne pas permettre que, *sous l'espoir éloigné et incertain d'obtenir de l'emploi dans la régie*, de jeunes citoyens perdent un temps précieux qu'ils peuvent appliquer à d'autres occupations utiles à la société. »

Une autre délibération fut prise le deuxième jour complémentaire de l'an 9 (Circ. n. 2044), par laquelle il fut arrêté qu'il ne serait plus admis de nouveaux surnuméraires jusqu'à ce que le nombre de ceux existant dans les départements se trouvât réduit à celui de *la moitié* des bureaux de recette de l'enregistrement et des domaines.

En l'an 12 le nombre des bureaux était de 2,520. On avait calculé que, année commune, les vacances des bureaux étaient de 120; il y avait alors 1,781 surnuméraires. Un arrêté du directeur général du 3 messidor an 12 décida qu'on n'accorderait plus de brevets de surnuméraires jusqu'à ce que leur nombre fût réduit dans la proportion des deux cinquièmes de celui des bureaux.

Le 1er septembre 1806 le nombre des surnuméraires fut fixé à 1,000 pour tout l'empire.

Un arrêté du ministre des finances du 23 décembre 1820 (Inst. 966) réduisit ce nombre à celui de 600.

1

Enfin par un autre arrêté du 25 juin 1825 (Inst. 1085) le nombre des surnuméraires a été fixé à 450.

Le grand nombre de demandes de brevets de surnuméraire avait déterminé l'administration à établir un tableau d'inscription pour celles reconnues susceptibles d'être admises. Les surnuméraires sont choisis parmi les aspirants portés sur ce tableau.

Comme dans l'intervalle qui s'écoule entre l'époque de l'inscription et celle de la délivrance du brevet les aspirants restaient sans occupation, l'administration, dans le but de leur faire employer utilement ce temps à acquérir les connaissances nécessaires pour la carrière à laquelle ils se destinent, et de pouvoir, de son côté, apprécier leur aptitude, et faire un choix parmi eux, avait arrêté le 26 avril 1839 les dispositions suivantes, transmises par l'instr. n. 1588 :

« 1° Les jeunes gens inscrits sur le tableau des aspirants au surnu-
» mérariat seront autorisés à travailler dans le bureau de l'enregistre-
» ment de la résidence ou le plus voisin de la résidence de leur fa-
» mille, jusqu'à l'époque où un brevet de surnuméraire pourra leur
» être délivré. — 2° Les aspirants inscrits sur le tableau seront portés
» à la suite des surnuméraires sur les états du personnel fournis à l'ad-
» ministration ; les directeurs, employés supérieurs et receveurs, de-
» vront, aux époques et de la manière prescrites, s'expliquer sur le
» travail, la capacité et l'exactitude des aspirants. »

D'après une circulaire du directeur général du 19 janvier 1830, les vacances d'emploi ne permettent de délivrer que 80 brevets par an. La durée du surnumérariat serait ainsi portée à quatre ans et demi au moins, à raison de 450 surnuméraires. Ce nombre fut porté à 490 en 1829, et il a été maintenu par l'arrêté ministériel du 8 janvier 1846. (Instr. 1744.)

Les surnuméraires ne peuvent être attachés qu'aux bureaux de chefs-lieux de département ou d'arrondissement, et subsidiairement aux bureaux de cantons dont les remises s'élèvent à 2,500 fr. au moins. (Instr. 1085.)

Conditions actuelles d'admission au surnumérariat.
(Instr. génér. du 28 janvier 1846, n° 1744.)

L'art. 30 de l'ordonnance royale du 17 décembre 1844, portant organisation de l'administration centrale du ministère des finances, est conçu en ces termes :

« Les candidats au surnumérariat seront soumis à un examen préa-
» lable.

» Des arrêtés de notre ministre des finances, rendus sur la propo-
» sition des directeurs généraux, régleront, selon les convenances
» de chaque service, le programme des connaissances exigées des

» candidats, les conditions d'âge et d'aptitude à remplir pour être
» admis auxdits examens, et désigneront les personnes devant les-
» quelles il devront être subis.

» Le résultat de ces examens sera transmis à l'administration cen-
» trale, qui chaque année dressera la liste des candidats reconnus ad-
» missibles. Cette liste sera soumise à notre ministre des finances,
» qui l'arrêtera et fixera le nombre des candidats appelés à remplir les
» vacances qui surviendraient pendant le cours de l'année. »

Pour l'exécution de ces dispositions, M. le ministre des finances a
pris le 8 janvier courant un arrêté dont suit la teneur :

« ARTICLE 1er. L'admission au surnumérariat dans l'administration de l'enregistrement et des domaines aura lieu, pour le service
dans les départements, conformément aux règles ci-après indiquées.

ART. 2. Tout postulant devra se présenter à la direction du département où il réside, et rédiger sa demande sous les yeux du directeur. Il produira :

»1° Une expédition de son acte de naissance dûment légalisée ;

»2° La justification qu'il est pourvu du titre de bachelier ès lettres ;

»3° Un certificat des autorités locales constatant qu'il jouit de la
qualité de Français, et qu'il est de bonnes vie et mœurs ;

»4° Un certificat des mêmes autorités ou toute autre pièce authentique établissant qu'il possède personnellement ou par sa famille les
ressources nécessaires pour assurer son existence pendant la durée du
surnumérariat, et pour fournir un cautionnement de 3,000 fr. lorsqu'il sera nommé receveur.

» ART. 3. Chaque demande sera inscrite à sa date sur un registre à
ce destiné. Le directeur prendra les renseignements nécessaires sur le
pétitionnaire et sur sa famille ; il les transmettra, avec son avis, au
directeur général, qui décidera si l'admission à un stage préparatoire
doit ou non être autorisée.

» ART. 4. Tout postulant ainsi admis devra travailler assidûment
dans un bureau de l'enregistrement qui lui sera désigné par l'administration.

» ART. 5. A l'époque qui sera fixée chaque année par l'administration, d'après les besoins du service, les directeurs adresseront au directeur général une liste par ordre de mérite des postulants de leur
département âgés de 18 ans au moins et de 25 au plus qui auront été
admis à travailler depuis au moins cinq mois dans un bureau d'enregistrement.

» Ils y joindront un rapport motivé sur chacun des postulants.

»ART. 6. Les jeunes gens portés sur les listes des directeurs, et bien
notés, seront répartis par l'administration entre les comités d'examen.

»**Art. 7.** Ces comités siégeront au chef-lieu des départements que le directeur général désignera ; ils seront composés du directeur, qui présidera, d'un inspecteur ou d'un vérificateur, et d'un des receveurs du chef-lieu.

»**Art. 8.** Le directeur général adressera au directeur de chacun des départements où siégeront les comités la liste des postulants qui devront y être examinés, avec les renseignements à communiquer aux examinateurs.

»**Art. 9.** Le programme de l'examen est réglé ainsi qu'il suit :

Partie orale.

»Questions sur les attributions principales de l'administration de l'enregistrement et des domaines, sur son organisation dans chaque département, et sur les attributions et les devoirs d'un receveur.

»Questions sur le *titre préliminaire du Code civil :* de la publication, des effets et de l'application des lois en général ; — *sur le livre II, titre 1er :* de la distinction des biens ; — *sur l'enregistrement :* nature de cet impôt, distinction des droits fixes et des droits proportionnels, et des actes qui sont soumis aux uns et aux autres ; valeurs sur lesquelles les droits proportionnels doivent être assis ; — *sur le timbre :* distinction des actes soumis au timbre proportionnel de ceux soumis au timbre de dimension.

Partie écrite.

» 1° Une page d'écriture faite sous la dictée, sur papier non réglé, et sans que le postulant puisse en corriger l'orthographe au moyen d'aucun livre ou secours étranger ;

»2° La même page récopiée à main posée ;

»3° Analyse grammaticale d'une partie du texte de cette page ;

»4° Calcul des quatre premières règles, théorie des proportions, solution de plusieurs problèmes d'arithmétique élémentaire ;

»5° Connaissance du système métrique ;

»6° Etablissement d'états et tableaux conformes à un modèle indiqué ;

»7° Rédaction d'une lettre ou d'une note sur un sujet donné ;

»8° Calculs de droits proportionnels d'enregistrement depuis 25 centimes jusqu'à 9 francs pour cent pour les valeurs vénales sur un capital exprimé, et, pour les valeurs d'après le revenu, sur un produit annuel indiqué ;

»9° Enregistrement d'un acte contenant une seule disposition d'une nature simple et nettement déterminée.

» Chaque opération se fera sur le même sujet simultanément et sous les yeux du comité par tous les concurrents ; elle sera signée par le candidat et certifiée par le comité.

» Le candidat pourra être examiné en outre sur les autres matières désignées par lui comme ayant fait l'objet de ses études.

» Art. 10. Ces épreuves terminées, le comité délibérera, et, après avoir pris connaissance des renseignements fournis sur chacun des candidats, les classera par ordre de mérite.

» Ce classement se fera à la majorité des voix ; si, après discussion, les trois membres du comité émettaient chacun un avis différent, l'opinion du président prévaudrait, et le procès-verbal en ferait mention.

» Art. 11. Les procès-verbaux d'examen, les opérations écrites et la liste par ordre de mérite, seront transmis au directeur général par le directeur, qui devra y joindre ses observations personnelles.

» Art. 12. Lorsque toutes les listes, les procès-verbaux et les pièces à l'appui, lui seront parvenus, le directeur général formera la liste définitive des candidats, et la soumettra au ministre des finances, conformément à l'article 30 de l'ordonnance royale du 17 décembre 1844.

» Cette liste sera accompagnée de tous les documents propres à éclairer le ministre sur la situation de chacun des candidats.

» Art. 13. Les candidats agréés par le ministre continueront à travailler dans les bureaux de l'enregistrement. Ils concourront pour le surnumérariat au fur et à mesure des vacances.

» Art. 14. Seront rayés de la liste des postulants et cesseront de travailler en cette qualité dans les bureaux :

» 1° Les jeunes gens non admis qui auront plus de 25 ans ;

» 2° Ceux que les comités auront indiqués comme ne pouvant être admis à subir un nouvel examen ;

» 3° Ceux qui auront été appelés deux fois devant les comités d'examen et qui n'auront pas été agréés.

» Art. 15. Les postulants qui auront obtenu un des prix institués dans les facultés de droit par l'ordonnance royale du 17 mars 1840 seront nommés surnuméraires de préférence à tous les autres et sans être soumis à l'examen, pourvu qu'ils aient moins de 25 ans, et qu'ils aient fait les justifications indiquées aux numéros 1, 3 et 4, de l'article 2.

» Art. 16. Le nombre des surnuméraires est fixé à 490. »

L'article 2 de cet arrêté détermine les justifications à faire pour être admis à demander un brevet de surnuméraire. La production de l'expédition de l'acte de naissance du postulant, d'un certificat constatant qu'il jouit de la qualité de Français, et qu'il est de bonne vie et mœurs, avait été déjà prescrite par l'arrêté du directeur général du

1er septembre 1806. La justification du titre de bachelier ès lettres a été ordonnée par la décision du ministre des finances du 19 septembre 1834. Conformément à l'instruction n° 1465, la copie du diplôme de bachelier ou celle du certificat d'aptitude à ce grade, qui peut être admis provisoirement, doit être revêtue d'une attestation du directeur portant que cette copie est conforme à l'original; qu'il y a identité entre le titulaire du diplôme ou du certificat d'aptitude et la personne qui se présente comme postulant. Quant à la preuve que le postulant possède personnellement ou par sa famille les ressources nécessaires pour assurer son existence pendant la durée du surnumérariat, et pour fournir un cautionnement lorsqu'il sera nommé receveur, l'arrêté du 8 janvier 1846 innove seulement en ce qu'il porte à 3,000 francs le chiffre du cautionnement, fixé à 1,200 francs par l'arrêté du 1er septembre 1806.

L'art. 2 reproduit en outre la disposition de l'instruction n° 1465, d'après laquelle la demande du postulant doit être rédigée sous les yeux du directeur et sans le secours d'aucun projet écrit. Ces faits seront certifiés par le directeur au bas de la pétition.

On remarquera qu'il n'est pas nécessaire d'avoir 18 ans accomplis pour être reçu à former la demande d'un brevet de surnuméraire; mais cette condition est indispensable, aux termes de l'article 5 de l'arrêté ministériel, pour être porté sur la liste des postulants qui pourront être admis à l'examen de candidature.

L'article 3 prescrit l'établissement dans chaque direction d'un registre spécial pour l'inscription des demandes par ordre de date. Ce registre sera formé suivant le modèle annexé à la présente. Avant de transmettre la demande au directeur général, le directeur recueillera des renseignements sur l'éducation, les dispositions de capacité, les habitudes de travail et de conduite du postulant, ainsi que sur la position sociale de sa famille et les services qu'elle peut avoir rendus dans des carrières publiques. Dans le rapport qui contiendra ces renseignements, le directeur donnera son avis sur la demande, indiquera le bureau de l'enregistrement où le postulant désirera être admis à faire son stage préparatoire, et fera connaître s'il n'y a pas d'inconvénient à ce que le jeune homme soit attaché à ce bureau.

Les articles 5, 6, 7, 8 et 9, de l'arrêté ministériel, règlent les mesures relatives à l'examen que devront subir, en exécution de l'article 30 de l'ordonnance du 17 décembre 1844, les postulants admis à travailler provisoirement dans un bureau de l'enregistrement. L'administration fera connaître chaque année, d'après les besoins du service, l'époque à laquelle devra être formée la liste prescrite par l'article 5. Deux conditions sont indispensables pour l'inscription sur cette liste : que le postulant soit âgé de 18 ans au moins et de 25 ans au plus, qu'il soit admis depuis cinq mois au moins à travailler dans un bureau de l'enregistrement. L'inscription sur la liste doit être faite *par ordre de mérite*. L'administration attend des directeurs la plus grande impartialité dans le classement des postulants. Pour l'exacte et judicieuse appréciation du mérite comparé des jeunes gens, ils pourront consulter les receveurs dans les bureaux desquels les postulants auront été admis à travailler, les employés supérieurs qui auront été en opérations dans ces bureaux ; il leur sera permis même de faire venir auprès d'eux les jeunes gens pour les interroger. Les directeurs joindront à la liste de classement un rapport spécial sur chacun des postulants.

Le directeur général désignera chaque année les départements où siégeront les comités d'examen ; il choisira en même temps l'inspecteur ou le vérificateur et le receveur du chef-lieu qui, sous la présidence du directeur, formeront le comité conformément à l'article 7 de l'arrêté. Il importe de faire observer que des comités d'examen ne seront point établis dans tous les départements, et que les postulants ne seront jamais examinés dans le département où ils résideront et où ils auront été admis à travailler dans un bureau de l'enregistrement.

L'article 9 de l'arrêté contient le programme de l'examen : il se divise en partie orale et en partie écrite. D'après une disposition expresse du même article, chaque opération écrite sera faite sur le même sujet simultanément et sous les yeux du comité par tous les concurrents. L'arrêté donne d'ailleurs au comité la faculté d'étendre l'examen à des matières autres que celles du programme, et qui auront été désignées par le postulant comme ayant fait l'objet de ses études.

Après l'examen viendra la délibération du comité. Il prendra connaissance des renseignements qui lui auront été communiqués en exécution de l'article 8 de l'arrêté sur chacun des candidats, et, combinant ces renseignements avec les résultats de l'examen, il classera les concurrents par ordre de mérite. Aux termes de l'article 10, ce classement se fera à la majorité des voix ; si, après discussion, les trois membres du comité, y compris le directeur-président, émettaient chacun un avis différent, l'opinion de ce dernier prévaudrait, et le procès-verbal ferait mention de cette circonstance. À l'égard des postulants ayant moins de 25 ans que le comité n'aura pas jugés susceptibles d'être admis, il fera connaître s'il y a lieu de les recevoir à un second examen.

Conformément à l'article 11 de l'arrêté, le directeur transmettra au directeur général les procès-verbaux d'examen, les opérations écrites et la liste par ordre de mérite ; il y joindra ses observations personnelles sur chacun des candidats. Cet envoi devra être fait dans les dix jours de l'examen.

Les candidats agréés par M. le ministre des finances d'après la liste définitive formée par le directeur général en exécution de l'article 12 de l'arrêté continueront, aux termes de l'article 13, à travailler dans les bureaux de l'enregistrement auxquels ils auront été attachés comme postulants jusqu'au moment où ils seront nommés surnuméraires. Quant aux postulants non admis candidats au surnumérariat, ils seront rayés de la liste, et cesseront de travailler dans les bureaux de l'enregistrement s'ils ont plus de 25 ans, ou si les comités ne les ont point indiqués comme pouvant être reçus à subir un nouvel examen, ou enfin si, appelés deux fois devant les comités d'examen, ils n'ont pas été agréés. C'est ce que porte l'article 14 de l'arrêté ministériel.

L'article 15 confirme une décision de M. le ministre des finances du 8 juillet 1840, d'après laquelle les postulants qui ont obtenu un des prix institués dans les facultés de droit par l'ordonnance royale du 17 mars 1840 seront nommés surnuméraires de préférence à tous autres, et sans être soumis à l'examen. Toutefois, pour profiter de cette disposition, les postulants doivent n'avoir pas atteint l'âge de 25 ans; ils sont tenus d'ailleurs de faire les justifications indiquées aux n°s 1, 3 et 4, de l'article 2 de l'arrêté.

Enfin l'article 16 fixe à 490 le nombre des surnuméraires de l'enregistrement et des domaines.

Il reste à prescrire des dispositions transitoires à l'égard des postulants qui auront fait leur demande antérieurement à la réception de la présente par les directeurs.

D'abord il n'y a plus à s'occuper des postulants qui, suivant l'avis donné par l'administration aux directeurs, sont ou doivent être inscrits sur le tableau des aspirants établi par l'instruction n° 1588, et qui par conséquent sont admis comme candidats au surnumérariat. Leur position est maintenue.

En ce qui concerne les postulants non admis au tableau des aspirants, ils seront soumis aux dispositions de l'arrêté ministériel du 8 janvier 1846. En conséquence les directeurs feront savoir à ceux qui seront âgés de 25 ans ou qui auront atteint cet âge le 1er janvier 1847 qu'aucun examen ne pouvant avoir lieu avant cette époque, il ne sera plus possible, d'après l'article 5 de l'arrêté, de les admettre à concourir pour entrer dans l'administration. Les demandes des autres postulants seront inscrites dans l'ordre chronologique sur le registre établi en exécution de l'article 3 de l'arrêté. Le directeur leur donnera sans retard connaissance des dispositions de la présente, et les invitera à produire ou à compléter dans un délai déterminé les justifications prescrites par l'article 2. Il procédera ensuite à l'instruction des demandes ainsi qu'il est expliqué ci-dessus; toutefois, si le directeur a déjà fourni au directeur général les renseignements exigés par l'article 3 de l'arrêté sur le pétitionnaire et sur sa famille, il pourra, en s'y référant, se dispenser de les reproduire dans son nouveau rapport.

Les demandes antérieures à la réception de l'arrêté ministériel devront être transmises simultanément au directeur général, avec les pièces justificatives et un rapport séparé pour chaque demande, avant le 15 mars prochain. Les directeurs joindront à cet envoi un extrait du registre d'inscription comprenant toutes ces demandes.

Par suite des mesures ci-dessus, les diverses prescriptions de l'instruction générale du 25 septembre 1834, n° 1465, sont abrogées.

Temps d'étude du surnumérariat. — Programme des trois examens à subir.

(Extrait de l'instruction générale du 15 novembre 1834, n° 1470, et de celle du 8 mai 1837, n° 1534.)

«Art. 1er. A partir du 1er janvier 1835, aucun surnuméraire ne sera nommé receveur qu'après avoir été déclaré apte à régir un bureau par un comité d'examen composé, savoir :

» Du directeur du département ;

» D'un inspecteur de 1re ou de 2e classe, qui, en cas d'absence du chef-lieu du département, pourra être remplacé par un inspecteur de 3e classe ou par un vérificateur que le directeur désignera ;

» D'un receveur du chef-lieu du département, désigné par le directeur.

» Art. 2. Le comité d'examen se réunira dans le courant du mois de juin de chaque année au chef-lieu du département, sous la présidence du directeur, qui fixera le jour de la réunion.

• Art. 3. Les surnuméraires subiront trois examens au moins d'année en année. Ceux dont l'admission remontera à plus de six mois auront la faculté de se présenter à l'examen de première année.

» Art. 4. Les examens consisteront 1° en interrogations et réponses verbales sur les diverses matières de perception, de manutention et de comptabilité d'un bureau ; 2° en opérations écrites en présence des examinateurs.

» Art. 5. Les matières et opérations sur lesquelles devront porter les trois examens successifs sont divisées par année ainsi qu'il suit :

1° EXAMEN DE LA PREMIÈRE ANNÉE.

» Organisation de l'administration.—Impôts et produits dont la perception lui est confiée. — Attributions, devoirs et obligations des différentes classes d'employés.

» Enregistrement.—Nature et origine de cet impôt ; — lois qui le régissent actuellement ; — principes généraux sur son application;— distinction des droits fixes et proportionnels ; — dispositions des neuf premiers titres de la loi du 22 frimaire an 7 ; — tarif des droits pour toute espèce d'actes et de mutations.

» Timbre.—Diverses espèces de timbre ; — timbre des actes civils et judiciaires, proportionnel ou de dimension ; — des avis, annonces et affiches ;—des journaux et écrits périodiques ; du papier-musique, des livres de commerce ;—visa pour valoir timbre ;—lois qui régissent chaque espèce de timbre.

» *Code civil.*—Livre II, titre 1er, De la distinction des biens ;—titre 2, De la propriété ; — titre 3, De l'usufruit, de l'usage et de l'habitation.

Opérations en présence des examinateurs.

» Enregistrement d'un acte contenant une seule disposition d'une nature simple et nettement déterminée ; — déclaration d'une succession composée de biens de différentes natures , sans complication de legs particuliers ni de communauté entre époux ; — rédaction d'une contrainte.

2° EXAMEN DE LA DEUXIÈME ANNÉE.

» *Comptabilité et manutention d'un bureau.*—Caisse ;—papiers timbrés ; — registres de recettes (droits au comptant); — livre de dépouillement ; — journal et pièces de dépenses ; — fonds de subvention ; — versements, bordereau de recettes et dépenses par mois ; — compte par année ; — responsabilité des receveurs.

» Sommiers et registres de recette des droits et produits constatés ; — sommier des découvertes à éclaircir, — sommier des droits certains ; — des droits en débet, etc.

» Tables alphabétiques ; — sommier de la contribution foncière ; leur utilité pour la découverte des actes et mutations soustraits à la formalité.

» Renvois d'enregistrement d'actes à d'autres bureaux; leur utilité.

» Recouvrements ; — différents modes de poursuites suivant la nature des produits.

» *Droits de greffe.*—Application des lois et décrets relatifs à cette perception.

» *Notariat.*—Loi du 25 ventôse an 11 ;—contraventions à relever par les préposés ; — mode de poursuite.

» *Ventes publiques de meubles.*—Loi du 22 pluviôse an 7;—déclaration préalable ; — contraventions; — mode de les constater.

» *Code civil.*—Livre III, titre 1er, Des successions ; —titre 2, Des donations entre vifs et des testaments ; — titre 3, Des contrats ou des obligations.

Opérations en présence des examinateurs.

» Enregistrement d'actes contenant plusieurs dispositions ; —déclaration d'une succession soumise à une liquidation de communauté entre époux ; — rédaction d'un procès-verbal de contravention ;— d'un bordereau de recettes et dépenses par mois.

3° EXAMEN DE LA TROISIÈME ANNÉE.

» *Hypothèques.*—Lois sur cette matière ;—registres des formalités hypothécaires ;—droits au profit du trésor ; — salaires des conservateurs ; — leur responsabilité.

» *Code civil.*—Livre III, titre 5, Du contrat de mariage ; —titre 6, De la vente ;—titre 7, De l'échange ; — titre 8, Du contrat de louage ; — titre 18, Des priviléges et hypothèques.

» *Code de procédure civile.* — 1re partie, livre V, De l'exécution des jugements.

» *Code de commerce.*—Livre Ier, titre 3, Des sociétés ; — titre 8, De la lettre de change et du billet à ordre.

» *Code forestier.* — Titre 1er, Du régime forestier ; — titre 3, Des bois et forêts qui font partie des domaines de l'état ; — titre 13, De l'exécution des jugements.

» *Domaines.*—Lois principales sur cette matière;—ventes et baux de domaines de l'état ; — ventes d'effets mobiliers appartenant à l'état ; — recouvrements et modes de poursuites ; — affectation et droits d'usage dans les forêts de l'état ; — successions dévolues à l'état en qualité de successeur irrégulier ;—épaves ;—séquestre et administration des biens des contumax.

Opérations en présence des examinateurs.

» Enregistrement d'actes et de jugements compliqués;—déclaration d'une succession grevée de legs particuliers de sommes d'argent n'existant point en nature dans l'actif ; — rédaction d'un rapport sur une perception critiquée, ou d'un mémoire dans une instance relative à un droit contesté.

» Art. 6. Après chaque examen, le comité exprimera son opinion sur le degré d'instruction du surnuméraire par une délibération qui sera transcrite sur un registre tenu à cet effet, et qui sera signée par tous les examinateurs. Elle indiquera les parties de l'examen auxquelles il aura été plus ou moins bien satisfait. Le surnuméraire sera informé par le directeur de l'opinion émise à son égard par le comité.

» En ce qui concerne particulièrement le surnuméraire qui viendra de subir l'examen de la troisième année , la délibération du comité contiendra en outre la déclaration expresse qu'il est ou n'est pas apte à régir un bureau.

» Les délibérations du comité d'examen seront prises à la majorité des voix.

» Art. 7. Les directeurs adresseront, le 1er juillet de chaque année, au directeur général, avec les notes qu'ils doivent lui fournir à cette époque sur le personnel des employés, des copies certifiées des délibérations du comité d'examen des surnuméraires. Ils joindront aux délibérations concernant les surnuméraires qui auront passé à l'examen de la troisième année les opérations écrites faites sous les yeux des examinateurs, conformément à l'art. 5, n. **3**, ci-dessus.

» **Art.** 8. Dans le cas où, après avoir subi l'examen de la troisième année, un surnuméraire ne serait point déclaré capable de régir un bureau, le comité proposera ou le renvoi à un dernier examen ou la radiation du tableau des surnuméraires. Le directeur transmettra, avec ses observations, l'extrait de cette délibération et les opérations écrites du surnuméraire à l'administration, qui statuera.

» Art. 9. Lorsqu'un surnuméraire changera de département, le directeur du département qu'il quittera transmettra à son collègue de celui dans lequel il sera transféré des copies certifiées des délibérations relatives aux examens déjà subis par le surnuméraire. Ces copies seront transcrites sur le registre des délibérations du comité d'examen du département de la nouvelle résidence du surnuméraire.

» **Art.** 10. Les surnuméraires sont placés sous la surveillance et les ordres immédiats du receveur au bureau duquel ils sont attachés.

» Ils seront employés successivement à toutes les opérations du bureau.

» Dans l'ordre de travail que le receveur prescrira au surnuméraire, il suivra, autant de fois que les besoins du service le permettront, la division progressive des matières indiquées à l'art. 5 ci-dessus.

» **Art.** 11. Dans le courant de la troisième année, les surnuméraires seront attachés temporairement, par un ordre spécial du directeur, à un bureau d'hypothèques et à un bureau des domaines du chef-lieu d'arrondissement. Le temps qu'ils passeront dans chacun de ces bureaux ne pourra excéder trois mois.

» Art. 12. Chaque trimestre, les surnuméraires rédigeront une note détaillée des études auxquelles ils se seront livrés, du travail et des opérations du bureau auxquels ils auront été employés. Cette note sera remise au receveur, qui la joindra au tableau trimestriel de la situation des sommiers ; celui-ci s'expliquera, à l'article de ce tableau relatif aux surnuméraires, sur l'exactitude de la note de travail, sur l'assiduité et le degré d'instruction du surnuméraire.

» Un double de cette note de travail sera conservé au bureau et représenté aux employés supérieurs qui y viendront en opérations.

» Art. 13. Les employés supérieurs feront travailler sous leurs yeux les surnuméraires aux enregistrements d'actes et aux opérations dont ils se seront occupés suivant leur dernière note de travail ; ils leur adresseront des questions sur les diverses parties du service. Les employés supérieurs feront connaître leur opinion sur l'instruction des surnuméraires dans des notes qui seront jointes, par les inspecteurs de première et de deuxième classe, au compte rendu de leurs opérations dans chaque bureau ; par les inspecteurs de troisième classe et les vérificateurs, à leurs précis d'opération et comptes rendus. Ces derniers ne devront fournir qu'une seule fois par trimestre leur note sur le même surnuméraire. *

Aux dispositions ci-dessus ont été ajoutées les prescriptions suivantes :

Pourront être appelés à l'examen de première année les surnuméraires ayant plus de six mois d'admission ; à celui de deuxième année, ceux de dix-huit mois ; à celui de 3e année, ceux de deux ans et demi.

Les surnuméraires de deuxième et de troisième année devront être interrogés sur les matières des examens antérieurs.

Le comité d'examen ne doit être composé que de trois membres ; le premier commis de la direction ne peut y être admis comme secrétaire.

Il doit être rédigé une délibération distincte pour chaque surnuméraire.

Les opérations écrites de la troisième année doivent être envoyées en originaux à l'administration.

Les résultats des premiers examens ont été trouvés *faibles*. Les examinateurs ne doivent point oublier qu'ils sont revêtus d'une mission de confiance ; ils doivent réunir la fermeté à l'impartialité.

Les délibérations doivent énoncer les noms des examinateurs, l'âge du surnuméraire, la date de sa nomination, l'époque de son admission, et le bureau auquel il est attaché.

L'un des receveurs du chef-lieu du département fait *nécessairement* partie du comité d'examen.

L'inspecteur de 3e classe et les vérificateurs ne peuvent y être appelés qu'en remplacement de l'inspecteur de première et de 2e classe.

Le temps à employer aux examens doit être d'une heure ou deux pour l'examen de première année, de deux ou trois heures pour celui de deuxième année, de trois ou quatre heures pour celui de troisième année, non compris le temps des opérations écrites.

Les examinateurs sont tenus d'exprimer leur jugement sur les opérations écrites ainsi que sur la partie orale de l'examen. A la fin de la délibération, ils doivent, même pour la première et la deuxième année, présenter leur opinion sur les résultats généraux de l'examen.

Enfin les receveurs doivent employer tous leurs soins à l'instruction des surnuméraires. Par l'art. 10 de l'arrêté réglementaire, il leur a été prescrit de faire passer successivement les surnuméraires des travaux les plus simples aux opérations les plus difficiles du bureau, et les inspecteurs et vérificateurs doivent étendre leur surveillance sur ce point, et , dans les notes périodiques sur le personnel des employés, les directeurs s'expliqueront sur la manière dont les receveurs s'acquittent du devoir d'instruire les surnuméraires. (Analyse de deux circulaires de M. le directeur général, des 14 mai et 27 novembre 1835.)

EXAMEN
DE LA PREMIÈRE ANNÉE.

———

CHAPITRE PREMIER.

ADMINISTRATION DE L'ENREGISTREMENT ET DES DOMAINES.

———

———

§ 1er. — *Organisation de l'administration.*

L'administration de l'enregistrement et des domaines est la plus ancienne des régies financières ; elle est importante à la fois par l'abondance de ses produits, et par les nombreux services qu'elle rend à la société.

Les impôts sur les actes et mutations, d'abord vendus et donnés à ferme, étaient perçus en 1790 par régie intéressée.

Cette régie fut ensuite organisée en administration par une loi du 27 mai 1791. Le nombre des administrateurs fut fixé à 12. Il y eut un directeur par département, et le nombre d'inspecteurs et de vérificateurs que l'administration jugea nécessaire. La loi détermina le mode d'admission aux emplois et celui de l'avancement. Le traitement de tous les employés, même des 12 administrateurs, fut fixé à une portion des produits. Cette organisation était presque entièrement la même que celle de l'ancienne administration des domaines supprimée par la loi du 12 décembre 1790. (V. *Bosquet.*)

Une loi du 14 août 1793 apporta quelques modifications à la distribution de la remise générale, et augmenta le nombre des employés de l'administration centrale, des inspecteurs et des vérificateurs.

Un arrêté du comité des finances du 4 brumaire an 4, autorisé par une loi du même jour, reproduisit l'organisation de 1791, avec quelques légers changements. Les administrateurs restèrent au nombre de 12 ; ils nommaient à tous les emplois, même aux directions. Le nombre des vérificateurs dans les départements fut fixé à 204, et celui des inspecteurs à 186.

Cet état de choses se maintint jusqu'en l'an 9, sauf l'augmentation des employés que nécessita la réunion à la France de la Belgique et des autres pays conquis. Le gouvernement crut devoir, à cette époque, créer des chefs d'administration.

Un arrêté des consuls du 4 complémentaire an 9 donna un directeur général à l'administration de l'enregistrement et des domaines, et réduisit le nombre des administrateurs à 8 ; l'organisation des employés dans les départements resta la même.

Les choses restèrent dans cet état jusqu'en 1815 ; depuis lors le nombre des administrateurs a été successivement réduit, augmenté, et réduit de nouveau par diverses ordonnances (1).

Un arrêté du ministre des finances du 31 mai 1829 est venu modifier cet état de choses en établissant cinq divisions par matières, savoir :

1° Personnel ;

2° Enregistrement des actes civils et sous seing privé ;

3° Enregistrement des actes judiciaires, greffes, hypothèques et successions ;

4° Timbre et domaines ;

5° Domaines engagés.

L'instruction générale n° 1284, du 17 juillet suivant, a développé l'arrêté du ministre, et précisé les attributions de chaque division par matières.

Une circulaire du directeur général, sous la date du 22 février 1831, a supprimé la cinquième division en rapportant toutes les attributions relatives aux domaines engagés, qui y étaient comprises à la quatrième division, et en enlevant à celle-ci tout ce qui était relatif au timbre et aux impressions, pour le réunir à la troisième division.

Depuis lors une ordonnance royale du 17 décembre 1844 est venue prescrire une réorganisation générale de toutes les administrations financières.

Nous empruntons au n. 1660 du *Journal de l'enregistrement* les dispositions de cette ordonnance, concernant l'administration des domaines, pouvant être utilement reproduites dans le *Manuel*.

Extrait de l'ordonnance royale du 17 décembre 1844.

« Vu la loi du 24 juillet 1843, portant fixation du budget des dépenses de l'exercice 1844, et dont l'art. 7 est conçu en ces termes :

« Avant le 1er janvier 1845, l'organisation centrale de chaque ministère sera réglée par une ordonnance royale insérée au Bulletin » des lois. Aucune modification ne pourra y être apportée que dans » la même forme et avec la même publicité. » ;

(1) La majeure partie de ces documents historiques est empruntée à l'excellent recueil du *Journal de l'Enregistrement et des Domaines*, art. 9444.

» Vu les ordonnances royales des 6 février 1828, 13 novembre 1829 et 7 juillet 1831, concernant l'organisation de l'administration centrale des finances, et les diverses modifications qu'elle a reçues;

» Vu les ordonnances royales des 5 et 12 janvier 1831, et 8 janvier 1841, concernant les diverses régies et administrations financières;

» Voulant coordonner les dispositions contenues dans les ordonnances royales précitées, et satisfaire au vœu exprimé par l'art. 7 de la loi du 24 juillet 1843 ci-dessus visée;

Sur le rapport de notre ministre secrétaire d'état des finances,

Nous avons ordonné et ordonnons ce qui suit. . . . . . .

· ·

TITRE II.

ADMINISTRATIONS FINANCIÈRES.

Dispositions générales.

Art. 26. Les administrations de l'enregistrement et des domaines, des douanes, des contributions directes, des contributions indirectes, des tabacs, des postes et des forêts, seront chacune dirigées et surveillées, sous l'autorité de notre ministre des finances, par un directeur général.

Des administrateurs placés chacun à la tête d'une division forment avec le directeur général, et sous sa présidence, le conseil d'administration.

Art. 27. Les directeurs généraux des administrations financières et le président de la commission des monnaies continueront de diriger leur personnel, en observant toutefois les règles tracées par les articles ci-après :

Art. 28. A la fin de chaque année il sera dressé par les directeurs généraux de chacune des administrations financières, pour être remis à notre ministre des finances, un tableau présentant, en nombre triple des vacances présumées, les noms des agents de tous grades reconnus dignes d'obtenir de l'avancement.

Des arrêtés spéciaux de notre ministre des finances détermineront, pour chaque administration, les conditions d'aptitude et de durée de services que devront remplir les agents pour être portés sur ce tableau.

Art. 29. Les directeurs généraux présenteront, à chaque vacance d'emploi réservé à notre nomination ou à celle de notre ministre des finances, une liste de trois candidats pris dans le tableau d'avancement dressé d'après l'article précédent, et parmi lesquels notre ministre des finances nous désignera ou nommera directement le nouveau titulaire.

Si, dans quelque circonstance extraordinaire, il y avait lieu de faire une exception en faveur d'un candidat qui n'aurait pas été porté sur les listes d'avancement, et dont cependant les services mériteraient une récompense immédiate, cette exception devra être l'objet d'une décision spéciale et motivée de notre ministre des finances.

Art. 30. Les candidats au surnumérariat seront soumis à un examen préalable.

Des arrêtés de notre ministre des finances, rendus sur la proposition des directeurs généraux, régleront, selon les convenances exigées des candidats, les conditions d'âge et d'aptitude à remplir pour être admis auxdits examens, et désigneront les personnes devant lesquelles ils devront être subis.

Le résultat de ces examens sera transmis à l'administration centrale, qui chaque année dressera la liste des candidats reconnus admissibles. Cette liste sera soumise à notre ministre des finances, qui l'arrêtera et fixera le nombre des candidats appelés à remplir les vacances qui surviendraient pendant le cours de l'année.

Art. 31. Les commissions délivrées par les directeurs généraux et par le président de la commission des monnaies le seront au nom du roi et en vertu de la délégation du ministre des finances.

ADMINISTRATION DE L'ENREGISTREMENT ET DES DOMAINES.

Art. 32. Le travail de l'administration de l'enregistrement et des domaines est partagé entre deux bureaux placés sous les ordres immédiats du directeur général et quatre divisions.

Le bureau du personnel et celui du contentieux restent sous les ordres immédiats du directeur général.

Un administrateur est placé à la tête de chaque division, composée chacune de quatre bureaux.

Bureau du personnel.

Préparation du travail pour la nomination aux emplois et l'exécution des ordonnances royales rendues à cet égard, et des arrêtés pris par le ministre ou le directeur général; correspondance relative aux employés de tout grade; examen des procès-verbaux d'épreuves subies par les surnuméraires, et admission des aspirants; examen des notes périodiques sur le travail et la conduite des agents dans les départements; formation des listes d'avancement; fixation des cautionnements, des prélèvements au profit de la caisse des retraites et de la valeur moyenne des bureaux; renseignements demandés par les chambres sur les dépenses de l'administration; examen et suite des délibérations du conseil d'administration relatives au personnel, aux dépenses, aux pensions de retraite, aux débets, aux créations et sup-

2

pressions d'emplois, aux réorganisations de bureaux ; aux secours aux veuves et orphelins d'employés, etc.; ouverture des dépêches concernant le personnel et la surveillance générale du service.

Bureau du contentieux.

Examen des délibérations du conseil d'administration en matière contentieuse ; instruction des instances devant le Conseil d'état et la Cour de cassation ; circulaires et instructions générales ; recueil des arrêts et décisions judiciaires et administratives intéressant l'administration ; budget des recettes et comparaison des produits ; projets des lois et ordonnances ; renseignements demandés sur les pétitions adressées aux chambres ; bibliothèque ; archives et matériel ; affaires réservées par le directeur général ; ouverture des dépêches autres que celles concernant le personnel et la surveillance générale du service.

1re Division.

Surveillance et suite du travail des employés de tous grades dans les départements ; disposition à suivre pour la vérification des comptables ; examen des procès-verbaux de vérification de gestion ; fixation des débets et apurement des régies ; examen des rapports des employés supérieurs sur la gestion de chaque comptable ; suite à donner aux rapports de l'inspection générale des finances ; application de la responsabité encourue par les receveurs et les employés supérieurs ; cautionnements en immeubles des conservateurs des hypothèques ; congés ; pensions de retraites ; secours aux veuves et orphelins d'employés ; budget et ordonnancements des dépenses ; révocations et mesures disciplinaires ; créations et suppressions d'emplois ; réorganisation de bureaux.

2e Division.

Droits d'enregistrement sur les actes civils publics et sous seing privé ; contravention aux lois sur cette partie des droits, ainsi que sur le notariat, le Code de commerce, etc.

3e Division.

Droits d'enregistrement sur les actes judiciaires, extra-judiciaires et administratifs ; droits sur les mutations par décès ; droits de sceau attribués au trésor ; greffes et hypothèques ; timbre ; surveillance de l'atelier général ; contraventions et amendes autres que celles appartenant aux attributions de la 2e division ; dommages-intérêts adjugés à l'état ; frais de justice, de poursuites et d'instances.

4e Division.

Domaines de l'état, leur régie, leur conservation, leur aliénation, quand ils ne sont pas affectés à un service public ; discussion de toutes les questions de propriété concernant l'état ; acquisitions et échanges d'immeubles pour le compte de l'état ; décomptes d'acquéreurs ; lais et relais de mer ; îles et îlots ; biens séquestrés ; successions vacantes ; biens sans maître ; successions en déshérence ; épaves, comptes à rendre des anciennes saisies réelles ; rentes et créances dues à l'état ; vente du mobilier de l'état et de tous les objets inutiles aux différents ministères ; ventes des objets déposés dans les greffes ; inventaires annuels et accidentels des mobiliers appartenant à l'état, aux départements et aux établissements publics ; questions de propriété relatives aux bois et forêt de l'état ; droits d'usage ; cantonnements ; recouvrements des produits forestiers et de la pêche ; ancien domaine extraordinaire ; transmission des dotations ; surveillance des droits de retour au profit de l'état ; domaines engagés et échangés, etc.

Administration centrale.

Un conseil d'administration, formé du directeur général et de quatre administrateurs.

15 Chefs de 1re et 3e classe ;
40 Sous-Chefs de 1re, 2e, 3e et 4e classe.

Employés dans les départements.

87 Directeurs de 1re, 2e, 3e et 4e classe, dont 2 à Paris ;
150 Inspecteurs de 1re, 2e et 3e classe ;
316 Vérificateurs de 1re, 2e, 3e, 4e et 5e classe, dont 6 sans résidence fixe ;
87 Premiers commis, dont 2 à Paris ;
90 Gardes-magasins, dont 5 à Paris ;
1 Archiviste à Paris ;
48 Distributeurs de papier timbré à Paris. Il y a également des distributeurs de papiers timbrés dans les principales villes de France et d'Algérie : ainsi Lyon, Bordeaux, Toulouse, Marseille, Alger, Oran, Bône, etc.;
37 Timbreurs ;
9 Tourne-feuilles ;
363 Conservateurs ;
2307 Receveurs ;
490 Surnuméraires.

Les administrateurs, membres du conseil d'administration, ainsi que les directeurs de département, sont nommés par le roi, sur le rapport du ministre des finances.

Les inspecteurs et les conservateurs sont nommés par le ministre des finances, sur la présentation du directeur général.

Le directeur général nomme à tous les autres grades, après avoir pris l'avis du conseil d'administration.

Tout aspirant au surnumérariat doit, pour être admis, justifier de son titre de bachelier ès lettres et du certificat d'aptitude.

Les surnuméraires ne sont appelés à un bureau qu'après avoir subi, d'année en année, trois examens dont les matières sont déterminées par l'instruction 1470.

Les bureaux de perception sont divisés en trois classes, et accordés, selon leur importance, à titre d'avancement graduel.

La première classe comprend les bureaux de chefs-lieux de départements; la deuxième, ceux des chefs-lieux d'arrondissements; la troisième, ceux des chefs-lieux de canton.

Les premiers commis sont choisis parmi les receveurs qui ont au moins un an d'exercice et suivent la même ligne d'avancement. (Inst. 759.)

Les vérificateurs sont choisis parmi les premiers commis et les receveurs dont les remises s'élèvent à 1,800 fr., année commune, ayant les uns et les autres cinq ans de service et moins de trente-cinq ans d'âge. (Instr. 1304.)

La même instruction fixe le mode d'avancement dans les diverses classes de vérification.

Les inspecteurs de 3ᵉ classe sont choisis dans les vérificateurs de 1ʳᵉ et de 2ᵉ classe ayant cinq ans au moins de service.

Les directions de 3ᵉ et 4ᵉ classe sont accordées aux inspecteurs de 1ʳᵉ et 2ᵉ classe ayant au moins cinq ans d'exercice dans le grade d'inspecteurs, et aux sous-chefs de 1ʳᵉ classe.

Les sous-chefs sont choisis parmi les vérificateurs de 3ᵉ classe au moins, et les administrateurs parmi les directeurs et les chefs de division.

Le conseil d'administration délibère :

1° Sur le budget général de l'administration ;

2° Sur le contentieux administratif et judiciaire ;

3° Sur le contentieux de la comptabilité, débets des comptables, contraintes à décerner contre les redevables ;

4° Sur la liquidation des pensions de retraite de tous grades ;

5° Sur les demandes en remboursement, remise ou modération de doubles droits et amendes de contraventions ;

6° Sur les suppressions, divisions et créations d'emplois;

7° Sur les projets, devis, marchés et adjudications à passer pour le service de l'administration ;

8° Sur les révocations, destitutions et mises à la retraite des employés;

9° Sur les questions douteuses dans tous les cas d'application des lois, ordonnances, règlements, instructions, etc. ;

10° Sur les autres affaires sur lesquelles le ministre des finances juge convenable d'avoir son avis, et sur celles qui lui sout aussi à cet effet renvoyées par le directeur général.

L'administration communique et transmet ses ordres et instructions au moyen de la correspondance directe établie entre les directeurs de départements et les sous-directeurs, membres du conseil d'administration ; et, dans les circonstances déterminées, avec le directeur général.

De son côté le directeur général envoie fréquemment à chaque directeur des instructions générales sur la manutention et la perception.

La comptabilité rentre dans l'ensemble général du ministère des finances, et une correspondance spéciale est établie à cet effet avec le chef de cette partie essentielle de l'administration.

Les directeurs transmettent à chaque employé de leur département un exemplaire de ces diverses instructions, au fur et à mesure de leur réception.

En résumé:

Les receveurs de toute nature perçoivent ; les vérificateurs contrôlent leurs opérations dans les plus grands détails ; les inspecteurs s'assurent de l'uniformité et de la régularité des diverses opérations tant des receveurs que des vérificateurs ; et les directeurs surveillent, dirigent les divers employés de leur département, et correspondent avec l'administration ; enfin l'administration centrale imprime à l'ensemble de cette puissante organisation le mouvement et la vie, transmet les instructions, résout les difficultés, dirige les instances, assure l'exécution des lois, règlements et décisions, et forme en un mot le complément indispensable de cette importante partie des services publics.

§ 2. — *Impôts et produits dont la perception est confiée à l'administration de l'enregistrement.*

L'administration de l'enregistrement et des domaines est spécialement chargée :

1° De la perception des droits d'enregistrement des actes, de timbre, greffes et hypothèques ;

2° De la recette des amendes de contraventions et de condamnations attribuées ou non aux communes, hospices, etc. ; des frais de justice, passe-ports, permis de port d'armes de chasse, décime du prix des coupes de bois de l'état, surmesures, reliquat de décompte, etc. ;

3° Recouvrement des prix de baux et de licences pour la pêche, fermages de chasse ; revenus des domaines de l'état ; arrérages et transferts de rentes ; créances ; prix de ventes de mobiliers ; épaves ; déshérences ; biens vacants ; domaines engagés ou échangés ; prix de ventes d'immeubles faites par l'état ; prix de ventes des biens de communes en exécution de la loi du 20 mars 1813, etc.;

4° Frais de poursuite et d'instance recouvrés, faits tant par elle que par l'administration des forêts ;

5° Moitié des salaires sur la transcription hypothécaire des actes de mutation ;

6° Retenues au profit du trésor et de la caisse des recettes sur les traitements et remises ; intérêts des débets ; droit spécial sur les journaux ; recettes accidentelles pour l'hôtel des Invalides ; restitutions de dommages-intérêts prononcés au profit des communes et établissements publics ;

7° Des produits provenants des étalons des haras, etc.; et des traitements dus aux établissements des aliénés par les parents des personnes admises pour y être soignées.

§ 3. — *Attributions, devoirs et obligations des différentes classes d'employés.*

Le *Surnuméraire* est celui qui travaille dans un bureau pour acquérir les connaissances nécessaires à un receveur.

Les surnuméraires seront assidus au bureau pendant les heures fixées par la loi pour les receveurs ; ils ne peuvent s'absenter sans congé.

Toute discussion avec les contribuables et les officiers publics relative aux perceptions leur est interdite, excepté le cas où ils suppléeraient le receveur.

Ils ne signeront aucune relation ou quittance, même en cas d'absence ou de maladie des receveurs, sans y avoir été autorisés par écrit et sans avoir prêté serment devant les juges *du district* de leur résidence (O. g. 7), aujourd'hui le tribunal de l'arrondissement.

Ils sont spécialement chargés des tables alphabétiques, du relevé des actes de décès, du sommier de la contribution foncière.

Quant à leurs occupations habituelles, elles seront déterminées dans l'intérêt de leur instruction, qui doit être l'objet d'une surveillance active et continuelle de la part des employés de tous grades.

L'instruction 1470 trace le programme des conditions requises pour que les surnuméraires soient reconnus aptes à gérer un bureau.

Les surnuméraires qui exercent en même temps un autre emploi ou une autre profession, et qui refuseraient d'opter, doivent être rayés du tableau. (Circ. 2044.)

Les surnuméraires ne peuvent correspondre avec le directeur général. (Inst. gén. 30.)

Les directeurs ne peuvent accorder des congés aux surnuméraires que pour le département de leur résidence ; les congés pour d'autres départements sont délivrés par le directeur général. (Inst. gén. n. 1049.)

Les *Receveurs* sont les employés chargés spécialement d'opérer les divers recouvrements confiés à l'administration des domaines.

Le receveur doit, avant d'entrer en fonctions, prêter serment et justifier du versement prescrit.

Il doit résider au chef-lieu d'arrondissement de son bureau.

Le receveur en activité de service doit continuer ses fonctions jusqu'à ce qu'il ait été relevé, sous peine d'être responsable, envers l'administration et les particuliers, du préjudice causé. (Loi du 9 vent. an 7.)

Les receveurs ne peuvent s'absenter sans congé.

Ils doivent tenir leurs bureaux ouverts au public tous les jours, les dimanches et fêtes exceptés, quatre heure le matin et quatre heures le soir ; les heures d'ouverture doivent être affichées à la porte extérieure. Les receveurs sont tenus de lire les actes en entier, avec la plus grande attention, avant de les enregistrer, sans permettre, dans aucun cas, que les notaires, greffiers, huissiers, ou autres, leur en dictent les dispositions. (O. g. 17.)

Aux termes de l'Inst. n. 1586, les bureaux sont ouverts au public depuis 8 heures du matin jusqu'à 4 heures du soir ; en outre, l'administration a prescrit aux receveurs qui ont dans leurs attributions la vente des papiers timbrés de charger, sous leur responsabilité, des personnes de leur famille ou à leurs gages, de débiter, le matin une heure avant l'ouverture, et le soir deux heures après la clôture du bureau, les papiers proportionnels de 25 centimes et au dessous, et de dimension de 35 centimes. — Cette mesure, ajoute l'Inst. gén. n. 1637, ne s'exécutera qu'au domicile du receveur, et aura lieu également les dimanches et jours de fêtes jusqu'à deux heures après midi.

Les receveurs ne peuvent, sous aucun prétexte, différer l'enregistrement des actes et mutations dont les droits auront été payés selon la loi ; ils ne peuvent non plus arrêter ou suspendre le cours des procédures en retenant des actes ou exploits ; ils peuvent seulement en prendre copie certifiée, et, en cas de refus, réserver l'acte pendant 24 heures pour s'en procurer une collation en forme, sauf répétition des frais.

Les receveurs ne peuvent juger de la validité ou de la nullité des actes, ni se refuser à les enregistrer.

Ils ne peuvent donner leur avis sur une perception à faire.

Ils ne peuvent accorder de remise de droits, et sont responsables des perceptions notoirement insuffisantes qu'ils ont faites.

Ils ne peuvent donner communication du contenu de leurs registres aux particuliers que sur une ordonnance du juge de paix, lorsque ces extraits ne seront pas demandés par quelqu'une des parties contractantes ou leurs ayant-cause.

Les receveurs doivent faire fructifier les revenus du trésor sur toutes les perceptions qui leur sont confiées, rechercher soigneusement toutes les atteintes qui seraient portées aux produits ou aux formes dont l'infraction est l'objet de peines pécuniaires, activer les recouvrements et s'occuper avec zèle de la répression de la fraude et des abus. (Circ. 1280 ;—Inst. gén. n. 263.)

Les receveurs seront subordonnés aux employés supérieurs *exerçant leurs fonctions dans le département où leur bureau est établi,* et ils doivent s'attacher à mériter la confiance de leurs concitoyens par une gestion irréprochable et par leur soumission aux autorités constituées. (O. de rég. 16.)

Il leur est défendu de se livrer à des occupations étrangères à leurs fonctions, et ceux qui conserveraient un intérêt ou une occupation quelconque dans des agences ou cabinets d'affaires seront censés avoir donné leur démission et seront immédiatement remplacés. (Décis. min. fin. 15 déc. 1820;—Inst. gén. n. 964.)

Ils ne peuvent se rendre adjudicataires, soit par eux-mêmes, soit par des personnes interposées, sous peine de destitution, des biens de l'état et de ceux des communes. (Décis. min. fin. 21 avril 1813 ; — Inst. gén. n. 635.)

Quant aux *receveurs de canton*, l'emploi habituel et permanent d'un *commis* dans un bureau où le travail ordinaire n'excède pas les forces d'une seule personne ne pourrait qu'accuser leur zèle et leur diligence ; et il a été prescrit par l'instruction n. 1495 aux inspecteurs et aux vérificateurs de s'expliquer *positivement*, dans leurs comptes-rendus et précis d'opérations, sur les circonstances suivantes, savoir :

Si le receveur s'occupe *exclusivement* du travail de son bureau ; s'il se fait seconder habituellement ou accidentellement par un commis, et de quel genre d'occupation ce commis est spécialement chargé ; enfin si les enregistrements sont généralement écrits de la main du receveur.

Les *Conservateurs* sont les employés chargés 1° de l'exécution des formalités civiles prescrites pour la conservation des hypothèques et la consolidation des mutations de propriétés immobilières ; 2° de la perception des droits établis au profit du trésor public pour chacune de ces formalités.

Les fonctions de conservateurs sont remplies par les employés de l'administration des domaines, et par eux seulement; ils exercent au nom de l'administration, qui conserve la principale direction de cette partie, et opèrent d'après ses instructions.

Indépendamment des puissants motifs d'ordre public qui ont déterminé cette surveillance exercée par l'administration, concurremment avec les tribunaux, il convient d'y ajouter d'autres raisons d'un ordre secondaire. Ainsi, les bases de perception étant les mêmes pour les hypothèques que pour l'enregistrement, l'on doit attendre que le conservateur relève les erreurs dans l'enregistrement des contrats présentés à la transcription, et qu'il en adresse une note détaillée au directeur, pour en être fait tel usage que de raison ; ils doivent en outre, ainsi que les autres employés de l'administration, veiller à l'exécution des diverses lois sur le timbre.

Les conservateurs des hypothèques sont nommés par le ministre des finances, sur la proposition du directeur général. (Ord. 1er janv. 1821, art. 8 ; — Inst. 970.)

Ils fournissent un cautionnement en immeubles déterminé d'après l'importance des conservations. Ce cautionnement est reçu par le tribunal civil de la situation des biens, contradictoirement avec le procureur du roi près le même tribunal.

Le cautionnement demeure affecte à la responsabilité des conservateurs pour les erreurs et omissions dont la loi les rend responsables envers les particuliers. Cette affectation subsiste pendant toute la durée des fonctions et dix ans après, passé lequel délai les biens servant de cautionnement sont affranchis de plein droit de toutes actions de recours qui n'auraient pas été intentées dans cet intervalle.

Les conservateurs ont leur domicile dans le bureau où ils remplissent leurs fonctions, pour les actions auxquelles leur responsabilité pourrait donner lieu. Ce domicile est de droit ; il dure aussi long-temps que la responsabilité des préposés. (Loi du 21 vent. an 7. V. pour le surplus l'examen de 3e année.)

La sûreté des transactions civiles repose sur la conservation des hypothèques, et son importance est si grande, qu'elle ne doit être confiée qu'à des préposés capables de justifier le choix qu'on aura fait d'eux.

En rendant les conservateurs immédiatement responsables de leurs faits, la loi a voulu que l'intérêt personnel les obligeât d'apporter à leur travail la même vigilance que pour leurs propres affaires, et que le trésor public fût affranchi de toute garantie qui pourrait résulter de l'inexactitude ou de l'erreur.

Les registres des formalités hypothécaires, seules pièces que les intéressés soient appelés à consulter, doivent être tenus avec le plus grand soin ; les conservateurs ne sauraient ni altérer ces registres, ni se permettre de faire un changement dans le contexte des inscriptions et des transcriptions, sans renverser les bases sur lesquelles repose le système hypothécaire.

Les conservateurs doivent avoir le nombre de bons commis nécessaire pour que toutes les parties du service soient tenues dans le plus grand ordre et toujours au courant.

Il est de leur intérêt de n'attacher à leurs opérations que des personnes instruites et dont l'écriture soit correcte.

Les conservateurs doivent refuser la communication de leurs registres, et s'abstenir de délivrer des notes aux personnes qui demandent des renseignements.

En effet la publicité des registres des formalités hypothécaires, prescrite par la loi, doit réunir deux conditions :

1° Faculté pour tous d'avoir connaissance des renseignements contenus dans les registres.

2° Garantie légale de l'exactitude de ces renseignements.

Or ce double but se trouve atteint par les états et certificats que les conservateurs délivrent sous leur responsabilité personnelle, et il ne pourrait l'être au moyen de notes prises sur les registres, et qui n'auraient aucun caractère d'authenticité.

Il convient aussi d'ajouter que la délivrance de ces notes aurait pour résultat de soustraire à toute espèce de contrôle la perception des salaires du conservateur, et d'être nuisible aux intérêts du trésor, en ce qui concerne le débit du papier timbré employé pour les états et certificats.

Enfin il est expressément défendu aux conservateurs, par des motifs d'ordre et de délicatesse faciles à saisir, de rédiger ou de laisser rédiger par leurs commis des bordereaux d'inscriptions pour les comptes des parties.

Les *Receveurs du timbre extraordinaire* sont employés aux chefs-lieux de départements, et sont chargés de percevoir le droit de la marque des papiers présentés à la formalité du timbre extraordinaire.

Dans les chefs-lieux où il y a un receveur spécial du timbre extraordinaire, ce préposé est contrôleur du magasin, et il tient à cet effet des registres dans la forme de ceux du garde-magasin. (Circ. 21 juil. 1827.)

Les receveurs du timbre extraordinaire, étant justiciables directs de la cour des comptes, comme les receveurs de l'enregistrement et des domaines, sont sujets aux mêmes règles de comptabilité que ces derniers.

Dans les chefs-lieux de départements où il y a un receveur spécial du timbre extraordinaire, son bureau est établi dans la maison du directeur et dans une pièce attenante au magasin du timbre. Les timbres et la griffe doivent être renfermés dans un coffre à trois serrures différentes. Une des clefs est dans les mains du directeur, une autre dans les mains du receveur, et la troisième est remise au garde-magasin.

Dans les directions où il n'y a pas de receveur spécial du timbre extraordinaire, l'un des autres receveurs est chargé d'en remplir les fonctions. La griffe est remise à ce préposé; les timbres sont tenus dans un coffre à deux serrures seulement : l'une des clefs est remise au directeur, et l'autre au garde-magasin.

Les receveurs du timbre extraordinaire ne doivent admettre à cette formalité que les papiers ou actes que les lois et règlements permettent de timbrer de cette manière ; ils doivent compter les feuilles des papiers que les parties veulent faire timbrer, et vérifier leur dimension ; ils liquident ensuite les droits et les portent immédiatement en recette.

Chaque enregistrement doit mentionner le nom de la personne pour laquelle la formalité est requise, et énoncer en toutes lettres les quantité et dimension des papiers. Lorsqu'il y a paiement d'amende, l'enregistrement doit indiquer le nom du contrevenant, la nature de la contravention, et exprimer en toutes lettres le montant de l'amende. La quittance est donnée par le receveur sur l'acte même.

Le receveur doit exiger que les parties qui lui remettent, pour être timbrés, des papiers destinés aux journaux, avis ou affiches, lui présentent leur registre portatif, pour y inscrire les papiers timbrés et les droits perçus.

Le receveur délivre à la partie un bulletin portant permis de timbrer à l'extraordinaire. Ce bulletin, signé par le receveur, doit indiquer le nom de la personne pour laquelle la formalité a été requise, l'espèce et la quantité des papiers, la quotité des droits reçus, la date et le numéro de l'enregistrement. Le receveur applique ensuite sur chaque feuille de papier soumis au timbre une griffe portant ces mots : *à timbrer à l'extraordinaire.*

Les directeurs, dans les chefs-lieux où il y a un receveur spécial du timbre extraordinaire, doivent viser, à l'expiration de chaque semaine, les registres tant de la recette que du contrôle du timbre extraordinaire, et tenir la main à ce que le receveur verse exactement les fonds de la recette. Les receveurs doivent, à la fin de chaque mois, établir, après le total des recettes, une récapitulation qui donne la preuve de l'exactitude de la liquidation des droits. (Circ. du 6 août 1827.)

Les *Gardes-magasins* sont employés dans les chefs-lieux de départements; ils ont la garde et l'entrepôt des papiers timbrés, et sont en même temps contrôleurs de la recette du timbre extraordinaire.

Les gardes-magasins sont chargés, sous la surveillance immédiate du directeur,

1° De recevoir du magasin général établi à Paris les papiers timbrés destinés à l'approvisionnement des bureaux des départements ;

2° D'expédier aux receveurs préposés au débit les envois qui sont demandés;

3° De contrôler jour par jour les opérations du receveur du timbre extraordinaire.

Le magasin du timbre est placé dans la maison du directeur; il est tenu à l'abri de l'humidité et d'autres accidents. Ce magasin est fermé par trois serrures différentes. (V. ci-dessus, *Receveur du timbre extraordinaire.*)

Le garde-magasin reçoit, en présence du directeur et du receveur du timbre extraordinaire, les papiers qui sont envoyés du magasin général de Paris, et les fait ranger immédiatement dans les cases du magasin. Ces cases doivent être distinctes et séparées pour chaque espèce de papiers, lesquels doivent y être classés avec ordre, et de manière qu'il soit facile en tout temps d'en faire la vérification, et de connaître les quantités existantes de chaque espèce. Aussitôt que les papiers sont déposés au magasin, il en est pris charge sur le registre de recettes tenu par le garde-magasin et sur le registre de contrôle tenu par le receveur du timbre extraordinaire. Le directeur, présent à la réception et à la vérification des papiers, met un *vu bon* daté et signé en marge de l'enregistrement, tant sur le registre de recettes que sur celui de contrôle.

Le garde-magasin est tenu d'expédier avec exactitude et célérité les envois des différentes espèces de papiers timbrés aussitôt que le directeur en a fixé la quantité en tête de la lettre de demande du receveur chargé de la débite.

Chaque envoi est accompagné :

1° D'une lettre de voiture dans laquelle le garde-magasin indique le nom du voiturier, les quantités envoyées, ainsi que le prix convenu pour le transport;

2° D'une formule de reconnaissance qui est renvoyée au garde-magasin après avoir été remplie et signée par le distributeur.

Les envois forment la dépense du magasin; ils sont enregistrés sur le registre de dépense et sur celui du contrôle de la dépense, aussitôt qu'ils sont expédiés. Il est fait mention sur ces registres de la date des envois, du nom des bureaux qu'ils concernent, et des quantités envoyées. Chaque article est ensuite apostillé de la date de la reconnaissance des receveurs.

Les comptes des gardes-magasins sont arrêtés comme ceux des receveurs. (Circ. 27 juillet 1827.)

Les gardes-magasins sont contrôleurs de la recette du timbre extraordinaire, et tiennent à cet effet des registres dans la forme de ceux des receveurs.

Le bulletin et le papier à timbrer leur sont remis, et ils comparent les papiers avec le bulletin; ils vérifient la liquidation du receveur, visent et signent le bulletin, et enregistrent les papiers sur le registre de contrôle. S'il y a erreur ou omission dans le bulletin, ils la font reconnaître et rectifier par le receveur. Ils remettent au timbreur les bulletins visés et émargés du numéro du registre du contrôle. Le timbreur les conserve pour être produits au soutien de la comptabilité du receveur.

Dans les directions où il n'y a pas de timbreur, le garde-magasin applique lui-même le timbre extraordinaire et reste dépositaire des bulletins.

Il est défendu de timbrer à l'extraordinaire des papiers qui ne seraient pas déjà revêtus de l'empreinte de la griffe. (Circulaire 6 août 1827.)

Les *Premiers Commis* sont des employés établis auprès de chaque direction pour préparer, sous les ordres du directeur, le travail de la correspondance et du contentieux.

L'emploi de premier commis est un de ceux qui exigent les connaissances les plus générales. Le premier commis est appelé, par la nature de ses obligations, à traiter indistinctement toutes les questions qui s'agitent soit devant l'administration, soit devant les tribunaux.

La manutention des bureaux, celle d'une direction, doivent lui être familières ; en un mot, pour remplir avec avantage le but de sa création, il doit posséder tout l'ensemble des attributions de l'administration.

En cas d'absence par congé des premiers commis ou de vacance de cet emploi, les directeurs doivent en confier l'intérim à un vérificateur. (Inst. 745.)

Les *Vérificateurs* sont préposés pour vérifier la régie des receveurs dans toutes ses parties ; s'assurer s'ils se sont conformés à tous les ordres généraux de régie qui les concernent ; leur donner toutes les instructions dont ils peuvent avoir besoin ; suppléer à ce qu'ils ont omis ou négligé ; vérifier les registres, minutes et répertoires des greffiers, notaires, huissiers, et tous autres dépôts publics ; relever les droits arriérés ou recélés ; rapporter procès-verbal des contraventions aux dispositions des lois dont la surveillance leur est confiée ; suivre l'apurement des articles consignés sur les sommiers.

Les opérations des vérificateurs, tant à l'intérieur qu'à l'extérieur des bureaux, sont tracées dans le plus grand détail dans les instructions 1338, 1351, 1360 et 1652.

La plus rigoureuse exactitude est recommandée aux vérificateurs dans leurs opérations et dans les comptes qu'ils sont appelés à en rendre. Revêtus d'une mission de confiance et chargés d'approfondir le service des bureaux dans les plus petites détails, ils ne doivent point perdre de vue que l'administration est déterminée à renvoyer dans des bureaux ou tout au moins à faire descendre de classe les vérificateurs qui n'auraient point exactement vérifié les gestions des receveurs ou auraient ensuite dissimulé tout ou partie de la vérité.

Du reste, ces mesures de rigueur nécessaire ne sont point nouvelles ; et déjà, aux termes de la circulaire du 22 mars 1808, tout vérificateur qui, par un état qu'il aurait fourni de la situation des sommiers, comptes ouverts et tables alphabétiques d'un bureau, en aurait imposé à l'administration sur la vérité de cette situation, perdra son grade.

Les *Inspecteurs* sont des employés supérieurs d'un grade au dessus des vérificateurs.

Les inspecteurs sont sous les ordres et la surveillance immédiate des directeurs.

Ils sont préposés pour reconnaître dans chaque bureau la situation de toutes les parties du service ; exercer une surveillance approfondie sur les opérations de receveurs et des vérificateurs, et en transmettre les résultats à l'administration ; pour s'assurer que les receveurs et vérificateurs sont à leur poste ; qu'ils procèdent avec méthode et qu'ils remplissent toutes leurs obligations avec zèle et exactitude ; pour donner des instructions aux receveurs, exciter leur zèle, leur rappeler, s'il est nécessaire, les devoirs qu'ils ont à remplir.

Ils feront en sorte de prévenir ou d'aplanir par des explications les difficultés relatives aux perceptions ou à d'autres points entre les receveurs, les officiers publics et les redevables.

« Les agents supérieurs de l'administration des domaines (disait M. Calmon, député du Lot, à la séance du 7 juillet 1829, en parlant des vérificateurs et inspecteurs) ne sont pas seulement chargés de surveiller les comptables, et de régulariser leurs opérations ; ils remplissent, dans l'intérêt de l'ordre public, d'autres fonctions non moins importantes ; et en même temps qu'ils vérifient si les lois sur l'enregistrement et le timbre ont reçu leur exécution, ils ont à examiner si les officiers publics se conforment à tout ce qui leur est prescrit pour assurer la régularité et la conservation des actes dont ils sont dépositaires. *Le concours des préposés de l'enregistrement dispense le gouvernement de créer des agents spéciaux pour la surveillance et la vérification des dépôts publics.* »

Les *Directeurs* sont revêtus du premier grade de l'administration dans les départements.

Les fonctions des directeurs ont pour objet le maintien des règles de l'administration et des principes de la perception, la correspondance, le contentieux, la comptabilité, l'envoi périodique des expéditions et la surveillance générale de tous les employés placés sous leurs ordres.

CHAPITRE II.

ENREGISTREMENT.

§ 1er. — *Nature et origine de l'impôt de l'enregistrement.*

Le droit d'enregistrement, ce prix direct de la formalité qui fixe la date des actes et assure aux transactions la force de la loi, se trouve intimement lié avec chaque disposition du code civil.

Considéré dans ses rapports avec notre législation financière, il est de tous les éléments de produit celui qui peut, avec le moins de désavantage et le plus de latitude, fournir aux besoins publics.

Considéré dans ses rapports avec la législation civile, le droit d'enregistrement devient un moyen d'amener insensiblement les hommes à contracter plus ordinairement les actes qui peuvent concourir à améliorer la prospérité publique, et pour cela il n'a fallu qu'examiner :

1° Quels sont les actes qu'il faut favoriser, afin d'y ramener plus souvent les volontés particulières des citoyens ;

2° Quels sont ceux qu'il faut traiter sévèrement, pour en détourner l'égoïsme qui les préfère.

Dépouillé de la partie fiscale, le droit d'enregistrement est essentiellement une formalité légale, une véritable fonction de magistrature qui imprime aux actes une espèce de sceau, une existence authentique, un caractère d'inviolabilité.

L'origine de l'enregistrement, autrefois *contrôle*, remonte à plusieurs siècles.

Voici ce qu'on lit dans Merlin, v° *Contrôle :*

« Par un édit du mois de juillet 1581, Henri III créa, dans chaque siége royal du royaume, un contrôleur des titres, à l'effet d'enregistrer les contrats qui excéderaient cinq écus de principal, ou trente sous de rente foncière, les testaments, décrets, et les autres expéditions entre vifs et de dernière volonté.

Louis XIII créa, par édit du mois de juin 1627, un contrôleur de tous les actes que recevraient ou expédieraient les notaires du Châtelet de Paris ; mais, par un second édit du mois de décembre 1635, il érigea vingt-sept nouveaux offices de notaires, et il unit et incorpora à ces vingt-sept offices les qualités et les fonctions de contrôleurs, qui furent supprimés. Il fut attribué à ces notaires un tiers des salaires qui devaient être payés pour les actes.

Les choses restèrent en cet état jusqu'en 1693, époque où Louis XIV, pour prévenir les inconvénients et les discussions qui résultaient du défaut de contrôle de la plupart des actes, donna au mois de mars un édit qui organisa le système et l'impôt du contrôle d'une manière régulière ; les dispositions essentielles de cet édit ont été reproduites dans les lois actuelles.

Depuis cette époque (1693 jusqu'en 1698) le roi créa des offices de contrôleurs des actes, même des alternatifs et des triennaux ; mais par un édit du mois de janvier 1698 tous ces offices furent supprimés, et les droits de contrôle furent perçus au profit du roi.

En 1694, les notaires de Paris ayant fait un prêt considérable au trésor royal, ils furent, en représentation, affranchis du contrôle ; ce même arrangement se forma avec quelques provinces et villes, moyennant des finances qu'elles payèrent ; il fut fait avec d'autres des abonnements annuels.

Mais ces diverses mesures furent révoquées par une déclaration du 20 sept. 1722.

En résumé, la véritable époque de l'établissement du contrôle est dans l'édit du mois de mars 1693, dans la déclaration du 20 mars 1708 et dans celle du 20 sept. 1722.

Sous l'ancienne législation, l'on distinguait le *contrôle* et l'*insinuation*.

Le *contrôle* indiquait la mention sommaire d'un acte fait dans un registre par une personne autre que celle qui avait fait ou reçu l'acte. Le but de cette formalité était de prévenir la fraude et d'assurer l'existence des actes.

L'*insinuation* était une formalité qui consistait à faire au greffe d'une juridiction, pour les rendre publics et les faire parvenir à la connaissance de ceux qui pouvaient y avoir intérêt, l'enregistrement des testaments, des dotations et de plusieurs autres actes.

La loi des 5 et 19 décembre 1790 a aboli le droit de contrôle des actes et de centième denier ; cette loi constitua le *droit d'enregistrement*, dans lequel elle comprit les droits d'actes et les droits de mutation.

Elle divisa les actes et titres soumis à la formalité en trois classes.

Le droit de la première était *proportionnel* à la *valeur* des objets stipulés ; il s'élevait depuis 4 sous jusqu'à 4 livres pour 100 livres.

Celui de la seconde était payé à raison du *revenu présumé* des contractants.

Enfin le droit de la troisième classe consistait en une somme fixe, depuis 5 sous jusqu'à 12 livres, suivant *le degré d'utilité* de l'acte soumis à la formalité.

Les dispositions fiscales de cette loi ont été développées par la loi additionnelle des 29 septembre et 9 octobre 1791.

Adaptées ensuite par celle du 9 pluviôse an 4 à la dépréciation des valeurs dans lesquelles les stipulations avaient lieu à cette époque, rétablies depuis par la loi du 19 thermidor an 4, avec modifications, changées et modifiées de nouveau par la loi du 9 vendémiaire an 6, ces diverses lois ont été enfin abrogées, avec toutes celles qui s'y rattachent, par celle du 22 frim. an 7, qui a fixé sur un plan nouveau les principes et les tarifs des droits d'enregistrement.

§ 2. — *Lois qui régissent actuellement l'impôt de l'enregistrement.*

Les lois qui régissent actuellement l'impôt de l'enregistrement sont :
1° La loi du 22 frimaire an 7.

Cette loi est la véritable loi constituante ; elle est composée de douze titres : les neuf premiers sont consacrés aux principes fondamentaux ; le dixième est appliqué au tarif ; le onzième, aux actes à enregistrer en débet ou gratis ; le douzième, aux mesures transitoires ;
2° Le titre VII de la loi du 28 avril 1816, sur les finances ;
3° Le titre VI de la loi du 25 mars 1817, sur les finances ;
4° Le titre VII de la loi du 15 mai 1818, sur les finances ;
5° La loi du 16 juin 1824, en seize articles ;
6° Le titre II de la loi sur les finances du 21 avril 1832 ;
7° Le titre II de la loi sur les finances du 24 mai 1834.

Les diverses lois ou portions de lois intervenues au milieu des débats parlementaires ont toutes été plus ou moins empreintes des besoins pressants du moment ; mais il est surtout à regretter que des amendements brusquement introduits dans l'économie du projet présenté soient venus fréquemment y porter le cachet de l'esprit de parti, et faire naître pour l'avenir mille difficultés d'interprétation.

Indépendamment des lois ci-dessus, qui peuvent être considérées comme organiques, ou comme ayant cherché, par des modifications plus ou moins profondes, à mettre l'impôt de l'enregistrement en harmonie avec nos lois civiles, il existe un grand nombre de lois d'un intérêt isolé, local ou passager, telles que :

Loi du 2 juillet 1828, sur la révision des listes électorales et du jury. Art. 18 et 26 (circulaire du 8 juin 1830) ;

Loi du 8 septembre 1830, relative à l'enregistrement des actes de prêts sur dépôts (Instr. 1332) ;

Loi du 21 mars 1831, relative à la formation des listes des électeurs communaux (art. 41, 42 et 52) ;

3

Loi du 19 avril 1831, relative aux élections des députés (art. 10, 33 et 36);

Loi du 7 juillet 1833, relative à l'expropriation pour cause d'utilité publique (Instr. 1448).

§ 3. — *Principes généraux de l'enregistrement.*

La loi bursale, comme la loi civile, a des principes certains; son application consiste également dans les inductions que le praticien doit en tirer.

Notitia a primis principiis deducta.

Nul acte n'est réellement authentique relativement à la loi de l'impôt, et ne peut servir de base à un autre acte, s'il n'a été revêtu de la formalité de l'enregistrement.

Le droit est ouvert au moment de la confection des actes, et il est exigible dans les délais fixés par la loi, sans que l'action du trésor puisse être modifiée par convention des parties contractantes.

Dans le cas où un article de loi aurait prorogé le délai de l'acquittement du droit pour une espèce particulière du contrat, le droit devrait être perçu d'après la date de l'acte, lors même qu'une autre loi aurait, depuis et avant l'enregistrement, changé le taux du droit.

Les actes sous seing privé n'acquérant de date précise que par l'enregistrement, c'est, en règle générale, aux lois observées à l'époque où ils sont présentés à la formalité, et non à celles existantes lors de leur passation, qu'ils doivent être soumis.

On ne peut scinder la perception des droits d'un acte, c'est-à-dire percevoir ceux d'une disposition, et laisser en suspens ceux des autres.

Le droit d'enregistrement est le salaire de la formalité; sa quotité est déterminée par la nature des conventions exprimées dans les actes.

En général, pour apprécier les effets des stipulations insérées dans les actes, l'on doit rechercher quelle a été la commune intention des parties contractantes, plutôt que de s'arrêter au sens littéral des termes, conformément à cet axiome de droit : *Non quod scriptum, sed quod gestum inspicitur*, et aux règles tracées par les art. 1156 et 1157 du C. civ.

Le *scriptum* consiste dans le nom ou la qualification qu'on a voulu donner ostensiblement à l'acte par l'écriture. Le *gestum*, au contraire, ajoute M. Proudhon, est ce qu'on a voulu obtenir en exécution : c'est ce qui se rapporte à l'action exécutive du contrat, et qui caractérise cette action.

Ainsi c'est toujours le *gestum* qui détermine la nature du contrat et du droit à percevoir, et, en d'autres termes, c'est par l'ensemble des dispositions d'un acte que sa nature doit se déterminer, et non point dépendre de la dénomination que lui attribuent les parties.

Toutefois les préposés de l'enregistrement n'ont point à examiner la validité des stipulations ; ils n'ont à s'assurer, pour établir la perception, que de la forme extérieure des actes, du consentement des parties et de la nature de leurs conventions, sans s'occuper des moyens de nullité.

Ces moyens, en effet, peuvent ne pas arrêter l'exécution des conventions, s'ils ne sont pas proposés ou reconnus en justice.

Toutes les dispositions donnant ouverture à des droits proportionnels contenues dans les transactions sont passibles de ces droits, sans que l'on puisse établir une différence entre celles qui sont relatives à un objet en litige, quelle qu'en soit la cause, et celles qui y sont étrangères.

Les droits dus sur un acte parfait en lui-même sont indépendants des événéments ultérieurs, qui ne peuvent avoir pour effet de rendre restituables les droits régulièrement perçus.

Et si un supplément de droit est dû sur un acte, on ne peut pas plus opposer à la demande qui en est faite l'annulation de cet acte par une cause quelconque qu'on ne peut se prévaloir de cette annulation pour réclamer les droits déjà perçus.

Les droits d'enregistrement sont des impôts ; comme tels ils ne peuvent éprouver d'augmentation ou de diminution qu'en vertu d'une loi expresse. Le tribunal qui ordonnerait la perception d'un droit non légalement établi ou refuserait celle d'un droit légalement exigible usurperait le pouvoir législatif.

Il est de principe général, en matière d'impôts, qu'on ne peut, par voie d'induction ou d'analogie, étendre d'un cas à un autre les dispositions de la loi ; elles doivent être exécutées à la lettre, sans chercher à en interpréter l'esprit.

Les droits de mutation sont acquis au trésor, et se trouvent, par conséquent, irrévocablement fixés à l'instant où, d'après les principes de la loi civile, la transmission s'est opérée.

Ainsi les délais accordés pour le paiement des droits de mutation (art. 22 et 24 de la loi de frimaire) ne sont autre chose qu'un terme, c'est-à-dire qu'ils ne suspendent pas l'obligation, mais en retardent seulement l'exécution.

Enfin, ainsi que l'a dit l'honorable chef de l'administration des domaines, M. Calmon, *la première règle de toute perception est d'être conforme aux dispositions expresses de la loi, qu'il ne faut ni restreindre ni excéder.*

. Les employés ne doivent point s'expliquer sur la liquidation des droits d'enregistrement des actes avant qu'on les leur remette pour les revêtir de la formalité : il pourrait en résulter des inconvénients de plusieurs natures, tant pour les parties que pour le trésor public.

Toutefois, lorsqu'un acte sous seing privé écrit sur papier de timbre prescrit, et *ne portant pas translation* de propriété ou de jouissance d'immeubles, aura été présenté au receveur, et que la personne qui l'aura présenté voudra le retirer sans le faire enregistrer, le receveur devra le rendre.

Tout acte sous seing privé translatif de propriété ou de jouissance d'immeubles ne pourra, après avoir été remis pour recevoir la formalité, être rendu avant l'enregistrement et le paiement des droits, sans qu'il en soit conservé copie que la partie est tenue de certifier.

Les droits ne sont dus à titres différents que sur les dispositions d'un même acte indépendantes les unes des autres.

Pour qu'une disposition dérive nécessairement de la disposition principale, et ne soit point passible d'un droit particulier, il faut qu'elle tienne essentiellement à sa nature et à sa validité, en sorte qu'elle en soit une conséquence nécessaire et indispensable; qu'on ne puisse, en un mot, scinder les deux dispositions sans détruire la contexture même de l'acte.

§ 4. — *Distinction du droit fixe et du droit proportionnel.*

Les droits d'enregistrement se divisent en deux grandes classes : les uns sont *fixes*, et par conséquent n'augmentent ni ne diminuent de quotité; les autres sont *proportionnels*, c'est-à-dire qu'ils sont en proportion des valeurs sur lesquelles ils sont assis.

Le droit fixe s'applique aux actes, soit civils, soit judiciaires ou extrajudiciaires, qui ne sont que de simples formalités, et qui n'ont point immédiatement des valeurs pour objet, ou la transmission de choses mobilières ou immobilières.

Le droit proportionnel est établi pour les obligations, libérations, condamnations, collocations ou liquidations de sommes et valeurs, et pour toute transmission de propriété, d'usufruit ou de jouissance de biens meubles ou immeubles, soit entre vifs, soit par décès.

Cette division se trouvait déjà dans la loi de 1790; mais elle a été établie en principe, et d'une manière précise, dans celle du 22 frim. an 7.

Cette base ainsi sagement posée, les actes ou les dispositions des actes qui ne sont sujets qu'au droit fixe ne peuvent jamais être passibles du droit proportionnel, *et vice versa ;* il ne faut plus que s'attacher à faire une application exacte de ce principe, auquel l'on sent chaque jour davantage l'impérieuse nécessité de revenir d'une manière rigoureuse et absolue.

La loi n'a pu frapper d'un droit particulier toutes les stipulations que sont susceptibles de présenter les transactions commerciales ou civiles ; mais elle a voulu que, hors les cas d'exceptions déterminés, aucun acte ne pût jouir des avantages de l'enregistrement sans payer un salaire pour la formalité.

L'exigibilité du droit proportionnel n'a qu'une cause possible : c'est la dénomination précise de l'acte ou de la mutation ; tandis que le droit fixe est dû, soit que l'acte soit expressément tarifé, soit qu'il ne le soit pas. Seulement, dans le premier cas, la quotité varie suivant la nature de l'acte dénommé ; dans le second, c'est invariablement le droit de 1 fr. qui doit être perçu.

§ 5. — *Dispositions des neuf premiers titres de la loi du 22 frimaire an 7.*

TITRE Ier.—*De l'enregistrement des droits et de leur application.*

Art. 1er. Les droits d'enregistrement seront perçus d'après les bases et suivant les règles déterminées par la présente.

2. Les droits d'enregistrement sont *fixes* ou *proportionnels*, suivant la nature des actes ou mutations qui y sont assujettis.

3. Le droit *fixe* s'applique aux actes, soit civils, soit judiciaires ou extrajudiciaires, qui ne contiennent ni obligation, ni libération, ni condamnation, collocation ou liquidation de sommes et valeurs, ni transmission de propriété, d'usufruit ou de jouissance de biens meubles ou immeubles. Il est perçu aux taux réglés par l'art. 68 de la présente.

4. Le droit *proportionnel* est établi pour les obligations, libérations, condamnations, collocations ou liquidations de sommes et valeurs, et pour toutes transmissions de propriété, d'usufruit ou de jouissance de biens meubles et immeubles, soit entre vifs, soit par décès. — Ses quotités sont fixées par l'art. 9 ci-après. — Il est assis sur les valeurs.

5. Il n'y a point de fraction de centime dans la liquidation du droit proportionnel. Lorsqu'une fraction de somme ne produit pas un centime de droit, le centime est perçu au profit de l'état.

6. Cependant le moindre droit à percevoir sur un acte donnant lieu au droit proportionnel et sur une mutation de biens par décès sera du montant de la quotité sous laquelle chaque acte ou mutation se trouve classé dans les articles 68 et 69, sauf les exceptions y mentionnées.

7. Les actes civils et extrajudiciaires sont enregistrés sur les minutes, brevets ou originaux. — Les actes judiciaires reçoivent cette formalité, soit sur les minutes, soit sur les expéditions, suivant les distinctions ci-après.—Ceux qui doivent être enregistrés *sur les minutes*

sont les procès-verbaux d'apposition, de reconnaissance et de levée de scellés, et ceux de nomination de tuteurs et curateurs, les avis de parents, les émancipations, les actes de notoriété, les déclarations en matière civile, les adoptions, tous actes contenant autorisation, acceptation, abstention, renonciation ou répudiation; les nominations d'experts et arbitres, les oppositions à levée de scellés par comparution personnelle, les cautionnements de personnes à représenter à justice, ceux de sommes déterminées ou non déterminées, les ordonnances et mandements d'assigner les opposants à scellés, tous procès-verbaux généralement quelconques des bureaux de paix portant conciliation ou non-conciliation, défaut ou congé, remise ou ajournement; tous actes d'acquiescement, de dépôt et consignation, d'exclusion de tribunaux, d'affirmation de voyage, d'enchères ou surenchères, de reprise d'instance; de communication de pièces, avec ou sans déplacement; d'affirmation ou vérification de créances, d'opposition à délivrance de titres ou jugements, de procès-verbaux et rapports, de dépôt de bilan, et de décharges; les certificats de toute nature et ordonnances sur requête; les jugements portant transmission d'immeubles, et ceux par lesquels il est prononcé des condamnations sur des conventions sujettes à l'enregistrement, sans énonciation de titres enregistrés. Tous autres actes et jugements, soit préparatoires ou d'instruction, soit définitifs, ne sont soumis à l'enregistrement que sur les expéditions.—Ceux des actes de l'état civil qui sont assujettis à l'enregistrement par la présente ne seront également enregistrés que sur les expéditions. — Les jugements de la police ordinaire, des tribunaux de police correctionnelle et des tribunaux criminels, ne sont de même soumis à l'enregistrement que sur les expéditions, *lorsqu'il y a partie civile*, et seulement pour les expéditions requises par elle ou autres intéressés.

8. Il n'est dû aucun droit d'enregistrement pour les extraits, copies ou expéditions des actes qui doivent être enregistrés sur les minutes ou originaux. — Quant à ceux des actes judiciaires qui ne sont assujettis à l'enregistrement que sur les expéditions, chaque expédition doit être enregistrée, savoir : la première, pour le droit proportionnel, s'il y a lieu, ou pour le droit *fixe*, si le jugement n'est pas passible du droit proportionnel; et chacune des autres, pour le droit *fixe*.

9. Lorsqu'un acte translatif de propriété ou d'usufruit comprend les meubles ou immeubles, le droit d'enregistrement est perçu sur la totalité du prix au taux réglé pour les immeubles, à moins qu'il ne soit stipulé un prix particulier pour les objets mobiliers, et qu'ils ne soient désignés et estimés article par article dans le contrat.

10. Dans le cas de transmission de biens, la quittance donnée ou l'obligation consentie par le même acte, pour tout ou partie du prix,

entre les contractants, ne peut être sujette au droit particulier d'enregistrement.

11. Mais lorsque dans un acte quelconque, soit civil, soit judiciaire ou extraordinaire, il y a plusieurs dispositions indépendantes ou ne dérivant pas nécessairement les unes des autres, il est dû pour chacune d'elles, et selon son espèce, un droit particulier. La quotité en est déterminée par l'article de la présente dans lequel la disposition se trouve classée, ou auquel elle se rapporte.

12. La mutation d'un immeuble en propriété ou usufruit sera suffisamment établie pour la demande du droit d'enregistrement et la poursuite du paiement contre le nouveau possesseur, soit par l'inscription de son nom au rôle de la contribution foncière, et des paiements par lui faits d'après ce rôle, soit par des baux par lui passés, ou enfin par des transactions ou autres actes constatant sa propriété ou son usufruit.

13. La jouissance à titre de ferme, ou de location, ou d'engagement, d'un immeuble, sera aussi suffisamment établie, pour la demande et la poursuite du paiement des droits des baux et engagements non enregistrés, par les actes qui la feront connaître, ou par des paiements de contributions imposées aux fermiers, locataires et détenteurs temporaires.

TITRE II. — *Des valeurs sur lesquelles le droit proportionnel est assis, et de l'expertise.*

14. La valeur de la propriété, de l'usufruit et de la jouissance des *biens meubles*, est déterminée, pour la liquidation et le paiement du droit proportionnel, ainsi qu'il suit, savoir :

1° Pour les baux et locations, *par le prix annuel exprimé, en y ajoutant les charges imposées au preneur*;

2° Pour les créances à terme, leur cession et transport, et autres actes obligatoires, *par le capital exprimé dans l'acte, et qui en fait l'objet*;

3° Pour les quittances et pour tous autres actes de libération, *par le total des sommes ou capitaux dont le débiteur se trouve libéré*;

4° Pour les marchés et traités, *par le prix exprimé ou l'évaluation qui sera faite des objets qui en seront susceptibles*;

5° Pour les ventes et autres transmissions à titre onéreux, *par le prix exprimé et le capital des charges qui peuvent ajouter au prix*;

6° Pour les créations de rente, soit perpétuelles, soit viagères, ou de pensions, aussi à titre onéreux, *par le capital constitué et aliéné*;

7° Pour les cessions ou transports desdites rentes ou pensions, et pour leur amortissement ou rachat, *par le capital constitué, quel que soit le prix stipulé pour le transport ou l'amortissement ;*

8° Pour les transmissions entre vifs à titre gratuit, et celles qui s'opèrent par décès, *par la déclaration estimative des parties, sans distraction des charges;*

9° Pour les rentes et pensions créées sans expression du capital, leur transport et amortissement, *à raison d'un capital formé de vingt fois la rente perpétuelle, et de dix fois la rente viagère ou la pension, et quel que soit le prix stipulé pour le transport de l'amortissement.* — Il ne sera fait aucune distinction entre les rentes viagères et pensions créées sur une tête, et celles créées sur plusieurs têtes, quant à l'évaluation. — Les rentes et pensions stipulées payables en nature seront évaluées aux mêmes capitaux, estimation préalablement faite des objets d'après les dernières mercuriales du canton où l'acte aura été passé. — Il sera rapporté, à l'appui de l'acte, un extrait certifié des mercuriales. — S'il est question d'objets dont les prix ne puissent être réglés par les mercuriales, les parties en feront une déclaration estimative.

10° Pour les actes et jugements portant condamnation, collocation, liquidation ou transmission, *par le capital des sommes, et les intérêts et dépens liquidés.*

L'usufruit transmis à titre gratuit s'évalue à la moitié de la valeur entière de l'objet.

15. La valeur de la propriété, de l'usufruit et de la jouissance *des immeubles,* est déterminée, pour la liquidation et le paiement du droit proportionnel, ainsi qu'il suit, savoir :

1° Pour les baux à ferme ou à loyer, les sous-baux, cessions et subrogations de baux, *par le prix annuel exprimé, en ajoutant les charges imposées au preneur.* — Si le bail est stipulé payable en nature, il en sera fait une évaluation d'après les dernières mercuriales du canton de la situation des biens, à la date de l'acte, à l'appui duquel il sera rapporté un extrait certifié des mercuriales. — Il en sera de même des baux à portion de fruits, pour la part revenant au bailleur, dont la quotité sera préalablement déclarée, et sur la valeur de laquelle le droit d'enregistrement sera perçu. S'il s'agit d'objets dont la valeur ne puisse être constatée par les mercuriales, les parties en feront une déclaration estimative.

2° Pour les baux à rentes perpétuelles, et ceux dont la durée est illimitée, *par un capital formé de vingt fois la rente ou le prix annuel, et les charges, aussi annuelles, en y ajoutant également les autres charges en capital et les deniers d'entrée, s'il en est stipulé.* — *Les objets en nature s'évaluent comme ci-dessus.*

3° Pour les baux à vie, sans distinction de ceux faits sur une ou plusieurs têtes, *par un capital formé de dix fois le prix et les*

*charges annuelles , en y ajoutant de même le montant des de-
niers d'entrée et des autres charges , s'il s'en trouve d'exprimées. Les objets en nature s'évaluent pareillement comme il
est prescrit ci-dessus.*

4° Pour les échanges, *par une évaluation qui doit être faite en
capital, d'après le revenu annuel multiplié par vingt, sans distraction des charges.*

5° Pour les engagements, *par les prix et sommes pour lesquels
ils sont faits.*

6° Pour les ventes, adjudications, cessions, rétrocessions, licitations, et tous autres actes civils ou judiciaires portant translation de
propriété ou d'usufruit à titre onéreux, *par le prix exprimé , en y
ajoutant toutes les charges en capital , ou par une estimation
d'experts , dans les cas autorisés par la présente.* — Si l'usufruit
est réservé par le vendeur, il sera évalué à la moitié de tout ce qui
forme le prix du contrat et le droit perçu sur le total ; mais il ne sera
dû aucun droit pour la réunion de l'usufruit à la propriété ; cependant,
si elle s'opère par un acte de cession, et que le prix soit supérieur à
l'évaluation qui en aura été faite pour régler le droit de la translation
de propriété , il est dû un droit , par supplément, sur ce qui se trouve
excéder cette évaluation. Dans le cas contraire l'acte de cession est
enregistré pour le droit *fixe.*

7° Pour les transmissions de propriété entre vifs à titre gratuit , et
celles qui s'effectuent par décès , *par l'évaluation qui sera faite et
portée à vingt fois le produit des biens, ou le prix des baux courants, sans distraction des charges.* — Il ne sera rien dû pour la
réunion de l'usufruit à la propriété, lorsque le droit d'enregistrement
aura été acquitté sur la valeur entière de la propriété.

8° Pour les transmissions d'usufruit seulement, soit entre vifs, à titre
gratuit, soit par décès , *par l'évaluation qui en sera portée à dix
fois le produit des biens , ou le prix des baux courants, aussi
sans distraction des charges.* — Lorsque l'usufruitier qui aura acquitté le droit d'enregistrement pour son usufruit acquerra la nue propriété, il paiera le droit d'enregistrement sur sa valeur, sans qu'il y
ait lieu d'y joindre celle de l'usufruit.

16. Si les sommes et valeurs ne sont pas déterminées dans un acte
ou un jugement donnant lieu au droit proportionnel, les parties seront
tenues d'y suppléer, avant l'enregistrement, par une déclaration estimative, certifiée et signée au pied de l'acte.

17. Si le prix énoncé dans un acte translatif de propriété ou d'usufruit de *biens immeubles* à titre onéreux paraît inférieur à la valeur vénale à l'époque de l'aliénation , par comparaison avec les fonds
voisins de même nature, la régie pourra requérir une expertise, pourvu

qu'elle en fasse la demande dans l'année à compter du jour de l'enregistrement du contrat.

18. La demande en expertise sera faite au tribunal civil du département dans l'étendue duquel les biens sont situés, par une pétition portant nomination de l'expert de la nation. — L'expertise sera ordonnée dans la décade de la demande. — En cas de refus par la partie de nommer son expert sur la sommation qui lui aura été faite d'y satisfaire dans les trois jours, il lui en sera nommé un d'office par le tribunal. — Les experts, en cas de partage, appelleront un tiers expert. S'ils ne peuvent en convenir, le juge de paix du canton de la situation des biens y pourvoira. — Le procès-verbal d'expertise sera rapporté au plus tard dans le mois qui suivra la remise qui aura été faite aux experts de l'ordonnance du tribunal, ou dans le mois après l'appel d'un tiers expert. — Les frais de l'expertise seront à la charge de l'acquéreur, mais seulement lorsque l'estimation excédera d'un huitième au moins le prix énoncé au contrat. — L'acquéreur sera tenu, dans tous les cas, d'acquitter le droit sur le supplément d'estimation, s'il y a une plus-value constatée par le rapport d'experts.

19. Il y aura également lieu à requérir l'expertise des *revenus des immeubles* transmis en propriété ou usufruit à tout autre titre qu'à titre onéreux, lorsque l'insuffisance dans l'évaluation ne pourra être établie par actes qui puissent faire connaître le véritable revenu des biens.

TITRE III. — *Des délais pour l'enregistrement des actes et déclarations.*

20. Les délais pour faire enregistrer les actes publics sont, savoir : *De quatre jours* pour ceux des huissiers et autres ayant pouvoir de faire des exploits et procès-verbaux; — *De dix jours* pour les actes des notaires qui résident dans la commune où le bureau d'enregistrement est établi; — *De quinze jours* pour ceux des notaires qui n'y résident pas; — *De vingt jours* pour les actes judiciaires soumis à l'enregistrement sur les minutes, et pour ceux dont il ne reste pas de minutes au greffe, ou qui se délivrent en brevets; — *De vingt jours aussi* pour les actes des administrations centrales et municipales assujettis à la formalité de l'enregistrement.

21. Les testaments déposés chez les notaires ou par eux reçus seront enregistrés *dans les trois mois* du décès des testateurs, à la diligence des héritiers, donataires, légataires, ou exécuteurs testamentaires.

22. Les actes qui, à l'avenir, seront faits sous signature privée, et qui porteront transmission de propriété ou d'usufruit *de biens immeubles*, et les baux à ferme ou à loyer, sous-baux, cessions et subrogations de baux, et les engagements, aussi sous signature privée, *de biens de même nature*, seront enregistrés *dans les trois mois de leur date.* — Pour

ceux des actes de ces espèces qui seront passés en pays étranger, ou dans les îles ou colonies françaises où l'enregistrement n'aurait pas encore été établi, le délai sera *de six mois* s'ils sont faits en Europe, *d'une année* si c'est en Amérique, et *de deux années* si c'est en Asie ou en Afrique.

23. Il n'y a point de délai de rigueur pour l'enregistrement de tous autres actes que ceux mentionnés dans l'article précédent, qui seront faits sous signature privée, ou passés en pays étranger, et dans les îles et colonies françaises où l'enregistrement n'aurait pas encore été établi ; mais il ne pourra en être fait aucun usage, soit par acte public, soit en justice, ou devant toute autre autorité constituée, qu'ils n'aient été préalablement enregistrés.

24. Les délais pour l'enregistrement des déclarations que les héritiers, donataires ou légataires, auront à passer des biens à eux échus ou transmis par décès, sont, savoir :

De six mois à compter du jour du décès lorsque celui dont on recueille la succession est décédé en France,—*De huit mois* s'il est décédé dans toute autre partie de l'Europe, — *D'une année* s'il est mort en Amérique, — Et *de deux années* si c'est en Afrique ou en Asie. — Le délai de six mois ne courra que du jour de la mise en possession pour la succession d'un absent; celle d'un condamné, si ses biens sont séquestrés; celle qui aurait été séquestrée pour toute autre cause; celle d'un défenseur de la patrie, s'il est est mort en activité de service, hors de son département; ou enfin celle qui serait recueillie par indivis avec la nation. — Si, avant les derniers six mois des délais fixés pour les déclarations des successions de personnes décédées hors de France, les héritiers prennent possession des biens, il ne restera d'autre délai à courir pour passer déclaration que celui de six mois à compter du jour de la prise de possession.

25. Dans les délais fixés par les articles précédents pour l'enregistrement des actes et des déclarations, le jour de la date de l'acte ou celui de l'ouverture de la succession ne sera pas compté. — Si le dernier jour du délai se trouve être un décadi ou un jour de fête nationale, ou s'il tombe dans les jours complémentaires, ces jours-là ne seront pas comptés non plus.

TITRE IV. — *Des bureaux où les actes et mutations doivent être enregistrés.*

26. Les notaires ne pourront faire enregistrer leurs actes qu'aux bureaux dans l'arrondissement desquels ils résident. — Les huissiers et tous autres ayant pouvoir de faire des exploits, procès-verbaux ou rapports, feront enregistrer leurs actes soit au bureau de leur résidence, soit au bureau du lieu où ils les auront faits. — Les greffiers et les secrétaires des administrations centrales et municipales feront

enregistrer les actes qu'ils sont tenus de soumettre à cette formalité aux bureaux dans l'arrondissement desquels ils exercent leurs fonctions. — Les actes sous signature privée et ceux passés en pays étrangers pourront être enregistrés dans tous les bureaux indistinctement.

27. Les mutations de propriété ou d'usufruit par décès seront enregistrées au bureau de la situation des biens. — Les héritiers, donataires ou légataires, leurs tuteurs ou curateurs, seront tenus d'en passer déclaration détaillée, et de la signer sur le registre.—S'il s'agit d'une mutation, au même titre, de biens meubles, la déclaration en sera faite au bureau dans l'arrondissement duquel ils se seront trouvés au décès de l'auteur de la succession. — Les rentes et les autres biens meubles sans assiette déterminée lors du décès seront déclarés au bureau du domicile du décédé. — Les héritiers, légataires ou donataires, rapporteront, à l'appui de leurs déclarations *de biens meubles*, un inventaire ou état estimatif, article par article, par eux certifié, s'il n'a pas été fait par un officier public; cet inventaire sera déposé et annexé à la déclaration, qui sera reçue et signée sur le registre du receveur de l'enregistrement.

TITRE V. — *Du paiement des droits, et de ceux qui doivent les acquitter.*

28. Les droits des actes et ceux des mutations par décès seront payés avant l'enregistrement, aux taux et quotités réglés par la présente. — Nul ne pourra en atténuer ni différer le paiement sous le prétexte de contestation sur la quotité, ni pour quelque autre motif que ce soit, sauf à se pourvoir en restitution, s'il y a lieu.

29. Les droits des actes à enregistrer seront acquittés, savoir :

Par les notaires, *pour les actes passés devant eux; —* Par les huissiers et autres ayant pouvoir de faire des exploits et procès-verbaux, *pour ceux de leur ministère; —* Par les greffiers, pour les *actes et jugements (sauf le cas prévu par l'article 37, ci-après) qui doivent être enregistrés sur les minutes, aux termes de l'art. 7 de la présente, et ceux passés et reçus aux greffes, et pour les extraits qu'ils délivrent des jugements qui ne sont pas soumis à l'enregistrement sur les minutes; —* Par les secrétaires des administrations centrales et municipales, *pour les actes de ces administrations qui sont soumis à la formalité de l'enregistrement, sauf aussi le cas prévu par l'art. 37; —* Par les parties, *pour les actes sous signature privée, et ceux passés en pays étranger, qu'elles auront à faire enregistrer; pour les ordonnances sur requêtes ou mémoires, et les certificats qui leur sont immédiatement délivrés par les juges; et pour les actes et décisions qu'elles obtiennent des arbitres, si ceux-ci ne les ont pas fait enregistrer; —* Et par les héritiers, légataires et donataires, leurs tuteurs et curateurs, et les exécuteurs testamentaires, *pour les testaments et autres actes de libéralité à cause de mort.*

30. Les officiers publics qui, aux termes des dispositions précédentes, auraient fait, pour les parties, l'avance des droits d'enregistrement, pourront prendre exécutoire du juge de paix de leur canton pour leur remboursement. — L'opposition qui serait formée contre cet exécutoire, ainsi que toutes les contestations qui s'élèveraient à cet égard, seront jugées conformément aux dispositions portées par l'art. 65 de la présente, relatif aux instances poursuivies au nom de la nation.

31. Les droits des actes civils et judiciaires emportant obligation, libération ou translation de propriété ou d'usufruit de meubles ou immeubles, seront supportés par les débiteurs et nouveaux possesseurs, et ceux de tous les autres actes le seront par les parties auxquelles les actes profiteront, lorsque dans ces divers cas il n'aura pas été stipulé de dispositions contraires dans les actes.

32. Les droits des déclarations des mutations par décès seront payés par les héritiers, donataires ou légataires. — Les cohéritiers seront solidaires. La nation aura action sur les revenus des biens à déclarer, en quelques mains qu'ils se trouvent, pour le paiement des droits dont il faudrait poursuivre le recouvrement.

TITRE VI. — *Des peines pour défaut d'enregistrement des actes et déclarations dans les délais, et de celles portées relativement aux omissions, aux fausses estimations et aux contre-lettres.*

33. Les notaires qui n'auront pas fait enregistrer leurs actes dans les délais prescrits paieront personnellement, à titre d'amende, et pour chaque contravention, une somme de cinquante francs s'il s'agit d'un acte sujet au droit fixe, ou une somme égale au montant du droit s'il s'agit d'un acte sujet au droit proportionnel, sans que dans ce dernier cas la peine puisse être au dessous de cinquante francs. — Ils seront tenus en outre du paiement des droits, sauf leur recours contre les parties pour ces droits seulement.

34. La peine contre un huissier ou autre ayant pouvoir de faire des exploits ou procès-verbaux est, pour un exploit ou procès-verbal non présenté à l'enregistrement dans le délai, d'une somme de *vingt-cinq francs,* et de plus une somme équivalente au montant du droit de l'acte non enregistré. L'exploit ou procès-verbal non enregistré dans le délai est déclaré nul, et le contrevenant responsable de cette nullité envers la partie. — Ces dispositions relativement aux exploits et procès-verbaux ne s'étendent pas aux procès-verbaux de vente de meubles et autres objets mobiliers, ni à tout autre acte du ministère des huissiers sujet au droit proportionnel. La peine pour ceux-ci sera d'une

somme égale au montant du droit, sans qu'elle puisse être au dessous de *cinquante francs*. Le contrevenant paiera en outre le droit dû pour l'acte, sauf son recours contre la partie pour ce droit seulement.

35. Les greffiers qui auront négligé de soumettre à l'enregistrement, dans le délai fixé, les actes qu'ils sont tenus de présenter à cette formalité, paieront personnellement, à titre d'amende et pour chaque contravention, une somme égale au montant du droit. — Ils acquitteront en même temps le droit, sauf leur recours, pour ce droit seulement, contre la partie.

36. Les dispositions de l'article précédent s'appliquent également aux secrétaires des administrations centrales et municipales pour chacun des actes qu'il leur est prescrit de faire enregistrer, s'ils ne les ont pas soumis à l'enregistrement dans le délai.

37. Il est néanmoins fait exception aux dispositions des deux articles précédents quant aux jugements rendus *à l'audience*, qui doivent être enregistrés sur les minutes, et aux actes d'adjudications passés en séance *publique* des administrations, lorsque les parties n'auront pas consigné aux mains des greffiers et des secrétaires, dans le délai prescrit pour l'enregistrement, le montant des droits fixés par la loi. Dans ce cas le recouvrement en sera poursuivi contre les parties par les receveurs; elles supporteront en outre la peine du droit en sus. Pour cet effet les greffiers et les secrétaires fourniront aux receveurs de l'enregistrement, dans la décade qui suivra l'expiration du délai, des extraits par eux certifiés des actes et jugements dont les droits ne leur auront pas été remis par les parties, à peine d'une amende de *dix francs* pour chaque décade de retard et pour chaque acte et jugement, et d'être en outre personnellement contraints au paiement des doubles droits.

38. Les actes sous signature privée et ceux passés en pays étrangers dénommés dans l'article 22 qui n'auront pas été enregistrés dans les délais déterminés seront soumis au double droit d'enregistrement. Il en sera de même pour les testaments non enregistrés dans le délai.

39. Les héritiers, donataires ou légataires, qui n'auront pas fait dans les délais prescrits les déclarations des biens à eux transmis par décès, paieront, à titre d'amende, un demi-droit en sus du droit qui sera dû pour la mutation.— La peine pour les omissions qui seront reconnues avoir été faites dans les déclarations sera d'un droit en sus de celui qui se trouvera dû pour les objets omis; il en sera de même pour les insuffisances constatées dans les estimations des biens déclarés.— Si l'insuffisance est établie par un rapport d'experts, les contrevenants paieront en outre les frais de l'expertise.

Les tuteurs et curateurs supporteront personnellement les peines ci-dessus lorsqu'ils auront négligé de passer les déclarations dans les délais, ou qu'ils auront fait des omissions ou des estimations insuffisantes.

. 40. Toute contre-lettre faite sous signature privée qui aurait pour objet une augmentation de prix stipulé dans un acte public ou dans un acte sous signature privée précédemment enregistré est déclarée nulle et de nul effet; néanmoins, lorsque l'existence en sera constatée, il y aura lieu d'exiger, à titre d'amende, une somme triple du droit qui aurait eu lieu sur les valeurs et sommes ainsi stipulées.

TITRE VII. — *Des obligations des notaires, huissiers, greffiers, secrétaires, juges, arbitres, administrateurs et autres officiers ou fonctionnaires publics, des parties et des receveurs, indépendamment de celles imposées sous les titres précédents.*

41. Les notaires, huissiers, greffiers, et les secrétaires des administrations centrales et municipales, ne pourront délivrer en brevet, copie ou expédition, aucun acte soumis à l'enregistrement sur la minute ou l'original, ni faire aucun autre acte en conséquence, avant qu'il ait été enregistré, quand même le délai pour l'enregistrement ne serait pas encore expiré, à peine de cinquante francs d'amende, outre le paiement du droit.— Sont exceptés les exploits et autres actes de cette nature qui se signifient à partie ou par affiches et proclamations, et les effets négociables compris sous l'art. 69, § II, n. 6, de la présente. — A l'égard des jugements qui ne sont assujettis à l'enregistrement que sur les expéditions, il est défendu aux greffiers, sous les mêmes peines, d'en délivrer aucune, même par simple note ou extrait, aux parties ou autres intéressés, sans l'avoir fait enregistrer.

42. Aucun notaire, huissier, greffier, secrétaire ou autre officier public, ne pourra faire ou rédiger un acte en vertu d'un acte sous seing privé, ou passé en pays étranger, l'annexer à ses minutes, ni le recevoir en dépôt, ni en délivrer extrait, copie ou expédition, s'il n'a été préalablement enregistré, à peine de cinquante francs d'amende, et de répondre personnellement du droit, sauf l'exception mentionnée dans l'article précédent.

43. Il est également défendu, sous la même peine de cinquante francs d'amende, à tout notaire ou greffier, de recevoir aucun acte en dépôt, sans dresser acte du dépôt. — Sont exceptés les testaments déposés chez les notaires par les testateurs.

44. Il sera fait mention dans toutes les expéditions des actes publics, civils ou judiciaires, qui doivent être enregistrés sur les minutes, de la quittance des droits, par une transcription littérale et entière de cette quittance. — Pareille mention sera faite dans les minutes des actes publics, civils, judiciaires ou extrajudiciaires, qui se feront en vertu d'actes sous signature privée ou passés en pays étranger, et qui

sont soumis à l'enregistrement par la présente.— Chaque contravention sera punie par une amende de dix francs.

45. Les greffiers qui délivreront des secondes et subséquentes expéditions des actes et jugements assujettis au droit proportionnel, mais qui ne sont pas dans le cas d'être enregistrés sur les minutes, seront tenus de faire mention, dans chacune de ces expéditions, de la quittance du droit payé pour la première expédition, par une transcription littérale de cette quittance. — Ils feront généralement mention, sur la minute de chaque expédition délivrée, de la date de l'enregistrement et du droit payé. — Toute contravention à ces dispositions sera punie par une amende de dix francs.

46. Dans le cas de fausse mention d'enregistrement, soit dans une minute, soit dans une expédition, le délinquant sera poursuivi par la partie publique, sur la dénonciation du préposé de la régie, et condamné aux peines prononcées pour le faux.

47. Il est défendu aux juges et arbitres de rendre aucun jugement et aux administrations centrales et municipales de prendre aucun arrêté en faveur de particuliers sur des actes non enregistrés, à peine d'être personnellement responsables des droits.

48. Toutes les fois qu'une condamnation sera rendue ou qu'un arrêté sera pris sur un acte enregistré, le jugement, la sentence arbitrale ou l'arrêté, en fera mention, et énoncera le montant du droit payé, la date du paiement et le nom du bureau où il aura été acquitté; en cas d'omission, le receveur exigera le droit, si l'acte n'a pas été enregistré dans son bureau, sauf restitution dans le délai prescrit, s'il est ensuite justifié de l'enregistrement de l'acte sur lequel le jugement aura été prononcé ou l'arrêté pris.

49. Les notaires, huissiers, greffiers, et les secrétaires des administrations centrales et municipales, tiendront des répertoires à colonnes, sur lesquels ils inscriront, jour par jour, sans blanc ni interligne, et par ordre de numéros, savoir:

1° Les notaires, tous les actes et contrats qu'ils recevront, même ceux qui seront passés en brevet, à peine de dix francs d'amende pour chaque omission;

2° Les huissiers, tous les actes et exploits de leur ministère, sous peine d'une amende de cinq francs pour chaque omission;

3° Les greffiers, tous les actes et jugements qui, aux termes de la présente, doivent être enregistrés sur les minutes, à peine d'une amende de dix francs pour chaque omission;

4° Et les secrétaires, tous les actes des administrations qui doivent aussi être enregistrés sur les minutes, à peine d'une amende de dix francs pour chaque omission.

50. Chaque article du répertoire contiendra : 1° son numéro; 2° la date de l'acte; 3° sa nature; 4° les noms et prénoms des parties et

leurs domiciles; 5° l'indication des biens, leur situation et le prix, lorsqu'il s'agira d'actes qui auront pour objet la propriété, l'usufruit ou la jouissance de biens-fonds; 6° la relation de l'enregistrement.

51. Les notaires, huissiers, greffiers, et les secrétaires des administrations centrales et municipales, présenteront sous trois mois leurs répertoires aux receveurs de l'enregistrement de leur résidence, qui les viseront et qui énonceront dans leur visa le nombre des actes inscrits. Cette présentation aura lieu, chaque année, dans la première décade de chacun des mois de nivôse, germinal, messidor et vendémiaire, à peine d'une amende de dix francs pour chaque décade de retard.

52. Indépendamment de la représentation ordonnée par l'article précédent, les notaires, huissiers, greffiers et secrétaires, seront tenus de communiquer leurs répertoires, à toute réquisition, aux préposés de l'enregistrement qui se présenteront chez eux pour les vérifier, à peine d'une amende de cinquante francs en cas de refus. — Le préposé, dans ce cas, requerra l'assistance d'un officier municipal, ou de l'agent, ou de l'adjoint de la commune du lieu, pour dresser, en sa présence, procès-verbal du refus qui lui aura été fait.

53. Les répertoires seront cotés et paraphés, ceux des notaires, huissiers et greffiers de la justice de paix, par le juge de paix de leur domicile; ceux des greffiers des tribunaux, par le président, et ceux des secrétaires des administrations, par le président de l'administration.

54. Les dépositaires des registres de l'état civil, ceux des rôles des contributions, et tous autres chargés des archives et dépôts de titres publics, seront tenus de les communiquer, sans déplacer, aux préposés de l'enregistrement, à toute réquisition, et de leur laisser prendre, sans frais, les renseignements, extraits et copies, qui leur seront nécessaires pour les intérêts de l'état, à peine de cinquante francs d'amende pour refus constatés par procès-verbal du préposé, qui se fera accompagner, ainsi qu'il est prescrit par l'article 52 ci-dessus, chez les détenteurs et dépositaires qui auront fait refus.—Ces dispositions s'appliquent aussi aux notaires, huissiers, greffiers et secrétaires des administrations centrales et municipales, pour les actes dont ils sont dépositaires. Sont exceptés les testaments et autres actes de libéralité à cause de mort, du vivant des testateurs. — Les communications ci-dessus ne pourront être exigées les jours de repos, et les séances, dans chaque autre jour, ne pourront durer plus de quatre heures de la part des préposés, dans les dépôts où ils feront leurs recherches.

55. Les notices des actes de décès, qui, aux termes de l'article 5 de la loi du 13 fructidor an 6, relative à la célébration des décadis, doivent être remises, pour chaque décade, au chef-lieu de canton, par les officiers publics ou les agents de communes faisant fonctions d'of-

4

ficiers publics, seront transcrites sur un registre particulier tenu par les secrétaires des administrations municipales.—Les secrétaires fourniront, par quartier, aux receveurs de l'enregistrement de l'arrondissement, les relevés par eux certifiés desdits actes de décès. Ils seront délivrés sur papier non timbré, et remis dans les mois de nivôse, germinal, messidor et vendémiaire, à peine d'une amende de trente francs pour chaque mois de retard. Ils en retireront récépissé sur papier aussi non timbré.

56. Les receveurs de l'enregistrement ne pourront, sous aucun prétexte, lors même qu'il y aurait lieu à l'expertise, différer l'enregistrement des actes et mutations dont les droits auront été payés aux taux réglés par la présente. — Ils ne pourront non plus suspendre ou arrêter le cours des procédures en retenant des actes ou exploits; cependant, si un acte dont il n'y a pas de minutes, ou un exploit, contient des renseignements dont la trace puisse être utile pour la découverte des droits dus, le receveur aura la faculté d'en tirer copie, et de la faire certifier conforme à l'original par l'officier qui l'aura présenté. En cas de refus il pourra réserver l'acte pendant vingt-quatre heures seulement, pour s'en procurer une collation en forme, à ses frais, sauf répétition, s'il y a lieu. Cette disposition est applicable aux actes sous signature privée qui seront présentés à l'enregistrement.

57. La quittance de l'enregistrement sera mise sur l'acte enregistré ou sur l'extrait de la déclaration du nouveau possesseur. — Le receveur y exprimera en toutes lettres la date de l'enregistrement, le folio du registre, le numéro et la somme des droits perçus. — Lorsque l'acte renfermera plusieurs dispositions opérant chacune un droit particulier, le receveur les indiquera sommairement dans sa quittance, et y énoncera distinctement la quotité de chaque droit perçu, à peine d'une amende de dix francs pour chaque omission.

58. Les receveurs de l'enregistrement ne pourront délivrer d'extraits de leurs registres que sur une ordonnance du juge de paix, lorsque ces extraits ne seront pas demandés par quelqu'une des parties contractantes ou leurs ayant-cause. — Il leur sera payé un franc pour recherche de chaque année indiquée, et cinquante centimes pour chaque extrait, outre le papier timbré; ils ne pourront rien exiger au delà.

59. Aucune autorité publique, ni la régie, ni ses préposés, ne peuvent accorder de remise ou modération des droits établis par la présente et des peines encourues, ni en suspendre ou faire suspendre le recouvrement, sans en devenir personnellement responsables.

Titre VIII. — *Des droits acquis et des prescriptions.*

60. Tout droit d'enregistrement perçu régulièrement en conformité

de la présente ne pourra être restitué, quels que soient les événements ultérieurs, sauf les cas prévus par la présente.

61. Il y a prescription pour la demande des droits, savoir :

1° Après deux années à compter du jour de l'enregistrement, s'il s'agit d'un droit non perçu sur une disposition particulière dans un acte, ou d'un supplément de perception insuffisamment faite, ou d'une fausse évaluation dans une déclaration, et pour la constater par voie d'expertise. — Les parties seront également non recevables, après le même délai, pour toute demande en restitution de droits perçus.

2° Après trois années, aussi à compter du jour de l'enregistrement, s'il s'agit d'une omission de biens dans une déclaration faite après décès.

3° Après cinq années à compter du jour du décès, pour les successions non déclarées. — Les prescriptions ci-dessus seront suspendues par des demandes signifiées et enregistrées avant l'expiration des délais ; mais elles seront acquises irrévocablement, si les poursuites commencées sont interrompues pendant une année, sans qu'il y ait d'instance devant les juges compétents, quand même le premier délai pour la prescription ne serait pas expiré.

62. La date des actes sous signature privée ne pourra cependant être opposée à l'état pour prescription des droits et peines encourues, à moins que ces droits n'aient acquis une date certaine par le décès de l'une des parties ou autrement.

TITRE IX. — *Des poursuites et instances.*

63. La solution des difficultés qui pourront s'élever relativement à la perception des droits d'enregistrement avant l'introduction des instances appartient à la régie.

64. Le premier acte de poursuite pour le recouvrement des droits d'enregistrement et le paiement des peines et amendes prononcées par la présente sera une contrainte. Elle sera décernée par le receveur ou préposé de la régie ; elle sera visée et déclarée exécutoire par le juge de paix du canton où le bureau est établi, et elle sera signifiée. — L'exécution de la contrainte ne pourra être interrompue que par une opposition formée par le redevable et motivée, avec assignation à jour fixe devant le tribunal civil du département. Dans ce cas, l'opposant sera tenu d'élire domicile dans la commune où siège le tribunal.

65. L'introduction et l'instruction des instances auront lieu devant les tribunaux civils de département. La connaissance et la décision en sont interdites à toutes autres autorités constituées ou administratives. — L'instruction se fera par simples mémoires respectivement signifiés. — Il n'y aura d'autres frais à supporter pour la partie qui succombera que ceux du papier timbré, des significations et du droit d'enregistrement de jugements. — Les tribunaux accorderont, soit

aux parties, soit aux préposés de la régie qui suivront les instances, le délai qu'ils demanderont pour produire leurs défenses. Il, ne pourra néanmoins être de plus de trois décades. Les jugements seront rendus dans les trois mois au plus tard à compter de l'introduction des instances, sur le rapport d'un juge, fait en audience publique, et sur les conclusions du commissaire du directoire exécutif; ils seront sans appel et ne pourront être attaqués que par voie de cassation.

66. Les frais de poursuites payés par les préposés de l'enregistrement pour des articles tombés en non-valeurs pour cause d'insolvabilité reconnue des parties condamnées leur seront remboursés sur l'état qu'ils en rapporteront à l'appui de leurs comptes. L'état sera taxé sans frais par le tribunal civil du département, et appuyé des pièces justificatives.

Modifications principales introduites dans les dispositions de la loi du 22 frimaire an 7 par les lois subséquentes.

(Loi du 27 ventôse an 9.)

ART. 2. La perception du droit proportionnel suivra les sommes et valeurs, de 20 fr. en 20 fr., inclusivement et sans fraction.

ART. 3. Il ne pourra être perçu moins de 25 centimes pour l'enregistrement des actes et mutations dont les sommes et valeurs ne produiraient pas 25 centimes de droit proportionnel.

(Loi du 28 avril 1816.)

ART. 38. Tous actes judiciaires en matière civile, tous jugements en matière criminelle, correctionnelle, ou de police, seront, sans exception, soumis à l'enregistrement sur les minutes ou originaux. Les greffiers ne seront personnellement tenus de l'acquittement des droits que dans les cas prévus par les articles 7 et 25 de la loi du 22 frimaire an 7. Ils continueront de jouir de la faculté accordée par l'art. 37 pour les jugements et actes y énoncés. — Il sera délivré aux greffiers, par les receveurs de l'enregistrement, des récépissés, sur papier non timbré, des extraits de jugements qu'ils doivent fournir en exécution dudit article 37. Ces récépissés seront inscrits sur leurs répertoires.

(Loi du 16 juin 1824.)

Art. 10. Les amendes progressives prononcées dans certains cas contre les fonctionnaires publics et les officiers ministériels par les lois sur l'enregistrement et le dépôt des répertoires sont réduites à une seule amende de dix francs, quelle que soit la durée du retard.

Toutes les amendes fixes prononcées par les lois sur l'enregistrement, le timbre, les ventes publiques de meubles et le notariat, ainsi que

celles résultant du défaut de mention des patentes dans les actes et du
défaut de consignation des amendes d'appel, sont réduites, savoir :
celles de 500 fr. à 50 fr., celles de 100 fr. à 20 fr., celles de 50 fr. à
10 fr., et celles au dessous de 50 fr. à 5 fr.

Art. 13. Les notaires pourront faire des actes en vertu et par suite
d'actes sous seing privé non enregistrés, et les énoncer dans leurs actes, mais sous la condition que chacun de ces actes sous seing privé
demeurera annexé à celui dans lequel il se trouvera mentionné, qu'il
sera soumis avant lui, ou en même temps que lui, à la formalité de
l'enregistrement, et que les notaires seront personnellement responsables, non seulement des droits d'enregistrement et de timbre, mais
encore des amendes auxquelles les actes sous seing privé se trouveront assujettis. — Il est dérogé à cet égard seulement à l'art. 4.

(Loi du 2 juin 1834.)

Art. 23. Les actes de protêt faits par les notaires devront être enregistrés dans les mêmes délais et seront assujettis aux mêmes droits
d'enregistrement que ceux faits par les huissiers.

(Loi du 18 juillet 1834.)

Art. 6. A compter du 1er janvier 1837, les donations entre vifs de
rentes sur l'état ne seront exemptes du droit proportionnel d'enregistrement, en vertu du § 3, n. 3, de l'art. 70 de la loi du 22 frim. an 7,
qu'autant que l'inscription de la rente donnée existera sous le nom du
donateur ou de celui auquel il a succédé depuis plus d'un an, et que
l'acte de donation en indiquera le numéro, la date et le montant.

Le droit proportionnel sera perçu si lors de la donation la rente donnée est déjà inscrite sous le nom du donataire, à moins qu'il ne soit
énoncé dans l'acte et dûment justifié qu'elle était précédemment inscrite depuis plus d'un an sous celui du donateur.

Ce droit sera liquidé sur la valeur réelle de la vente d'après le cours
moyen de la bourse de Paris au jour de la donation.

(Loi du 19 juillet 1845.)

Art. 5. A partir du 1er janvier 1846, le droit d'enregistrement d'un
franc, établi par l'art. 68, § 1er, n. 30, de la loi du 22 frimaire an 7,
pour les exploits relatifs aux procédures en matière civile devant les
juges des paix, jusques et y compris les significations des jugements
définitifs, sera porté à un franc cinquante centimes en principal.

Le droit de deux francs établi par l'art. 68, § 2, nos 3 et 4, de la loi
du 22 frimaire an 7, et par l'art. 43, n° 4, de la loi du 28 avril 1816,
pour les avis de parents, les procès-verbaux de nomination de tuteurs

et de curateurs, et les procès-verbaux d'apposition, de reconnaissance et de levée de scellés, sera porté à quatre francs en principal.

Le droit de cinq francs établi par l'art. 68, § 4, n° 2, de la loi du 22 frimaire an 7, pour les actes d'émancipation, sera porté à dix francs en principal.

§ 5.

TARIF DES DROITS POUR TOUTE ESPÈCE D'ACTES ET DE MUTATIONS (1).

DROITS FIXES.

50 centimes.

Assignations et exploits devant les prud'hommes.
Significations d'avoués à avoués devant les tribunaux de première instance.

Un franc.

Abstentions, répudiations et renonciations à successions, legs ou communautés, lorsqu'elles sont pures et simples, et qu'elles ne sont pas faites en justice.

Acceptations de successions, legs ou communautés, simples, et par bénéfice d'inventaire.

Acceptations de transport ou délégations de créances à terme, faites par actes séparés, lorsque le droit proportionnel a été acquitté pour le transport ou la délégation.
    Et celles qui se font dans les actes mêmes de délégations de créances aussi à terme.

Actes qui ne contiennent que l'exécution, le complément et la consommation d'actes antérieurs, enregistrés.

Actes innommés, généralement tous actes civils, judiciaires ou extrajudiciaires, qui ne se trouvent dénommés dans aucun des paragraphes suivants, et qui ne peuvent donner lieu au droit proportionnel.

Actes (les cédules exceptées) et jugements préparatoires, interlocutoires, ou d'instruction des juges de paix, certificats d'individualité, *visa* de pièces et poursuites préalables à l'exercice de la contrainte par corps, les oppositions à levée de scellés par comparence personnelle dans le procès-verbal; les ordonnances et mandements d'assigner les opposants à scellés; tous autres actes des juges de paix non classés dans les paragraphes suivants, et leurs jugements définitifs portant l'évaluation de sommes dont le droit proportionnel ne s'élèverait pas à un franc.

Actes et jugements de la police ordinaire, des tribunaux de police correctionnelle et des cours d'assises, soit entre particuliers, soit sur la poursuite du ministère public avec partie civile, lorsqu'il n'y a pas condamnation de sommes et valeurs, ou dont le droit proportionnel ne s'élève pas à un franc; et les dépôts et décharges aux greffes desdits tribunaux, dans les mêmes cas où il y a partie civile.

Actes et jugements des prud'hommes au dessus de 60 fr., ou d'une valeur indéterminée.

Adjudications au rabais et marchés pour constructions, réparations, entretien, approvisionnements et fournitures dont le prix doit être payé directement ou indirectement par le trésor royal. Cautionnements relatifs

_____

(1) Le décime pour franc est dû en sus de chaque droit.

à ces adjudications et marchés, ainsi que tous les actes relatifs aux chemins vicinaux.

Adoptions.

Attestations pures et simples.

Bilans.

Brevets d'apprentissage qui ne contiennent ni obligations de sommes et valeurs mobilières ni quittances.

Cahier des charges rédigé et signé séparément du contrat.

Cautionnements de comptables.

Certificats simples, de vie et de résidence.

Collations d'actes et pièces, ou extraits d'iceux, par quelque officier public qu'elles soient faites.

Cotes et paraphes des registres des négociants et autres.

Déclaration d'un titulaire de cautionnement en faveur de son bailleur de fonds.

Délivrance de legs simples.

Devis d'ouvrages et entreprises qui ne contiennent aucune obligation de sommes et valeurs, ni quittances.

Donation passée en l'absence du donataire, et non acceptée de lui.

Enchères, autres que celles en justice, lorsqu'elles sont faites par acte séparé.

État de dettes annexé aux donations.

Exploits et significations ayant pour objet le recouvrement des contributions directes et indirectes, publiques ou locales, dont la somme principale excède 100 francs.

Factures signées seulement du marchand ou du négociant.

Lettres de voiture.

Nominations de gardes de propriétés des particuliers.

Police d'assurance maritime, lorsqu'il n'en est pas fait usage en justice.

Présentations, défauts et congés, faute de comparoir, défendre ou conclure, qui doivent se prendre au greffe.

Prise de possession en vertu d'actes enregistrés.

Prise de meubles.

Procès-verbaux de vente ou de destruction de navires, totale ou partielle.

Procès-verbaux de délits et contraventions aux règlements généraux de police ou d'impositions.

Procès-verbaux et rapports des agents forestiers ou ruraux.

Prorogation de délai (lorsque le titre de créance est enregistré).

Ratifications simples d'actes en forme.

Reconnaissance de dépôts de sommes chez des particuliers.

Renonciation par acte civil à succession, legs ou communauté.

Significations d'avoués à avoués devant les cours royales.

Soumissions et enchères, hors celles faites en justice, sur des objets mis ou à mettre en adjudication ou en vente, ou sur des marchés à passer, lorsqu'elles sont faites par des actes séparés de l'adjudication.

Vente de navire, soit totale, soit partielle.

Un franc cinquante centimes.

Exploits et significations relatifs aux procédures devant les juges et bureaux de paix, et jusques et compris les significations des jugements définitifs.

Deux francs.

Acquiescements purs et simples, quand ils ne sont point faits en justice.

Actes de notoriété.

Actes refaits pour nullité ou autre motif, sans aucun changement qui ajoute aux objets des conventions ou à leur valeur.

Appositions de scellés (par vacation). En matière de faillite il n'est dû qu'un seul droit, quel que soit le nombre des vacations.
Autorisations pures et simples.
Avis de parents.
Certificats de cautions et de cautionnements.
Consentements purs et simples.
Décharges simples et récépissés de pièces.
Déclarations simples en matière civile et de commerce.
Dépôts d'actes et pièces chez les officiers publics.
Dépôts et consignations de sommes et effets mobiliers chez des officiers publics, lorsqu'ils n'opèrent pas la libération des opposants; et les décharges qu'en donnent les opposants ou leurs héritiers, lorsque la remise des objets déposés leur est faite.
Désistements purs et simples.
Exploits et autres actes du ministère des huissiers qui ne peuvent donner lieu au droit proportionnel, et non tarifés autre part dans cette première partie.
Inventaires de meubles, objets mobiliers, titres et papiers (par chaque vacation).
Jugements des juges de paix portant renvoi ou décharge de demande, débouté d'opposition, validité de congé, expulsion, condamnation à réparation d'injures personnelles, et généralement tous ceux qui, contenant des dispositions définitives, ne donnent pas ouverture au droit proportionnel.
Lettres missives qui ne contiennent ni obligation, ni quittance, ni autre convention donnant lieu au droit proportionnel.
Nomination d'experts hors jugement.
Notoriété (Acte de).
Prêt sur dépôt en matière de commerce.
Procès-verbaux et rapports d'employés, gardes commissaires, séquestres, experts et arpenteurs.
Procurations et pouvoirs pour agir ne contenant aucune stipulation ni clauses donnant lieu au droit proportionnel.
Promesses d'indemnité indéterminées et non susceptibles d'estimation.
Protêts d'effets de commerce faits par les notaires.
Récépissé de pièces.
Reconnaissances d'enfants naturels par acte de célébration de mariage.
Reconnaissances pures et simples ne contenant aucune obligation ni quittance.
Résiliements purs et simples faits par actes authentiques dans les 24 heures des actes résiliés.
Rétractations et révocations.
Saisie-brandon, exécution immobilière, quel que soit le nombre d'heures employées à la rédaction du procès-verbal.

Trois francs.

Acceptation de succession sous bénéfice d'inventaire.
Actes et jugements préparatoires ou d'instruction des tribunaux de première instance, de commerce, ou des arbitres.
Actes faits et passés aux greffes des mêmes tribunaux portant acquiescement, dépôt, décharge, désaveu, exclusion de tribunaux, affirmation de voyage, opposition à remise de pièces, enchères, surenchères; renonciations à communauté, succession ou legs, reprise d'instance, communication de pièces sans déplacement, affirmation et vérification de créance, opposition à délivrance de jugement, dépôt de bilan et registres, opposition à publication de séparation, dépôt de sommes et pièces, et tous autres actes conservatoires ou de formalité.

Adjudication à la folle enchère, lorsque le prix n'est pas supérieur à celui de la précédente adjudication.

Compromis ou nomination d'arbitres qui ne contiennent aucune obligation de sommes et valeurs donnant lieu au droit proportionnel.

Connaissements ou reconnaissance de chargements par mer.

Déclarations ou élections de command et d'ami, lorsque la faculté d'élire un command a été réservée dans l'acte d'adjudication ou le contrat de vente, et que la déclaration est faite par un acte public, et notifié dans les 24 heures de l'adjudication ou du contrat. — Le délai est de trois jours pour les avoués et les acquéreurs des domaines de l'état.

Exploits et autres actes du ministère des huissiers, relatifs aux procédures devant les cours royales, jusques et compris la signification des arrêts définitifs non tarifés autre part dans cette première partie.

Jugements souverains des juges de paix rendus en dernier ressort, d'après la volonté expresse des parties, au delà des limites de la compétence ordinaire, lorsqu'ils ne contiennent pas de dispositions donnant ouverture à un droit proportionnel supérieur.

Jugements interlocutoires ou préparatoires, ordonnances, et autres actes des tribunaux de première instance, de commerce ou d'arbitrage, qui ne sont pas de l'espèce de ceux dont il est parlé aux droits fixes de cinq francs.

Ordonnances des juges des tribunaux civils rendus sur requêtes ou mémoires, celles de référé de compulsoire ou d'injonction, celles portant permission de saisir-gager, revendiquer ou vendre, et celles des procureurs du roi, dans les cas où la loi les autorise à en rendre.

Ordonnances sur requêtes ou mémoires, celles de réassigné, et tous actes et jugements préparatoires ou d'instruction des tribunaux de commerce.

Prestation de serment des greffiers et huissiers, des juges de paix, des gardes de douanes, gardes forestiers et gardes champêtres, pour entrer en fonctions, et généralement de tout employé dont le traitement n'excède pas 500 francs.

Renouvellement des lettres patentes portant confirmation des titres et changements d'armoiries de chevalier.

Réunions de l'usufruit à la propriété, lorsque la réunion s'opère par actes de cession, et qu'elle n'est pas faite pour un prix supérieur à celui sur lequel le droit a été perçu lors de l'aliénation de la propriété.

Significations d'avocat à avocat dans les instances à la Cour de cassation et aux conseils du roi.

Titres nouvels et reconnaissances de rentes dont les contrats sont justifiés en forme.

Transactions, en quelque matière que ce soit, qui ne contiennent aucune stipulation de sommes et valeurs, ni dispositions soumises à un plus fort droit d'enregistrement.

Unions et directions de créances pures et simples.

Quatre francs.

Procès-verbaux d'apposition, de reconnaissance et de levée de scellés.

Procès-verbaux de nomination de tuteurs et de curateurs.

Cinq francs.

Abandonnements de biens, soit volontaires, soit forcés, pour être rendus en direction.

Actes de formation ou de dissolution de société qui ne portent ni obligation, ni libération, ni transmission de biens meubles ou immeubles entre les sociétaires ou autres personnes.

Actes et jugements interlocutoires et préparatoires des divorces.

Arrêts interlocutoires ou préparatoires rendus par les cours royales, lorsqu'ils ne sont pas susceptibles d'un droit plus élevé, et les ordonnances et actes devant les mêmes cours.

Contrats de mariage qui ne contiennent d'autres dispositions que des déclarations de la part des futurs de ce qu'ils apportent eux-mêmes en mariage, et se constituent, sans aucune stipulation avantageuse entre eux, excepté celles d'associés.

Déclarations et significations d'appel des jugements des juges de paix aux tribunaux civils.

Exploits et autres actes du ministère des huissiers relatifs aux procédures devant la cour de cassation et les conseils du roi, jusques et y compris les significations des arrêts définitifs. Le premier acte de recours est excepté.

Jugements des tribunaux civils prononçant sur l'appel des juges de paix ; ceux desdits tribunaux et des tribunaux de commerce ou d'arbitres, rendus en premier ressort, contenant des dispositions définitives qui ne donnent pas lieu à un droit plus élevé.

Jugements des mêmes tribunaux portant résolution de contrat de vente pour défaut de paiement quelconque sur le prix de l'acquisition, lorsque l'acquéreur n'est pas entré en jouissance ; acquiescement ; acte d'infirmation, d'appel, de conversion, d'opposition à saisie ; débouté d'opposition, décharge et renvoi de demande, déchéance d'appel, péremption d'instance, déclinatoire, entérinement de procès-verbaux et rapports, homologation d'actes d'union et atermoiements, injonction de procéder à inventaire, licitation, partage ou vente, mainlevée d'opposition ou de saisie, nullité de procédure, maintenue en possession, résolution de contrat ou de clause de contrat pour cause de nullité radicale, reconnaissance d'écritures ; nomination de commissaires, directeurs et séquestres, publication judiciaire de donation, bénéfice d'inventaire, rescision, soumission et exécution de jugements.

Partage de biens meubles et immeubles entre copropriétaires, à quelque titre que ce soit, pourvu qu'il en soit justifié, et sans soulte.

Reconnaissance d'enfants naturels autrement que par actes de célébration de mariage.

Testaments et autres actes de libéralité qui ne contiennent que des dispositions soumises à l'événement du décès, et les dispositions de même nature qui sont faites par contrats de mariage entre les futurs, ou par d'autres personnes.

Dix francs.

Actes d'émancipation.

Actes translatifs de propriété, d'usufruit ou de jouissance de biens immeubles situés soit en pays étranger, soit dans les colonies françaises où le droit d'enregistrement n'est pas établi, sauf réduction si le droit proportionnel qui serait dû s'il s'agissait de biens situés en France ne s'élevait pas au montant du droit fixe.

Arrêts définitifs des cours royales dont le droit proportionnel ne s'élèverait pas à 10 francs.

Arrêts interlocutoires ou préparatoires de la cour de cassation et des conseils du roi.

Déclarations et significations d'appel des jugements des tribunaux civils, de commerce et d'arbitrage.

Jugements rendus en dernier ressort par les tribunaux de première instance ou les arbitres, d'après le consentement des parties, lorsque la matière ne comportait pas ce dernier ressort, sauf la perception du droit proportionnel, s'il s'élève au delà de 10 francs.

Lettres portant renouvellement des anciennes armoiries des villes de troisième classe.

Renouvellement des lettres patentes portant confirmation du titre et des armoiries de baron.

Douze francs.

Lettres patentes portant collation du titre de chevalier.

Quinze francs.

Actes de divorce.

Jugements de première instance portant interdiction, et ceux de séparation de biens entre mari et femme, lorsqu'ils ne portent point condamnation de sommes et valeurs, ou lorsque le droit proportionnel ne s'élève pas à 15 francs.

Prestations de serment des notaires, avoués, avocats, défenseurs officieux, greffiers et huissiers des tribunaux civils, criminels, correctionnels et de commerce, et de tous employés salariés par l'état, autres que ceux compris ci-devant, pour entrer en fonctions.

Vingt francs.

Lettres de déclaration de naturalité.

Lettres portant dispense d'âge pour mariage.

Lettres portant renouvellement d'anciennes armoiries pour les villes de deuxième classe.

Renouvellement des lettres patentes portant confirmation du titre et changement d'armoiries de comte.

Vingt-cinq francs.

Acte premier de recours en cassation, ou devant les conseils du roi, soit par requête, mémoire ou déclaration en matière civile, de police simple, ou de police correctionnelle.

Arrêts des cours royales portant interdiction, ou prononçant séparation de corps entre mari et femme.

Arrêts définitifs de la cour de cassation et des conseils du roi.

Trente francs.

Lettres patentes portant renouvellement d'anciennes armoiries pour les villes de première classe.

Quarante francs.

Dispenses de parenté pour le mariage.

Lettres patentes accordant des armoiries aux villes de troisième classe qui n'en ont pas encore.

Cinquante francs.

Actes de tutelle officieuse.

Jugements des tribunaux de première instance admettant une adoption ou prononçant un divorce.

Quatre-vingts francs.

Lettres accordant des armoiries aux villes de deuxième classe qui n'en ont pas encore.

Cent francs.

Actes de l'état civil prononçant un divorce s'il n'y a pas eu appel.

Arrêts des cours d'appel confirmant une *adoption* et ceux qui prononcent définitivement sur une demande en *divorce*.

Lettres patentes portant autorisation de se faire naturaliser ou de servir à l'étranger.

Cent-vingt francs.

Lettres de noblesse, et celles accordant des armoiries aux villes de première classe qui n'en ont pas encore.

Six cents francs.

Collation du titre héréditaire de baron. Réintégration dans la qualité de Français. Changements et additions de nom.

Huit cents francs.

Lettres patentes portant collation du titre héréditaire de vicomte.

Douze cents francs.

Lettres patentes portant collation des titres héréditaires de marquis et de comte.

Trois mille francs.

Collation du titre héréditaire de duc.

DROITS PROPORTIONNELS, DÉBETS, GRATIS ET EXCEPTIONS.

20 centimes par 100 francs.

Baux d'industrie, à ferme ou à loyer, des biens meubles ou immeubles, de pâturage et nourriture d'animaux, à cheptel ou reconnaissance de bestiaux, convention pour nourriture de personne, lorsque la durée est limitée, sur le prix cumulé de toutes les années.
  Le droit de cautionnement de ces baux est de moitié.
Pensions alimentaires dues suivant le code civil.

25 centimes par 100 francs.

Donations entre vifs de biens meubles faites par les pères, mères et autres ascendants, lorsqu'elles contiendront partage entre leurs enfants et descendants.

Lettres de change tirées de place en place.

Mutations par décès en propriété ou usufruit de biens meubles en ligne directe.

50 centimes par 100 francs.

Abandon pour fait d'assurance en grosse aventure en temps de guerre.

Atermoiements entre débiteurs et créanciers.
  Le droit est perçu sur les sommes que le débiteur s'oblige de payer.

Billets à ordre, cessions d'actions et coupons d'actions mobilières des compagnies et sociétés d'actionnaires, et tous autres effets négociables de particuliers ou de compagnies, à l'exception des lettres de change tirées de place en place.

Brevets d'apprentissage, lorsqu'ils contiendront stipulation de sommes ou valeurs mobilières, payées ou non.

Cautionnement de sommes et objets mobiliers (autres que ceux relatifs aux baux), les garanties mobilières et les indemnités de même nature.

Il ne sera perçu qu'un demi-droit pour les *cautionnements des comptables* envers le gouvernement.

Cautionnements de se représenter ou de représenter un tiers, en cas de mise en liberté provisoire, soit en vertu d'un sauf-conduit dans les cas prévus par le code de procédure et par le code de commerce, soit en matière civile, soit en matière correctionnelle ou criminelle.

Jugements contradictoires ou par défaut des juges de paix, des tribunaux civils, de commerce et d'arbitrage, de la police ordinaire, de la police correctionnelle, et des cours d'assises, portant condamnation, collocation ou liquidation de sommes et valeurs mobilières, intérêts et dépens entre particuliers, excepté les dommages-intérêts.

Obligations à la grosse aventure ou pour retour de voyage.

Quittances et rachats de rentes et redevances de toute nature, les retraits exercés en vertu de réméré par acte public dans les délais stipulés ou faits sous signature privée, et présentés à l'enregistrement avant l'expiration de ces délais, et tous autres actes et écrits portant libération de sommes et valeurs.

Ventes publiques de marchandises qui, conformément au décret du 17 avril 1812, sont faites à la bourse et aux enchères par les courtiers de commerce, d'après l'autorisation du tribunal de commerce.

1 franc par 100 francs.

Abandonnements pour fait d'assurances ou grosse aventure, actes et contrats d'assurance, lorsqu'il en est fait usage en justice.

Le droit est perçu sur la valeur des objets abandonnés et sur la valeur de la prime.

Adjudications au rabais et marchés pour constructions, réparations et entretien, et tous autres objets mobiliers susceptibles d'estimation faits entre particuliers qui ne contiennent ni vente ni promesse de livrer des marchandises, denrées ou autres objets mobiliers.

Adjudications au rabais et marchés pour constructions, réparations, entretien, approvisionnements et fournitures dont le prix doit être payé par les administrations locales ou par des établissements publics, et non par le trésor directement ou indirectement.

Contrats, transactions, promesses de payer, arrêtés de comptes, billets, mandats; les transports, cessions et délégations de créances à terme; les délégations de prix stipulées dans un contrat pour acquitter des créances à terme envers un tiers, sans énonciation de titre enregistré, sauf pour ce cas la restitution dans le délai prescrit, s'il est justifié d'un titre précédemment enregistré; les reconnaissances, celles de dépôts de sommes chez des particuliers, et tous autres actes ou écrits qui contiendront obligations de sommes, sans libéralités et sans que l'obligation soit le prix d'une transmission de meubles ou immeubles non enregistrée.

Dépôts de sommes chez les particuliers.

Donations entre vifs de biens immeubles faites par les pères, mères et autres ascendants, lorsqu'elles contiendront partage entre leurs enfants et descendants.

Échanges de biens immeubles, quelle que soit leur nature, faites entre toutes personnes, et lorsque l'un des immeubles échangé n'est point contigu aux propriétés de l'un des échangistes, sur la valeur d'une des parts seulement, et sans soulte.

Le droit d'un et demi pour cent pour transcription n'est perçu que sur l'une des parts en outre.

Mutations de biens immeubles, en propriété ou en usufruit, qui ont lieu par décès en ligne directe.

1 franc 25 centimes par 100 francs.

Démissions de biens meubles en ligne directe autres que celles ci-devant désignées.
Donations entre vifs en propriété ou usufruit de biens meubles en ligne directe.
Il n'est dû que moitié droit si elles sont faites par contrat de mariage aux futurs.

1 franc 50 centimes par 100 francs.

Donations entre vifs et mutations qui s'opèrent entre époux par décès, soit par succession, soit par testament ou autres actes de libéralités à cause de mort, en propriété ou usufruit de biens meubles.
Il n'est dû que moitié droit si les donations entre vifs sont faites par contrat de mariage.

2 francs par 100 francs.

Adjudications, ventes, reventes, cessions, rétrocessions, marchés, traités, et tous autres actes, soit civils, soit judiciaires, translatifs de propriété, à titre onéreux, de meubles, récoltes de l'année, sur pied, coupes de bois taillis et de haute futaie, et autres objets mobiliers généralement quelconques, même les ventes de biens de cette nature faites par le domaine.
Adjudications à folle enchère de biens meubles, mais seulement sur ce qui excède le prix de la précédente adjudication, si le droit en a été acquitté.
Cessions de rentes (le droit est augmenté d'un et demi pour cent pour transcription lorsque le titre du cédant remonte avant le 11 brumaire an 7).
Constitutions de rentes, soit perpétuelles, soit viagères, et de pensions à titre onéreux; les cessions, transports et délégations qui en sont faits au même titre, et les baux de biens meubles faits pour un temps illimité.
Dommages-intérêts prononcés par les tribunaux criminels, correctionnels, et de police.
Dommages-intérêts en matière civile.
Donations entre vifs de biens meubles par contrat de mariage entre frères et sœurs, oncles et tantes, neveux et nièces.
Élections ou déclarations de command ou d'ami sur adjudications ou contrats de vente de biens meubles lorsque l'élection est faite après les vingt-quatre heures, ou sans que la faculté d'élire un command ait été réservée dans l'adjudication ou le contrat de vente.
Engagements de biens immeubles.
Parts et portions acquises par licitation de biens meubles.
Soultes, retours de partages de biens meubles.
Ventes de biens immeubles consenties au nom de l'état par les préfets, sous-préfets, et autres agents de l'autorité publique.

2 francs 50 centimes par 100 francs.

Donations entre vifs par contrat de mariage, en propriété ou usufruit, de biens meubles entre grands-oncles, grand'tantes, petits-neveux et petites-nièces, et cousins-germains.
Donations et démissions entre vifs, en propriété ou usufruit, de biens immeubles en ligne directe.

Il n'est perçu que moitié droit si les donations sont faites par contrats de mariage aux futurs.

Le droit est augmenté d'un franc cinquante centimes, pour tenir lieu du droit proportionnel de transcription, pour les donations entre vifs.

3 francs par 100 francs.

Donations entre vifs et mutations qui s'effectuent par décès, soit par succession, soit par testament ou autres actes de libéralité à cause de mort, de propriété ou d'usufruit de biens immeubles entre époux.

Dans le cas de donations entre vifs, le droit est augmenté d'un franc cinquante centimes par cent francs, pour tenir lieu du droit d'enregistrement.

Donations entre vifs de biens meubles, et mutations par décès entre frères et sœurs, oncles et tantes, neveux et nièces.

Donations entre vifs par contrat de mariage de biens meubles entre parents au delà du quatrième degré et jusqu'au douzième.

4 francs par 100 francs.

Actes portant ventes d'immeubles, et dont la date certaine est antérieure au 28 avril 1816.

Donations entre vifs et mutations par décès de biens meubles entre grands-oncles et grand'tantes, petits-neveux, petites-nièces et cousins-germains.

Donations entre vifs par contrat de mariage de biens meubles entre personnes non parentes.

Donations entre vifs en ligne directe, hors contrat de mariage, de biens immeubles, lorsque l'acte ne contient pas partage.

Parts et portions indivises de biens immeubles acquises par licitation.

Soultes et retours de partages de biens meubles.

4 francs 50 centimes par 100 francs.

Donations entre vifs de biens immeubles par contrat de mariage entre frères et sœurs, oncles et tantes, neveux et nièces; de biens immeubles hors contrat de mariage entre époux.

5 francs par 100 francs.

Donations entre vifs de biens meubles, en propriété ou usufruit, par des grands-oncles, grand'tantes, petits-neveux et petites-nièces, et cousins-germains, par contrat de mariage aux futurs.

Donations entre vifs et mutations par décès de biens meubles entre parents au delà du quatrième degré jusqu'au douzième.

Indépendamment du droit principal, il est perçu un franc cinquante centimes par cent francs en sus pour droit de transcription.

5 francs 50 centimes par 100 francs.

Adjudications, ventes, reventes, cessions, rétrocessions et tous autres actes civils et judiciaires translatifs de propriété ou d'usufruit de biens immeubles à titres onéreux.

Adjudications à folle enchère des biens de même nature, mais seulement sur ce qui excède le prix de la précédente adjudication, si le droit en a été acquitté.

Baux à rentes perpétuelles de biens immeubles, ceux à vie, et ceux dont la durée est illimitée.

Donations entre vifs par contrat de mariage entre parents du cinquième au douzième degré. (Immeubles.)

Déclaration ou election de command ou d'ami par suite d'adjudication ou
contrat de vente de biens immeubles autre que celle des domaines nationaux, si la déclaration est faite après les vingt-quatre heures, ou trois
jours (suivant le cas), de l'adjudication ou du contrat, et lorsque la
faculté d'élire un command n'y a pas été réservée.

Retour d'échanges de biens immeubles.

Retraits exercés après l'expiration des délais convenus par les contrats de
vente sous faculté de réméré.

Soultes et échanges de biens immeubles.

6 *francs par* 100 *francs.*

Donations entre vifs par contrat de mariage de biens immeubles entre
personnes non parentes.

6 *francs* 50 *centimes par* 100 *francs.*

Donations entre vifs et mutations par décès de biens immeubles entre frères et sœurs, oncles et tantes, neveux et nièces.

7 *francs par* 100 *francs.*

Donations entre vifs et mutations qui s'effectuent soit par succession, soit
par testament ou autre acte de libéralité à cause de mort, de propriété
ou d'usufruit de biens immeubles entre grands-oncles, petits-neveux et
cousins-germains. Lorsque les donations entre vifs sont faites par contrats de mariage aux futurs, il n'est perçu que 5 pour 100, compris le
droit de transcription.

Indépendamment du droit principal sur toutes les donations entre vifs et immobilières, il est perçu un droit d'un franc cinquante centimes pour cent francs, et la transcription ne donne plus lieu à aucun droit proportionnel.

8 *francs par* 100 *francs.*

Donations entre vifs et mutations, etc., entre parents du 8e au 12e degré.
(Immeubles.)

9 *francs par* 100 *francs.*

Donations entre vifs et mutations, etc., entre personnes non parentes.
(Immeubles.)

L'époux survivant ou les enfants naturels appelés à la succession à
défaut de parents au degré successible sont considérés, quant à la quotité du droit, comme personnes non parentes.

10 *francs par* 100 *francs.*

Du cautionnement : ordonnance portant nomination des avocats à la cour
de cassation, notaires, avoués, greffiers, huissiers, agents de change,
courtiers et commissaires-priseurs.

Des ACTES *qui doivent être enregistrés* EN DÉBET *ou* GRATIS, *et de ceux qui sont* EXEMPTS *de cette formalité.*

En débet.

Actes et procès-verbaux des employés de l'enregistrement, des procureurs
du roi et des commissaires de police.

Actes et procès-verbaux des juges d'instruction, juges de paix, huissiers, gendarmes, préposés, gardes champêtres ou forestiers (autres que ceux des particuliers), et généralement tous actes et procès-verbaux concernant la police ordinaire, et qui ont pour objet la poursuite et la répression des délits et contraventions aux règlements généraux de police ou d'impositions, lorsqu'il n'y aura pas de partie civile poursuivante, ou qu'elle aura négligé ou refusé de consigner les frais de poursuites.

Actes et jugements qui interviennent sur ces actes et procès-verbaux.

Déclarations d'appel de tous jugements rendus en matière de police correctionnelle, lorsque l'appelant est emprisonné.

Il y a lieu de suivre la rentrée des droits d'enregistrement de ces actes, procès-verbaux et jugements, contre les parties condamnées, d'après les extraits des jugements qui sont fournis aux receveurs par les greffiers.

Gratis.

Acquisitions et échanges faits par l'état; partages de biens entre lui et les particuliers, et tous autres actes faits à ce sujet.

Actes des huissiers et gendarmes concernant la police générale et de sûreté, et la vindicte publique.

Actes de procédure et jugements à la requête du ministère public ayant pour objet 1° de réparer les omissions et faire les rectifications, sur les registres de l'état civil, d'actes qui intéressent les individus notoirement indigents; 2° de remplacer les registres de l'état civil perdus ou incendiés par les événements de la guerre, et de suppléer aux registres qui n'auraient pas été tenus.

Exploits et autres actes, tant en action qu'en défense, ayant pour objet le recouvrement des contributions directes ou indirectes, et de toutes autres dues au trésor, à quelque titre et pour quelque objet que ce soit, même des contributions locales, lorsqu'il s'agit de cotes ou de droits et créances non excédant en total la somme de 100 fr.

Recours contre les arrêtés des conseils de préfecture en matière de contributions personnelles et mobilières ou des portes et fenêtres.

Jugements des conseils de discipline de la garde nationale.

Jugements et actes relatifs à la navigation du Rhin.

Exempts d'enregistrement.

Actes du roi et des deux chambres.

Actes d'administration publique non compris dans les articles précédents.

Actes de naissance, sépulture et mariage, reçus par les officiers de l'état civil, et les extraits qui en sont délivrés. (Sauf ceux portant reconnaissance d'enfants naturels, soumis aux droits de 2 fr. ou de 5 fr.)

Actes et procès-verbaux (excepté ceux des huissiers et gendarmes, qui doivent être enregistrés, ainsi qu'il est dit aux paragraphes précédents), et les jugements concernant la police générale de sûreté et la vindicte publique.

Actes relatifs aux élections.

Actes passés en forme authentique avant l'établissement de l'enregistrement, dans l'ancien territoire de la France, et ceux passés également en forme authentique, ou sous signature privée, dans les pays réunis, et qui ont acquis une date certaine, suivant les lois de ces pays, ainsi que les mutations qui se sont opérées par décès avant la réunion desdits pays.

Actes sous signature privée tendant uniquement à la liquidation de la dette publique, lorsqu'on ne veut s'en servir que pour les opérations de cette liquidation.

Affirmations de procès-verbaux des employés, gardes, etc.

Billet d'étape, de subsistance et de logement.

5.

Cédules des juges de paix pour citer par devant eux.

Certificats de vie pour recevoir des rentes ou pensions sur l'état.

Compte de recette ou gestion publique.

Endossements et acquits des billets à ordre et autres effets négociables.

Engagements, enrôlements, congés, certificats, cartouches, passe-ports, quittance de prêt et fourniture, billet d'étape, de subsistance et de logement, tant pour le service de terre que pour le service de mer ; et tous autres actes de l'une et de l'autre administration non compris dans les articles précédents.

États d'effets mobiliers à joindre aux déclarations de succession.

Expéditions et extraits d'actes et jugements enregistrés.

Extraits des actes de naissance, mariage ou décès.

Formalités prescrites par les art. 131 et 132 du code forestier.

Inscriptions sur le grand-livre de la dette publique, leurs transferts et mutations, les arrérages formant un tout transférable avec l'inscription, et tous les effets de la dette publique inscrits ou à inscrire définitivement.

Indemnité attribuée aux émigrés (Mutations par décès à raison de l').

Indemnité attribuée aux anciens colons de Saint-Domingue.

    Les titres et actes de tout genre qui sont produits par les réclamants et leurs créanciers devant la commission ou les tribunaux, pour justifier de leurs qualités et de leurs droits, ainsi que les mutations par décès pour raison de cette indemnité.

Légalisations de signatures d'officiers publics.

Ordonnances de décharge ou de réduction, remise ou modérations d'impositions, les quittances y relatives, les rôles et extraits d'iceux.

Passe-ports délivrés par l'administration publique.

Procès-verbaux de cote et paraphe des registres de l'état civil.

Procès-verbaux pour contraventions aux lois et règlements concernant les poids et mesures et la police du roulage, et de vérifications de régies.

Quittances de contributions, droits, créances et revenus payés à l'état, celles pour charges locales, et celles des fonctionnaires et employés salariés par le gouvernement pour les traitements et émoluments.

Quittances des fournisseurs, ouvriers, maîtres de pension, et autres de même nature, produites comme pièces justificatives d'un compte.

Récépissés délivrés aux collecteurs, aux receveurs des deniers publics et de contributions locales, et les comptes de recettes ou gestions publiques.

Rescriptions, mandats et ordonnances de paiement sur les caisses publiques, leurs endossements et acquits.

Rôles d'équipages et les engagements de matelots et gens de mer, de la marine marchande, et des armements en course.

CHAPITRE III.

TIMBRE.

—

———

§ 1er. — *Diverses espèces de timbre.*

L'origine du timbre remonte à Justinien, qui, considérant le grand nombre d'actes que recevaient chaque jour les tabellions de Constantinople, et voulant prévenir les faux qui trop souvent s'y glissaient, ordonna, par sa Novelle 44, *De tabellionibus et ut protocola demittant in chartis*, que les officiers ne pourraient recevoir les originaux des actes de leur ministère que sur du papier en tête duquel seraient placés le nom de l'intendant des finances, le temps de la fabrication du papier, et autres mentions que l'on avait coutume de mettre en tête des originaux des actes qu'ils étaient appelés à rédiger.

Il leur défendit d'altérer les marques et titres, et ordonna aux juges de n'avoir aucun égard aux écrits sur du papier qui ne serait pas revêtu de ces marques.

L'impôt du timbre fut introduit en Espagne et en Hollande en 1555; il le fut ensuite dans l'Allemagne et dans les Pays-Bas; il passa successivement en Angleterre, en Sardaigne, et dans les États Romains.

Toutefois, il est à observer que dans ces diverses contrées, et notamment en Angleterre, l'impôt du timbre n'a pas été établi sur les mêmes bases. Ce ne fut qu'en 1665 que le timbre a été introduit en France.

Louis XIV donna au mois de mars de cette année un édit portant établissement d'une marque sur les papiers et parchemins qui devaient servir à l'expédition de tous les actes judiciaires, obligations ou autres; mais cet édit resta sans exécution. Par une déclaration du 19 mars 1673 il fut ordonné que, pour rendre la procédure uniforme dans toutes les cours et juridictions du royaume, il serait dressé, conformément à ce qui avait été prescrit par les ordonnances de 1667, 1669 et 1670, des formules imprimées pour les actes de toute espèce, et qu'il serait arrêté un tarif des droits qui seraient perçus par chaque nature d'acte.

Le 2 juillet 1673 il fut ordonné qu'il serait délivré dans les bureaux établis pour la distribution de la formule le papier et le parchemin nécessaires pour tous les actes publics, lesquels papier et parchemin seraient marqués en tête d'une seule fleur de lys, et timbrés de la qualité et de la substance des actes, avec mention du droit. Mais un édit du mois d'août 1674 changea cet état de choses, et supprima la différence des timbres pour chacun des actes. Tous les papiers et parchemins furent marqués d'une fleur de lys et du nom de la généralité dans laquelle la consommation devait être faite, avec le caractère particulier qui serait jugé nécessaire par le fermier de chaque généralité.

La première loi qui ait renversé l'ancienne législation du timbre fut celle du 2 décembre 1790. La régie de l'enregistrement fut exclusivement chargée, et au profit du trésor, de fournir les papiers timbrés, et de faire timbrer ceux qui seraient présentés.

Cette loi, et quelques autres ultérieures, ont été exécutées jusqu'à celle du 13 brumaire an 7 (3 novembre 1798), qui établit un cadre de l'impôt du timbre.

La contribution du timbre est établie sur tous les papiers destinés aux actes civils et judiciaires, et aux écritures qui peuvent être produites en justice et y faire foi.

Avant la loi du 11 février 1791, les actes soumis au timbre alors en usage étaient nuls s'ils étaient écrits sur du papier *non timbré;* mais, depuis cette loi, les contraventions ne sont punies que d'une amende.

Toutefois, et quelque respectable que soit l'opinion de Montesquieu, qui préférait le droit du timbre au droit d'enregistrement, comme perception moins arbitraire, cet impôt ne saurait être envisagé que comme inférieur à celui de l'enregistrement. Le droit d'enregistrement procure un avantage civil en assurant la date des actes, en concourant à leur régularité, et s'établit en outre dans une proportion beaucoup plus juste.

Aussi les lois fiscales, en appelant l'enregistrement et le timbre à l'alimentation du trésor, ont demandé beaucoup plus au premier qu'au second impôt.

Il existe cette différence entre les droits de *timbre* et ceux d'*enregistrement*, que ces derniers sont tout à la fois le *salaire* de la formalité, perçu en échange d'un service public, et un *impôt* pur et simple qui doit être supporté par tous.

L'*enregistrement*, en outre, est, dans de nombreuses circonstances, facultatif, et la formalité est donnée sans augmentation du droit; le *timbre*, au contraire, est toujours *forcé* dès que la pièce peut faire titre, et l'on n'y supplée qu'avec aggravation de droits.

Le timbre se divise en deux natures distinctes : le timbre de *dimension,* dont le prix est en raison de la grandeur de la feuille employée;

et le timbre *proportionnel*, dont le prix est calculé d'après les sommes et valeurs auxquelles il est destiné.

Les timbres pour le droit établi sur la dimension sont gravés pour être appliqués en *noir*; ceux pour le droit gradué en raison des sommes sont gravés pour être frappés à *sec*. Chaque timbre porte son prix.

Il y a encore le *timbre extraordinaire* : c'est celui qui s'applique sur les papiers présentés par les particuliers eux-mêmes aux préposés chargés de la perception ou sur les actes venant des colonies et de l'étranger.

Il est à observer que la formalité du *timbre extraordinaire* ne peut se donner, pour les *effets de commerce*, qu'à l'atelier général à Paris (*Décret du 17 avril* 1806), et il est à désirer que cette faculté soit étendue aux départements.

Cette faculté est interdite aux notaires, huissiers, greffiers, arbitres, et tous autres officiers ou fonctionnaires publics, qui sont tenus de se servir du papier timbré débité par l'administration, sauf toutefois l'exception établie pour le parchemin.

§ 2.—*Timbre des actes civils et judiciaires, proportionnel ou de dimension.*

Tous les actes, extraits, copies et expéditions, soit publics, soit privés, devant ou pouvant faire titre, ou être produits pour obligation, décharge, justification, demande ou défense, de même que tous les livres, registres ou minutes de lettres, qui sont de nature à être produits en justice et dans le cas d'y faire foi, ainsi que les extraits, copies et expéditions qui en sont délivrés, sont assujettis au timbre de *dimension*. Il en est de même des actes passés aux colonies ou dans les pays étrangers dont il est fait usage en France.

Sont exceptés : les actes du gouvernement, les minutes de tous les actes, arrêtés, décisions de l'administration publique en général, et de tous les établissements publics, dans tous les cas où aucun de ces actes n'est sujet à l'enregistrement sur la minute, et les extraits, copies et expéditions qui se délivrent entre des administrations ou des fonctionnaires publics, lorsqu'il y est fait mention de cette destination ; les quittances au dessous de 10 fr.; les registres de toutes les administrations publiques et des établissements publics, pour ordre et administration générale; ceux des tribunaux où il ne se transcrit aucun acte soumis à l'enregistrement, ainsi que tous les actes de police générale ou de vindicte publique, etc.

Tous les effets de commerce, tels que billets à ordre ou au porteur, les rescriptions, mandats, mandements, ordonnances, lettres de change, etc., ainsi que les obligations sous seing privé , sont assujettis au droit de timbre *proportionnel* à raison des sommes et valeurs.

Le timbre de *dimension* se divise en *minute* et en *expédition :* on peut employer indifféremment toute dimension pour les minutes; mais la dimension du papier dit *moyen* a été rigoureusement prescrite pour les expéditions.

§ 3. — *Timbre des avis, annonces et affiches.*

Tous les avis, annonces et affiches concernant les particuliers, sont assujettis au timbre en raison de leur dimension, mais d'une quotité de beaucoup inférieure à celle fixée pour les actes.

Ainsi, sont *assujettis au timbre :*

Les avis imprimés, quel qu'en soit l'objet, qui se crient et se distribuent dans les rues et lieux publics, ou que l'on fait circuler de toute autre manière; — les annonces indicatives et notices de professions et établissements, biens et marchandises à vendre, maisons à louer, remèdes, fêtes, spectacles, etc. (Circ. 1580 ; Instr. 326, § 2) ; — les avis lithographiés présentant le détail des objets à vendre chez un marchand et suivis d'un cadre de facture (Instr. 1303, § 17); — les avis et annonces relatifs à l'établissement d'un cabinet de lecture et de commission pour abonnement aux journaux et reliure de livres (Instr. 1401 , § 8) ; — les annonces et prospectus de journaux autres que ceux qui s'occupent exclusivement de sciences et d'arts (Instr. 1422 , § 15); — les extraits du *Moniteur* et d'autres journaux qui se crient et se distribuent soit à Paris, soit dans les départements (Instr. 1388, § 9).

Sont exempts du timbre :

Les adresses contenant la simple indication de domicile ou le simple avis de changement (Circ. 1580) ; — les bulletins du cours des changes et du prix des marchandises, qui circulent de la main à la main ou par lettres cachetées; — les ordonnances de police qui se crient et se distribuent dans les rues et lieux publics (Instr. 326, § 2); — les billets de faire part de mariages, naissances et décès (Instr. 1051).

Le papier distiné aux affiches doit être de couleur, excepté pour celles émanées de l'autorité publique; il était autrefois fourni par l'administration, mais il l'est aujourd'hui par les particuliers eux-mêmes.

Les avis et annonces , de quelque nature qu'ils soient, qui ne sont pas destinés à être affichés, peuvent être imprimés sur papier blanc.

Le prix du timbre dés affiches, avis et annonces, a subi diverses modifications, suivant les lois successives qui ont régi la matière; il avait été fixé par l'art. 77 de la loi du 25 mars 1817, savoir :

La feuille de 25 décimètres carrés, à 10 centimes ;

La demi-feuille, à 5 centimes ;

Le quart de feuille, à 2 centimes et demi ;

Le huitième de feuille, à 1 centime.

Mais il résulte d'une décision du ministre des finances du 12 juillet 1833 qu'il n'existe plus que deux quotités de droit de timbre pour les affiches : l'une de 5 centimes pour chaque demi-feuille de 12 décimètres et demi carrés et au dessous ; l'autre de 10 centimes pour toutes les dimensions supérieures. (Instr. 1446, § 12.)

Il est prescrit à l'administration des postes de ne laisser partir aucun avis ou prospectus assujetti au timbre non revêtu de la formalité ; les employés de l'enregistrement doivent se concerter avec ceux des postes pour assurer l'exécution de ces mesures.

§ 4. — *Timbre des journaux et écrits périodiques.*

Les journaux et écrits périodiques ont été soumis à un droit de timbre fixe ou de dimension.

Sont exceptés les ouvrages périodiques relatifs aux sciences et aux arts, ne paraissant qu'une fois par mois, ou à des intervalles plus éloignés, et contenant au moins deux feuilles d'impression. (Loi du 9 vend. an 6.)

Sont également exceptés du timbre les bulletins administratifs et les journaux dits officiels imprimés dans les départements pour la publication des actes administratifs.

Le timbre des journaux s'applique à tous ouvrages, de quelque étendue qu'ils soient, qui paraissent soit régulièrement, soit irrégulièrement, par mois, par semaine. (Instr. 715.)

Le droit de timbre pour les journaux avait été fixé, par la loi du 28 avril 1816, à 5 centimes pour chaque feuille de 25 décimètres carrés, et à 3 centimes pour chaque demi-feuille. Ce droit a été modifié par l'art. 2 de la loi du 14 décembre 1830 sur les journaux et écrits périodiques ; il est actuellement fixé à 6 centimes pour chaque feuille de 30 décimètres carrés et au dessus, et à 3 centimes pour chaque demi-feuille de 15 décimètres carrés et au dessous ; il est dû 1 centime en sus pour chaque 5 décimètres au dessus de 15 décimètres. (Instr. 1343.)

§ 5. — *Timbre du papier-musique.*

La loi du budget du 16 juillet 1840 a apporté les modifications suivantes :

« Art. 3. Sont et demeurent abrogées, à partir du 1er janvier 1841, » les dispositions de l'art. 56 de la loi du 9 vendémiaire an 6 et de » l'art. 1er de la loi du 2 floréal suivant, qui assujettissaient au timbre » les œuvres de musique. — Les dispositions de l'art. 76 de la loi du » 25 mars 1817 et de l'art. 2 de la loi du 14 décembre 1830 conti-

» nueront d'être appliquées aux journaux et écrits périodiques consa-
» crés à l'art musical.

» Art. 4. A dater du 1er janvier prochain le timbre cessera d'être
» exigé des écrits périodiques consacrés à l'agriculture, lors même
» qu'ils paraîtront plus d'une fois par mois, pourvu qu'ils restent étran-
» gers à la politique. »

En portant cette loi à la connaissance des employés, l'administration a fait observer dans son Instruction n° 1623 que les journaux ou
écrits périodiques restent sujets au timbre s'ils paraissent plus d'une
fois par mois, et contiennent moins de deux feuilles d'impression.

Elle a aussi fait remarquer que l'art. 76 de la loi du 25 mars 1817
devait, à partir de la même époque, être sans objet, pourvu que les
écrits périodiques consacrés à *l'agriculture restassent étrangers à la
politique.*

Les droits de timbre perçus sur la musique gravée en France qui
est exportée à l'étranger sont remboursés.

§ 6. — *Timbre des livres de commerce.*

L'art. 8 du Code de commerce prescrit aux commerçants la tenue
d'un livre-journal qui présente, jour par jour, toutes les opérations de
leur commerce.

La loi du 13 brumaire an 7 avait assujetti les livres de l'espèce au
timbre d'après la dimension du papier; mais la quotité de ces droits,
réduite d'abord par la loi du 28 avril 1816, a éprouvé une nouvelle
réduction par la loi du 16 juin 1824, art. 9, et a enfin été supprimée
par la loi du 20 juillet 1837 sur le budget.

L'art. 4 de cette loi est ainsi conçu :

« A dater du 1er janvier 1838, il sera ajouté trois centimes additionnels au principal de la contribution des patentes, pour tenir lieu du
droit de timbre des livres de commerce, qui en seront alors affranchis.
Aucune partie de ces centimes additionnels n'entrera dans le calcul de
la portion du droit des patentes qui est attribuée aux communes. »

§ 7. — *Visa pour timbre.*

Le *visa pour valoir timbre* est la mention faite par un préposé de
l'administration de l'enregistrement en tête d'un écrit ou de papiers
destinés à certains actes, pour tenir lieu de l'empreinte du timbre.

Il faut éviter de donner aucune extension à cette faculté du *visa pour
timbre,* et les employés supérieurs doivent veiller avec la plus scrupuleuse attention à ce qu'elle soit strictement renfermée dans les cas prévus par la loi et les décisions ministérielles.

Le visa pour timbre a lieu en *débet, gratis,* ou *au comptant.*

Sont visées en *débet*, c'est-à-dire sauf à en recouvrer le montant sur qui de droit :

Les feuilles destinées aux procès-verbaux des agents forestiers, des ponts et chaussées, des gardes champêtres de communes, hospices et établissements publics; des gardes de génie, des gendarmes ; ceux des maires, ingénieurs des ponts et chaussées, etc.; les actes et procès-verbaux des juges de paix en matière de police; ceux à la requête du ministère public ; les bordereaux de créance dans l'intérêt de l'état; en un mot, toutes les feuilles destinées à être employées dans l'intérêt de l'état et des administrations publiques (l'administration des contributions indirectes exceptée). Toutefois, une décision du ministre des finances du 24 novembre 1837, inst. 1551, est venue apporter quelques modifications aux règles générales relatives au visa pour timbre en débet; l'art. 1er de cette décision est ainsi conçu :

« A partir du 1er janvier 1838, aucun acte de poursuite et d'instance concernant l'administration de l'enregistrement et des domaines ne pourra recevoir en *débet* les formalités de *timbre*, d'enregistrement, de greffe et d'hypothèque. Ces droits seront acquittés au moment de la formalité. Toutes décisions contraires sont et demeurent rapportées.»

Sont visés *gratis* : tous les actes de procédure et jugements ayant pour objet de réparer des omissions sur les registres de l'état civil, ou de remplacer les registres de l'espèce perdus ou incendiés par suite de guerre, ou suppléer à ceux non tenus; les actes relatifs à des indigents; tous les actes et jugements en matière criminelle, lorsqu'il n'y a pas de partie civile; les répertoires des porteurs de contraintes, etc.

Sont admis à être visés *au comptant*, avec ou sans amende, suivant le cas prévu par la loi, tous les papiers destinés ou employés à toute espèce d'actes devant ou pouvant faire titre.

§ 8. — *Lois qui régissent chaque espèce de timbre.*

Le titre III de la loi du 9 vendémiaire an 6 ;
La loi du 2 floréal an 6, interprétative de la précédente;
La loi du 13 brumaire an 7, véritable loi organique, qui est, par rapport au timbre, ce qu'est pour l'enregistrement la loi du 22 frimaire an 7, et dont voici les dispositions principales :

TITRE II. — *De l'application des droits.*

12. Sont assujettis au droit de timbre établi en raison de la dimension tous les papiers à employer pour les actes et écritures, soit publics, soit privés, savoir :

1° Les actes des notaires, et les extraits, copies et expéditions, qui en sont délivrés; ceux des huissiers, et les copies et expéditions qu'ils en délivrent ; les actes et les procès-verbaux des gardes et de tous autres employés ou agents ayant droit de verbaliser, et les copies qui en sont délivrées ; les actes et jugements de la justice de paix, des bureaux de paix et de conciliation, de la police ordinaire, des tribunaux et des arbitres, et les extraits, copies et expéditions, qui en sont délivrés ; les actes particuliers des juges de paix et de leurs greffiers, ceux des autres juges et des commissaires du directoire exécutif, et ceux reçus au greffe ou par les greffiers, ainsi que les extraits, copies et expéditions, qui s'en délivrent ; les actes des avoués ou défenseurs officieux près les tribunaux, et les copies ou expéditions qui en sont faites ou signifiées ; les consultations, mémoires, observations et précis signés des hommes de loi et défenseurs officieux ; les actes des autorités constituées, administratives, qui sont assujettis à l'enregistrement ou qui se délivrent aux citoyens, et toutes les expéditions et extraits des actes, arrêtés et délibérations, desdites autorités, qui sont délivrés aux citoyens ; les pétitions et mémoires, même en forme de lettres, présentés au directoire exécutif, aux ministres, à toutes autorités constituées, aux commissaires de la trésorerie nationale, à ceux de la comptabilité nationale, aux directeurs de la liquidation générale, et aux administrations ou établissements publics ; les actes entre particuliers, sous signature privée, et le double des comptes de recette ou gestion particulière, et généralement tous actes et écritures, extraits, copies et expéditions, soit publics, soit privés, devant ou pouvant faire titre, ou être produits pour obligation, décharge, justification, demande ou défense ; — 2° Les registres de l'autorité judiciaire où s'écrivent des actes sujets à l'enregistrement sur les minutes et les répertoires des greffiers ; ceux des administrations centrales et municipales tenus pour objets qui leur sont particuliers, et n'ayant point de rapport à l'administration générale, et les répertoires de leurs secrétaires ; ceux des notaires, huissiers et autres officiers publics ministériels, et leurs répertoires ; ceux des receveurs des droits et des revenus des communes et des établissements publics ; ceux des fermiers des postes et des messageries ; ceux des compagnies et agents d'affaires, directeurs, régisseurs, syndics de créanciers et entrepreneurs de travaux et fournitures ; ceux des banquiers, négociants, armateurs, marchands, fabricants, commissionnaires, agents de change, courtiers, ouvriers et artisans ; ceux des aubergistes, maîtres d'hôtels garnis et logeurs, sur lesquels ils doivent inscrire les noms des personnes qu'ils logent, et généralement tous livres, registres et minutes de lettres, qui sont de nature à être produits en justice et dans le cas d'y faire foi, ainsi que les extraits, copies et expéditions, qui sont délivrés desdits livres et registres.

13. Tout acte fait ou passé en pays étranger, ou dans les îles et colonies françaises où le timbre n'aurait pas encore été établi, sera soumis au timbre avant qu'il puisse en être fait aucun usage en France,

soit dans un acte public, soit dans une déclaration quelconque, soit devant une autorité judiciaire ou administrative.

14. Sont assujettis au droit de timbre, en raison des sommes et valeurs, les billets à ordre ou au porteur, les rescriptions, mandements, ordonnances, et tous autres effets négociables ou de commerce, même les lettres de change tirées par seconde, troisième et *duplicata*, et ceux faits en France, et payables chez l'étranger.

15. Les effets négociables venant de l'étranger, ou des îles et colonies françaises où le timbre n'aurait pas encore été établi, seront, avant qu'ils puissent être négociés, acceptés, ou acquittés en France, soumis au timbre ou au *visa pour timbre*.

TITRE III. — *Des actes et registres non soumis à la formalité du timbre.*

16. Sont exceptés du droit et de la formalité du timbre :

1° Les actes du corps législatif et ceux du directoire exécutif; les minutes de tous les actes, arrêtés, décisions et délibérations, de l'administration publique en général, et de tous les établissements publics, dans tous les cas où aucun de ces actes n'est sujet à l'enregistrement sur la minute, et les extraits, copies et expéditions, qui s'expédient ou se délivrent par une administration ou un fonctionnaire public à une administration publique ou à un fonctionnaire public, lorsqu'il y est fait mention de cette destination ; les inscriptions sur le grand-livre de la dette nationale et les effets publics, tous les comptes rendus par des comptables publics; les doubles, autres que celui du comptable, de chaque compte de recette ou gestion particulière et privée; les quittances de traitements et émoluments des fonctionnaires et employés salariés par l'état; les quittances ou récépissés délivrés aux collecteurs et receveurs de deniers publics, celles que les collecteurs de contributions directes peuvent délivrer aux contribuables, celles des contributions indirectes qui s'expédient sur les actes, et celles de toutes autres contributions qui se délivrent sur feuilles particulières, et qui n'excèdent pas 10 fr.; les quittances des secours payés aux indigents, et des indemnités pour incendies, inondations, épizooties et autres cas fortuits; toutes autres quittances, même celles entre particuliers, pour créances en sommes non excédant 10 fr., quand il ne s'agit pas d'un à-compte ou d'une quittance finale sur une plus forte somme; les engagements, enrôlements, congés, certificats, cartouches, passe-ports, quittances pour prêt et fournitures, billets d'étape, de subsistance et de logement, et autres pièces ou écritures concernant les gens de guerre, tant pour le service de terre que pour le service de mer; les pétitions présentées au corps législatif; celles qui ont pour objet des demandes de congés absolus et limités et de secours, et les pétitions des déportés et réfugiés des colo-

nics tendant à obtenir des certificats de résidence, passe-ports et passages, pour retourner dans leur pays ; les certificats d'indigence ; les rôles qui sont fournis pour l'appel des causes ; les actes de police générale et de vindicte publique, et ceux des commissaires du directoire
exécutif non soumis à la formalité de l'enregistrement, et les copies
de pièces de procédure criminelle qui doivent être délivrées sans frais ;
— 2° Les registres de toutes les administrations publiques et des établissements publics, pour ordre et administration générale ; ceux des
tribunaux, des accusateurs publics et des commissaires du directoire
exécutif, où il ne se transcrit aucune minute d'actes soumis à la formalité de l'enregistrement ; ceux des receveurs de contributions publiques, et autres préposés publics.

TITRE IV. — *Des obligations respectives des notaires, huissiers, greffiers, secrétaires des administrations, arbitres et experts, des diverses autorités publiques, des préposés de la régie et des citoyens, et
peines prononcées contre les contrevenants.*

17. Les notaires, huissiers, secrétaires des administrations centrales
et municipales, et autres officiers et fonctionnaires publics, les arbitres
et les avoués ou défenseurs officieux près des tribunaux, ne pourront
employer, pour les actes qu'ils rédigeront et leurs copies et expéditions, d'autre papier que celui timbré du département où ils exercent
leurs fonctions.

18. La faculté accordée par l'art. 7 de la présente aux citoyens qui
voudront employer d'autre papier que celui fourni par la régie, en le
faisant timbrer avant d'en faire usage, est interdite aux notaires, huissiers, greffiers, arbitres, avoués ou défenseurs officieux, et à tous autres officiers ou fonctionnaires publics ; ils seront tenus de se servir du
papier timbré débité par la régie.—Les administrations publiques seulement conserveront cette faculté. — Les notaires et autres officiers
publics pourront néanmoins faire timbrer à l'extraordinaire du parchemin lorsqu'ils seront dans le cas d'en employer.

19. Les notaires, greffiers, arbitres et secrétaires des administrations, ne pourront employer, pour les expéditions qu'ils délivreront
des actes retenus en minute, et de ceux déposés ou annexés, de papier timbré d'un format inférieur à celui appelé *moyen papier*, et dont
le prix est fixé à *soixante-quinze centimes* la feuille par l'art. 8 de la
présente. Ce prix sera aussi celui du timbre du parchemin que l'on
voudra employer pour expédition, sans égard à la dimension, si toutefois elle est au dessous de celle de ce papier. Les huissiers et autres
officiers publics ou ministériels ne pourront non plus employer de papier timbré d'une dimension inférieure à celle du moyen papier pour
les expéditions des procès-verbaux de ventes de mobilier.

20. Les papiers employés à des expéditions ne pourront contenir, compensation faite d'une feuille à l'autre, savoir :

Plus de vingt-cinq lignes par page de moyen papier; — plus de trente lignes par page de grand papier; — et plus de trente-cinq lignes par page de grand registre.

21. L'empreinte du timbre ne pourra être couverte d'écriture ni altérée.

22. Le papier timbré qui aura été employé à un acte quelconque ne pourra plus servir pour un autre acte, quand même le premier n'aurait pas été achevé.

23. Il ne pourra être fait ni expédié deux actes à la suite l'un de l'autre sur la même feuille de papier timbré, nonobstant tout usage ou règlement contraire. — Sont exceptés : les ratifications des actes passés en l'absence des parties, les quittances de prix de ventes et celles de remboursement de constitution ou d'obligation, les inventaires, procès-verbaux et autres actes qui ne peuvent être consommés dans un même jour et dans la même vacation, les procès-verbaux de reconnaissance et levée de scellés, qu'on pourra faire à la suite du procès-verbal d'apposition, et les significations des huissiers, qui peuvent également être écrites à la suite des jugements et autres pièces dont il est délivré copie. — Il pourra aussi être donné plusieurs quittances sur une même feuille de papier timbré pour à-compte d'une seule et même créance, ou d'un seul terme de fermage ou loyer. — Toutes autres quittances qui seront données sur une même feuille de papier timbré n'auront pas plus d'effet que si elles étaient sur papier non timbré.

24. Il est fait défense aux notaires, huissiers, greffiers, arbitres et experts, d'agir; aux juges, de prononcer aucun jugement, et aux administrations publiques, de rendre aucun arrêté, sur un acte, registre ou effet de commerce non écrit sur papier timbré du timbre prescrit, ou non visé pour timbre. — Aucun juge ou officier public ne pourra plus coter ou parapher un registre assujetti au timbre, si les feuilles n'en sont timbrées.

25. Il est également fait défense à tous receveurs de l'enregistrement 1° d'enregistrer aucun acte qui ne serait pas sur papier timbré du timbre prescrit, ou qui n'aura pas été visé pour timbre; 2° d'admettre à la formalité de l'enregistrement des protêts d'effets négociables, sans se faire représenter ces effets en bonne forme; 3° de délivrer des patentes aux citoyens dont les registres doivent être tenus en papier timbré, si ces registres ne leur sont préalablement représentés aussi en bonne forme. Les citoyens seront en conséquence tenus d'en justifier.

26. Il est prononcé par la présente une amende, savoir :

1° De 15 fr., pour contravention, par les particuliers, aux dispositions de l'art. 21 ci-dessus; 2° de 25 fr., pour contravention aux art. 20 et 21, par les officiers et fonctionnaires publics; 3° de 30 fr.; pour chaque acte ou écrit sous signature privée fait sur papier non timbré, ou en contravention aux art. 22 et 23; 4° de 50 fr., pour contravention à l'art. 19, de la part des officiers et fonctionnaires publics y dénommés; et à l'art. 25, de la part des préposés de l'enregistrement; 5° de 100 fr. pour chaque acte public ou expédition écrit sur papier non timbré, et pour contravention aux art. 17, 18, 22, 23 et 24, par les officiers et fonctionnaires publics; 6° et du vingtième de la somme exprimée dans un effet négociable, s'il est écrit sur un papier non timbré, ou sur un papier timbré du timbre inférieur à celui qui aurait dû être employé aux termes de la présente, et pour contravention aux art. 22 et 23. L'amende sera de 30 fr., dans les mêmes cas, pour les effets au dessous de 600 fr. Les contrevenants, dans tous les cas ci-dessus, paieront en outre les droits de timbre.

27. Aucune personne ne pourra vendre ou distribuer du papier timbré qu'en vertu d'une commission de la régie, à peine d'une amende de 100 fr. pour la première fois, et de 300 fr. en cas de récidive. Le papier qui sera saisi chez ceux qui s'en permettront ainsi le commerce sera confisqué au profit de l'état.

28. La peine contre ceux qui abuseraient des timbres pour timbrer et vendre frauduleusement du papier timbré sera la même que celle qui est prononcée par le code pénal contre les contrefacteurs des timbres.

29. Le timbre des quittances fournies à l'état ou délivrées en son nom est à la charge des particuliers qui les donnent ou les reçoivent; il en est de même pour autres actes entre l'état et les citoyens.

30. Les écritures privées qui auraient été faites sur papier non timbré, sans contravention aux lois du timbre, quoique non comprises nommément dans les exceptions, ne pourront être produites en justice sans avoir été soumises au timbre extraordinaire ou au visa pour timbre, à peine d'une amende de trente francs, outre le droit de timbre.

31. Les préposés de la régie sont autorisés à retenir les actes, registres ou effets en contravention à la loi du timbre, qui leur seront présentés, pour les joindre aux procès-verbaux qu'ils en rapporteront, à moins que les contrevenants ne consentent à signer les procès-verbaux, ou à acquitter sur-le-champ l'amende encourue et le droit de timbre.

32. En cas de refus de la part des contrevenants de satisfaire aux dispositions de l'article précédent, les préposés de la régie leur feront signifier dans les trois jours les procès-verbaux qu'ils auront rapportés, avec assignation devant le tribunal civil du département. L'instruction se fera ensuite sur simples mémoires respectivement signifiés; les jugements définitifs qui interviendront seront sans appel.

Postérieurement à la loi ci-dessus, sont intervenus :

La loi additionnelle du 6 prairial an 7;

L'extrait de la loi de finances du 28 avril 1816 ;

L'extrait de la loi du 25 mars 1817 ;

L'extrait de la loi du 23 mai 1818 ;

Loi du 1er mai 1822, relative aux lettres de change par seconde, troisième, etc. (Instr. 1309) ;

L'extrait de la loi du 16 juin 1824 ;

Loi du 14 décembre 1830, relative aux journaux et écrits périodiques ;

L'art. 2 de cette loi a modifié le droit de timbre déterminé par la loi de 1816 (Instr. 1343) ;

Loi du 30 avril 1832, qui exempte du timbre les réclamations ayant pour objet une cote moindre de 30 fr. (Instr. 1399) ;

L'extrait de la loi du 24 mai 1834 (art. 18).

Cette dernière loi avait diminué le droit des effets de commerce ; mais elle a établi une pénalité nouvelle en frappant d'une amende de 6 pour 100 le tireur et d'une pareille amende le premier endosseur de toute lettre de change sur papier non timbré.

L'extrait de la loi du 20 juillet 1837 sur les finances, dont l'art. 16 porte :

« A compter du 1er janvier 1838, le droit proportionnel de timbre sur les lettres de change et billets à ordre, sur les billets et obligations non négociables d'une somme de 300 fr. et au dessous, sera réduit à quinze centimes au lieu de vingt-cinq centimes.

» Les amendes dues en cas de contravention seront perçues conformément aux art. 19, 20 et 21, de la loi du 24 mai 1834. »

Les modifications ordonnées dans la forme des timbres, à raison des changements de gouvernement ou de modifications dans les quotités, ne préjudicient jamais à ceux qui se sont approvisionnés de papier timbré.

Ainsi toutes les lois qui ont ordonné des changements de timbre ont en même temps accordé un délai soit pour l'échange des papiers de débite, soit pour le contre-timbre gratuit de ceux frappés du timbre extraordinaire ; et, dans le cas d'augmentation de droit, elles ont également accordé un délai pour appliquer un timbre supplémentaire et acquitter l'augmentation.

Enfin il faut mentionner comme frappés de la contribution du timbre :

1° Les *passe-ports,* dont le prix est fixé, savoir : à l'*intérieur,* à 2 fr. ; à l'*étranger,* à 10 fr.

Dans cette fixation sont compris les frais de papier et de timbre et tous les frais d'expédition.

Les frais fixés sont imprimés sur les passe-ports. (Décr. du 11 juillet 1810, art. 9.)

2° Les ports d'armes de chasse, dont le prix, fixé à 15 fr. par l'art.

77 de la loi du 28 avril 1816, a été élevé à 25 fr. par la loi du 3 mai 1844, sur la police de la chasse.

Nous croyons devoir reproduire ici une partie des dispositions de l'instruction n° 1537, page 30, au sujet des *contraventions* aux lois sur le timbre, et au mode de les constater.

Contravention. Procès-verbal. Les art. 31 et 32 de la loi du 13 brumaire an 7, qui prescrivent aux préposés de constater par des procès-verbaux les contraventions en matière de timbre existant dans les actes qui leur sont présentés, n'ont pas été abrogés par l'art. 76 de la loi du 28 avril 1816. La voie de contrainte, que cet article substitue à celle de l'assignation, n'est nullement exclusive des procès-verbaux, qui doivent au contraire, en matière de timbre, servir de base aux contraintes.

Annexe de pièces. L'art. 31 n'ordonne point à peine de nullité de joindre aux procès-verbaux de contravention aux lois sur le timbre les pièces qui en font l'objet; toutefois la jonction de ces pièces est utile pour mettre, en cas de contestation, le tribunal à même d'apprécier si elles sont ou non sujettes au timbre. En conséquence, à part le cas de paiement immédiat de l'amende de timbre ou celui de signature du procès-verbal par le contrevenant, les préposés doivent retenir les pièces en contravention et les joindre à leur procès-verbal; il convient en outre de les décrire d'une manière exacte et circonstanciée dans le procès-verbal, pour suppléer à leur défaut, si elles venaient à s'adirer.

Découvertes des contraventions. En autorisant les préposés à retenir les actes en contravention à la loi du timbre qui leur sont présentés, la loi n'a point entendu interdire la répression des conventions découvertes autrement que par la présentation des actes à l'enregistrement, pourvu que la découverte ne résulte d'aucun moyen illicite. Ainsi, notamment, la découverte d'une pièce non timbrée, faite par un employé procédant à une vérification dans l'étude ou dans les minutes d'un officier public, autorise la demande des droits et amendes de timbre, quoique cette pièce n'ait point été expressément communiquée par l'officier public à l'employé.

Rédaction et signification du procès-verbal. Le procès-verbal constatant une contravention à la loi du timbre doit être rédigé au moment même où la contravention est découverte par les préposés, et notifié au contrevenant dans les délais fixés par l'art. 32 de la loi du 13 brumaire an 7 et par la loi du 25 germinal an 11.

Le procès-verbal n'est pas sujet à affirmation.

CHAPITRE IV.

CODE CIVIL.

—

—— —— —

§ 1er.

LIVRE II. — *Des biens, et des différentes modifications de la propriété.*

TITRE Ier. — *De la distinction des biens.*

516. Tous les biens sont meubles ou immeubles.

CHAPITRE Ier. — *Des immeubles.*

517. Les biens sont immeubles ou par leur nature, ou par leur destination, ou par l'objet auquel ils s'appliquent.

518. Les fonds de terre et les bâtiments sont immeubles par leur nature.

519. Les moulins à vent ou à eau, fixés sur piliers et faisant partie du bâtiment, sont aussi immeubles par leur nature.

520. Les récoltes pendantes par racines et les fruits des arbres non encore recueillis sont pareillement immeubles. Dès que les grains sont coupés et les fruits détachés, quoique non enlevés, ils sont meubles. Si une partie seulement de la récolte est coupée, cette partie seule est meuble.

521. Les coupes ordinaires des bois taillis ou de futaies mises en coupes réglées ne deviennent meubles qu'au fur et à mesure que les arbres sont abattus.

522. Les animaux que le propriétaire du fonds livre au fermier ou au métayer pour la culture, estimés ou non, sont censés immeubles tant qu'ils demeurent attachés au fonds par l'effet de la convention. Ceux qu'il donne à cheptel à d'autres qu'au fermier ou métayer sont meubles.

523. Les tuyaux servant à la conduite des eaux dans une maison ou autre héritage sont immeubles et font partie du fonds auquel ils sont attachés.

524. Les objets que le propriétaire d'un fonds y a placés pour le service et l'exploitation de ce fonds sont immeubles par destination. Ainsi sont immeubles par destination, quand ils ont été placés par le propriétaire pour le service de l'exploitation du fonds : — les animaux attachés à la culture, — les ustensiles aratoires, — les semences données au fermier ou colon partiaire, — les pigeons des colombiers, — les lapins de garenne, — les ruches à miel, — les poissons des étangs, les pressoirs, chaudières, alambics, cuves et tonnes ; — les ustensiles nécessaires à l'exploitation des forges, papeteries et autres usines ; — les pailles et engrais. — Sont aussi immeubles par destination tous effets mobiliers que le propriétaire a attachés au fonds à perpétuelle demeure.

525. Le propriétaire est censé avoir attaché à son fonds des effets mobiliers à perpétuelle demeure quand ils y sont scellés en plâtre, ou à chaux ou à ciment, ou lorsqu'ils ne peuvent être détachés sans être fracturés et détériorés, ou sans briser et détériorer la partie du fonds à laquelle ils sont

6

attachés. — Les glaces d'un appartement sont censées mises à perpétuelle demeure lorsque le parquet sur lequel elles sont attachées fait corps avec la boiserie. — Il en est de même des tableaux et ornements. — Quant aux statues, elles sont immeubles lorsqu'elles sont placées dans une niche pratiquée exprès pour les recevoir, encore qu'elles puissent être enlevées sans fracture ou détérioration.

526. Sont immeubles, par l'objet auquel ils s'appliquent : — l'usufruit des choses immobilières, — les servitudes ou services fonciers ; — les actions qui tendent à revendiquer un immeuble.

CHAPITRE II. — *Des meubles.*

527. Les biens sont meubles par leur nature ou par la détermination de la loi.

528. Sont meubles par leur nature les corps qui peuvent se transporter d'un lieu à un autre, soit qu'ils se meuvent par eux-mêmes, comme les animaux, soit qu'ils ne puissent changer de place que par l'effet d'une force étrangère, comme les choses inanimées.

529. Sont meubles par la détermination de la loi les obligations et actions qui ont pour objet des sommes exigibles ou des effets mobiliers, les actions ou intérêts dans les compagnies de finances, de commerce ou d'industrie, encore que les immeubles dépendant de ces entreprises appartiennent aux compagnies. Ces actions ou intérêts sont réputés meubles à l'égard de chaque associé seulement tant que dure la société. — Sont aussi meubles par la détermination de la loi les rentes perpétuelles et viagères, soit sur l'état, soit sur des particuliers.

530. Toute rente établie à perpétuité pour le prix de la vente d'un immeuble ou comme condition de la cession à titre onéreux ou gratuit d'un fonds immobilier est essentiellement rachetable. — Il est néanmoins permis au créancier de régler les clauses et conditions du rachat. Il lui est aussi permis de stipuler que la rente ne pourra lui être remboursée qu'après un certain terme, lequel ne peut jamais excéder trente ans : toute stipulation contraire est nulle.

531. Les bateaux, bacs, navires, moulins et bains sur bateaux, et généralement toutes usines non fixées par des piliers, et ne faisant point partie de la maison, sont meubles ; la saisie de quelques uns de ces objets peut cependant, à cause de leur importance, être soumise à des formes particulières, ainsi qu'il sera expliqué dans le Code de procédure civile.

532. Les matériaux provenant de la démolition d'un édifice, ceux assemblés pour en construire un nouveau, sont meubles jusqu'à ce qu'ils soient employés par l'ouvrier dans une construction.

533. Le mot *meuble*, employé seul dans les dispositions de la loi ou de l'homme, sans autre addition ni désignation, ne comprend pas l'argent comptant, les pierreries, les dettes actives, les livres, médailles, les instruments des sciences, des arts et métiers ; le linge de corps, les chevaux, équipage, armes, grains, vins, foins, et autres denrées. Il ne comprend pas aussi ce qui fait l'objet d'un commerce.

534. Les mots *meubles meublants* ne comprennent que les meubles destinés à l'usage et à l'ornement des appartements, comme tapisseries, lits, siéges, glaces, pendules, tables, porcelaines, et autres objets de cette nature. — Les tableaux et les statues qui font partie du meuble d'un appartement y sont aussi compris, mais non les collections de tableaux qui peuvent être dans les galeries ou pièces particulières. Il en est de même des porcelaines : celles seulement qui font partie de la décoration d'un appartement sont comprises sous la dénomination de *meubles meublants*.

535. L'expression *biens meubles*, celle de *mobiliers* ou d'*effets mobiliers*, comprennent généralement tout ce qui est censé meuble d'après les règles

ci-dessus établies. La vente ou le don d'une maison meublée ne comprend que les meubles meublants.

536. La vente ou le don d'une maison avec tout ce qui s'y trouve ne comprend pas l'argent comptant ni les dettes actives et autres droits dont les titres peuvent être déposés dans la maison ; tous les autres effets mobiliers y sont compris.

CHAPITRE III.— *Des biens dans leurs rapports avec ceux qui les possèdent.*

537. Les particuliers ont la libre disposition des biens qui leur appartiennent sous les modifications établies par les lois. — Les biens qui n'appartiennent pas à des particuliers sont administrés et ne peuvent être aliénés que dans les formes et suivant les règles qui leur sont particulières.

538. Les chemins, routes et rues à la charge de l'état, les fleuves et rivières navigables ou flottables, les rivages, lais et relais de la mer ; les ports, les havres, les rades, et généralement toutes les portions du territoire français qui ne sont pas susceptibles d'une propriété privée, sont considérés comme des dépendances du domaine public.

539. Tous les biens vacants et sans maître, et ceux des personnes qui décèdent sans héritiers ou dont les successions sont abandonnées, appartiennent au domaine public.

540. Les portes, murs, fossés, remparts des places de guerre ou des forteresses, font aussi partie du domaine public.

541. Il en est de même des terrains, des fortifications et remparts des places qui ne sont plus places de guerre : ils appartiennent à l'état s'ils n'ont été valablement aliénés, ou si la propriété n'en a pas été prescrite contre lui.

542. Les biens communaux sont ceux à la propriété ou ou au produit desquels les habitants d'une ou de plusieurs communes ont des droits acquis.

543. On peut avoir sur les biens ou un droit de propriété, ou un simple droit de jouissance, ou seulement des services fonciers à prétendre.

§ 2.

TITRE II. — *De la propriété.*

544. La propriété est le droit de jouir et de disposer des choses de la manière la plus absolue, pourvu qu'on n'en fasse pas un usage prohibé par les lois ou par les règlements.

545. Nul ne peut être contraint de céder sa propriété, si ce n'est pour cause d'utilité publique, et moyennant une juste et préalable indemnité.

546. La propriété d'une chose, soit mobilière, soit immobilière, donne droit sur tout ce qu'elle produit et sur ce qui s'y unit accessoirement, soit naturellement, soit artificiellement. Ce droit s'appelle *droit d'accession.*

CHAPITRE Ier. — *Du droit d'accession sur ce qui est produit par la chose.*

547. Les fruits naturels ou industriels de la terre, — les fruits civils, — le croît des animaux, — appartiennent au propriétaire par droit d'accession.

548. Les fruits produits par la chose n'appartiennent au propriétaire qu'à la charge de rembourser les frais des labours, travaux et semences, faits par des tiers.

549. Le simple possesseur ne fait les fruits siens que dans le cas où il possède de bonne foi ; dans le cas contraire, il est tenu de rendre les produits avec la chose du propriétaire qui la revendique.

550. Le possesseur est de bonne foi quand il possède comme propriétaire, en vertu d'un titre translatif de propriété dont il ignore les vices.— Il cesse d'être de bonne foi du moment où ces vices lui sont connus.

CHAPITRE II. — *Du droit d'accession sur ce qui s'unit et s'incorpore à la chose.*

551. Tout ce qui s'unit et s'incorpore à la chose appartient au propriétaire suivant les règles qui seront ci-après établies.

SECTION Ire. — *Du droit d'accession relativement aux choses immobilières.*

552. La propriété du sol emporte emporte la propriété du dessus et du dessous. — Le propriétaire peut faire au dessus toutes les plantations et constructions qu'il juge à propos, sauf les exceptions établies au titre *Des servitudes ou services fonciers.* — Il peut faire au dessous toutes les constructions et fouilles qu'il jugera à propos, et tirer de ces fouilles tous les produits qu'elles peuvent fournir, sauf les modifications résultant des lois et règlements relatifs aux mines, et des lois et règlements de police.

553. Toutes constructions, plantations et ouvrages sur un terrain ou dans l'intérieur, sont présumés faits par le propriétaire à ses frais, et lui appartenir, si le contraire n'est prouvé, sans préjudice de la propriété qu'un tiers pourrait avoir acquise ou pourrait acquérir par prescription, soit d'un souterrain sous le bâtiment d'autrui, soit de toute autre partie du bâtiment.

554. Le propriétaire du sol qui a fait des constructions, plantations et ouvrages, avec des matériaux qui ne lui appartenaient pas, doit en payer la valeur; il peut aussi être condamné à des dommages-intérêts, s'il y a lieu; mais le propriétaire des matériaux n'a pas le droit de les enlever.

555. Lorsque les plantations, constructions et ouvrages, ont été faits par un tiers et avec ses matériaux, le propriétaire du fonds a droit ou de les retenir, ou d'obliger ce tiers à les enlever. — Si le propriétaire du fonds demande la suppression des plantations et constructions, elle est aux frais de celui qui les a faites, sans aucune indemnité pour lui; il peut même être condamné à des dommages-intérêts, s'il y a lieu, pour le préjudice que peut avoir éprouvé le propriétaire du fonds. — Si le propriétaire préfère conserver ces plantations et constructions, il doit le remboursement de la valeur des matériaux et du prix de la main-d'œuvre, sans égard à la plus ou moins grande augmentation de valeur que le fonds a pu recevoir. Néanmoins, si les plantations, constructions et ouvrages, ont été faits par un tiers évincé, qui n'aurait pas été condamné à la restitution des fruits, attendu sa bonne foi, le propriétaire ne pourra demander la suppression desdits ouvrages, plantations et constructions; mais il aura le choix ou de rembourser la valeur des matériaux et du prix de la main-d'œuvre, ou de rembourser une somme égale à celle dont le fonds a augmenté la valeur.

556. Les atterrissements et accroissements qui se forment successivement et imperceptiblement aux fonds riverains d'un fleuve ou d'une rivière s'appellent *alluvion.* — L'alluvion profite au propriétaire riverain, soit qu'il s'agisse d'un fleuve ou d'une rivière navigable, flottable ou non, à la charge, dans le premier cas, de laisser le marche-pied ou chemin de halage, conformément aux règlements.

557. Il en est de même des relais que forme l'eau courante qui se retire insensiblement de l'une de ses rives en se portant vers l'autre : le propriétaire de la rive découverte profite de l'alluvion, sans que le riverain du côté opposé puisse venir réclamer le terrain qu'il a perdu. — Ce droit n'a pas lieu à l'égard des relais de la mer.

558. L'alluvion n'a pas lieu à l'égard des lacs et étangs, dont le propriétaire conserve toujours le terrain que l'eau couvre quand elle est à la hauteur de la décharge de l'étang, encore que le volume de l'eau vienne à diminuer. — Réciproquement le propriétaire de l'étang n'acquiert aucun droit sur les terres riveraines que son eau vient à couvrir dans les crues extraordinaires.

559. Si un fleuve ou une rivière navigable ou non enlève par une force subite une partie considérable et reconnaissable d'un champ riverain, et la porte vers un champ inférieur ou sur la rive opposée, le propriétaire de la partie enlevée peut réclamer sa propriété; mais il est tenu de former sa demande dans l'année; après ce délai il n'y sera plus recevable, à moins que le propriétaire du champ auquel la partie enlevée a été unie n'eût pas encore pris possession de celle-ci.

560. Les îles, îlots, atterrissements, qui se forment dans le lit des fleuves ou rivières navigables ou flottables, appartiennent à l'état, s'il n'y a titre ou prescription contraire.

561. Les îles et atterrissements qui se forment dans les rivières non navigables et non flottables appartiennent aux propriétaires riverains du côté où l'île s'est formée; si l'île n'est pas formée d'un seul côté, elle appartient aux propriétaires riverains des deux côtés, à partir de la ligne qu'on suppose tracée au milieu de la rivière.

562. Si une rivière ou un fleuve, en se formant un bras nouveau, coupe et embrasse le champ d'un propriétaire riverain, et en fait une île, ce propriétaire conserve la propriété de son champ, encore que l'île se soit formée dans un fleuve ou dans une rivière navigable ou flottable.

563. Si un fleuve ou une rivière navigable, flottable ou non, se forme un nouveau cours en abandonnant son ancien lit, les propriétaires des fonds nouvellement occupés prennent, à titre d'indemnité, l'ancien lit abandonné, chacun dans la proportion de terrain qui lui a été enlevé.

564. Les pigeons, lapins, poissons, qui passent dans un autre colombier, garenne ou étang, appartiennent au propriétaire de ces objets, pourvu qu'ils n'y aient point été attirés par fraude et artifice.

SECTION II. — *Du droit d'accession relativement aux choses mobilières.*

565. Le droit d'accession, quand il a pour objet deux choses mobilières appartenant à deux maîtres différents, est entièrement subordonné aux principes de l'équité naturelle. — Les règles suivantes serviront d'exemple au juge pour se déterminer, dans les cas non prévus, suivant les circonstances particulières.

566. Lorsque deux choses appartenant à différents maîtres, qui ont été unies de manière à former un tout, sont néanmoins séparables, en sorte que l'une puisse subsister sans l'autre, le tout appartient au maître de la chose qui forme la partie principale, à la charge de payer à l'autre la valeur de la chose qui a été unie.

567. Est réputée partie principale celle à laquelle l'autre n'a été unie que pour l'usage, l'ornement ou le complément de la première.

568. Néanmoins, quand la chose unie est beaucoup plus précieuse que la principale, et quand elle a été employée à l'insu du propriétaire, celui-ci peut demander que la chose unie soit séparée pour lui être rendue, même quand il pourrait en résulter quelque dégradation de la chose à laquelle elle a été jointe.

569. Si de deux choses unies pour former un seul tout l'une ne peut point être regardée comme l'accessoire de l'autre, celle-là est réputée principale qui est la plus considérable en valeur et en volume, si les valeurs sont à peu près égales.

570. Si un artisan ou une personne quelconque a employé une matière qui ne lui appartenait pas à former une chose d'une nouvelle espèce, soit que la matière puisse ou non reprendre sa première forme, celui qui en

était le propriétaire a le droit de réclamer la chose qui en a été formée, en remboursant le prix de la main-d'œuvre.

571. Si cependant la main-d'œuvre était tellement importante, qu'elle surpassât de beaucoup la valeur de la matière employée, l'industrie serait alors réputée la partie principale, et l'ouvrier aurait le droit de retenir la chose travaillée, et en remboursant le prix de la matière au propriétaire.

572. Lorsqu'une personne a employé en partie la matière qui lui appartenait, et en partie celle qui ne lui appartenait pas, à former une chose d'une espèce nouvelle, sans que ni l'une ni l'autre des deux matières soit entièrement détruite, mais de manière qu'elles ne puissent pas se séparer sans inconvénient, la chose est commune aux deux propriétaires, en raison, quant à l'un, de la matière qui lui appartenait; quant à l'autre, en raison à la fois et de la matière qui lui appartenait, et du prix de sa main-d'œuvre.

573. Lorsqu'une chose a été formée par le mélange de plusieurs matières appartenant à différents propriétaires, mais dont aucune ne peut être regardée comme la matière principale, si les matières peuvent être séparées, celui à l'insu duquel les matières ont été mélangées peut en demander la division. — Si les matières ne peuvent plus être séparées sans inconvénient, ils en acquièrent en commun la propriété dans la proportion de la quantité, de la qualité et de la valeur des matières appartenant à chacun d'eux.

574. Si la matière appartenant à l'un des propriétaires était de beaucoup supérieure à l'autre par la quantité et le prix, en ce cas le propriétaire de la matière supérieure en valeur pourrait réclamer la chose provenue du mélange, en remboursant à l'autre la valeur de sa matière.

575. Lorsque la chose reste en commun entre les propriétaires des matières dont elle a été formée, elle doit être licitée au profit commun.

576. Dans tous les cas où le propriétaire dont la matière a été employée, à son insu, à former une chose d'une autre espèce, peut réclamer la propriété de cette chose, il a le droit de demander la restitution de sa matière en même nature, quantité, poids, mesure et bonté, ou sa valeur.

577. Ceux qui auront employé des matières appartenant à d'autres, et à leur insu, pourront aussi être condamnés à des dommages-intérêts, s'il y a lieu, sans préjudice des poursuites par voie extraordinaire, si le cas y échoit.

§ 3.

TITRE III. — De l'usufruit, de l'usage et de l'habitation.

CHAPITRE Ier. — De l'usufruit.

578. L'usufruit est le droit de jouir des choses dont un autre a la propriété, comme le propriétaire lui-même, mais à la charge d'en conserver la substance.

579. L'usufruit est établi par la loi ou par la volonté de l'homme.

580. L'usufruit peut être établi, ou purement, ou à certain jour, ou à condition.

581. Il peut être établi sur toute espèce de biens meubles ou immeubles.

SECTION Ire. — Du droit de l'usufruitier.

582. L'usufruitier a le droit de jouir de toute espèce de fruits, soit naturels, soit industriels, soit civils, que peut produire l'objet dont il a l'usufruit.

583. Les fruits naturels sont ceux qui sont le produit spontané de la terre. Le produit et le croît des animaux sont aussi des fruits naturels. —

Les fruits industriels d'un fonds sont ceux qu'on obtient par la culture.

584. Les fruits civils sont les loyers de maisons, les intérêts des sommes exigibles, les arrérages des rentes. — Les prix des baux à ferme sont aussi rangés dans la classe des fruits civils.

585. Les fruits naturels et industriels pendants par branches ou par racines au moment où l'usufruit est ouvert appartiennent à l'usufruitier. — Ceux qui sont dans le même état au moment où finit l'usufruit appartiennent au propriétaire, sans récompense de part ni d'autre des labours et semences, mais aussi sans préjudice de la portion des fruits qui pourrait être acquise au colon partiaire, s'il en existait un au commencement ou à la cessation de l'usufruit.

586. Les fruits civils sont réputés s'acquérir jour par jour, et appartiennent à l'usufruitier, à proportion de la durée de son usufruit. Cette règle s'applique aux prix des baux à ferme, comme aux loyers des maisons et autres fruits civils.

587. Si l'usufruit comprend des choses dont on ne peut faire usage sans les consommer, comme l'argent, les grains, les liqueurs, l'usufruitier a le droit de s'en servir, mais à la charge d'en rendre pareille quantité, qualité et valeur, ou leur estimation, à la fin de l'usufruit.

588. L'usufruit d'une rente viagère donne aussi à l'usufruitier, pendant la durée de son usufruit, le droit d'en percevoir les arrérages, sans être tenu à aucune restitution.

589. Si l'usufruit comprend des choses qui, sans se consommer de suite, se détériorent peu à peu par l'usage, comme du linge, des meubles meublants, l'usufruitier a le droit de s'en servir pour l'usage auquel elles sont destinées, et n'est obligé de les rendre, à la fin de l'usufruit, que dans l'état où elles se trouvent, non détériorées par son dol ou par sa faute.

590. Si l'usufruit comprend des bois taillis, l'usufruitier est tenu d'observer l'ordre et la quotité des coupes, conformément à l'aménagement ou à l'usage constant des propriétaires, sans indemnité toutefois, en faveur de l'usufruitier ou de ses héritiers, pour les coupes ordinaires, soit de taillis, ou de baliveaux, soit de futaie, qu'il n'aurait pas faites pendant sa jouissance. — Les arbres qu'on peut tirer d'une pépinière sans la dégrader ne font aussi partie de l'usufruit qu'à la charge par l'usufruitier de se conformer aux usages des lieux pour le remplacement.

591. L'usufruitier profite encore, toujours en se conformant aux époques et à l'usage des anciens propriétaires, des parties de bois de haute futaie qui ont été mises en coupes réglées, soit que ces coupes se fassent périodiquement sur une certaine étendue de terrain, soit qu'elles se fassent d'une certaine quantité d'arbres pris indistinctement sur toute la surface du domaine.

592. Dans tous les autres cas, l'usufruitier ne peut toucher aux arbres de haute futaie ; il peut seulement employer, pour faire les réparations dont il est tenu, les arbres arrachés ou brisés par accident ; il peut même, pour cet objet, en faire abattre s'il est nécessaire, mais à la charge d'en faire constater la nécessité avec le propriétaire.

593. Il peut prendre dans les bois des échalas pour les vignes ; il peut aussi prendre sur les arbres des produits annuels et périodiques ; le tout suivant l'usage du pays ou la coutume des propriétaires.

594. Les arbres fruitiers qui meurent, ceux même qui sont arrachés ou brisés par accident, appartiennent à l'usufruitier, à la charge de les remplacer par d'autres.

595. L'usufruitier peut jouir par lui-même, donner à ferme à un autre, ou même vendre ou céder son droit à titre gratuit. S'il donne à ferme, il se doit conformer, pour les époques où les baux doivent être renouvelés et pour leur durée, aux règles établies pour le mari à l'égard des biens de la femme au titre *Du contrat de mariage et des droits respectifs des époux.*

596. L'usufruitier jouit de l'augmentation survenue par alluvion à l'objet dont il a l'usufruit.

597. Il jouit des droits de servitude, de passage, et généralement de tous les droits dont le propriétaire peut jouir, et il en jouit comme le propriétaire lui-même.

598. Il jouit aussi, de la même manière que le propriétaire, des mines et carrières qui sont en exploitation à l'ouverture de l'usufruit; et néanmoins, s'il s'agit d'une exploitation qui ne puisse être faite sans une concession, l'usufruitier ne pourra en jouir qu'après en avoir obtenu la permission du roi. — Il n'a aucun droit aux mines et carrières non encore ouvertes, ni au trésor qui pourrait être découvert pendant la durée de l'usufruit.

599. Le propriétaire ne peut, par son fait, ni de quelque manière que ce soit, nuire aux droits de l'usufruitier. — De son côté, l'usufruitier ne peut, à la cessation de l'usufruit, réclamer aucune indemnité pour les améliorations qu'il prétendrait avoir faites, encore que la valeur de la chose en fût augmentée. — Il peut cependant, ou ses héritiers, enlever les glaces, tableaux et autres ornements qu'il aurait fait placer, mais à la charge de rétablir les lieux dans leur premier état.

Section II. — Des obligations de l'usufruitier.

600. L'usufruitier prend les choses dans l'état où elles sont; mais il ne peut entrer en jouissance qu'après avoir fait dresser, en présence du propriétaire, ou lui dûment appelé, un inventaire des meubles et un état des immeubles sujets à l'usufruit.

601. Il donne caution de jouir en bon père de famille, s'il n'en est dispensé par l'acte constitutif de l'usufruit; cependant les pères et mères ayant l'usufruit légal du bien de leurs enfants, le vendeur ou le donateur sous réserve d'usufruit, ne sont pas tenus de donner caution.

602. Si l'usufruitier ne trouve pas de caution, les immeubles sont donnés à ferme ou mis en séquestre; — Les sommes comprises dans l'usufruit sont placées; — Les denrées sont vendues, et le prix en provenant est pareillement placé; — Les intérêts de ces sommes et les prix des fermes appartiennent, dans ce cas, à l'usufruitier.

603. A défaut d'une caution de la part de l'usufruitier, le propriétaire peut exiger que les meubles qui dépérissent par l'usage soient vendus, pour le prix en être placé comme celui des denrées, et alors l'usufruitier jouit de son intérêt pendant son usufruit; cependant l'usufruitier pourra demander, et les juges pourront ordonner, suivant les circonstances, qu'une partie des meubles nécessaires pour son usage lui soit délaissée sous sa simple caution juratoire et à la charge de les représenter à l'extinction de l'usufruit.

604. Le retard de donner caution ne prive pas l'usufruitier des droits auxquels il peut avoir droit; ils lui sont dus du moment où l'usufruitier a été ouvert.

605. L'usufruitier n'est tenu qu'aux réparations d'entretien. — Les grosses réparations demeurent à la charge du propriétaire, à moins qu'elles n'aient été occasionnées par le défaut de réparations d'entretien depuis l'ouverture de l'usufruit, auquel cas l'usufruitier en est aussi tenu.

606. Les grosses réparations sont celles des gros murs et des voûtes, le rétablissement des poutres et des couvertures entières; — Celui des digues et des murs de soutènement et de clôture aussi en entier. — Toutes les autres réparations sont d'entretien.

607. Ni le propriétaire ni l'usufruitier ne sont tenus de rebâtir ce qui est tombé de vétusté ou ce qui a été détruit par cas fortuit.

608. L'usufruitier est tenu, pendant sa jouissance, de toutes les charges annuelles de l'héritage, telles que les contributions, et autres qui, dans l'usage, sont censées charges des fruits.

609. A l'égard des charges qui peuvent être imposées sur la propriété pendant la durée de l'usufruit, l'usufruitier et le propriétaire y contribuent ainsi qu'il suit : — Le propriétaire est obligé de les payer, et l'usufruitier doit lui tenir compte des intérêts. — Si elles sont avancées par l'usufruitier, il a la répétition du capital à la fin de l'usufruit.

610. Le legs fait par un testateur d'une rente viagère ou pension alimentaire doit être acquitté par le légataire universel de l'usufruit dans son intégrité, et par le légataire à titre universel de l'usufruit dans la proportion de sa jouissance, sans aucune répétition de leur part.

611. L'usufruitier à titre particulier n'est pas tenu des dettes auxquelles le fonds est hypothéqué; s'il est forcé de les payer, il a son recours contre le propriétaire, sauf ce qui est dit à l'art. 1020, au titre *Des donations entre vifs et des testaments.*

612. L'usufruitier ou universel, ou à titre universel, doit contribuer avec le propriétaire au paiement des dettes ainsi qu'il suit : — On estime la valeur du fonds sujet à usufruit, on fixe ensuite la contribution aux dettes à raison de cette valeur. — Si l'usufruitier veut avancer la somme pour laquelle le fonds doit contribuer, le capital lui en est restitué à la fin de l'usufruit, sans aucun intérêt. — Si l'usufruitier ne veut pas faire cette avance, le propriétaire a le choix ou de payer cette somme, et dans ce cas l'usufruitier lui tient compte des intérêts pendant la durée de l'usufruit; ou de faire vendre jusqu'à due concurrence une portion des biens soumis à l'usufruit.

613. L'usufruitier n'est tenu que des frais de procès qui concernent la jouissance et des autres condamnations auxquelles ces procès pourraient donner lieu.

614. Si, pendant la durée de l'usufruit, un tiers commet quelque usurpation sur le fonds, ou attente autrement aux droits du propriétaire, l'usufruitier est tenu de le dénoncer à celui-ci : faute de ce, il est responsable de tout le dommage qui peut en résulter pour le propriétaire, comme il le serait de dégradations commises par lui-même.

615. Si l'usufruit n'est établi que sur un animal, qui vient à périr sans la faute de l'usufruitier, celui-ci n'est pas tenu d'en rendre un autre, ni d'en payer l'estimation.

616. Si le troupeau sur lequel un usufruit a été établi périt entièrement par accident ou par maladie, et sans la faute de l'usufruitier, celui-ci n'est tenu envers le propriétaire que de lui rendre compte des cuirs ou de leur valeur. — Si le troupeau ne périt pas entièrement, l'usufruitier est tenu de remplacer, jusqu'à concurrence du croît, les têtes des animaux qui ont péri.

SECTION III. — *Comment l'usufruit prend fin.*

617. L'usufruit s'éteint : — Par la mort naturelle et par la mort civile de l'usufruitier; — Par l'expiration du temps pour lequel il a été accordé; — Par la consolidation ou la réunion sur la même tête des deux qualités d'usufruitier et de propriétaire; — Par le non-usage du droit pendant trente ans; — Par la perte totale de la chose sur laquelle l'usufruit est établi.

618. L'usufruit peut aussi cesser par l'abus que l'usufruitier fait de sa jouissance, soit en commettant des dégradations sur le fonds, soit en le laissant dépérir faute d'entretien. — Les créanciers de l'usufruitier peuvent intervenir dans les contestations pour la conservation de leurs droits; ils peuvent offrir la réparation des dégradations commises, et des garanties pour l'avenir. — Les juges peuvent, suivant la gravité des circonstances, ou prononcer l'extinction absolue de l'usufruit, ou n'ordonner la rentrée du propriétaire dans la jouissance de l'objet qui en est grevé que sous la charge de payer annuellement à l'usufruitier ou à ses ayant-cause une somme déterminée jusqu'à l'instant où l'usufruit aurait dû cesser.

619. L'usufruit qui n'est pas accordé à des particuliers ne dure que trente ans.

620. L'usufruit accordé jusqu'à ce qu'un tiers ait atteint un âge fixe dure jusqu'à cette époque, encore que le tiers soit mort avant l'âge fixé.

621. La vente de la chose sujette à usufruit ne fait aucun changement dans le droit de l'usufruitier : il continue de jouir de son usufruit, s'il n'y a pas formellement renoncé.

622. Les créanciers de l'usufruitier peuvent faire annuler la renonciation qu'il aurait faite à leur préjudice.

623. Si une partie seulement de la chose soumise à l'usufruit est détruite, l'usufruit se conserve sur ce qui reste.

624. Si l'usufruit n'est établi que sur un bâtiment, et que ce bâtiment soit détruit par un incendie on autre accident, ou qu'il s'écroule de vétusté, l'usufruitier n'aura le droit de jouir ni du sol ni des matériaux. — Si l'usufruit était établi sur un domaine dont le bâtiment faisait partie, l'usufruitier jouirait du sol et des matériaux.

CHAPITRE II. — *De l'usage et de l'habitation.*

625. Les droits d'usage et d'habitation s'établissent et se perdent de la même manière que l'usufruit.

626. On ne peut en jouir, comme dans le cas de l'usufruit, sans donner préalablement caution, et sans faire des états et inventaires.

627. L'usager et celui qui a un droit d'habitation doivent jouir en bons pères de famille.

628. Les droits d'usage et d'habitation se règlent par le titre qui les a établis, et reçoivent, d'après ces dispositions, plus ou moins d'étendue.

629. Si le titre ne s'explique pas sur l'étendue de ces droits, ils sont réglés ainsi qu'il suit :

630. Celui qui a l'usage des fruits d'un fonds ne peut en exiger qu'autant qu'il lui en faut pour ses besoins et ceux de sa famille. — Il peut en exiger pour les besoins même des enfants qui lui sont survenus depuis la concession de l'usage.

631. L'usager ne peut céder ni louer son droit à un autre.

632. Celui qui a un droit d'habitation dans une maison peut y demeurer avec sa famille, quand même il n'aurait pas été marié à l'époque où ce droit lui a été donné.

633. Le droit d'habitation se restreint à ce qui est nécessaire pour l'habitation de celui à qui ce droit est concédé, et de sa famille.

634. Le droit d'habitation ne peut être ni cédé ni loué.

635. Si l'usager absorbe tous les fruits du fonds, ou s'il occupe la totalité de la maison, il est assujetti aux frais de culture, aux réparations d'entretien, et au paiement des contributions comme l'usufruitier. — S'il ne prend qu'une partie des fruits, ou s'il n'occupe qu'une partie de la maison, il contribue au *prorata* de ce dont il jouit.

636. L'usage des bois et forêts est réglé par des lois particulières.

CHAPITRE V.

OPERATIONS EN PRÉSENCE DES EXAMINATEURS.

§ 1er. — *Enregistrement d'un acte contenant une seule disposition d'une nature simple et nettement déterminée.*

RÈGLES GÉNÉRALES.

Les enregistrements doivent être clairs et précis; ils doivent énoncer toutes les dispositions des actes, par extrait ou par analyse, et dans un même contexte, soit qu'elles donnent ou non ouverture à des droits. On ne doit rien y omettre de ce qui peut servir à remplir les intitulés des différentes colonnes des tables alphabétiques ; la somme des droits pour chaque disposition doit être écrite en toutes lettres et ensuite tirée hors ligne en chiffres.

Chaque enregistrement doit indiquer le nombre des rôles et des renvois. L'écriture doit être soignée pour faciliter les recherches et le service des tables alphabétiques. On doit écrire en lettres majuscules le premier mot de chaque enregistrement, et en gros caractères la nature de l'acte et le nom des parties contractantes.

Soit donné d'enregistrer l'acte dont la teneur suit :

Par devant Me FRACHON et son collègue, notaires à Saint-Marcellin, soussignés, a comparu Pierre ADAM, propriétaire-agriculteur, demeurant à Vinay, lequel a VENDU, avec garantie de tous troubles, dettes, hypothèques, évictions, surenchères et autres empêchements généralement quelconques, à Jacques BONNET, forgeron, demeurant audit lieu de Vinay, présent et acceptant, une maison située à Vinay, Grande-Rue, consistant en deux chambres au rez-de-chaussée; un étage au dessus composé de trois chambres, et grenier dans les combles ; ladite maison, confinée au levant par les cohéritiers Mallein, au midi la Grande-Rue, au couchant place publique, au nord François Chorier, est portée à la matrice cadastrale à la section A, n° 4.

Cette maison appartient audit Adam, par suite d'acquisition qu'il en a faite de Claude DONNEAUD, suivant acte reçu par Me Escoffier, notaire audit Vinay, sous la date du quinze février mil huit cent trente, enregistré.

Jacques Bonnet jouira et disposera dès aujourd'hui de ladite maison comme bon lui semblera, et en toute propriété.

Cette vente a été consentie moyennant la somme de *quinze cents francs*, que Bonnet a payée à Adam, en numéraire, à la vue des notaires soussignés, dont quittance.

Elle est faite en outre à la charge par Bonnet de supporter toutes les servitudes passives, apparentes ou occultes, continues ou discontinues, dont cette maison peut être valablement grevée, et d'acquitter, à dater de ce jour, les contributions foncières et autres auxquelles elle pourra être imposée.

Dont acte, etc.

ENREGISTREMENT.

DU (*date en toutes lettres*),

Enregistré VENTE par PIERRE ADAM, demeurant à Vinay, à JACQUES BONNET, forgeron au même lieu, d'une MAISON située à Vinay, dans la Grande-Rue, au prix de *quinze cents francs* payés : ladite maison appartenant audit Adam comme l'ayant acquise par acte public, enregistré.

Passée devant Mᵉ FRACHON, notaire à Saint-Marcellin, le (*date en toutes lettres*), contenant (*le nombre*) rôles et (*le nombre*) renvois.

Reçu, à 5 fr. 50 c. pour 100, *quatre-vingt-deux francs cinquante centimes*, ci. . . . . 82 fr. 50 c.

L'enregistrement fait, la mention de la formalité doit être portée sur la minute de l'acte. Cette mention consiste en une *relation* exprimant en toutes lettres la date de l'enregistrement, le folio du registre, le numéro de la case et le montant des droits perçus; et, lorsque l'acte renferme plusieurs dispositions opérant chacune un droit particulier, le receveur doit les indiquer sommairement dans sa quittance, et y énoncer distinctement la quotité de chaque droit perçu.

Cette dernière prescription est d'autant plus essentielle, que les notaires sont tenus de transcrire en entier cette relation dans les expéditions qu'ils délivrent, dans le double but d'indiquer aux parties la portion de droits qu'elles ont à supporter respectivement, et de faciliter aux employés la vérification de la perception.

§ 2. — *Déclaration d'une succession composée de biens de différentes natures, sans application de legs particuliers ni de communauté entre époux.*

RÈGLES GÉNÉRALES.

Moins la loi a tracé de règles sur la forme des déclarations, plus il est essentiel de ne rien omettre de ce qui peut servir à constater la consistance des biens, et à suivre leurs transmissions dans les diverses classes ou branches d'héritiers.

Ainsi, on aura soin de désigner tous les héritiers, donataires ou légataires, ainsi que leur profession, leur demeure et leur degré de parenté avec le décédé; d'énoncer la date des décès; de donner les détails des biens, article par article, leur consistance; la date et le prix des baux, lorsqu'il en existe, et, à défaut de baux, exiger l'évaluation du produit ou revenu, sans distraction des charges, et sans admettre en aucun cas d'estimation en capital pour les immeubles.

S'il existe un inventaire authentique, les héritiers ne sont tenus que d'en faire mention dans leur déclaration, d'indiquer sa date, ainsi que le nom et la résidence de l'officier public devant lequel il a été passé.

A défaut d'inventaire public, il est dressé un état estimatif du mobilier, article par article, sur papier timbré, signé par les parties, quand elles savent signer ; dans le cas contraire, la déclaration elle-même doit contenir le détail des meubles, et être signée par le receveur.

La déclaration écrite sur le registre *ad hoc* doit être signée par les parties ; à défaut de ce, il est exprimé qu'elles ont expressément déclaré ne savoir signer.

Si la déclaration est faite par un mandataire, on énonce la procuration, qui doit être certifiée par le déclarant, et annexée au registre.

Le pouvoir sous seing privé donné à cet effet doit être sur papier timbré ; mais il est exempt de la formalité de l'enregistrement.

La quittance des droits perçus se met sur l'extrait ou la déclaration du nouveau possesseur.

DÉCLARATION.

Du cinq mars 1835.

A comparu Pierre BONNARD, propriétaire agriculteur, demeurant à Chatte, lequel, en son nom, et en celui de Louis BONNARD, son frère, soldat au 4e régiment de ligne, en garnison à Strasbourg, a fait la déclaration suivante :

Thomas Bonnard, leur père, de son vivant menuisier à Chatte, est décédé le 5 novembre 1834, *ab intestat*, laissant pour seuls héritiers le comparaissant et son frère.

Les biens de la succession consistent en

1° Un mobilier, porté par articles sur l'état estimatif joint à la liasse sous le numéro de la présente, pour une valeur de cinq cents francs, ci. . . . . 500 fr.

2° Une créance sur Lombard, établie par acte public, quinze cents francs, ci. 1,500

TOTAL, deux mille francs, ci . . . . 2,000 fr.

3° Immeubles situés sur le territoire de la commune de Chatte, non affermés :

1° Maison et jardin situés dans le village, quartier de l'Église, portés à un revenu brut de cinquante francs, ci. . . . . . 50 fr.

2° Prairie et verger au quartier de la Combe, de la contenance de cinquante-deux ares, d'un revenu de cent francs, ci. 100

3° Portion de bois, au quartier de Coteau, de la contenance de soixante-douze ares, d'un revenu de vingt-cinq francs, ci. 25

TOTAL cent soixante-quinze francs, ci. . . . 175 fr.

qui, multipliés par vingt, forment un capital de trois mille cinq cents francs, ci. . . . . 3,500 fr.

Liquidation et perception de droits.

A 25 c. pour 100 fr. sur 2,000 fr., reçu 5 francs, ci. . . . 5 fr.

A 1 pour cent sur 3,500 fr., trente-cinq francs, ci. . . . 35

Total en principal, quarante francs, ci. . . . . . 40 fr.

La présente déclaration certifiée véritable par le comparaissant, qui se soumet, en cas de fausse évaluation ou d'omission, aux peines portées par la loi, et a signé.

§ 3. — *Rédaction d'une contrainte.*

RÈGLES GÉNÉRALES.

La *contrainte* est la demande faite par un exploit portant en même temps commandement de payer.

Toutes les fois que la loi n'exige point une condamnation préalable ou la rédaction d'un procès-verbal, le paiement des droits et amendes peut être poursuivi par voie de contrainte.

C'est le premier acte de poursuite pour le recouvrement des droits d'enregistrement, de greffe, d'hypothèque et de timbre.

Il doit toujours (excepté le cas de contravention) être précédé d'un avertissement; c'est le préalable prescrit par les ordres généraux de régie pour le recouvrement des droits dus.

La contrainte est décernée par le receveur ou préposé de l'administration; elle est visée et rendue exécutoire par le juge de paix du canton où le bureau est établi, et elle est signifiée.

L'exécution de la contrainte ne peut être interrompue que par une opposition formée par le redevable, et motivée avec assignation à jour fixe devant le tribunal civil de première instance; et dans ce cas l'opposant est tenu d'élire domicile dans la commune où siége le tribunal.

La contrainte doit être suffisamment libellée. Ce n'est point assez d'indiquer la somme due ou demandée; il faut encore que les causes de cette demande soient nettement exposées, afin d'éclairer, de convaincre, de ne rien laisser au doute, et de fermer tout accès à la chicane ou à la suspicion; enfin le juge de paix serait autorisé à refuser de rendre exécutoire une contrainte qui ne ferait pas connaître au redevable ce que l'on exige de lui, et pourquoi on l'exige.

Il est également essentiel d'indiquer exactement la *qualité* des parties, en même temps que leurs noms et demeures.

Le montant de la somme réclamée doit être déterminé d'une manière aussi précise que possible; et si le droit dépend d'une déclaration que les parties doivent faire, il est indispensable de rechercher tous les renseignements de nature à fixer le chiffre de la demande aussi exactement que faire se pourra, ayant soin surtout que la contrainte détermine toujours une somme un peu plus forte que celle qui semble due, mais en évitant toute exagération.

Lorsque la contrainte est décernée pour le paiement de droits dont la liquidation est subordonnée à une déclaration des parties, notamment dans le cas de mutation par décès, ou de mutation secrète entre vifs d'immeubles, le montant de ces droits doit être fixé par approximation dans la contrainte, *sauf à augmenter ou à diminuer suivant la déclaration que les parties sont tenues de faire ;* mais celles-ci ne peuvent se dispenser de faire cette déclaration, en faisant des offres réelles de la somme provisoirement fixée dans la contrainte; la déclaration doit être souscrite sur le registre du receveur, et ne peut être remplacée par un exploit extrajudiciaire contenant le détail et l'évaluation des biens et l'offre réelle des droits, à moins toutefois que l'exploit signé *pour pouvoir* par les parties n'autorise l'huissier à passer lui-même la déclaration, qui alors est faite par cet officier ministériel, et signée sur le registre.

Si la contrainte n'énonçait pas l'obligation imposée aux parties de faire leur déclaration, les offres réelles de la somme réclamée pourraient être déclarées valables et faire cesser les poursuites, sauf au préposé la faculté de décerner une autre et plus ample contrainte, à défaut de déclaration. (Inst. 1537, page 8.)

Il n'y a point de délai fixé pour la signification d'une contrainte rendue exécutoire : ainsi, quoique le visa du juge ait plus d'une année de date, la signification de la contrainte peut encore avoir lieu valablement.

S'il arrivait que le juge de paix du canton où est le chef-lieu du bureau et ses suppléants fussent empêchés, la contrainte sera rendue exécutoire par un juge de paix voisin, qu'il faudrait faire désigner par le tribunal, en s'adressant au procureur du roi. (V. au surplus Inst. 1150, § 17, et 1537, page 8.)

Soit donné de rédiger une contrainte pour insuffisance d'évaluation dans une déclaration de succession établie par un bail à ferme :

DÉPARTEMENT

de

L'ISÈRE.

BUREAU

de

SAINT-MARCELLIN.

N°
du sommier certain.

Rapporter au bureau le présent commandement, lequel a été précédé d'un avertissement donné le

ADMINISTRATION DE L'ENREGISTREMENT ET DES DOMAINES.

CONTRAINTE.

Il est dû à l'administration de l'Enregistrement et des Domaines par Pierre Bonnard, propriétaire, demeurant à Chatte, la somme de vingt-deux francs en principal et décime par les motifs ci-après :

Le 5 mars 1845 ledit Bonnard a fait la déclaration de biens délaissés par feu Thomas Bonnard, son père; dans cette déclaration il a été porté sous le n° 2 une prairie à Chatte pour un revenu de 100 francs : or il résulte d'un acte reçu Me Brun, notaire, sous la date du 5 janvier 1830, que cette même prairie a été affermée pour six ans au prix annuel de 150 fr., ce qui établit une insuffisance d'évaluation de 50 fr. en revenu, capital de 1,000 fr., sur laquelle, aux termes de l'art. 39 de la loi du 22 frimaire an 7, le droit et le double droit sont dus, ci. . . . . 22 fr.

Au paiement de laquelle somme de vingt-deux francs ci-dessus ledit Pierre Bonnard sera contraint par les voies autorisées par la loi pour le recouvrement des deniers publics.

Fait et décerné par moi, receveur de l'enregistrement, etc., etc.

Vue et rendue exécutoire par nous, juge de paix du canton
de Saint-Marcellin.

Co

FIN DE L'EXAMEN DE LA PREMIÈRE ANNÉE.

EXAMEN
DE LA DEUXIÈME ANNÉE.

CHAPITRE PREMIER.

COMPTABILITÉ ET MANUTENTION D'UN BUREAU.

§ 1er. — *Caisse.*

La comptabilité se compose de tout ce qui a rapport aux comptes des receveurs de deniers publics ; elle exige beaucoup d'ordre et de méthode dans la tenue des registres, dans l'arrangement des pièces de dépense, et une exactitude rigoureuse dans les calculs et les versements.

Subordonnée à des règles générales qui demandent de l'étude et de la mémoire, la comptabilité est encore modifiée par les instructions qui interviennent successivement sur cette importante partie de l'administration publique, et les employés de tout grade ne sauraient y apporter une trop grande attention.

La *Caisse* est le lieu où les receveurs des deniers publics tiennent les fonds de leur recette.

Les receveurs doivent avoir soin, indépendamment des précautions ordinaires, de coucher ou de faire coucher un homme sûr dans le lieu où ils tiennent leur caisse, et, en outre, si c'est un rez-de-chaussée, de le tenir solidement grillé.

C'est par ces précautions seulement, et en établissant d'ailleurs

7

qu'il y a eu force majeure, que, dans le cas de vol, un comptable peut en obtenir une décharge.

Ces mesures de précaution, prescrites par l'arrêté du gouvernement du 8 floréal an 10 (Instr. n° 56), ont été modifiées par un arrêté de M. le ministre des finances, en date des 22 janvier et 24 février 1842, transmis par l'instruction générale n° 1662, et ainsi conçu :

« Les receveurs de l'enregistrement et du timbre, qui, d'après les » règlements, sont obligés de tenir leur bureau hors de leur domi- » cile, sont dispensés de coucher ou faire coucher quelqu'un dans » le lieu qui y est affecté.—Mais en remplacement de cette précaution » les comptables doivent faire placer à la porte d'entrée du local où ils » tiennent leur bureau une bonne serrure de sûreté, et faire disposer » dans l'intérieur une caisse en fer, avec fermeture à secret, solide- » ment scellée au mur et au plancher, pour y déposer des fonds pro- » venant de leurs recettes.

» Les frais d'établissement de ces objets seront à la charge des comp- » tables ; mais leurs successeurs leur en rembourseront le montant en » entrant en fonctions, et il sera procédé de même lors des mutations » subséquentes.

» Les receveurs qui jugeront convenable d'emporter journellement » chez eux les fonds de leurs recettes au lieu de les laisser dans la » caisse en fer placée dans leur bureau pourront user de cette pré- » caution, mais à leurs risques et périls. »

Les receveurs ne doivent jamais, sous aucun prétexte, mélanger leurs fonds personnels avec ceux du trésor. — Ils doivent tenir con- stamment réunis, sinon dans le même coffre, ce qui n'est pas toujours possible, du moins dans une même pièce, où ils puissent à chaque in- stant être complétement représentés aux employés supérieurs, tous les fonds qui sont versés entre leurs mains, et enregistrer les recettes et les dépenses jour par jour, et à mesure qu'elles ont lieu, afin de pouvoir justifier immédiatement aux mêmes employés que l'excédant de la recette sur la dépense se trouve représenté en entier par les sommes existant en caisse.

Toutefois, comme il peut, dans les comptes entre les notaires et les receveurs, résulter des différences entre les enregistrements et les recettes effectives, il avait été prescrit aux receveurs, par la compta- bilité générale des finances, circulaire n° 16, de tenir un carnet ou registre, pour y inscrire, date par date, d'une part, les sommes qui sont consignées par des notaires, pour les droits des actes de leur mi- nistère qui ne peuvent être enregistrés immédiatement, ainsi que celles qui sont payées après la formalité, pour le complément des droits, et, d'autre part, le montant des droits auxquels l'enregistre- ment de ces actes donne lieu, et les sommes remboursées aux notaires pour excédant de consignation.

Chaque compte ouvert devait toujours se trouver soldé à la fin de chaque mois.

Il était fait un relevé de ce carnet lors de la vérification de la caisse des receveurs, pour établir leur situation matérielle.

A partir du 1er janvier 1837, ce registre ou carnet a été remplacé par un *Livre-Journal*. Aux termes de l'instruction n° 1523, qui a prescrit l'établissement de ce livre, la mesure des comptes ouverts est étendue à tous les officiers publics et ministériels. Les receveurs sont dispensés de l'énonciation distincte des actes remis aux bureaux pour l'enregistrement. Le livre-journal est purement d'ordre, comme l'était le carnet. Lors des vérifications de caisse les employés supérieurs se feront représenter le livre-journal.

Les sommes qui seront dues au receveur pour complément des droits seront admises, *par tolérance*, comme valeurs en caisse; celles que le reveur aurait à restituer aux officiers pour excédant de consignation seront déduites du numéraire existant en caisse.

Ce registre, formé aux frais des comptables, est coté et paraphé par le directeur.

Hors ce cas spécial et prévu, il ne doit être fait aucune espèce de crédit, tant pour droit d'enregistrement que pour prix de papier timbré.

Les fonds qui entrent dans la caisse d'un comptable doivent être pour lui un dépôt sacré; il ne pourrait en disposer pour son service particulier, ni pour tout autre usage qui les détournerait de leur destination, sans commettre un abus de confiance qui l'exposerait à la destitution, et même, selon les circonstances, à être poursuivi criminellement.

Les receveurs ne doivent faire aucune avance des fonds de leurs recettes à qui que ce soit, sans que la dépense ait été ordonnée par la comptabilité générale, sauf en ce qui concerne les avances de fonds de subvention entre les receveurs de l'enregistrement et des domaines, qui peuvent être faites sur l'autorisation des directeurs.

Toute disposition et emploi de deniers publics contraires aux règles de la comptabilité restent à la charge de ceux qui les ont provoqués, et des comptables qui y ont concouru, jusqu'à ce que le ministre qui devait ordonner ces dépenses les ait régularisées par ses ordonnances.

Tout prélèvement de ces fonds, à quelque titre qu'il ait eu lieu, lorsqu'il n'est pas autorisé par le ministre compétent, est réputé violation de caisse.

Ceux qui y prennent part en sont responsables et demeurent passibles des poursuites applicables à l'emploi irrégulier et au détournement des deniers de l'état.

Les receveurs, dans le cas où une autorité voudrait puiser dans leur caisse, doivent en informer de suite le directeur.

Les bureaux des receveurs de l'enregistrement et des domaines doivent être ouverts aux inspecteurs et sous-inspecteurs des finances. Il faut leur représenter les fonds en caisse, et leur procurer toutes les facilités nécessaires pour remplir la mission qui leur est confiée; et les préposés doivent déférer immédiatement aux demandes et renseignements qu'ils pourraient leur faire, non seulement sur les objets de comptabilité, mais encore sur toutes les parties du service, sans exception.

Indépendamment des règles ci-dessus, il en a été tracé d'autres relativement aux oppositions qui peuvent être formées au paiement des sommes dues par l'état.

Ainsi, d'après la loi du 9 juillet 1836, rapportée dans l'inst. 1520, la notification des saisies-arrêts et oppositions doit être faite aux receveurs des domaines sur la caisse desquels les ordonnances ou mandats de paiement sont délivrés.

La même instruction 1520 renferme un tableau indiquant le bureau où le paiement de chacune des dépenses acquittées par l'administration doit être effectué, soit à Paris, soit dans les départements; elle mentionne aussi les objets insaisissables ou non susceptibles d'opposition que l'on n'a point compris dans le tableau.

Les receveurs porteront sur un registre, par ordre de date et de numéros, les saisies-arrêts, oppositions, significations de transport, et tous autres actes ayant pour objet d'arrêter le paiement des sommes dues par l'état, et payables à leur caisse. Les premières saisies-arrêts et oppositions à inscrire sur les registres des receveurs sont celles qui ont été précédemment notifiées aux directeurs, en exécution du décret du 13 pluviôse an 13, et dont la mainlevée n'a point encore été donnée. Les receveurs viseront l'original de l'exploit des saisies-arrêts qui leur seront notifiées.

Les copies d'exploits des titres des saisissants seront apostillées du numéro de l'inscription de la saisie au registre. Les receveurs, sur la demande du saisissant, délivreront un certificat énonçant qu'il n'est rien dû au saisi, ou que la somme due n'est pas liquide. Dans le cas où il existerait déjà des saisies-arrêts ou oppositions sur la même personne et sur le même objet, le receveur en fera mention dans un certificat. Ce certificat sera sur papier de timbre de dimension de 35 centimes.

Lorsqu'un mandat est présenté au paiement, s'il n'existe pas de saisies-arrêts ou oppositions, le receveur acquitte la somme ordonnancée. S'il y a des saisies-arrêts ou oppositions, il les énonce dans le certificat.

Lorsque les saisies-arrêts porteront sur des traitements ou remises, les parties saisies ne donneront quittance que de la portion insaisissable, et le receveur retiendra l'excédant. Les sommes saisies et arrêtées seront versées à la caisse des dépôts et consignations.

Les saisies-arrêts ou oppositions dont la date remontera à cinq années , et qui n'auront pas été renouvelées dans ce délai , cesseront de produire leur effet ; elles seront rayées d'office sur le registre du receveur.

Dans les bureaux d'une faible importance ou de chef-lieu de canton , les receveurs doivent consacrer quelques feuillets de leur journal de dépense pour remplacer le registre dont il s'agit.

§ 2. — *Papiers timbrés.*

Aux termes de l'art. 27 de la loi du 13 brumaire an 7, nul ne peut vendre ou distribuer du papier timbré qu'en vertu d'une commission de l'administration.

La comptabilité et la recette du timbre ont lieu sur un registre spécial. Ce registre, coté et paraphé par les directeurs des départements, est vérifié et arrêté, comme les autres registres de perception , par les employés supérieurs, qui y établissent en outre la situation du receveur à l'époque de leur passage, après s'être fait représenter et avoir compté eux-mêmes les papiers timbrés existant en nature au bureau.

A la réception du papier timbré envoyé de la direction, les receveurs doivent s'assurer de suite si toutes les quantités portées sur la lettre de voiture y sont réellement contenues.

Dans le cas contraire , ils devront constater le fait en présence , soit du maire, soit du juge de paix et de l'employé des messageries, par un procès-verbal qui sera transmis au directeur.

Toutefois cette mesure de la reconnaissance officielle du papier timbré contenu dans les ballots ne sera effectuée qu'autant que les enveloppes paraîtront altérées.

Le papier timbré arrivé et reconnu est porté immédiatement par nature sur le registre *ad hoc*.

A la fin de chaque mois , le receveur compte exactement le restant en nature des diverses espèces de papiers timbrés; le résultat en est porté sur le registre, et retranché de ce qui existait en nature à la fin du mois précédent : la différence forme la débite dont il doit compte au trésor.

Une différence trop grande entre la débite d'un mois et celle d'un autre mois accuserait l'exactitude et la fidélité du receveur, si elle n'était point justifiée par des causes réelles.

Les receveurs doivent calculer avec soin les besoins présumés du service, de manière à ne former des demandes de papier timbré que dans les premiers jours du premier mois de chaque trimestre; en agir autrement serait apporter du désordre dans cette partie du service des directions.

Les papiers timbrés en nature dans les bureaux doivent être placés dans un lieu sec et à l'abri de toute altération.

§ 3. — *Registres de recettes. Droits au comptant.*

Les registres d'un bureau sont de deux sortes : les uns de formalité, les autres d'administration.

Les premiers exigent un soin tout particulier par l'importance qu'ils peuvent acquérir dans l'intérêt public. La précision et la netteté des analyses sont de devoir rigoureux. Par un événement de force majeure, la minute peut ne plus exister ; l'expédition délivrée peut se perdre : alors l'enregistrement doit, en certaines circonstances, y suppléer.

Les registres de recette des droits au comptant sont :

1° *Actes civils , publics*, pour y enregistrer les actes des notaires et ceux reçus par les corps administratifs et municipaux;

2° *Actes sous seing privé*, destinés à y enregistrer tous les actes et toutes les conventions diverses des citoyens entre eux;

3° *Actes judiciaires*, pour l'enregistrement des jugements et des actes reçus par les greffiers des tribunaux, des juges de paix et des arbitres;

4° *Actes d'huissiers*, pour l'enregistrement des actes des huissiers, gardes champêtres, forestiers, et toutes autres personnes ayant pouvoir et qualité pour rédiger des procès-verbaux ;

5° *Successions*, pour y consigner les déclarations des héritiers et légataires appelés à recueillir des successions ou legs ;

6° *Registres des droits de timbre*, assujettis au décime ;

7° *Droits de mise au rôle*, perçus sur la formation et tenue des rôles, et l'inscription de chaque cause sur le rôle auquel elle appartient;

8° *Droits d'hypothèques*, perçus sur le registre de dépôt des conservateurs;

9° *Amendes de consignations*, où sont portées toutes les amendes que l'on doit acquitter avant de pouvoir faire statuer sur l'appel d'un jugement, se pourvoir en cassation, ou s'inscrire en faux ;

10° *Timbre débité ;*

11° *Visa pour timbre ;*

12° *Passe-ports.*

Règles générales sur la tenue des divers registres de recette ci-dessus.

Les registres doivent être arrêtés, jour par jour, de la main du receveur, et avec sa signature ; les dates et arrêtés doivent être inscrits en toutes lettres, avec indication des jours fériés.

Les jours fériés sont :

Le dimanche, l'Ascension, l'Assomption, la Toussaint et Noël. (Instr. 433, § 7.)

Le 1er janvier a été également déclaré jour férié par un avis du conseil d'état du 13-20 mars 1810.

Le registre de visa pour valoir timbre tenu par les conservateurs des hypothèques est seul dispensé de cette formalité. (Instr. 1531.)

Ces arrêtés sont mis, à l'instant où le bureau se ferme, dans la case ou l'espace qui suit immédiatement le dernier enregistrement; il est énoncé en ces termes : *Arrêté le......*, et signé.

Il ne peut être placé qu'un seul arrêté dans une même case, ou sur une même ligne pour les registres non divisés par case.

On doit éviter avec soin toute altération dans les arrêtés des registres, et les mots rayés et annulés doivent être approuvés.

L'exécution rigoureuse de ces mesures, dont les employés de tous grades reconnaissent la gravité, forme la base essentielle de l'administration, et détermine l'importance réelle dont elle est dans notre organisation civile.

Que deviendrait en effet cette véritable fonction de magistrature, *donner de la fixité à la date des actes*, s'il en était autrement, et si la principale attribution de l'administration était sans cesse compromise par la négligence, l'incurie et le mauvais vouloir des préposés?

Les enregistrements doivent être clairs et précis, et renfermer toutes les dispositions des actes, par extrait et dans un même contexte, soit qu'elles donnent ou non ouverture à des droits; on ne doit y omettre rien de ce qui peut servir à remplir les colonnes des différentes tables alphabétiques.

La somme du droit doit être écrite en toutes lettres, et ensuite tirée hors ligne, en chiffres.

Chaque enregistrement doit indiquer le nombre des rôles et des renvois.

L'écriture doit être soignée : il faut écrire en lettres majuscules le premier mot de l'enregistrement, et en gros caractère la nature de l'acte et le nom des parties contractantes, pour faciliter les recherches et le service des tables.

Lorsqu'une case ne suffit pas, il faut en employer autant qu'il est nécessaire, en les liant par une accolade.

Les actes *synallagmatiques* doivent être copiés en entier pour l'enregistrement.

Toutefois il y a exception à cette règle pour les actes sous seing privé annexés à des actes notariés ou authentiques (Instr. n. 1585), ou bien encore quand l'acte sous seing privé, relatif à une mutation immobilière, est formalisé et transcrit en même temps sur le registre de transcription de la conservation des hypothèques, et que le receveur remplit aussi les fonctions de conservateur des hypothèques.

On appelle *synallagmatique* ou *bilatéral* le contrat dans lequel les parties s'obligent les unes envers les autres.

Les autres actes sous seing privé, et ceux passés en pays étranger, doivent être enregistrés d'une manière très circonstanciée.

Chaque enregistrement d'un acte susceptible d'être renvoyé à un autre bureau doit être émargé du mot *renvoi* et du numéro de chaque relevé.

Les ratures et les surcharges sont défendues dans les enregistrements ; en cas d'erreur, il faut rayer les mots de manière à ce qu'on puisse les lire et placer l'approbation en marge.

Chaque enregistrement en débet doit être émargé, soit du renvoi au bureau où la somme principale est due, soit du numéro du sommier où l'article est consigné, soit de la mention : *à comprendre dans la liquidation des dépens.*

Dans le cas de présentation simultanée à la formalité d'une minute de jugement ou acte de greffe et de l'expédition, il doit être employé une case distincte pour la recette du droit d'expédition.

Les enregistrements de jugement sur appel doivent être émargés du numéro du registre de recette sur lequel l'amende a été consignée.

Dans les déclarations de succession, l'on doit avoir soin de désigner tous les héritiers, donataires ou légataires, ainsi que leur profession, leur demeure, et leur degré de parenté avec le décédé ; d'énoncer la date du décès ; de donner les détails des biens, leur consistance ; la date et le prix des baux, lorsqu'il en existe, et, à défaut de baux, exiger l'évaluation des produits sans distraction des charges.

Quant aux états de mobilier produits à défaut d'inventaire, ils doivent être sur papier timbré, et conservés avec soin.

Les déclarations doivent être signées ; et, lorsqu'elles sont passées par des fondés de pouvoirs, les procurations sur papier timbré, certifiées par les déclarants, doivent être annexées au registre.

§ 4. — *Livre de dépouillement.*

Il est tenu dans chaque bureau un livre de *dépouillement*, sur lequel les droits d'enregistrement perçus sont portés par article du tarif.

Ce livre n'est tenu que *par mois* ; mais les receveurs doivent relever, *jour par jour,* sur des feuilles à colonnes disposées à cet effet, le montant de tous les droits d'enregistrement portés en recette sur leurs registres de formalité. Tous les dix jours, au moins, ils additionneront ces feuilles et compareront leurs résultats à ceux de ces mêmes registres ; puis, le dernier jour de chaque mois, ils compléteront les additions ; et, après s'être assurés de la concordance des feuilles de relevé avec les registres de perception, ils en porteront le montant sur le livre de dépouillement.

Les relevés journaliers seront conservés au bureau ; les employés supérieurs les viseront lors de leur vérification, rectifieront les inexactitudes et en rendront compte.

Les résultats *sommaires* de ce registre sont transmis chaque mois au ministère, et il en est dressé des relevés par articles, à l'appui des comptes annuels des receveurs. (Circulaires de la comptabilité, n°ˢ 5 et 8.)

Le livre de dépouillement fut d'abord établi afin de connaître d'une manière précise le montant des produits de chaque nature différente de droits, et d'aider ainsi aux modifications jugées nécessaires dans le tarif.

Mais, quoique accueilli d'abord avec prévention, l'on ne tarda pas à reconnaître de quelle utilité pouvait être sa tenue exacte pour la régularité des calculs, partie si essentielle de la manutention d'un bureau.

Aussi n'est-il pas un bon receveur qui n'apporte à la tenue journalière et rigoureuse du livre de dépouillement la plus grande attention.

La tenue exacte et régulière du livre de dépouillement est tellement importante, qu'elle a été l'objet d'une circulaire de M. le directeur général, dans laquelle on remarque les passages suivants ;

« D'après des renseignements parvenus à M. le ministre des finances, ce livre est tenu avec peu de soin dans beaucoup de bureaux. Le dépouillement des droits est fait rapidement et sans attention ; les receveurs s'attachent plus à faire cadrer les résultats généraux avec le chiffre des recettes portées dans les comptes qu'à présenter avec exactitude le produit des droits selon leurs diverses quotités.

» Le livre de dépouillement a été établi pour mettre le ministre à même de publier annuellement dans les comptes de finances des développements statistiques sur les droits d'enregistrement. Il importe que les éléments de ces importants documents soient préparés avec la plus grande exactitude. »

§ 5. — *Journal et pièces de dépenses.*

Les receveurs doivent porter sur ce registre, par suite de numéros, jour par jour, sans laisser aucun blanc, les récépissés qui leur sont délivrés pour versement, et généralement toutes les dépenses qu'ils feront conformément aux règlements.

Le journal de dépenses doit être coté et paraphé par le juge de paix.

Il doit être tenu avec le plus grand soin, et les enregistrements doivent être faits avec les détails propres à faciliter la rédaction du compte d'année, et de manière à ce que l'on puisse toujours reconnaître la nature et la régularité de la dépense.

D'après le mode actuel de comptabilité, les dépenses se divisent en deux parties : l'une dite *dépenses publiques,* et l'autre *opérations de trésorerie.*

Les journaux de dépense étant, dans l'état, divisés en deux colonnes, il convient de faire figurer dans la première colonne toutes les dépenses publiques, et dans la seconde toutes celles qui appartiennent aux opérations de la trésorerie; par ce moyen, le journal de dépenses se trouve en harmonie avec le sommier de dépouillement.

Le journal de dépense doit être arrêté chaque mois, et l'on y reportera au fur et à mesure les totaux des mois antérieurs jusqu'à la fin de l'année.

Les employés supérieurs sont tenus, à leur arrivée dans un bureau, de constater la coïncidence qui doit se trouver entre le résultat de ce journal, celui de la somme trouvée en caisse, et celui des registres de recette.

Ce journal doit être représenté aux inspecteurs et sous-inspecteurs des finances.

L'examen des diverses pièces de dépenses exige de la part des receveurs la plus grande attention, tant pour s'assurer de leur régularité et des diverses formalités dont elles doivent être revêtues que de l'exercice auquel elles appartiennent.

La première partie, ou *dépenses publiques*, se compose de :

1° *Frais d'administration, de perception et d'exploitation;* — personnel, — matériel, — dépenses administratives, — timbre;

2° *Remboursements de restitutions* se divisant en :

1. *Restitutions* de droits et d'amendes indûment perçus; — d'amendes consignées; — de revenus et de prix de vente de meubles et d'immeubles aux héritiers; — et paiement aux créanciers de successions en déshérence.

2. *Paiement des amendes attribuées* aux communes et aux hospices; — à divers; — gratifications aux gendarmes et autres, pour leurs procès-verbaux en matière de délits de port d'armes, haras, établissements thermaux, etc.

La deuxième partie, ou *opérations de trésorerie*, se compose de :

1° *Correspondants du trésor :*

Administration des douanes; — caisse des dépôts et consignations ; — communes et établissemnts publics ; — divers.

2° *Mouvement de fonds entre les comptables des finances :*

Fonds de subvention fournis à des receveurs de l'enregistrement et des domaines; — dépenses par virement entre les receveurs ; — versements au trésor public, aux receveurs généraux et particuliers.

3° *Avances à charge de recouvrement ou de régularisation :*

Frais de justice militaire ; — frais de régie de l'administration des forêts; — frais de saisies immobilières; — frais relatifs au recouvrement des condamnations forestières ; — frais relatifs aux domaines et bois engagés; — frais de témoins appelés devant les conseils de discipline de la garde nationale; — frais en matière d'expropriation pour cause d'utilité publique :

4° *Fonds particulier du receveur :*

Remboursements au receveur des fonds qu'il a versés dans sa caisse.

Les diverses circulaires de la comptabilité générale des finances, et notamment celle du 16 décembre 1826, n° 10, ont déterminé les formalités dont les différentes pièces de dépenses doivent être revêtues.

Indépendamment des règles ci-dessus, il en a été tracé d'autres pour les *virements de fonds* entre les comptables.

Ainsi, pour éviter les déplacements de fonds entre les comptables, les receveurs sont autorisés :

1° A verser dans leur propre caisse les sommes dont ils seraient personnellement débiteurs à la caisse d'un autre receveur pour *droits et produits perçus à son préjudice, reliquats de vérifications de régies et compléments de remise.* Ils en comptent sous le titre de *recettes par virements,* et le receveur qui devait faire la recette l'effectue au moyen d'un bordereau de virement qu'il porte en recette au titre spécial selon la nature du paiement, et en dépense aux *virements de fonds.*

2° A prélever dans leur caisse les sommes qui leur seraient dues par des collègues, pour *avances résultant de vérifications de régies, excédant de remises, frais de poursuites et d'instances, paiements d'amendes attribuées, ou remboursements de dommages alloués aux établissements publics.* Ils en font dépense au titre de *Virements de fonds,* et le receveur qui devait faire le paiement l'effectue dans sa comptabilité ou dans sa caisse, puis se charge en recettes, sous le titre de *Recettes par virements,* de la somme portée au bordereau de dépense qui lui a été transmis par son collègue. (Circulaire de la comptabilité, 30 novembre 1833, n. 33.)

MM. les surnuméraires devront également consulter les instructions n. 282, 339, 1448 et 1520, ainsi que la circulaire de la comptabilité du 21 décembre 1837, n. 44.

§ 6. — *Fonds de subvention.*

Lorsqu'un receveur n'aura pas les fonds suffisants pour acquitter une dépense assignée sur sa caisse, il pourra se faire remettre par un autre receveur la somme nécessaire pour compléter le paiement ou subvenir à la dépense.

Dans ce cas le receveur qui fournira les fonds en retirera une quittance du receveur qui les aura reçus, et fera dépense du montant de cette quittance sous le titre de *Fonds de subvention remis aux caisses de l'administration.* De son côté, le receveur à qui les fonds auront été fournis en fera recette, tant sur l'un de ses registres que sur ses bordereaux de mois et son compte d'année, à l'article des *Fonds de subvention reçus des caisses de l'administration.*

Ces diverses opérations, déterminées par l'instruction 971, ne pourront au surplus avoir lieu qu'avec l'autorisation du directeur, et dans les cas prévus.

Lorsqu'à raison des circonstances extraordinaires, et d'après l'autorisation du ministère, les fonds de subvention seront fournis par le receveur général ou par les receveurs particuliers des finances, il en sera fait recette à un article distinct établi à cet effet sur les bordereaux.

Lorsqu'à défaut de fonds suffisants dans les caisses des receveurs, il deviendra indispensable, à raison de dépenses urgentes, de recourir aux receveurs des finances pour les fonds de subvention, les directeurs devront, aux termes de l'instruction 1053, consigner leur demande dans une formule dont le modèle est imprimé, et l'envoyer au receveur auquel les fonds seront nécessaires; celui-ci se présentera chez le receveur des finances, souscrira, pour le montant des fonds qui lui seront fournis, tant le récépissé que le talon, et les remettra au receveur des finances en échange des fonds qu'il aura reçus.

§ 7. — *Versements, bordereau de recettes et dépenses par mois.*

Les *versements* doivent être faits régulièrement, aux époques prescrites, à la caisse du receveur particulier des finances dans l'arrondissement duquel se trouve le bureau, et comprendront la totalité de la recette.

Il est de bon ordre public de faire rentrer dans le trésor, avec la plus scrupuleuse exactitude, et dans les délais les plus courts, le montant des recouvrements de toute nature, non seulement parce qu'afin de subvenir à tous les services, il importe qu'il ne reste aucuns fonds en stagnation dans les caisses, mais aussi dans le but d'enlever à l'intérêt privé toute pensée de faire servir à un agiotage quelconque les fonds de l'état.

On ne saurait admettre pour excuse ni que le receveur n'a pu se déplacer, ni qu'il avait fait des réserves pour acquitter des dépenses, parce que, dans le premier cas, les époques de versements ne peuvent être subordonnées à la convenance des receveurs; et, dans le second cas, il est aisé, sauf de rares exceptions, de faire face aux dépenses à venir avec les recettes à effectuer.

Les receveurs des chefs-lieux, même celui du timbre extraordinaire, doivent verser tous les cinq jours, mais seulement lorsqu'ils ont 500 fr. en caisse (Instr. 1324); ceux de canton tous les mois, sous peine de destitution.

On ne doit point attendre ce délai si les recettes montent à 5,000 fr.

Les conservateurs sont autorisés à ne verser que tous les dix jours, et seulement lorsqu'ils ont 500 fr. en caisse. (Instr. 1283.)

Lorsque l'époque du versement est un jour de repos, on verse la veille.

Les versements doivent être toujours faits en *sommes* rondes, sans fraction de franc; la monnaie de cuivre ne peut être employée dans les versements pour une somme excédant l'appoint de la pièce de 5 fr.

Les receveurs de canton doivent apporter les plus grandes précautions pour l'exactitude des versements et la sûreté des fonds : ils ne doivent employer que des personnes dont la moralité soit connue, lorsqu'ils ne peuvent effectuer leur versement en personne ; et si, par des circonstances quelconques, il arrivait qu'ils eussent à craindre pour la sûreté des deniers, ils sont autorisés à requérir une escorte de gendarmerie. (Instr. 1311.)

Le récépissé des fonds versés chez le receveur général ou particulier doit être visé dans les vingt-quatre heures par le préfet ou le sous-préfet de l'arrondissement pour être joint ensuite au bordereau de mois.

Le *bordereau de recettes et de dépenses* (autrefois *états de produits* par mois) est l'état qui présente les recettes et dépenses de chaque mois.

Ces bordereaux sont imprimés : ainsi il suffit d'apporter de l'attention dans les divers classements pour les rédiger.

La première feuille présente les recettes, et la deuxième les dépenses.

Le dernier jour de chaque mois, les receveurs termineront, sur les divers registres de perception et sur le journal de dépense, l'addition des sommes enregistrées; ils feront avec soin le compte de la débite des papiers timbrés et des passe-ports, et ils inscriront immédiatement le montant, par nature, de leurs recettes et de leurs dépenses, sur le *sommier* de dépouillement.

Ce sommier, dont la tenue a été prescrite par l'arrêté du 9 nov. 1820, et l'instruction générale n. 971, a pour objet de classer et récapituler, à la fin de chaque mois, par exercice et par nature, toutes les recettes et les dépenses qui sont décrites sur les divers registres établis dans les bureaux; il contient tous les éléments du bordereau mensuel des recettes et des dépenses que les receveurs adressent au directeur du département, et dès lors il devenait inutile d'en rédiger une minute : en conséquence, une circulaire de la comptabilité générale des finances du 20 décembre 1836, n. 114 de la direction et 42 du bureau, a prescrit la *suppression de la minute des bordereaux mensuels.*

L'on ne rédigera donc plus les bordereaux de mois qu'en simple expédition, laquelle doit être adressée à la direction le 2 de chaque mois au plus tard, les directeurs devant envoyer à la comptabilité générale l'état général le 5 de chaque mois au plus tard.

Quant aux bureaux dont les communications sont difficiles, les receveurs doivent envoyer au directeur, par la poste du chef-lieu d'arrondissement, le jour où ils effectuent leur versement, un état *sommaire et provisoire* de leurs recettes du même mois ne présentant que trois lignes :

1° Enregistrement et timbre , 2° domaines et recettes accidentelles , 3° forêts et produits accessoires.

L'envoi du bordereau de mois était autrefois accompagné d'une lettre dans laquelle les receveurs devaient, d'après l'instruction 1151, s'expliquer sur les causes, soit d'augmentation, soit de diminution, résultant de la comparaison établie entre le mois sur lequel ils opéraient et le pareil mois de l'année précédente; mais l'instruction n. 1546 a prescrit de nouvelles mesures à ce sujet. Voici les principales dispositions de cette instruction :

« Les préposés sont dispensés de fournir dorénavant l'état de comparaison des produits par mois prescrit par l'instruction n. 1151 ; mais les receveurs adresseront aux directeurs un état comparatif des recettes de chaque année avec celles de l'année précédente. Cet état sera conforme au modèle annexé à l'instruction, et sera envoyé en même temps que le bordereau des recettes et dépenses du mois de décembre.

» Les receveurs consigneront dans un rapport spécial qui sera joint à l'état comparatif leurs observations sur les causes, soit générales, soit particulières ou locales, qui auront pu concourir à l'augmentation ou à la diminution des produits.

» Les causes générales d'augmentation sont notamment la prospérité du commerce et de l'agriculture , les progrès de l'industrie , qui ont pour résultats l'abondance des capitaux et l'élévation du prix des propriétés foncières; l'ouverture de grandes voies de communication, routes nouvelles, canaux, chemins de fer, etc. Au nombre des causes particulières se placent la mortalité extraordinaire dans une localité, les mutations, soit entre vifs, soit par décès, de quelques grandes propriétés; l'introduction d'une nouvelle industrie dans un pays; les défrichements , dessèchements et autres travaux qui livrent à l'agriculture des terres jusque là improductives, etc.

» On comprend dans les causes générales de diminution des produits les crises commerciales, l'encombrement des fabriques, l'accumulation des objets manufacturés; l'intempérie des saisons, les mauvaises récoltes, le bas prix des denrées, qui réagit nécessairement sur la valeur de la propriété ; la stagnation du commerce des vins, des céréales, des bestiaux ; les moyens employés par les contribuables ou les officiers publics pour frauder ou éviter certaines perceptions, l'insuffisance de la législation pour réprimer ces abus, parfois même la trop grande élévation de quelques droits, etc. Parmi les causes particulières de diminution, on peut ranger les accidents qui affectent seulement quelques localités, la grêle, les inondations, les incendies, le dépérissement d'une industrie , l'interruption des travaux de quelques fabriques, etc.

» Les préposés comprendront l'importance des observations qui leur sont demandées et la nécessité de leur donner pour base des faits positifs et une exacte appréciation de toutes les circonstances qui ont une influence directe ou indirecte sur les produits. L'administration doit toujours être à portée d'expliquer les différences que fait ressortir la comparaison des recettes d'une année avec celles d'un autre. Il est de son devoir d'ailleurs d'appeler l'attention du gouvernement sur les changements dont seraient susceptibles les tarifs des perceptions qui lui sont confiées; par conséquent il est indispensable qu'elle soit informée de tout ce qui peut indiquer le besoin de ces changements. »

§ 8. — *Compte d'année.*

Dans les quinze premiers jours du mois de janvier de chaque année les receveurs rédigeront, en présence de l'employé supérieur désigné à cet effet, leur compte pour l'année précédente.

Ce compte sera dressé en triple expédition : l'une sera remise à l'employé supérieur, qui en fera envoi immédiat au directeur, ainsi que de toutes les pièces à l'appui; l'autre restera au receveur, et la troisième demeurera déposée au bureau.

En l'état actuel, et d'après la circulaire n. 41 de la comptabilité, l'on devra joindre à l'expédition transmise au directeur :

1° Les états dûment arrêtés des articles non recouvrés au 30 septembre sur les droits et produits constatés de l'exercice précédent, avec toutes les pièces à l'appui;

2° Le relevé de ceux de ces articles reportés à l'exercice courant, et des recettes faites par les receveurs du montant des articles dont ils auront été rendus personnellement responsables;

3° L'état des droits et produits constatés du 4ᵉ trimestre de l'année courante, sur l'exercice courant, contenant le rapport de ceux des trimestres précédents, et dûment certifié par l'employé supérieur;

4° L'inventaire général des pièces de dépense :

5° Le bordereau de liquidation des remises du receveur;

6° L'état, émargé par les percepteurs, de leurs remises sur les passe-ports à l'intérieur;

7° Les pièces justificatives des dépenses pour frais d'emballage et de transport des registres et impressions;

8° Pareilles pièces pour frais de transport de papiers timbrés;

9° Le relevé, article par article, des avances restant à recouvrer ou à régulariser au 31 décembre;

10° Le procès-verbal de solde en caisse, et l'inventaire des papiers timbrés et formules de passe-ports et permis de port d'armes existant au 31 décembre;

11° L'état des formules de passe-ports délivrés pour les indigents;

12° L'état des dommages-intérêts adjugés aux communes;

13° L'état des amendes attribuées;

14° Le relevé explicatif des différences entre le compte et le bordereau du mois de décembre.

La rédaction des comptes d'année exige de la part du receveur, et de l'employé supérieur qui y préside, tout à la fois célérité, et la plus scrupuleuse attention afin d'éviter des retours de pièces pour rectifications d'erreurs qui ne peuvent que jeter la perturbation dans la comptabilité de la direction.

Voir pour le dernier état de choses les circulaires de la comptabilité des finances des 23 août et 28 décembre 1838, 27 août 1839, 26 août 1840, 21 août 1841, 27 août 1842, 10 août 1843, 24 août 1844 et 22 août 1845.

§ 9. — *Responsabilité des receveurs.*

La responsabilité est une condition inhérente à toute fonction publique, qui naît avec elle, dure autant qu'elle, et, dans certaines circonstances, subsiste même après elle.

En matière de finances, responsabilité et comptabilité sont inséparables.

Les dispositions qui, en divers cas, déterminent la responsabilité des receveurs, sont rigoureuses, mais nécessaires : dans une vaste administration financière, il est bon de tenir les comptables dans la dépendance de leurs devoirs.

Les receveurs peuvent être rendus responsables :

1° Des forcements ordonnés en marge des enregistrements non exécutés, et à l'égard desquels la prescription est acquise au profit des redevables;

2° Des vices matériels de perception qui pouvaient être reconnus à la simple lecture des enregistrements;

3° Des droits en débet qui ont dû être recouvrés et qui n'ont pas été portés en recette;

4° Des droits et revenus prescrits à défaut de poursuites en temps utile;

5° Des amendes de contravention que le comptable a omis de faire acquitter et qui sont prescrites.

Les résultats des erreurs de calcul au préjudice du trésor et des omissions de recette sont relevés lors des vérifications de régie, et portés en recette immédiate quand l'employé est en exercice, sauf le paiement des intérêts après que l'administration a statué sur l'exigibilité de ces intérêts.

Les receveurs sont également responsables des droits et produits constatés qui, par l'effet de leur négligence, n'auront pas été recouvrés dans l'année qui donne son nom à l'exercice, ou dans les neuf premiers mois de l'année suivante.

Ils seront tenus personnellement de compter le montant de ces articles aussitôt qu'ils auront été mis à leur charge, sauf leur recours contre les redevables. (Inst. 1338, 1358.)

Le receveur qui a négligé d'enregistrer un acte dont les droits lui avaient été déposés est responsable envers les parties du droit qui leur est demandé postérieurement; et, dans le cas où la preuve de la négligence ne serait pas complète, les juges peuvent déférer d'office le serment à l'une des parties, quoiqu'il s'agisse d'une somme de plus de 150 fr.

Quant aux comptables qui auraient omis ou retardé de se charger en recette des sommes qui leur ont été comptées pour le service public, ou qui commettraient des infidélités, ils doivent être destitués et livrés à la vindicte publique, et ils deviennent passibles des peines portées par les art. 169 et suivants du Code pénal.

Ces dispositions ont été reproduites de la manière la plus expresse par l'instruction générale du 21 novembre 1838, n° 1573, de laquelle il résulte que l'administration traduira devant les tribunaux tout préposé qui commettrait des soustractions de recettes.

A l'avenir, ajoute l'instruction, les dispositions du règlement annexé à l'instruction 1351 devront être observées pour toute vérification de régie sans exception. Les employés supérieurs chargés de ces opérations s'entendront avec les maires, lors de leur transport dans les communes du ressort du bureau, pour obtenir des contribuables la communication du plus grand nombre possible de quittances des produits de toute nature, et spécialement des produits de mutations par décès. Si postérieurement il était découvert des omissions ou soustractions de recettes que l'employé supérieur aurait pu reconnaître au moyen du rapprochement des quittances, cet employé pourrait, en cas d'insolvabilité du comptable, être rendu responsable du montant des soustractions.

L'administration règle seule l'étendue de la responsabilité relative aux droits d'enregistrement et aux amendes dont le paiement est imposé aux préposés par voie de discipline administrative.

Indépendamment de ces diverses espèces de responsabilités effectives et matérielles, il est encore une responsabilité morale que ne décline aucun employé de l'administration.

C'est cette responsabilité qui se rattache à l'accomplissement strict et rigoureux de ses devoirs, à cette probité intacte qui dirige l'honnête homme dans ses moindres actions, à cet esprit de conciliation et de douceur qui désarme le mauvais vouloir, enfin à cette politesse et à ces égards auxquels ont droit tous les citoyens, et que n'excluent point une noble indépendance et une courageuse fermeté.

8

§ 10. — *Sommiers et registres de recettes des droits constatés.*

L'ordonnance royale du 10 décembre 1823 a introduit de profondes modifications dans le mode de comptabilité des finances.

Par suite de cette ordonnance, il a été pris un arrêté par le ministre des finances, le 9 sept. 1830 (Instr. 1358), qui divise en deux classes les perceptions confiées aux préposés de l'enregistrement et des domaines.

La première classe comprend les droits et produits qui sont recouvrés en même temps qu'ils sont constatés et liquidés, c'est-à-dire ceux dont le paiement a lieu au moment où s'accomplissent les différentes formalités de l'enregistrement, du timbre, des hypothèques, etc. : ce sont les *droits au comptant.*

On devra comprendre sous cette dénomination les recettes provenant des articles qui continueront d'être consignés sur les sommiers des droits certains et en débet, d'enregistrement, timbre, greffe et hypothèques, qui sont conservés.

La seconde classe se compose des droits et produits dont la reconnaissance et la liquidation précèdent le recouvrement, qui est le résultat de démarches et de poursuites de la part des préposés : tels sont les frais de justice, les amendes de condamnations, et d'autres produits définitivement liquidés et constatés, et qui doivent être préalablement consignés sur des sommiers spéciaux.

Ces divers produits ont reçu le nom de *droits et produits constatés.*

Les contributions et revenus de l'état sont exclusivement affectés aux dépenses de l'exercice auquel ils appartiennent.

En conséquence, sont applicables à un exercice :

1° Tous les droits et produits de la première classe, *droits au comptant*, recouvrés dans le cours de l'année qui donnera son nom à l'exercice ;

2° Tous ceux de la seconde classe, *droits constatés*, qui, durant cette même année, ont été consignés sur les sommiers des droits et produits constatés, et dont le paiement a été effectué avant l'expiration des neuf premiers mois de l'année suivante, c'est-à-dire la seconde année de l'exercice.

Ainsi un article consigné en 1835 sur le sommier des droits constatés appartiendra aux recettes de l'exercice 1835, quoiqu'il n'ait été acquitté que dans les neuf premiers mois de 1836.

Les sommiers de droits constatés sont au nombre de huit, savoir :

Le n° 1, où l'on consignera les droits simples et en sus résultant soit de simulation de prix dans les contrats translatifs de biens immeubles à titre onéreux, soit d'insuffisance dans l'évaluation du revenu d'immeubles transmis à tout autre titre qu'à titre onéreux, lorsque les simulations ou insuffisances ont été constatées par procès-verbal d'expertise homologué, ou reconnu par des soumissions souscrites par les parties et approuvées par l'administration ;

Les suppléments de droits d'enregistrement et de greffe dus en vertu de condamnation judiciaires, et les amendes de contraventions aux lois sur l'enregistrement, le timbre et les greffes, lorsqu'elles ont été prononcées par jugement, en cas de contestation, réduites ou maintenues par des décisions ministérielles. On doit porter aussi sur le sommier les articles d'amende sur l'enregistrement payées volontairement et déjà consignées sur le sommier des droits certains.

Le n° 2, où l'on portera les droits d'hypothèques susceptibles d'être mis immédiatement en recouvrement.

Le n° 3, les amendes de condamnations de toute nature, celles pour délits forestiers, les frais et dépens relatifs à ces amendes, les dommages-intérêts adjugés à l'état, les frais de justice criminelle ou militaire, et les frais de poursuites et d'instance concernant l'administration.

Le n° 4, les revenus des domaines de l'état pour les termes échus ; les arrérages de rentes ; les créances exigibles ; les droits de pêche dus en vertu de baux ou de licence ; les prix de ventes de mobilier de l'état ; les épaves, les successions dévolues à l'état, et les biens vacants dont les produits sont exigibles.

Le n° 5, les sommes dues sur les domaines et bois engagés ou échangés, les prix de vente des domaines de l'état.

Le n° 6, les débets provenant des vérifications de régies, et les autres produits accidentels exigibles.

Le n° 7, les produits des bois de l'état pour lesquels il n'est pas souscrit de traites.

Le n° 8, le prix de vente d'objets mobiliers et de biens immeubles provenant des ministères.

Les receveurs consigneront chaque article avec les détails suffisants, par ordre de date et de numéro. Chaque consignation sera datée ; chaque page du sommier sera additionnée, et le total reporté de page en page jusqu'à la fin du mois ; le total de chaque mois sera suivi du report de celui des mois précédents, et on établira ainsi le total jusqu'à la fin de chaque mois. Chaque sommier sera terminé par une table alphabétique des noms des redevables.

Les huit registres ou journaux de recette sont établis de manière à correspondre aux huit sommiers, soit pour la nature des produits qui y seront portés, soit pour la distribution des colonnes.

Ces registres ne seront point arrêtés jour par jour, à l'exception toutefois du n. 8. (Inst. 1421.)

Ils seront tenus par exercice.

Les receveurs y enregistreront, jour par jour, et sans laisser aucun blanc, toutes les sommes qu'ils recevront, même par à-compte, sur les registres consignés aux sommiers. Chaque registre devra présenter, sous une même série de numéros, toutes les recettes concernant le même exercice.

Afin que toutes les recettes d'un exercice puissent être enregistrées à la suite les unes des autres, sans interruption, on laissera en blanc, après le dernier enregistrement de la première année de l'exercice, un nombre suffisant de feuilles pour y porter les recouvrements qui auront lieu durant les neuf premiers mois de l'année suivante.

Les enregistrements en recette reproduiront les mêmes détails que les consignations faites sur les sommiers correspondants, afin que la comparaison des produits à recouvrer et de ceux recouvrés puisse toujours être établie par une opération simple et rapide.

Pour s'assurer que les enregistrements sur les registres de recette des droits et produits constatés ont été faits exactement, et suivant les distinctions prescrites, les receveurs devront, à la fin de chaque mois, comparer le nombre et le montant, en total, des articles consignés sur les sommiers.

Ils conserveront les notes justificatives de cette comparaison, et en feront usage, à la fin de chaque trimestre, pour la rédaction de l'état prescrit par l'instr. 1358, art. 8 de l'arrêté.

§ 11. — *Sommier des découvertes. Sommier des droits certains, des droits en débet, etc.*

Le *sommier des découvertes*, ou sommier *douteux*, est celui sur lequel sont consignées les découvertes de droits négligés ou recelés à éclaircir.

Les articles de ce sommier seront payés à mesure qu'ils auront été éclaircis. Il sera fait mention, à la marge, des motifs de la radiation, ou du numéro du sommier certain sur lequel ils auront été consignés.

Toutes les fois qu'il passe sous les yeux des receveurs des actes qui font reconnaître une succession ouverte, un usufruit échu, ou une autre disposition éventuelle ayant eu son effet, ils doivent vérifier sur-le-champ, à la table des successions, si ce droit a été acquitté, et, à défaut, consigner l'article sur le sommer, avec les indications nécessaires.

Le *sommier douteux* est spécialement consacré à la consignation des *découvertes*, jusqu'à ce qu'elles aient acquis les conditions nécessaires pour être portées au sommier *certain*.

Les *découvertes* doivent être l'objet des soins assidus des employés de tous grades.

Il y a peu de mérite à reconnaître des articles productifs dans ce qui tombe sous la main; mais il y en a beaucoup à faire de véritables *découvertes*, qui consistent essentiellement dans les fraudes, dans les mutations déguisées, et dans tout ce qu'un concours des recherches et de difficultés vaincues procure de fructueux. Toutefois il convient de porter dans de pareilles investigations autant de discernement que d'activité, afin de ne point apercevoir de *découvertes* là où il n'y en a point, et fatiguer les parties par des demandes non fondées.

Le *sommier des droits certains,* sur lequel on devra porter :

1° Les droits simples et en sus dus pour les successions non déclarées dans les délais, pour les omissions ou insuffisances présumées dans les déclarations, et les droits de mutations secrètes d'immeubles ;

2° Les droits des actes des autorités administratives et des établissements publics portant transmission de propriété, d'usufruit et de jouissance, des adjudications ou marchés de toute nature, aux enchères, au rabais ou sur soumission; des cautionnements relatifs à ces actes, et des jugements rendus à l'audience, lorsque les parties n'ont pas consigné le montant des droits entre les mains des secrétaires et greffiers dans le délai prescrit pour l'enregistrement;

3° Les droits des testaments et autres actes de libéralité à cause de mort, déposés chez les notaires ou par eux reçus, et non soumis à l'enregistrement dans le délai de trois mois à partir du décès du testateur.

4° Les droits des actes sous seing privé portant transmission de propriété, d'usufruit ou de jouissance de biens immeubles, non enregistrés dans les trois mois, soit que ces actes soient parvenus à la connaissance des préposés par leur énonciation dans d'autres actes, soit qu'ils leur aient été remis par les parties elles-mêmes, sans paiement de droits;

5° Les suppléments de droits d'enregistrement et de greffe, réclamés en vertu de solutions de l'administration ou de décisions du ministre ;

6° Les amendes de contravention de toute nature, lorsqu'elles n'ont pas été prononcées par jugement, réduites ou maintenues par décision du ministre.

Le sommier certain doit être tenu avec soin; chaque article doit être émargé des avertissements donnés ou des poursuites dirigées, et de la date du paiement, avec indication du registre où il a été fait recette des droits recouvrés.

Le *sommier des droits en débet* devra comprendre les droits donnés en *débet,* notamment ceux des actes et procès-verbaux des juges de paix et autres magistrats de l'ordre judiciaire, lorsque, dans certains cas prévus par les lois, ils agissent dans l'intérêt des mineurs, des absents, des interdits, des créanciers des faillis, etc.; ceux des actes et procès-verbaux des agents forestiers relatifs aux opérations qui précèdent ou suivent soit les adjudications des coupes de bois appartenant à l'état ou aux communes et établissements publics, soit les délivrances des coupes affouagères; enfin ceux des actes de poursuites signifiés à la requête de l'administration, et des jugements rendus en sa faveur.

Lorsque ces droits se rattacheront à des articles de recouvrement consignés sur les sommiers des droits et produits constatés, les mentions de renvois d'un sommier à l'autre seront faites sur les sommiers respectifs.

Chaque consignation des divers articles sur les trois sommiers ci-dessus devra être datée.

Les sommiers devront être terminés par une table alphabétique de tous les redevables.

Indépendamment de ces sommiers, il doit être tenu dans chaque bureau :

1° Un sommier des *surséances indéfinies*, destiné à inscrire les articles d'amendes, de frais de justice et autres non prescrits, susceptibles de surséance par l'insolvabilité des débiteurs, constatée soit par des procès-verbaux de carence, soit par des certificats d'ingence.

Ce sommier doit contenir également à la fin une table alphabétique des débiteurs, pour faciliter les vérifications fréquentes dont il doit être l'objet.

L'article de surséance doit figurer au sommier jusqu'au moment où il survient au débiteur quelques moyens de solvabilité.

2° Un sommier d'*ordre et instructions*, sur lequel seront transcrits les mémoires d'ordre et instructions que transmettent périodiquement les directeurs.

Ce sommier doit être écrit avec soin et terminé par une table alphabétique par ordre de matières.

Les receveurs doivent le consulter souvent, afin de bien se pénétrer de leurs diverses obligations pour l'ordre, la manutention et la régularité dans les envois périodiques.

3° Un sommier ou registre de *correspondance*.

Il est tenu à mi-marge ; on y transcrit, par ordre de numéro, toutes les lettres que l'on écrit, et l'on y insère par analyse toutes celles que l'on reçoit.

Les receveurs, ainsi que les divers employés de l'administration, *autres que les directeurs,* ne doivent correspondre avec le directeur général que dans le cas où il en aurait fait ou fait faire la demande. (Instr. n. 1 et 30.) Dans tous les autres, ils doivent toujours s'adresser à leur directeur.

Ils sont tenus de répondre avec précision et célérité aux demandes qui leur sont faites.

Toutes leurs lettres, même leurs réponses, doivent être écrites à mi-marge, et rappeler l'objet de la correspondance et le numéro de l'affaire.

Les lettres et expéditions doivent être datées du jour du départ.

Il ne faut jamais confondre dans une même lettre deux objets différents, et l'on doit écrire une lettre séparée pour chaque question ou chaque affaire.

Les lettres reçues doivent être classées avec ordre et seront représentées par les receveurs aux employés supérieurs en opérations dans leur bureau.

La correspondance a lieu, entre tous les employés d'un même département, *en franchise,* sous bandes, et en contre-signant.

Les receveurs jouissent également de la franchise de correspondance avec les maires, percepteurs, contrôleurs des contributions, procureurs du roi, etc.

Les instructions n. 1181, 1186, 1224, 1317 et 1440, ont déterminé le mode de correspondance en franchise, et tous les préposés reconnaîtront la nécessité de ne point mésuser de cette faculté en se servant de ce mode de correspondance pour les objets étrangers au service ; un pareil abus, s'il pouvait exister, serait sévèrement réprimé.

Les employés ont été informés que d'après une décision de M. le ministre des finances de 1846 les paquets en franchise qui contiendraient des pièces en dehors du service seraient taxés, et que, sur le refus de payer la taxe par le fonctionnaire destinataire et sur sa demande, les employés de la poste feraient l'ouverture des paquets taxés, et que les pièces en dehors du service seraient seules passibles de la taxe.

§ 12. — *Tables alphabétiques.*

Les *tables alphabétiques* sont des registres distribués par colonnes qui contiennent, dans un ordre alphabétique, et par le nom des contractants, l'analyse de certains enregistrements.

Elles sont tenues, dans les bureaux d'enregistrement, pour faciliter les recherches des droits célés au trésor, celles des actes dont les parties réclameraient l'extrait, et enfin pour suivre la trace des mutations secrètes.

Le préambule de chaque table et l'indication des colonnes dont elles sont composées tracent l'usage qu'on doit en faire, les détails que l'on doit y porter, et les résultats qu'on peut en obtenir.

Avant le mois de novembre 1824, les tables alphabétiques étaient au nombre de quatorze ; à cette époque, et d'après l'instruction 1147, elles ont été réduites à huit, savoir :

1° Acquéreurs et nouveaux possesseurs ;
2° Vendeurs et précédents possesseurs ;
3° Baux ;
4° Contrats de mariage ;
5° Testaments, donations et dispositions éventuelles ;
6° Successions et absences ;
7° Créances hypothécaires ;

8° Propriétaires forains.

Les tables doivent être écrites avec soin ; les noms des parties doivent être en gros caractères.

Tenues constamment au courant, et servies des détails nécessaires, les tables alphabétiques sont de la plus grande utilité pour les découvertes de toute nature.

Ainsi la table des *testaments* sert à reconnaître, par sa comparaison avec celle des *décès*, les droits résultant desdits testaments qui n'auraient pas été acquittés dans le délai voulu.

La table des *vendeurs* et celle des *acquéreurs* sont nécessaires pour constater les mutations dont les droits n'auraient pas été payés, et vérifier l'exactitude des déclarations faites par les héritiers directs et collatéraux, légataires et donataires éventuels.

Les receveurs consigneront également sur ces deux tables les mutations de biens situés dans leur arrondissement opérées par des actes enregistrés dans d'autres bureaux, et dont le renvoi leur a été adressé. Le rapprochement des actes de partage des tables de mutations à titre onéreux et de celles des successions contribuera à faire connaître l'entière consistance des successions directes et collatérales dont les droits seront ouverts.

La table des créances hypothécaires sert de renseignement pour rétablir l'actif d'une succession ; toutefo elle n'est pas un titre suffisant pour l'imposer aux parties.

§ 13. — *Sommier de la contribution foncière.*

Les rôles de répartition de la contribution foncière, faits d'après les matières cadastrales, servent de base au sommier de la *contribution foncière.*

Ce sommier est imprimé d'après le modèle déterminé par l'instr. 1183 ; il ne s'agit que d'en remplir exactement les indications.

L'utilité de ce sommier est incontestable pour découvrir les mutations, reconnaître les omissions qui auraient été faites dans les déclarations de successions, et acquérir des présomptions sur la valeur des biens.

Toutefois, sous le rapport des insuffisances d'évaluation des biens déclarés, le sommier de la contribution doit être consulté avec une réserve d'autant plus grande, que la base établie pour le revenu effectif des propriétés imposées est plus variable ; mais cependant, plus ordinairement, au dessus du revenu réel.

Les directeurs des contributions directes doivent joindre aux états de situation ancienne et nouvelle les feuilles de mutations rédigées par les contrôleurs.

Les directeurs des domaines fixeront aux receveurs le délai dans lequel ces états leur seront renvoyés ; ils veilleront à ce que le délai qu'ils auront déterminé ne soit pas dépassé, et ils auront soin de remettre aux directeurs des contributions les états communiqués, à mesure de leur renvoi par les receveurs. (Instr. 1361 et 1507.)

§ 14. — *Renvois d'enregistrements d'actes à d'autres bureaux; leur utilité.*

Les *renvois* procurent le moyen de suivre la filiation des mutations, et de découvrir celles opérées par les actes sous seing privé, par succession ou autre titre, ainsi que les omissions et les estimations insuffisantes dans les déclarations des héritiers et légataires.

Les renvois sont de deux espèces : la première comprend les actes de décès des personnes mortes hors du lieu de leur domicile, les dons éventuels d'objets déterminés, les donations d'immeubles, les contrats de mariage portant quelque avantage au profit de l'un des conjoints, et généralement toutes les dispositions qui peuvent, lors du décès des contractants, ou d'autres événements prévus, opérer des droits qui doivent être payés dans d'autres bureaux, ou exiger des déclarations de la part d'héritiers, légataires ou donataires.

La seconde espèce concerne les ventes et autres actes translatifs de propriété ou d'usufruit, baux et partages de biens situés dans l'arrondissement d'autres bureaux, et tous les renseignements qui peuvent mettre à portée de suivre, dans ces bureaux, la filiation des mutations, et de constater les omissions de biens ou les insuffisances d'estimation dans les déclarations des héritiers et des donataires.

On devra également renvoyer les extraits d'actes contenant des dispositions en faveur des hospices et établissements de charité ;

Les extraits des actes que les officiers publics et ministériels font enregistrer hors de l'arrondissement du bureau de leur résidence ;

Les acceptations de donations entre vifs enregistrées dans un autre bureau que celui où la donation a reçu la formalité ;

Les arrêtés de compte, liquidations, jugements, et tous autres actes qui font connaître qu'une créance éventuelle ou indéterminée, inscrite aux hypothèques sans paiement de droits, a été convertie en créance réelle ;

Les inscriptions de créance, les renouvellements d'hypothèques, les mentions de subrogation ou de radiation, pour servir à la tenue, dans chaque bureau, de la table des créances hypothécaires ;

Les extraits d'enregistrement ou de visa pour timbre de jugements ou actes de poursuite auxquels la formalité a été donnée en débet, et qui sont relatifs à des recouvrements de sommes dues dans d'autres bureaux.

Les renvois doivent être faits chaque semaine, et adressés au directeur dans les dix premiers jours de chaque mois, avec un état détaillé.

Au fur et à mesure que des renvois sont parvenus dans les bureaux,

le nombre énoncé dans chaque note du directeur est porté sur un cahier destiné à la réception des renvois.

Chaque renvoi est émargé, par le receveur auquel il parvient, du numéro du sommier ou du folio de la table où il a été inscrit.

Les renvois sont enliassés par trimestre ou par année, étiquetés et
conservés pour y recourir au besoin.

A la fin de chaque année, le nombre des renvois qui ont été reçus
est mentionné sur l'inventaire du bureau.

Indépendamment des renvois ci-dessus, les receveurs doivent adresser aux contrôleurs des contributions, dans la première quinzaine des
mois de février et d'août, les relevés des actes translatifs des propriétés
foncières.

Par l'instruction n. 1511, l'administration a réitéré aux directeurs et
aux employés supérieurs l'invitation de porter leur surveillance sur
cette partie du service, et de lui faire connaître les receveurs auxquels
un défaut d'exactitude pourrait être reproché.

§ 15. — *Recouvrements. Différents modes de poursuites, suivant la nature des produits.*

Recouvrement, action de faire rentrer les sommes dues au trésor.

C'est dans cette circonstance surtout qu'il faut concilier ce qu'exigent les besoins de l'état avec les ménagements dont on doit user envers les redevables, de manière à ne jamais précipiter les poursuites,
ni en rendre le montant trop pesant, l'impôt étant une charge à laquelle
on doit se garder d'ajouter inconsidérément par des accessoires qui ne
profitent nullement au trésor, et que la délicatesse de l'employé lui
fait même un devoir rigoureux d'éviter.

Les poursuites doivent être actives, mais jamais précipitées : elles
ont leur délai, leur degré, à mesure qu'elles se multiplient; la dernière
doit prendre sur la précédente un plus grand caractère de sévérité :
les procédés doivent être en raison de la résistance qu'il s'agit de vaincre.

Nous ne pouvons mieux faire que de reproduire ici les règles tracées à ce sujet par l'inst. 1537, section 3.

« L'esprit de modération qui dirige l'administration fait un devoir
aux préposés de n'entreprendre de poursuites qu'après avoir employé
les moyens qui sont à leur disposition pour déterminer les redevables
à se libérer volontairement. Sous aucun pretexte ils ne peuvent se
dispenser d'adresser des avertissements avant de décerner contrainte.
Dans ces avertissements, il ne suffit pas d'informer le redevable que la
demande a été autorisée par une solution de l'administration ou du directeur : il convient d'expliquer en fait et de motiver en droit cette demande, afin que le redevable puisse s'éclairer sur l'exigibilité des droits
réclamés.

» S'il se présente au bureau, par suite de l'avertissement, c'est de sa part au moins un indice de dispositions favorables dont le receveur doit s'empresser de profiter. Celui-ci s'efforcera donc de lever tous les doutes sur la justice de la demande de l'administration, en écoutant avec patience, en discutant avec calme les objections du redevable. Il ne lui laissera pas ignorer les dangers d'une résistance obstinée, et, s'il est nécessaire, il facilitera la libération par les moyens qui sont en son pouvoir. Ces moyens de conciliation, employés avec discernement, aidés de formes polies, d'un langage constamment digne et modéré, manquent rarement leur effet sur l'esprit des contribuables. Opérer le plus de recouvrements avec le moins de poursuites est un mérite que l'administration apprécie particulièrement dans un receveur.

» Lorsqu'il est devenu nécessaire de diriger des poursuites, on peut encore, à moins de péril pour l'administration, de mauvaise foi ou de mauvaise volonté de la part du redevable, user de ménagements. Ainsi il convient de ne point précipiter inutilement les poursuites, d'éviter soigneusement tout ce qui pourrait augmenter les frais, notamment de se servir, autant que possible, de l'huissier le plus voisin de la résidence du redevable, de ne recourir qu'à la dernière extrémité aux voies de saisie, surtout lorsque la somme réclamée est peu importante, et que le débiteur est un ouvrier ou un cultivateur qui n'a d'autre moyen de libération que le produit de son travail. »

Lorsqu'une réclamation administrative a été communiquée ou est parvenue directement au directeur du département, il doit faire suspendre les poursuites pour le recouvrement des droits et amendes qui donnent lieu à la réclamation, en ayant soin toutefois de faire prévenir par des actes conservatoires la prescription contre le trésor. Mais, aussitôt que le directeur a reçu l'avis que la demande a été rejetée, soit par une décision du ministre des finances, soit par une solution de l'administration, il donne des ordres pour que le recouvrement des droits et amendes soit poursuivi, sans pouvoir être suspendu par de nouvelles réclamations. (Instr. n. 1202.)

Avant toutes poursuites, les préposés de l'enregistrement doivent adresser un *avertissement* sans frais aux redevables; l'administration en a fait un devoir à ses employés, même pour les droits de succession dont le terme n'est pas échu. (O. g., 94, 114, inst. 1141.)

Néanmoins, le défaut d'avertissement préalable ne saurait vicier les actes de poursuites, par la raison que l'avertissement est une mesure de bienveillance, et non une formalité que la loi ait prescrite.

Il est indispensable que le receveur qui dirige des poursuites y préside et les surveille, et par conséquent qu'il en connaisse les formes; par ce moyen il évitera cette complication d'exploits, parmi lesquels s'en trouvent d'inutiles, ce qui occasionne des frais frustratoires, et il préviendra les négligences pouvant entraîner des nullités.

Il a été recommandé aux receveurs, porte l'instruction 1537, de faire choix d'huissiers expérimentés, d'examiner par eux-mêmes les significations et actes de poursuites faits dans l'intérêt de l'administration, et de donner immédiatement l'ordre de faire de nouveaux exploits, si ceux qui leur ont été remis par les huissiers ne sont pas réguliers. (Instr. n. 1180, § 4.) Ils doivent d'ailleurs consulter les dispositions du code de procédure dans les circonstances où elles sont applicables.

Enfin les receveurs ne doivent point oublier qu'aux termes d'une circulaire du 23 mars 1808 tous frais de poursuites irrégulièrement faites doivent rester à la charge des préposés qui les auraient occasionnés.

Les poursuites à diriger par les employés des domaines sont de plusieurs natures, à raison des produits ou droits divers faisant l'objet de la demande.

Il en est dont le recouvrement peut être poursuivi par une simple contrainte convenablement libellée ; d'autres qui doivent être constatées par un procès-verbal, ou précédées d'un jugement de condamnation.

Ainsi, en règle générale, le premier acte de poursuite devra être une contrainte s'il s'agit :

1° De recouvrement des droits d'un acte non enregistré, d'une succession non déclarée, ou d'un supplément de droit à réclamer pour insuffisance de perception ;

2° Des droits résultant d'une mutation secrète, d'une omission dans une déclaration de succession, ou d'une insuffisance d'évaluation prouvée par des actes ;

3° De contraventions aux lois sur le timbre, l'enregistrement et les hypothèques, commises par les particuliers.

Devront, au contraire, être précédées d'un procès-verbal les poursuites concernant :

1° Les contraventions reconnues par les préposés dans les ventes publiques de meubles ;

2° Le refus d'un dépositaire public de communiquer son répertoire, ses minutes ou les pièces déposées dans ses mains ;

3° Le défaut de dépôt annuel d'un double du répertoire des notaires ;

4° Toutes les infractions à la loi du 25 ventôse an 11 sur le notariat ;

5° Fausse mention des droits d'enregistrement (art. 46 loi de frim.).

Enfin il est des cas où la mission des préposés des domaines se borne à la rédaction d'un procès-verbal ; alors c'est le ministère public qui agit, qui requiert d'office les condamnations.

Ainsi, lorsqu'il s'agit de contraventions aux lois des 6 octobre 1791, 16 floréal an 4, et 25 ventôse an 9, sur le notariat, et aux art. 872 du code de procédure, 67 et 176 du code de commerce, dont l'exécution intéresse particulièrement l'ordre social.

Lorsque les jugements rendus ne contiennent pas de condamnations, ou.en prononcent de moindres que celles voulues par les lois, c'est encore au ministère public à se pourvoir d'office.

Tandis que dans le premier cas toutes les poursuites sont faites par l'administration et en son nom, et que c'est à elle à exercer les recours s'il y a lieu.

Messieurs les surnuméraires devront, au surplus, consulter, au sujet des règles ci-dessus, l'instruction n. 1537, p. 7.

Il est une autre nature de poursuites qui exige de la part des receveurs tout à la fois célérité et égards envers les redevables, dont il convient de ne pas aggraver la position : c'est celles concernant les amendes prononcées par jugements.

En règle générale, le greffier, dans les quatre jours qui suivront la prononciation du jugement, et dans les délais déterminés par les art. 188 et 189 de l'ordonnance sur l'exécution du code forestier, délivre au préposé de l'administration chargé du recouvrement un extrait de l'ordonnance, arrêt ou jugement, ou une copie de l'état de liquidation rendue exécutoire. (Inst. 531.)

Les receveurs consignent immédiatement ces divers extraits sur leurs sommiers et adressent de suite un avertissement aux redevables.

Les amendes à recouvrer sont de deux espèces principales, indépendamment des autres amendes spéciales de condamnation :

Elles sont de *simple police* ou *correctionnelles.*

L'instruction 1445 a déterminé le mode à suivre pour les amendes de *simple police.*

Les greffiers des tribunaux de simple police dressent un relevé sommaire des jugements susceptibles d'opposition ou d'appel, et le transmettent, dans la huitaine de la date des jugements, au receveur de l'enregistrement du canton.

Celui-ci, à la réception du relevé, donne avis à tous les individus qui y sont portés des condamnations par eux encourues, avec invitation de venir se libérer.

A l'expiration du délai accordé aux condamnés pour la faire connaître, le receveur renvoie le relevé soit au juge de paix qui aura rendu les jugements, soit au commissaire de police exerçant les fonctions du ministère public, en ayant soin d'indiquer les condamnés qui auront payé, et de faire connaître, à l'égard des autres, les renseignements qu'il aura recueillis sur leur solvabilité.

Quant aux amendes de *police correctionnelle,* il faut distinguer si les jugements sont *contradictoires* ou par *défaut.*

S'ils sont *contradictoires,* la signification n'est pas nécessaire pour leur donner la force exécutoire (art. 203 du cod. d'instr. crim.) ; le recouvrement peut en être poursuivi par un simple commandement, et la signification du jugement ne devient nécessaire qu'autant qu'il porte une peine d'emprisonnement et des condamnations principales excédant 5 fr.

S'ils sont *par défaut,* leur signification est indispensable dans tous les cas. (Art. 151 et 174 du cod. d'instr. crim.)

Cette signification est faite exclusivement à la diligence du ministère public, et le greffier ne remet les extraits et expéditions au receveur que lorsque les jugements ont acquis la force de chose jugée. (Instr. 1417.)

Les recouvrements pour condamnations forestières sont déterminés par la loi spéciale faisant l'objet de l'examen de la troisième année.

(Voir, au surplus, les instr. 1131, 1290, 1378 et 1397.)

Les contraintes pour recouvrement de droits et revenus *domaniaux* doivent être décernées par le directeur, visées et déclarées exécutoires par le président du tribunal de la situation des biens.

Voir à ce sujet l'examen de la troisième année.

CHAPITRE II.

DROITS DE GREFFE.

Application des lois et décrets relatifs à cette perception.

Le greffe est un moyen de communication des pièces entre les parties plaidantes et leurs avoués; on y produit les actes dans les affaires instruites par écrit; les pièces arguées de faux y sont déposées, ainsi que tous les titres pour prouver la solvabilité d'une caution, etc.

Les *droits de greffe* ont été les plus anciens des droits perçus sur les actes judiciaires; ils étaient nombreux et fort élevés en 1789.

Les droits de greffe, de scel, d'insinuation, les droits réservés, avaient tous été supprimés par l'*Assemblée constituante,* et remplacés par un seul droit d'enregistrement.

Mais les lois postérieures établirent de nouveaux et différents droits de greffe.

Dans l'état actuel, ils consistent en :

1° Droit de *mise au rôle,* dû pour la formation et tenue des rôles, et l'inscription de chaque cause sur le rôle auquel elle appartient;

2° Droit de *rédaction* et de *transcription,* dû sur tous les actes passés au greffe et rédigés par les greffiers : les droits de rédaction sont fixes ou proportionnels, suivant les cas déterminés; mais il est à observer que, quel que soit le nombre des dispositions que contiennent les actes passés au greffe, il n'est dû qu'un seul droit de *rédaction,* parce que c'est la nature de l'acte, et non la pluralité des dispositions qu'il peut contenir, qui règle la perception, et qu'*il n'y a qu'un seul acte de rédigé;*

3° Droit d'*expédition* : il est perçu sur tout extrait ou expédition que le greffier délivre.

Ces deux derniers droits représentent les émoluments du greffier, et ont été établis de manière à former en même temps une branche importante de produits pour l'état.

Lois et décrets réglant les droits de greffe.

(Loi du 21 ventôse an 7.)

Art. 1er. Il est établi des droits de greffe, au profit de l'état, dans tous les tribunaux civils et de commerce. Ils seront perçus à compter du jour de la publication de la présente, pour le compte du trésor public, par les receveurs de la régie de l'enregistrement, de la manière ci-après déterminée.

2. Ces droits consistent :

1° Dans celui qui sera perçu lors de la mise au rôle de chaque cause, ainsi qu'il est établi par l'art. 3 ci-après ;—2° Dans celui établi pour la rédaction et transcription des actes énoncés en l'art. 5 ; — 3° Dans le droit d'expédition des jugements et actes énoncés dans les art. 7, 8 et 9.

3. Le droit perçu lors de la mise au rôle est la rétribution due pour la formation et tenue des rôles, et l'inscription de chaque cause sur le rôle auquel elle appartient.—Ce droit sera, dans les tribunaux civils, de *cinq francs* sur appel des tribunaux civils et de commerce ; — de *trois francs* pour les causes de première instance, ou sur appel des juges de paix ; — et d'*un franc cinquante centimes*, pour les causes sommaires et provisoires. — Dans les tribunaux de commerce il sera pareillement d'*un franc cinquante centimes.* — Le tout sans préjudice du droit de *vingt-cinq centimes* qui est accordé aux huissiers-audienciers pour chaque placement de cause. — Le droit de mise au rôle ne pourra être exigé qu'une seule fois ; en cas de radiation, elle sera replacée gratuitement à la fin du rôle, et il y sera fait mention du premier placement. — L'usage des placets pour appeler les causes est interdit ; elles ne pourront l'être que sur les rôles et dans l'ordre du placement.

4. Le droit de mise au rôle sera perçu par le greffier en y inscrivant la cause ; et le premier de chaque mois il en versera le montant à la caisse du receveur de l'enregistrement, sur la représentation des rôles cotés et paraphés par le président, sur lesquels les causes seront appelées, à compter du jour de la publication de la présente.

5. Les actes assujettis sur la minute au droit de rédaction et de transcription sont : les actes de voyage, — d'exclusion ou option de tribunaux d'appel, — de renonciation à une communauté de biens ou à succession,—d'acceptation de succession sous bénéfice d'inventaire, — de réception et soumission de caution, — de reprise d'instance, —

de déclaration affirmative, — de dépôt de bilan et pièces, — d'enre-gistrement de société, — les interrogatoires sur faits et articles, — et les enquêtes. — Il sera payé pour chacun de ces actes *un franc vingt-cinq centimes*. — Les enquêtes seront en outre assujetties à un droit de *cinquante centimes* par chaque déposition de témoins.

6. Les expéditions contiendront vingt lignes à la page, et huit à dix syllabes à la ligne, compensation faite des unes avec les autres.

7. Les expéditions des jugements définitifs sur appel des tribunaux civils et de commerce, soit contradictoires, soit par défaut, seront payées *deux francs* le rôle.

8. Les expéditions des jugements définitifs rendus par les tribunaux civils, soit par défaut, soit contradictoires, en dernier ressort ou su-jets à l'appel; celles des décisions arbitrales, celles des jugements ren-dus sur appel des juges de paix, celles des ventes et baux judiciaires, seront payées *un franc vingt-cinq centimes* le rôle.

9. Les expéditions des jugements interlocutoires, préparatoires et d'instruction, des enquêtes, interrogatoires, rapports d'experts, dé-libérations, avis de parents, dépôt de bilan, pièces et registres, des actes d'exclusion ou option des tribunaux d'appel, déclaration affirma-tive, renonciation à communauté ou à succession, et généralement de tous actes faits ou déposés au greffe, non spécifiés aux articles 7 et 8, ensemble de tous les jugements des tribunaux de commerce, seront payées *un franc* le rôle.

10. La perception de ce droit sera faite par le receveur de l'enregis-trement, sur les minutes des actes assujettis au droit de rédaction et transcription, sur les expéditions et sur les rôles de placement de cau-ses qui lui seront présentés par le greffier; il y mettra son reçu, et il tiendra de cette recette un registre particulier.

11. Le greffier ne pourra délivrer aucune expédition que les droits n'aient été acquittés, sous peine de restitution du droit et de *cent francs d'amende*, sauf, en cas de fraude et de malversation évidente, à être poursuivi devant les tribunaux, conformément aux lois.

12. Ne sont pas compris dans les droits ci-dessus fixés ceux de papier timbré et d'enregistrement, qui continueront d'être perçus conformé-ment aux lois existantes.

13. Les greffiers des tribunaux civils et de commerce tiendront un registre coté et paraphé par le président, sur lequel ils inscriront, jour par jour, les actes sujets au droit de greffe, les expéditions qu'ils déli-vreront, la nature de chaque expédition, le nombre des rôles, le nom des parties, avec mention de celle à laquelle l'expédition sera délivrée. Ils seront tenus de communiquer ce registre aux préposés de l'enregis-trement toutes les fois qu'ils en seront requis.

14. Les greffiers ne pourront exiger aucun droit de recherche des actes et jugements faits ou rendus dans l'année, ni de ceux dont ils fe-

ront les expéditions. Mais lorsqu'il n'y aura pas d'expédition, il leur est attribué un droit de recherche qui demeure fixé à *cinquante centimes* pour l'année qui leur sera indiquée ; et dans le cas où il leur serait indiqué plusieurs années, et qu'ils seraient obligés d'en faire la recherche, ils ne percevront que *cinquante centimes* pour la première, et *vingt-cinq centimes* pour chacune des autres.—Il leur est en outre attribué *vingt-cinq centimes* pour chaque légalisation d'acte des officiers publics.

15. Les greffiers présenteront et feront recevoir, conformément aux lois existantes, un commis-greffier assermenté par chaque section.

16. Au moyen du traitement et de la remise ci-après accordés aux greffiers, ils demeureront chargés du traitement des commis assermentés, commis expéditionnaires, et de tous employés du greffe, quelles que soient leurs fonctions, ainsi que des frais de bureau, papier libre, rôles, registres, encre, plumes, lumières, chauffage des commis, et généralement de toutes les dépenses du greffe.

17. Le traitement des greffiers des tribunaux civils est égal à celui des juges auprès desquels ils sont établis.

18. Celui des greffiers des tribunaux de commerce sera de la moitié de celui du greffier d'un tribunal civil, s'il avait été établi dans la commune où siége le tribunal de commerce.—Et néanmoins le traitement de ceux des tribunaux de commerce établis dans des communes de six mille habitants et au dessous demeure fixé à *huit cents francs*.

19. Il est accordé aux greffiers une remise de *trente centimes* par chaque rôle d'expédition ; — Et d'*un décime par franc* sur le produit du droit de mise au rôle, et de celui établi par la rédaction et transcription des actes énoncés en l'art. 5.

20. La remise de *trente centimes* accordée par l'article précédent ne sera que de *deux décimes* sur toutes les expéditions que les agents de l'état demanderaient en son nom et pour soutenir ses droits : ils ne seront tenus, à cet égard, à aucune avance ; en conséquence, ces expéditions seront portées pour mémoire sur le registre du receveur de l'enregistrement, et il en sera fait un compte particulier.

21. Le premier de chaque mois le receveur de l'enregistrement comptera, avec le greffier, du produit des remises à lui accordé par l'art. 19, et il lui en paiera le montant sur le mandat qui sera délivré au bas du compte par le président du tribunal.

22. Le traitement fixe du greffier sera également payé mois par mois, par le receveur de l'enregistrement, sur le produit du droit de greffe, d'après les mandats aussi délivrés, mois par mois, par le président du tribunal.

23. Il est défendu aux greffiers et à leurs commis d'exiger ni recevoir d'autres droits de greffe, ni aucun droit de prompte expédition, à peine de *cent francs* d'amende et de destitution.

9

24. Les droits établis par la présente seront alloués aux parties dans la taxe des dépens, sur les quittances des receveurs de l'enregistrement, mises au bas des expéditions, et sur celles données par les greffiers, de l'acquit du droit de mise au rôle et de rédaction, lesquelles ne seront assujetties à d'autres droits qu'à ceux du timbre.

(Loi additionnelle du 22 prairial an 7 sur les droits de greffe.)

Art. 1er. Sont assujettis, sur la minute, au droit de rédaction et transcription établi par l'art. 2 de la loi du 21 ventôse dernier, et ainsi qu'il est ci-après déterminé : — 1° l'acte de dépôt de l'exemplaire d'affiche, en exécution de l'art. 5 de la loi du 11 brumaire ; — 2° les adjudications, soit volontaires, soit sur licitation, soit sur expropriation forcée ; — 3° l'acte de dépôt de l'état, certifié par le conservateur des hypothèques, de toutes les inscriptions existantes ; ledit acte contenant réquisition d'ouvrir le procès-verbal d'ordre, en exécution de l'art. 31 de la loi du 11 brumaire ; — 4° les actes de dépôt de titre de créance, faits en exécution de l'art. 32 ; — 5° les procès-verbaux d'ordre de la délivrance de chaque bordereau de collocation, conformément à l'art. 35 de la même loi.

2. Il sera payé *trois francs* pour le dépôt de l'exemplaire d'apposition d'affiches, et pour celui de l'état des inscriptions existantes ; —*un franc cinquante centimes* pour celui de titre de créance ; —Pour la rédaction des adjudications, *un demi pour cent* sur les cinq premiers mille, — *vingt-cinq centimes par cent francs* pour ce qui excédera *cinq mille francs ;*—Pour celle du procès-verbal d'ordre, sur chaque bordereau délivré, *vingt-cinq centimes par cent francs* du montant de la créance colloquée.

3. La perception de ces droits sera faite par le receveur de l'enregistrement, de la manière et dans la forme prescrites par la loi du 21 ventôse ; la remise des greffiers sur le produit de ces droits sera d'*un décime par franc*, telle qu'elle est fixée par l'art. 19 de ladite loi, et ils en seront payés de la manière prescrite par l'art. 21.

4. Il est attribué aux greffiers, pour la communication à chaque créancier du procès-verbal d'ouverture d'ordre, de l'extrait des inscriptions, et des titres et pièces qui auront été produits, un droit fixe de *soixante-quinze centimes.*

5. Il est défendu aux greffiers, sous les peines portées par la loi du 21 ventôse, d'exiger ni recevoir d'autres et plus forts droits que ceux établis par la présente, et ils se conformeront aux dispositions prescrites par l'art. 13, pour assurer la perception des droits ci-dessus établis.

6. Toutes dispositions de lois contraires à la présente sont abrogées.

Le décret du 12 juillet 1808, inséré au Bulletin des lois, contient les dispositions suivantes :

Art. 1er. Les actes qui seront assujettis sur la minute aux droits de greffe, de rédaction et de transcription, sont ceux ci-après désignés :

1° Acceptation de succession sous bénéfice d'inventaire.— Actes de voyage. — Consignation de sommes au greffe dans les cas prévus par l'art. 301 du code de procédure civile, et autres déterminés par les lois. — Déclarations affirmatives, et autres faites au greffe, à l'exception de celles à la requête du ministère public. — Dépôt de registres, répertoires et autres titres ou pièces, fait au greffe, de quelque nature et pour quelque cause que ce soit, dépôt de signature et paraphe des notaires, conformément à l'art. 49 de la loi du 25 ventôse an **11**. — Enquêtes. — Interrogatoires sur faits et articles. — Procès-verbaux, actes et rapports faits ou rédigés par le greffier.—Publications de contrats de mariage, divorces, jugements de séparation, actes et dissolution de société, et de tous autres actes, prescrites par les codes : il ne sera perçu aucun droit de dépôt pour la remise au greffe desdits actes. — Récusation de juges. — Renonciation à une communauté de biens ou à une succession.— Soumission de caution.— Transcription et enregistrement, sur les registres du greffe, d'oppositions et autres actes désignés par les codes (à l'exception de la transcription de saisie immobilière, dont il sera parlé ci-après) : *le droit ne sera dû qu'autant qu'il sera délivré expédition de la transcription*. — Il sera payé pour chacun des actes ci-dessus *un franc vingt-cinq centimes*. — Les enquêtes seront en outre assujetties à un droit de *cinquante centimes* pour chaque déposition de témoins, ainsi qu'il est réglé par l'art. 5 de la loi du 21 ventôse an 7.

2° Adjudications faites en justice. → Dépôt de l'état certifié par le conservateur des hypothèques de toutes les inscriptions existantes, et qui, aux termes de l'art. 752 du Code de procédure civile, doit être annexé au procès-verbal. — Dépôt de titres de créance pour la distribution de deniers par contribution ou par ordre. — Mandements sur contribution, ou bordereaux de collocation. — Radiation de saisie immobilière. — Surenchère faite au greffe. — Transcription au greffe de la saisie immobilière.— Il sera payé pour chacun de ces actes, savoir : *trois francs* pour la transcription de la saisie ; — même droit pour le dépôt de l'état des inscriptions existantes ; — *un franc cinquante centimes* pour dépôt de titres de créance, et ce pour chaque production ; — même droit pour chaque acte de surenchère et de radiation de saisie ; — pour la réduction des adjudications, *un demi* pour *cent* sur les *cinq premiers mille*, et *vingt-cinq centimes* par *cent francs* sur ce qui excédera *cinq mille francs*. — Sur chaque mandement ou bordereau de collocation délivré, *vingt-cinq centimes* par *cent francs* du montant de la créance colloquée.

2. Les actes de dépôt seront transcrits à la suite les uns des autres sur un registre en papier timbré, coté et paraphé par le président du tribunal. — Les actes de décharge de ces mêmes dépôts seront portés

sur le registre, en marge de l'acte de dépôt, et soumis au droit de rédaction et transcription.

3. Le droit de rédaction en cas de revente à folle enchère n'est dû que sur ce qui excède la première adjudication. — Il n'est exigible, pour les licitations, que sur la valeur de la part acquise par le colici-tant, s'il reste adjudicataire. — Dans aucun cas la perception ne pour-ra être au dessous du droit fixe d'*un franc vingt-cinq centimes*, déter-miné pour les moindres actes par l'art. 5 de la loi du 21 ventôse an 7.

4. Lorsque, par suite d'appel, une adjudication sera annulée, il y aura lieu de *restituer le droit proportionnel* de rédaction. — Le *droit fixe* de *rédaction* et de *transcription*, et celui d'*expédition*, étant le sa-laire de la formalité, ne seront *dans aucun cas* restituables.

5. Le droit de mise au rôle et celui d'expédition continueront d'être perçus comme le prescrit la loi du 21 ventôse an 7. — Les ré-férés qui sont l'objet du titre XVI du livre V du code de procédure civile ne sont pas assujettis au droit de mise au rôle.

Les prescriptions établies par l'art. 61 de la loi du 22 frimaire an 7 sont applicables au droit de greffe comme à ceux d'enregistrement. (Instr. 398.)

(Extrait de la loi de finances du mois de juillet 1820.)

Art. 2. Les droits et remises attribués aux greffiers des tribunaux ci-vils et de commerce par la loi du 21 ventôse an 7 seront perçus par eux directement des parties qui en sont tenues; mais les receveurs de l'en-registrement mentionneront désormais en toutes lettres, dans la rela-tion au pied de chaque acte : 1° le montant des droits de greffe appar-tenant au trésor; 2° le montant de la remise qui revient au greffier, pour l'indemnité qui lui est allouée par la loi. (Instr. 944.)

CHAPITRE III.

NOTARIAT.

—

§ 1. — Loi du 25 ventôse an 11.
§ 2. — Contraventions à relever par les préposés.
§ 3. — Mode de constater les contraventions.

---

§ 1er. — *Loi du 25 ventôse an 11.*

TITRE 1er. — *Des notaires, et des actes notariés.*

SECTION Ire. — *Des fonctions, ressorts et devoirs des notaires.*

Art. 1er. Les notaires sont les fonctionnaires publics établis pour recevoir les actes et contrats auxquels les parties doivent ou veulent faire donner le caractère d'authenticité attaché aux actes de l'autorité publique, et pour en assurer la date , en conserver le dépôt, en délivrer des grosses et expéditions.

2. Ils sont institués à vie.

3. Ils sont tenus de prêter leur ministère lorsqu'ils en sont requis.

4. Chaque notaire devra résider dans le lieu qui lui sera fixé par le gouvernement. En cas de contravention, la notaire sera considéré comme démissionnaire ; en conséquence, le grand-juge ministre de la justice, après avoir pris l'avis du tribunal, pourra proposer au gouvernement le remplacement.

5. Les notaires exercent leurs fonctions , savoir :

Ceux des villes où est établi un tribunal d'appel, dans l'étendue du ressort de ce tribunal ; — ceux des villes où il n'y a qu'un tribunal de première instance, dans l'étendue du ressort de ce tribunal ; — ceux des autres communes, dans l'étendue du ressort du tribunal de paix.

6. Il est défendu à tout notaire d'instrumenter hors de son ressort, à peine d'être suspendu de ses fonctions pendant trois mois, d'être destitué en cas de récidive, et de tous dommages et intérêts.

7. Les fonctions de notaires sont incompatibles avec celles des juges, commissaires du gouvernement près les tribunaux, leurs substituts, greffiers, avoués, huissiers , préposés à la recette des contributions directes ou indirectes, juges, greffiers et huissiers des justices de paix , commissaires de police et commissaires aux ventes.

SECTION II. — *Des actes, de leur forme, des minutes, greffes, expéditions et répertoire.*

8. Les notaires ne pourront recevoir les actes dans lesquels leurs parents ou alliés, en ligne directe à tous les degrés, et en collatérale jusqu'au degré d'oncle ou de neveu inclusivement, seraient parties, ou qui contiendraient quelques dispositions en leur faveur.

9. Les actes seront reçus par deux notaires , ou par un notaire assisté de deux témoins. citoyens français , sachant signer , et domiciliés dans l'arrondissement communal où l'acte sera passé.

10. Deux notaires, parents ou alliés au degré prohibé par l'art. 8 , ne pourront concourir au même acte. — Les parents, alliés , soit du notaire, soit des parties contractantes, au degré prohibé par l'art. 8 , leurs clercs et leurs serviteurs , ne pourront être témoins.

11. Le nom, l'état, la demeure des parties, devront être connus des notaires , ou leur être attestés dans l'acte par deux citoyens connus d'eux, ayant les mêmes qualités que celles requises pour être témoins instrumentaires.

12. Tous les actes doivent énoncer les noms et lieu de résidence du notaire qui les reçoit , à peine de *cent francs* d'amende contre le no‑

taire contrevenant. — Ils doivent également énoncer les noms des témoins instrumentaires, leur demeure, le lieu, l'année et le jour où les actes sont passés, sous les peines prononcées par l'article ci-après, et même le faux, si le cas y échoit.

13. Les actes de notaires seront écrits en un seul et même contexte, lisiblement, sans abréviation, blanc, lacune, ni intervalle ; ils contiendront les noms, prénoms, qualités et demeures des parties ainsi que des témoins qui seraient appelés dans le cas de l'art. 11. Ils énonceront en toutes lettres les sommes et les dates ; les procurations des contractants seront annexées à la minute, qui fera mention que lecture de l'acte a été faite aux parties ; le tout à peine de *cent francs* d'amende contre le notaire contrevenant.

14. Les actes seront signés par les parties, les témoins, et les notaires, qui doivent faire mention, à la fin de l'acte, de leurs déclarations à cet égard.

15. Les renvois et apostilles ne pourront, sauf l'exception ci-après, être écrits qu'en marge ; ils seront signés et paraphés tant par les notaires que par les autres signataires, à peine de nullité des renvois et apostilles. Si la longueur du renvoi exige qu'il soit transporté à la fin de l'acte, il devra être non seulement signé ou paraphé comme les renvois écrits en marge, mais encore expressément approuvé par les parties, à peine de nullité du renvoi.

16. Il n'y aura ni surcharge, ni interligne, ni addition dans le corps de l'acte, et les mots surchargés, interlignés ou ajoutés, seront nuls. Les mots qui devront être rayés le seront de manière que le nombre puisse en être constaté à la marge de leur page correspondante, ou à la fin de l'acte, et approuvés de la même manière que les renvois écrits en marge ; le tout à peine d'une amende de *cinquante francs* contre le notaire, ainsi que de tous dommages-intérêts, même de destitution en cas de fraude.

17. Le notaire qui contreviendra aux lois et aux arrêtés du gouvernement concernant les noms et qualifications supprimés, les clauses et expressions féodales, les mesures et l'annuaire de la république, ainsi que la numération décimale, sera condamné à une amende de *cent francs*, qui sera double en cas de récidive.

18. Le notaire tiendra exposé dans son étude un tableau sur lequel il inscrira les noms, prénoms, qualités et demeures des personnes qui, dans l'étendue du ressort où il peut exercer, sont interdites ou assistées d'un conseil judiciaire, ainsi que la mention des jugements relatifs, le tout immédiatement après la notification qui en aura été faite, et à peine de dommages-intérêts des parties.

19. Tous actes notariés feront foi en justice, et seront exécutoires dans toute l'étendue de la France. Néanmoins, en cas de plainte en faux principal, l'exécution de l'acte argué de faux sera suspendue par la dé-

claration du jury d'accusation prononçant qu'il y a lieu à accusation. En cas d'inscription de faux faite incidemment, les tribunaux pourront, suivant la gravité des circonstances, suspendre provisoirement l'exécution de l'acte.

20. Les notaires seront tenus garder minute de tous les actes qu'ils recevront. — Ne sont néanmoins compris dans la présente disposition les certificats de vie, procurations, actes de notoriété, quittances de fermages, de loyers, de salaires, arrérages de pensions et rentes, et autres actes simples, qui, d'après les lois, peuvent être délivrés en brevet.

21. Le droit de délivrer des grosses et des expéditions n'appartiendra qu'au notaire possesseur de la minute ; et néanmoins tout notaire pourra délivrer copie d'un acte qui lui aura été déposé pour minute.

22. Les notaires ne pourront se dessaisir d'aucune minute, si ce n'est dans les cas prévus par la loi, et en vertu d'un jugement. — Avant de s'en dessaisir, ils en dresseront et signeront une copie signée, qui, après avoir été certifiée par le président et le commissaire du tribunal civil de leur résidence, sera substituée à la minute, dont elle tiendra lieu jusqu'à sa réintégration.

23. Les notaires ne pourront également, sans l'ordonnance du président du tribunal de première instance, délivrer expédition ni donner connaissance des actes à d'autres qu'aux personnes intéressées en nom direct, héritiers ou ayant-droit, à peine des dommages-intérêts, d'une amende de cent francs, et d'être, en cas de récidive, suspendus de leurs fonctions pendant trois mois, sauf néanmoins l'exécution des lois et règlements sur le droit d'enregistrement, et de celles relatives aux actes qui doivent être publiés dans les tribunaux.

24. En cas de compulsoire, le procès-verbal sera dressé par le notaire dépositaire de l'acte, à moins que le tribunal qui l'ordonne ne commette un de ses membres, ou tout autre juge, ou un autre notaire.

25. Les grosses seules seront délivrées en forme exécutoire ; elles seront intitulées et terminées dans les mêmes termes que les jugements des tribunaux.

26. Il doit être fait mention, sur la minute, de la délivrance d'une première grosse faite à chacune des parties intéressées ; il ne peut lui en être délivré d'autre, à peine de destitution, sans une ordonnance du président du tribunal de première instance, laquelle demeurera jointe à la minute.

27. Chaque notaire sera tenu d'avoir un cachet ou sceau particulier portant ses noms, qualités et résidence, et, d'après un modèle uniforme, le type de l'état. — Les grosses et les expéditions des actes porteront l'empreinte de ce cachet.

28. Les actes notariés seront légalisés, savoir : ceux des notaires à

la résidence des tribunaux d'appel, lorsqu'on s'en servira hors de leur ressort ; et ceux des autres notaires, lorsqu'on s'en servira hors de leur département. — La légalisation sera faite par le président du tribunal de première instance de la résidence du notaire, ou du lieu où sera délivré l'acte ou expédition.

29. Les notaires tiendront répertoire de tous les actes qu'ils recevront.

30. Les répertoires seront visés, cotés et paraphés par le président, ou, à son défaut, par un autre juge du tribunal civil de la résidence; . ils contiendront la date, la nature et l'espèce de l'acte, les noms des parties et la relation de l'enregistrement.

TITRE II. — *Régime du notariat.*

SECTION IV. — *Garde, transmission, table des minutes et recouvrements.*

54. Les minutes et répertoires d'un notaire remplacé ou dont la place aura été supprimée pourront être remis, par lui ou par ses héritiers, à l'un des notaires résidant dans la même commune, ou à l'un des notaires résidant dans le même canton, si le remplacé était le seul notaire établi dans la commune.

55. Si la remise des minutes et répertoires du notaire remplacé n'a pas été effectuée, conformément à l'article précédent, dans le mois à compter du jour de la prestation du serment du successeur, la remise en sera faite à celui-ci.

56. Lorsque la place de notaire sera supprimée, le titulaire ou ses héritiers seront tenus de remettre les minutes ou répertoires, dans le délai de deux mois du jour de la suppression, à l'un des notaires de la commune ou l'un des notaires du canton, conformément à l'art. 54.

57. Le commissaire du gouvernement près le tribunal de première instance est chargé de veiller à ce que les remises ordonnées par les articles précédents soient effectuées, et, dans le cas de suppression de la place, si le titulaire ou ses héritiers n'ont pas fait choix, dans les délais prescrits, du notaire à qui les minutes et répertoires devront être remis, le commissaire indiquera celui qui en demeurera dépositaire. — Le titulaire ou ses héritiers en retard de satisfaire aux art. 55 et 56 seront condamnés à *cent francs* d'amende par chaque mois de retard à compter du jour de la sommation qui leur aura été faite d'effectuer la remise.

58. Dans tous les cas, il sera dressé un état sommaire des minutes remises, et le notaire qui les recevra s'en chargera au pied de cet état, dont un double sera remis à la chambre de discipline.

59. Le titulaire et ses héritiers, et le notaire qui recevra les minutes aux termes des art. 54, 55 et 56, traiteront de gré à gré des recouvrements à raison des actes dont les honoraires sont encore dus et du bé-

néfice des expéditions. — S'ils ne peuvent s'accorder, l'appréciation en sera faite par deux notaires dont les parties conviendront, ou qui seront nommés d'office parmi les notaires de la résidence, ou, à défaut, parmi ceux de la résidence la plus voisine.

60. Tous dépôts de minutes, sous la dénomination de *chambre de contrats, bureaux de tabellionage* et *autres*, sont maintenus à la garde de leurs possesseurs actuels; les grosses et expéditions ne pourront en être délivrées que par un notaire de la résidence du dépôt, ou, à défaut, par un notaire de la résidence la plus voisine. — Néanmoins, si lesdits dépôts de minutes ont été remis au greffe d'un tribunal, les grosses et expéditions pourront, dans ce cas seulement, être délivrées par le greffier.

61. Immédiatement après le décès du notaire ou autres possesseurs de minutes, les minutes et répertoires seront mis sous les scellés par le juge de paix de la résidence, jusqu'à ce qu'un autre notaire en ait été provisoirement chargé par ordonnance du président du tribunal de la résidence.

68. Tout acte fait en contravention aux dispositions contenues aux art. 6, 8, 9, 10, 14, 20 et 25, est nul s'il n'est pas revêtu de la signature de toutes les parties contractantes; il ne vaudra que comme écrit sous signature privée, sauf, dans les deux cas, s'il y a lieu, des dommages-intérêts contre le notaire contrevenant.

69. La loi du 6 octobre 1791 et toutes autres sont abrogées en ce qu'elles ont le contraire à la présente. (Instr. 263.)

§ 2. — *Contraventions à relever par les préposés.*

1° Défaut d'énonciation des noms, qualités et demeures des parties et des témoins ; d'indication des noms et résidence du notaire ;

2° Sommes et dates mises en chiffres ; défaut de la lecture aux parties ;

3° Procurations non annexées ; actes de dépôts non rédigés ;

4° Additions, interlignes, ratures, surcharges, abréviations, blancs, lacunes ;

5° Clauses et expressions abolies; défaut d'énonciation des mesures métriques ou de numérations décimales :

6° Défaut d'énonciation de la patente des commerçants ;

7° Retard dans le dépôt annuel, au greffe, du double du répertoire des notaires ;

8° Omission de dépôt, en temps prescrit, de contrats de mariage de commerçants;

9° Expédition délivrée ou communication à d'autres qu'aux parties intéressées.

A l'égard des irrégularités qui n'entraînent aucune peine, ils en forment un relevé, qui, de même que les procès-verbaux, est remis au procureur du roi.

Les amendes encourues pour contraventions aux lois sur le notariat ne peuvent être perçues par les receveurs de l'enregistrement avant la décision des tribunaux sur les poursuites exercées d'office par le ministère public. En conséquence les receveurs doivent refuser les offres réelles qui seraient faites par les notaires contrevenants avant le jugement de condamnation.

Appelés à veiller sur tout ce qui peut porter atteinte à la régularité des actes, les employés des domaines exercent un ministère grave et tout entier dans l'intérêt de la société et le repos des familles.

Aussi est-il d'un devoir rigoureux pour eux non seulement de constater toutes les contraventions emportant des peines pécuniaires, et celles entraînant la nullité des actes, mais encore de relever même les irrégularités en apparence légères, qui, fruit de l'inadvertance, tendent néanmoins à vicier la nature des actes. S'ils agissaient autrement, ils seraient aussi répréhensibles que s'ils prenaient sur eux d'accorder la remise des peines encourues ; et dans l'un comme dans l'autre cas, ils sont responsables des amendes qu'ils n'auraient pas constatées.

L'administration en effet, en transmettant aux préposés, par l'instruction du 21 frimaire an 13, n. 263, un extrait de la loi du 25 ventôse an 11 sur le notariat, leur a fait remarquer, il est vrai, que, d'après l'art. 53 de cette loi, toutes suspensions, destitutions et condamnations d'amendes et dommages-intérêts à prononcer contre un notaire, dans les cas prévus, doivent être poursuivies par les parties, ou d'office par le ministère public, à moins que l'administration n'y soit intéressée en raison du préjudice que le trésor aurait éprouvé par suite des contraventions commises ; mais elle a ajouté que, s'il est du devoir de tous les membres de la société de coopérer à la répression des abus, cette obligation est imposée plus particulièrement dans l'espèce à ceux auxquels le gouvernement a confié ses intérêts, et qui, se trouvant par la nature de leurs fonctions à portée de veiller à l'exécution de la loi, seraient très répréhensibles s'ils ne concouraient, par tous les moyens qui sont à leur disposition, à ce qu'elle soit ponctuellement observée. En conséquence, il a été prescrit aux employés de constater les contraventions qui entraînent la peine d'amende par des procès-verbaux, qui doivent être transmis au procureur du roi, lorsque l'administration n'est pas dans le cas de poursuivre elle-même, comme partie intéressée, la condamnation aux amendes et autres peines encourues. A l'égard des irrégularités dont il ne peut résulter aucune condamnation pécuniaire envers l'état, les employés ont été chargés, ainsi que nous l'avons dit, d'en former des relevés suffisamment détaillés, et de les transmettre au procureur du roi, afin que ce magistrat soit mis à portée d'agir, s'il y a lieu.

Ces ordres formels, renouvelés par les instructions des 21 juin 1808,

n. 384; 9 août 1823, n. 1089; 23 juin 1824, n. 1136, § 14; 18 décembre 1824, n. 1150, § 17; 24 décembre 1830, n. 1347, § 15; et 15 mars 1831, n. 1351, art. 28, § 2, ont obtenu l'assentiment de l'autorité judiciaire, qui a été appelée plusieurs fois à statuer sur cette matière, et ont été reproduits avec force par l'instruction du 16 janvier 1838, n. 1554.

Cette instruction, après avoir rappelé les obligations ci-dessus, signale spécialement trois sortes d'abus : 1° actes non signés par les parties, quoiqu'il y soit énoncé qu'elles ont signé ; 2° actes non inscrits sur le répertoire ; 3° minutes non représentées, et trace dans les termes suivants le mode à suivre pour les réprimer.

« En ce qui concerne le premier point, l'art. 14 de la loi du 14 ventôse an 11 porte que les actes seront signés *par les parties, les témoins, et les notaires*, qui doivent en faire mention à la fin de l'acte, et que, quant aux parties qui ne savent ou ne peuvent signer, le notaire doit faire mention, à la fin de l'acte, de leurs déclarations à cet égard. L'art. 68 dispose que les actes faits en contravention à l'art. 14 *seront nuls* s'ils ne sont pas revêtus de la signature de toutes les parties, et qu'ils ne vaudront que comme écrits sous signatures privées s'ils sont revêtus de la signature de toutes les parties contractantes, sauf, dans les deux cas, les dommages-intérêts contre le notaire contrevenant.

» Le premier soin du receveur de l'enregistrement, lorsqu'un acte lui est présenté par un notaire, doit donc être de s'assurer si cet acte est revêtu de la signature des parties, des témoins instrumentaires ou du notaire en second, et du notaire rédacteur. Dans le cas de la négative, et s'il y a omission non réparable, ou si le notaire insiste pour que l'acte soit enregistré dans son état d'imperfection, le receveur doit donner la formalité et percevoir les droits dus ; mais il doit aussi immédiatement constater l'état matériel de l'acte par un procès-verbal affirmé devant le juge de paix dans les vingt-quatre heures, à moins que, sur la réquisition qui doit en être faite au notaire, il ne consente à signer ce procès-verbal, que le receveur adressera au directeur pour être transmis à M. le procureur du roi. Il doit donc être fait mention de ce même procès-verval en marge de l'enregistrement de l'acte qui y a donné lieu.

» À l'égard des deux premiers points, on rappelle au receveur que, lors de leurs vérifications périodiques dans les dix premiers jours de chaque trimestre, ils doivent s'assurer, au vu des enregistrements et par tous autres moyens légaux, si tous les actes susceptibles d'être inscrits sur le répertoire y sont portés à leurs dates. De leur côté les employés supérieurs, après avoir fait la même vérification dans le cours de leurs opérations chez les notaires, doivent exiger que celles des minutes dont ils ont le droit de prendre communication, aux termes des art. 52 et 54 de la loi du 22 frimaire an 7, leur soient représentées, et constater par des procès-verbaux, conformément au même art. 54, le refus de cette représentation à l'égard des minutes de cette nature qui ne leur seraient pas exhibées, soit parce que le notaire alléguerait qu'elles manquent, soit par toute autre cause.

» Les employés de tous grades se conformeront au surplus à ce qui leur a été prescrit par les instructions ci-dessus rappelées, et ils ne perdront pas de vue qu'ils ne sont pas institués uniquement pour la perception de l'impôt, mais que les vérifications et la surveillance qu'ils ont à exercer doivent concourir au maintien de l'ordre et à la conservation des minutes dans les dépôts publics, à l'exécution des lois qui ont déterminé les règles ou prescrit les formalités nécessaires pour imprimer à la plupart des actes de la vie civile un caractère de régularité et de stabilité.»

Toutefois, l'on ne saurait trop insister sur la nécessité, reconnue et admise par tous les employés, de mettre dans l'exécution de leurs devoirs, parfois pénibles, les égards et les procédés auxquels ont droit les membres d'un corps aussi respectable et aussi estimé que celui des notaires.

Les devoirs et obligations respectives bien compris, il est hors de doute que les officiers publics et les employés des domaines ne s'éclairent réciproquement sur l'exécution des lois, et ne prouvent par une bienveillance mutuelle qu'il ne saurait rien y avoir d'hostile entre eux.

§ 3. — *Mode de constater les contraventions.*

Les employés de l'enregistrement et des domaines sont appelés à constater les contraventions aux lois sur l'enregistrement et le timbre, et en général à toutes les lois qui établissent des impôts dont la perception est confiée à l'administration; ils sont encore chargés, soit par les lois mêmes, soit par la nature de leurs fonctions, de rechercher et constater par des procès-verbaux, ou même de simples notes, lorsque la loi ne prononce pas de peine contre les contrevenants, toutes les contraventions et les infractions aux lois sur le notariat.

Dans le premier cas, ils agissent au nom direct de l'administration; ils procèdent à sa requête; les poursuites se font en son nom.

Dans le second cas, au contraire, ils agissent bien en qualité d'agents de l'administration; mais, comme elle n'est point chargée de poursuivre la condamnation des contrevenants, leur mission se borne à constater la contravention par des *procès-verbaux;* c'est le *ministère public* qui doit agir, et requérir dans ce cas l'exécution de la loi, et c'est à la requête du procureur du roi que les procès-verbaux sont dressés.

Toutes les contraventions à la loi du 25 vent. an 11, sur le notariat, doivent donc être constatées par des procès-verbaux dressés à la requête du procureur du roi.

En général les tribunaux ne s'arrêtent point à la forme des procès-verbaux : toutefois ils doivent être rédigés avec assez de clarté et de précision pour dispenser les tribunaux d'avoir besoin d'exiger la représentation des actes pour juger de la gravité des contraventions; ils doivent surtout indiquer, pour chaque espèce de contravention, l'article de la loi auquel il a été contrevenu, et celui qui prononce l'amende.

Il est très important de ne pas confondre dans le même procès-verbal des condamnations qui ne sont pas soumises aux mêmes règles pour le mode de poursuites ou de recouvrement des amendes.

Les procès-verbaux peuvent être rédigés sur du papier visé pour timbre, et enregistrés en débet.

La date se met ordinairement à la fin et pour clore le procès-verbal.

Il convient d'affirmer ces procès-verbaux devant le juge de paix, dans les vingt-quatre heures de leur date. Toutefois cette mesure n'est point de rigueur absolue; et, en effet, aucune loi n'ayant assujetti à l'affirmation les procès-verbaux des employés de l'enregistrement, ils ne peuvent être déclarés nuls sous prétexte qu'ils n'ont point été revêtus de cette formalité.

Les procès-verbaux doivent être soumis à l'approbation du directeur : cette mesure d'ordre a pour but de s'assurer non seulement de la réalité de la contravention, mais encore de la régularité du procès-verbal.

L'on peut satisfaire à cette obligation de deux manières, suivant les circonstances :

L'une, en adressant au directeur copie du procès-verbal après sa rédaction, et, dans ce cas, le directeur transmet lui-même, s'il le juge convenable, le procès-verbal au ministère public ;

L'autre, en lui soumettant préalablement le projet de procès-verbal à rédiger.

Il peut arriver que, lors de la rédaction d'un procès-verbal constatant des contraventions, la prescription soit au moment d'être acquise : il faudra, dans ce cas, sans attendre l'approbation, décerner contrainte sur-le-champ, ou bien l'on se contentera de recevoir, au pied du procès-verbal, la déclaration du notaire contrevenant, qu'il se tient le procès-verbal pour signifié, renonçant à se prévaloir de la prescription, sans réserver de faire valoir ses moyens.

On devra rendre compte immédiatement au directeur de ces mesures conservatoires.

Mais les préposés devront s'abstenir surtout, contrairement à ce qui avait d'abord été adopté, de faire aucune mention *marginale* sur les actes argués d'irrégularité.

MM. les surnuméraires pourront consulter, au surplus, les instructions nᵒˢ 263, 384, 668; 1050, § 17; 1089; 1293, § 18; 1347, § 15; 1537, page 38, et 1534.

CHAPITRE IV.

VENTES PUBLIQUES DE MEUBLES.

---

§ **1.** — Loi du 22 pluviôse an 7.
§ **2.** — Déclaration préalable.
§ **3.** — Contraventions. Mode de les constater.

---

§ 1er. — *Loi du 22 pluviôse an 7.*

Art. **1er**. A compter du jour de la publication de la présente, les meubles, effets, marchandises, bois, fruits, récoltes, et autres objets mobiliers, ne pourront être vendus publiquement et par enchères qu'en présence et par le ministère d'officiers publics ayant qualité pour y procéder.

2. Aucun officier public ne pourra procéder à une vente publique et par enchères d'objets mobiliers qu'il n'en ait préalablement fait la déclaration au bureau de l'enregistrement dans l'arrondissement duquel la vente aura lieu.

3. La déclaration sera inscrite sur un registre qui sera tenu à cet effet, et elle sera datée. Elle contiendra les noms, qualité et domicile de l'officier, ceux du requérant, ceux de la personne dont le mobilier sera mis en vente, et l'indication de l'endroit où se trouve la vente et du jour de son ouverture. Elle sera signée par l'officier public; il en sera fourni une copie, sans autres frais que le prix du papier timbré sur lequel cette copie sera délivrée. — Elle ne pourra servir que pour le mobilier de celui qui y sera dénommé.

4. Le registre sera en papier non timbré; il sera coté et paraphé sans frais par le juge de paix dans l'arrondissement duquel sera le bureau de l'enregistrement.

5. Les officiers publics transcriront en tête de leurs procès-verbaux de vente les copies de leurs déclarations. — Chaque objet adjugé sera porté de suite au procès-verbal; le prix y sera écrit en toutes lettres, et tiré hors ligne en chiffres. — Chaque séance sera close et signée par l'officier public et deux témoins domiciliés. — Lorsqu'une vente aura lieu par suite d'inventaire, il en sera fait mention au procès-verbal, avec indication de la date de l'inventaire, du nom du notaire qui y aura procédé, et de la quittance de l'enregistrement.

6. Les procès-verbaux de vente ne pourront être enregistrés qu'aux bureaux où les déclarations auront été faites. — Le droit d'enregistrement sera perçu sur le montant des sommes que contiendra cumulativement le procès-verbal des séances à enregistrer dans le délai prescrit par la loi sur l'enregistreme

7. Les contraventions aux dispositions ci-dessus seront punies par les amendes ci-après, savoir : De *cent francs* contre tout officier public qui aurait procédé à une vente sans en avoir fait la déclaration ; — De *vingt-cinq francs* pour défaut de transcription, en tête du procès-verbal, de la déclaration faite au bureau d'enregistrement ; — De *cent francs* pour chaque article adjugé et non porté au procès-verbal de vente, outre la restitution du droit ; de *cent francs* aussi pour chaque altération de prix des articles adjugés faite dans le procès-verbal, indépendamment de la restitution du droit et des peines de faux ; — Et de *quinze francs* pour chaque article dont le prix ne serait pas écrit en toutes lettres au procès-verbal. — Les autres contraventions que pourraient commettre les officiers publics contre les dispositions de la loi sur l'enregistrement seront punies par les amendes et restitutions qu'elle prononce. — L'amende qu'aura encourue tout citoyen par contravention à l'art. 1er de la présente, en vendant ou faisant vendre publiquement et par enchères, sans le ministère d'un officier public, sera déterminée en raison de l'importance de la contravention ; elle ne pourra cependant être au dessous de *cinquante francs* ni excéder *mille francs* pour chaque vente, outre la restitution des droits qui se trouveront dus.

8. Les préposés de la régie de l'enregistrement sont autorisés à se transporter dans tous les lieux où se feront des ventes publiques et par enchères, et à s'y faire représenter les procès-verbaux de vente et les copies des déclarations préalables. — Ils dresseront des procès-verbaux des contraventions qu'ils auront reconnues et constatées ; ils pourront même requérir l'assistance d'un officier municipal, ou de l'agent, ou de l'adjoint de la commune ou de la municipalité où se fera la vente. — Les poursuites et instances auront lieu ainsi et de la manière prescrite par la loi du 22 frimaire dernier sur l'enregistrement. — La preuve testimoniale pourra être admise sur les ventes faites en contravention à la présente.

9. Sont dispensés de la déclaration ordonnée par l'art. 2 les officiers publics qui auront à procéder aux ventes du mobilier national, et à celles des effets des monts-de-piété.

10. Toutes dispositions de lois contraires à la présente sont abrogées. (Circ. 1498.)

Ordonnance du roi du 1er mai 1816, relative au même objet.

Louis, etc.

Vu le mémoire de la chambre des commissaires-priseurs du département de la Seine, tendant à ce qu'il soit statué sur la question de savoir si, lorsqu'un objet quelconque a été exposé en vente publique, et qu'il a reçu une ou plusieurs enchères sur sa première mise à prix, il dit dans ce cas être adjugé, et le prix porté sur le procès-verbal.

que dresse le commissaire-priseur, quand bien même cet objet serait adjugé au propriétaire comme dernier enchérisseur; — Vu la loi du 22 pluviôse an 7, qui détermine les obligations imposées aux officiers publics ayant droit de procéder aux ventes mobilières; — Vu les rapports de l'administration de l'enregistrement et des domaines, et les observations y relatives de notre garde des sceaux;

Considérant que la remise en vigueur des dispositions de l'arrêt rendu le 13 novembre 1778 par le roi notre frère ne peut qu'assurer l'exécution plus complète de la loi susdite du 22 pluviôse an 7, et prévenir toute omission frauduleuse au préjudice soit des parties, soit de notre trésor, dans les procès-verbaux des ventes mobilières;

Sur le rapport de notre ministre secrétaire d'état des finances, nous avons ordonné et ordonnons ce qui suit :

La disposition de l'arrêt du conseil d'état du 13 novembre 1778 qui oblige les notaires, greffiers, huissiers et tous autres officiers publics ayant droit de procéder aux ventes mobilières, de comprendre dans leurs procès-verbaux tous les articles exposés en vente, tant ceux par eux adjugés, soit en totalité ou sur simple échantillon, que ceux retirés ou livrés par les propriétaires ou les héritiers pour le prix de l'enchère et de la prisée, sous peine de cent francs d'amende, est remise en vigueur et sortira sa pleine et entière exécution. (Inst. 725, 882 et 904.)

§ 2. — *Déclaration préalable.*

La déclaration préalable a pour but de donner connaissance aux employés des domaines de la vente à opérer, afin qu'ils puissent s'y transporter et surveiller l'exécution de la loi.

Les articles 2 et 3 de la loi du 22 pluviôse an 7 déterminent l'obligation imposée aux officiers publics de faire une déclaration préalable aux ventes de meubles auxquelles ils ont à procéder, ainsi que la forme de la déclaration.

Cette déclaration ne peut être faite par lettre missive, et les receveurs se compromettraient s'ils enregistraient des déclarations d'après de simples lettres ou avis, sous l'engagement de signer ultérieurement sur le registre. Il faut, en cas d'empêchement, une procuration spéciale, signée et enregistrée; cette procuration doit mentionner la cause de l'empêchement. (Inst. 396.)

Les receveurs ne doivent point admettre de déclarations les dimanches et fêtes.

Lorsqu'une vente publique de meubles est différée, il faut qu'il soit rédigé un procès-verbal contenant indication du jour où la vente sera reprise, et que ce procès-verbal soit soumis à l'enregistrement dans le délai prescrit; et, à défaut, il est nécessaire de faire une nouvelle déclaration.

La déclaration préalable ne peut être faite qu'au bureau dans l'arrondissement duquel la vente doit avoir lieu, lors même que l'officier public qui doit y procéder résiderait dans l'arrondissement d'un autre bureau.

Il en résulte que, s'il doit être procédé dans plusieurs communes à la vente d'objets mobiliers appartenant aux mêmes intéressés, la déclaration doit être faite dans tous les bureaux où la vente doit avoir lieu, afin que chaque receveur puisse veiller à l'exécution de la loi.

Lorsqu'il y a plusieurs bureaux dans la même ville, la déclaration doit être faite dans celui où s'enregistrent ordinairement les actes de l'officier public qui a procédé à la vente. (Inst. 326.)

La copie de la déclaration est délivrée à l'officier public sur une feuille de 35 centimes, sans frais.

Les officiers publics ne peuvent, sous aucun prétexte, se dispenser de retirer cette copie et de la transcrire en tête de leur procès-verbal de vente, en observant bien que ce procès-verbal ne pourrait, sans contravention aux lois sur le timbre, être rédigé à la suite de la copie délivrée par le receveur.

§ 3. — *Contraventions. Mode de les constater.*

Les contraventions à la loi sur les ventes publiques de meubles sont :

1° Altération de prix ;
2° Article de vente non porté au procès-verbal ;
3° Défaut de déclaration préalable ;
4° Défaut de transcription de cette déclaration ;
5° Prix énoncé en chiffres ;
6° Vente faite sans le ministère d'un officier public.

L'un des moyens les plus efficaces pour parvenir à découvrir et constater les contraventions relatives aux ventes de meubles est le droit qu'ont les employés des domaines de se transporter sur les lieux où se font les ventes; ils doivent en faire usage toutes les fois que les circonstances l'exigent.

Il en est de même des cas où la présence des employés de l'enregistrement sur les lieux donne à leurs procès-verbaux un caractère d'authenticité qui dispense de toutes preuves ultérieures, ce qui n'empêche point que, lorsque les préposés n'ont pas une connaissance personnelle du fait de la contravention, ils ne puissent la constater par procès-verbal, sauf à faire admettre ensuite la preuve testimoniale ou la voie d'enquête, si elle est jugée nécessaire.

Ainsi, dans les divers cas où les employés n'auraient connaissance de la contravention que par les déclarations qui leur seront faites soit par les acheteurs eux-mêmes, soit par des individus présents à la vente, il convient qu'ils prennent des déclarations par écrit desdits acheteurs ou témoins, pour les joindre à leur procès-verbal; mais, en pareil cas, ils doivent s'assurer avec la plus grande attention de l'exactitude des faits.

L'assistance du maire ou de l'adjoint, que les employés de l'enregistrement ont le droit de requérir, est également un moyen efficace de constater les contraventions, et de leur donner tout le caractère d'authenticité désirable. Les employés ne doivent donc jamais négliger de se servir de ce moyen , surtout lorsqu'il s'agit de ventes faites sans le ministère d'officiers publics ou sans déclaration préalable.|

La preuve d'une contravention ne se tire point d'une affiche énonciative d'une vente faite aux enchères, mais de la vente même. Si l'on ne produisait que cette preuve , elle serait insuffisante ; cependant elle peut être jointe avec succès à d'autres preuves. Au surplus, les affiches peuvent souvent faire découvrir la fraude ; et, toutes les fois qu'en les rapprochant du registre on ne trouve point la déclaration préalable faite, il ne faut pas hésiter de se transporter sur les lieux au jour indiqué.

D'après l'art. 8 de la loi du 22 pluviôse an 7, deux sortes de procédure sont établies pour parvenir à constater les contraventions aux dispositions des art. 1 et 2 de cette loi, savoir : *un procès-verbal* dressé sur les lieux et au moment même où se commet la contravention, et, à défaut de procès-verbal, *une enquête.*

Dans le cas de l'enquête, il doit être présenté au tribunal une requête tendant à ce que l'administration soit admise à faire la preuve par témoins des faits par elle articulés, et à ce que l'un des juges soit nommé pour procéder à l'enquête, conformément à l'art. 255 du code de procédure civile.

Mais il est à observer que l'écrit rédigé par le receveur de l'enregistrement, *dans son bureau ,* et sur les renseignements à lui donnés par les particuliers non assermentés, au sujet d'une vente d'effets mobiliers faite par un officier public sans déclaration préalable, n'est point le procès-verbal requis par la loi, et il ne peut en résulter la preuve de la contravention. Il y a lieu en pareil cas de recourir à la preuve testimoniale.

Quant aux règles relatives à la rédaction des procès-verbaux, elles sont déterminées par l'instr. 326 ainsi qu'il suit :

Ou la contravention résulte de *pièces écrites,* ou elle n'en résulte pas.

On entend par *pièces écrites* celles qui seraient dans la main du receveur, et qui par conséquent pourraient être jointes au procès-verbal.

Dans le premier cas, le projet de procès-verbal doit être soumis au directeur, ainsi qu'il est prescrit par les ordres de la régie : l'affirmation n'est pas nécessaire.

Dans le second cas le procès-verbal est rapporté de suite, et affirmé, dans les vingt-quatre heures, devant le juge de paix ; copie en est adressée au directeur, pour savoir s'il y a lieu d'y donner suite. Si le préposé était assisté du maire ou de l'adjoint, il devrait dresser procès-verbal sans délai, que la contravention résultât ou non d'une pièce écrite, et le faire signer par ce magistrat, sauf à ne pas affirmer ce procès-verbal, s'il y avait une pièce écrite. Dans le cas prévu par la disposition finale de l'art. 7 de la loi du 22 pluv. an 7, l'amende encourue par le particulier qui a vendu ou fait vendre aux enchères des objets mobiliers sans le ministère d'un officier public doit être provisoirement fixée dans le procès-verbal ou la contrainte, suivant les circonstances plus ou moins atténuantes de la contravention, sans pouvoir être au dessous de 50 fr., ni au dessus de 1,000 fr., sauf l'appréciation ultérieure du juge en cas de contestation.

Il conviendra de consulter au surplus la circulaire n° 1498, et les instr. n°ˢ 326, §§ 9, 10 et 11; 1150, § 17; 1227, § 13, et 1337, p. 35.

CHAPITRE V.

CODE CIVIL.

§ 1ᵉʳ.— Livre III, titre Iᵉʳ. Des successions.
§ 2. — Titre II. Des donations entre vifs et des testaments.
§ 3. — Titre III. Des contrats et obligations.

---

§ 1ᵉʳ.

LIVRE III.

TITRE Iᵉʳ. — *Des successions.*

CHAPITRE Iᵉʳ. — *De l'ouverture des successions et de la saisine des héritiers.*

718. Les successions s'ouvrent par la mort naturelle et par la mort civile.

719. La succession est ouverte par la mort civile du moment où cette mort est encourue, conformément aux dispositions de la section II du chapitre II du titre *De la jouissance et de la privation des droits civils.*

720. Si plusieurs personnes respectivement appelées à la succession l'une de l'autre périssent dans un même événement, sans qu'on puisse reconnaître laquelle est décédée la première, la présomption de survie est déterminée par les circonstances du fait, et, à leur défaut, par la force de l'âge ou du sexe.

721. Si ceux qui ont péri ensemble avaient moins de quinze ans, le plus âgé sera présumé avoir survécu. — S'ils étaient tous au dessus de soixante ans, le moins âgé sera présumé avoir survécu. — Si les uns avaient moins de quinze ans, et les autres plus de soixante, les premiers seront présumés avoir survécu.

722. Si ceux qui ont péri ensemble avaient quinze ans accomplis, et

moins de soixante, le mâle est toujours présumé avoir survécu lorsqu'il y a égalité d'âge, ou si la différence qui existe n'excède pas une année. — S'ils étaient du même sexe, la présomption de survie qui donne ouverture à la succession dans l'ordre de la nature doit être admise : ainsi le plus jeune est présumé avoir survécu au plus âgé.

723. La loi règle l'ordre de succéder entre les héritiers légitimes; à leur défaut, les biens passent aux enfants naturels, ensuite à l'époux survivant, et, s'il n'y en a pas, à l'état.

724. Les héritiers légitimes sont saisis de plein droit des biens, droits et actions du défunt, sous l'obligation d'acquitter toutes les charges de la succession; les enfants naturels, l'époux survivant et l'état, doivent se faire envoyer en possession par justice, dans les formes qui seront déterminées.

CHAPITRE II. — *Des qualités requises pour succéder.*

725. Pour succéder, il faut nécessairement exister à l'instant de l'ouverture de la succession. — Ainsi, sont incapables de succéder : — 1° Celui qui n'est pas encore conçu; — 2° L'enfant qui n'est pas né viable; — 3° Celui qui est mort civilement.

726. Un étranger n'est admis à succéder aux biens que son parent, étranger ou Français, possède dans le territoire du royaume, que dans les cas et de la manière dont un Français succède à son parent possédant des biens dans le pays de cet étranger, conformément aux dispositions de l'art. 2, au titre *De la jouissance et de la privation des droits civils* (1).

727. Sont indignes de succéder, et, comme tels, exclus des successions : 1° Celui qui serait condamné pour avoir donné ou tenté de donner la mort au défunt; — 2° Celui qui a porté contre le défunt une accusation capitale jugée calomnieuse; — 3° L'héritier majeur qui, instruit du meurtre du défunt, ne l'aura pas dénoncé à la justice.

728. Le défaut de dénonciation ne peut être opposé aux ascendants et descendants du meurtrier, ni à ses alliés au même degré, ni à son époux ou à son épouse, ni à ses frères ou sœurs, ni à ses oncles et tantes, ni à ses neveux et nièces.

729. L'héritier exclu de la succession pour cause d'indignité est tenu de rendre tous les fruits et revenus dont il a eu la jouissance depuis l'ouverture de la succession.

730. Les enfants de l'indigne, venant à la succession de leur chef, et sans le secours de la représentation, ne sont pas exclus pour la faute de leur père; mais celui-ci ne peut en aucun cas réclamer sur les biens de cette succession l'usufruit que la loi accorde aux pères et mères sur les biens de leurs enfants.

CHAPITRE III. — *Des divers ordres de successions.*

SECTION Ire. — *Dispositions générales.*

731. Les successions sont déférées aux enfants et descendants du défunt, à ses ascendants et à ses parents collatéraux, dans l'ordre et suivant les règles ci-après déterminés.

---

(1) *Loi du 24 juillet* 1829. — Art. 1er. Les art. 726 et 912 du code civil sont abrogés. En conséquence les étrangers auront le droit de succéder, de disposer et de recevoir de la même manière que les Français dans toute l'étendue du royaume.

2. Dans le cas de partage d'une même succession entre des cohéritiers étrangers et Français, ceux-ci prélèveront sur les biens situés en France une portion égale à la valeur des biens situés en pays étranger dont ils seraient exclus, à quelque titre que ce soit, en vertu des lois et coutumes locales.

732. La loi ne considère ni la nature ni l'origine des biens pour en régler la succession.

733. Toute succession échue à des ascendants ou à des collatéraux se divise en deux parts égales : l'une pour les parents de la ligne paternelle, l'autre pour les parents de la ligne maternelle. — Les parents utérins ou consanguins ne sont pas exclus par les germains ; mais ils ne prennent part que dans leur ligne, sauf ce qui sera dit à l'art. 752. Les germains prennent part dans les deux lignes. — Il ne se fait aucune dévolution d'une ligne à l'autre que lorsqu'il ne se trouve aucun ascendant ni collatéral de l'une des deux lignes.

734. Cette première division opérée entre les lignes paternelle et maternelle, il ne se fait plus de division entre les diverses branches; mais la moitié dévolue à chaque ligne appartient à l'héritier ou aux héritiers les plus proches en degrés, sauf le cas de la représentation, ainsi qu'il sera dit ci-après.

735. La proximité de parenté s'établit par le nombre de générations : chaque génération s'appelle un *degré*.

736. La suite des degrés forme la ligne : on appelle *ligne directe* la suite des degrés entre personnes qui descendent l'une de l'autre; *ligne collatérale,* la suite des degrés entre personnes qui ne descendent pas les unes des autres, mais qui descendent d'un auteur commun. — On distingue la ligne directe en ligne directe descendante et ligne directe ascendante. La première est celle qui lie le chef avec ceux qui descendent de lui ; la deuxième est celle qui lie une personne avec ceux dont elle descend.

737. En ligne directe, on compte autant de degrés qu'il y a de générations entre les personnes; ainsi le fils est, à l'égard du père, au premier degré, le petit-fils au second, et réciproquement du père et de l'aïeul à l'égard des fils et petits-fils.

738. En ligne collatérale, les degrés se comptent par les générations depuis l'un des parents jusques et non compris l'auteur commun, et depuis celui-ci jusqu'à l'autre parent : ainsi deux frères sont au deuxième degré, l'oncle et le neveu sont au troisième degré, les cousins germains au quatrième, ainsi de suite.

SECTION II. — *De la représentation.*

739. La représentation est une fiction de la loi, dont l'effet est de faire entrer les représentants dans la place, dans le degré et dans les droits du représenté.

740. La représentation a lieu à l'infini dans la ligne directe descendante. — Elle est admise dans tous les cas, soit que les enfants du défunt concourent avec les descendants d'un enfant prédécédé, soit que, tous les enfants du défunt étant morts avant lui, les descendants desdits enfants se trouvent entre eux en degrés égaux ou inégaux.

741. La représentation n'a pas lieu en faveur des ascendants; le plus proche, dans chacune des deux lignes, exclut toujours le plus éloigné.

742. En ligne collatérale, la représentation est admise en faveur des enfants et descendants des frères ou sœurs du défunt, soit qu'ils viennent à sa succession concurremment avec des oncles ou tantes, soit que, tous les frères et sœurs du défunt étant prédécédés, la succession se trouve dévolue à leurs descendants en degrés égaux ou inégaux.

743. Dans tous les cas où la représentation est admise, le partage s'opère par souche; si une même souche a produit plusieurs branches, la subdivision se fait aussi par souche dans chaque branche, et les membres de la même branche partagent entre eux par tête.

744. On ne représente pas les personnes vivantes, mais seulement celles qui sont mortes naturellement ou civilement. — On peut représenter celui à la succession duquel on a renoncé.

SECTION III. — *Des successions déférées aux descendants.*

745. Les enfants ou leurs descendants succèdent à leurs père et mère, aïeuls, aïeules, ou autres ascendants, sans distinction de sexe ni de progéniture, et encore qu'ils soient issus de différents mariages. — Ils succèdent par égales portions et par tête quand ils sont tous au premier degré et appelés de leur chef; ils succèdent par souche lorsqu'ils viennent tous ou en partie par représentation.

SECTION IV. — *Des successions déférées aux ascendants.*

746. Si le défunt n'a laissé ni postérité, ni frère, ni sœur, ni descendants d'eux, sa succession se divise par moitié entre les ascendants de la ligne paternelle et les ascendants de la ligne maternelle. L'ascendant qui se trouve au degré le plus proche recueille la moitié affectée à sa ligne, à l'exclusion de tous autres. Les ascendants au même degré succèdent par tête.

747. Les ascendants succèdent, à l'exclusion de tous autres, aux choses par eux données à leurs enfants ou descendants décédés sans postérité, lorsque les objets donnés se retrouvent en nature dans la succession. Si les objets ont été aliénés, les ascendants recueillent le prix qui peut en être dû. Ils succèdent aussi à l'action en reprise que pouvait avoir le donataire.

748. Lorsque les père et mère d'une personne morte sans postérité lui ont survécu, si elle a laissé des frères, sœurs, ou des descendants d'eux, la succession se divise en deux portions égales, dont moitié seulement est déférée au père, qui la partage entre eux également; l'autre moitié appartient aux frères, sœurs, ou descendants d'eux, ainsi qu'il sera expliqué dans la section V du présent chapitre.

749. Dans le cas où la personne morte sans postérité laisse des frères, sœurs, ou des descendants d'eux, si le père ou la mère est prédécédé, la portion qui lui aurait été dévolue, conformément au précédent article, se réunit à la moitié déférée aux frères, sœurs, ou à leurs représentants, ainsi qu'il sera expliqué à la section V du présent chapitre.

SECTION V. — *Des successions collatérales.*

750. En cas de prédécès des père et mère d'une personne morte sans postérité, ses frères, sœurs, ou leurs descendants, sont appelés à la succession, à l'exclusion des ascendants et des autres collatéraux. Ils succèdent ou de leur chef ou par représentation, ainsi qu'il a été réglé dans la section II du présent chapitre.

751. Si les père et mère de la personne morte sans postérité lui ont survécu, ses frères, sœurs, ou leurs représentants, ne sont appelés qu'à la moitié de la succession. Si le père ou la mère seulement a survécu, ils sont appelés à recueillir les trois quarts.

752. Le partage de la moitié ou des trois quarts dévolus aux frères ou sœurs, aux termes de l'article précédent, s'opère entre eux par égales portions s'ils sont tous du même lit; s'ils sont de lits différents, la division se fait par moitié entre les deux lignes paternelle et maternelle du défunt: les germains prennent part dans les deux lignes, et les utérins ou consanguins, chacun dans leur ligne seulement; s'il n'y a de frères ou sœurs que d'un côté, ils succèdent à la totalité, à l'exclusion de tous autres parents de l'autre ligne.

753. A défaut de frères ou sœurs, ou de descendants d'eux, et à défaut d'ascendants dans l'une ou l'autre ligne, la succession est déférée par moitié aux ascendants survivants, et pour l'autre moitié aux parents les plus proches de l'autre ligne. — S'il y a concours de parents collatéraux au même degré, ils partagent par tête.

754. Dans le cas de l'article précédent, le père ou la mère survivant a l'usufruit du tiers des biens auxquels il ne succède pas en propriété.

755. Les parents au delà du douzième degré ne succèdent pas. A défaut de parents au degré successible dans une ligne, les parents de l'autre ligne succèdent pour le tout.

CHAPITRE IV. — Des successions irrégulières.

SECTION 1re. — Des droits des enfants naturels sur les biens de leurs père ou mère, et de la succession aux enfants naturels décédés sans postérité.

756. Les enfants naturels ne sont point héritiers; la loi ne leur accorde de droit sur les biens de leurs père ou mère décédés que lorsqu'ils ont été légalement reconnus. Elle ne leur accorde aucun droit sur les biens des parents de leurs père ou mère.

757. Le droit de l'enfant naturel sur les biens de ses père ou mère décédés est réglé ainsi qu'il suit : — Si le père ou la mère a laissé des descendants légitimes, ce droit est d'un tiers de la portion héréditaire que l'enfant naturel aurait eue s'il eût été légitime; il est de la moitié lorsque les père ou mère ne laissent pas de descendants, mais bien des ascendants, ou des frères ou sœurs; il est des trois quarts lorsque les père ou mère ne laissent ni descendants ni ascendants, ni frères ni sœurs.

758. L'enfant naturel a droit à la totalité des biens lorsque ses père ou mère ne laissent pas de parents au degré successible.

759. En cas de prédécès de l'enfant naturel, ses enfants ou descendants peuvent réclamer les droits fixés par les articles précédents.

760. L'enfant naturel ou ses descendants sont tenus d'imputer sur ce qu'ils ont droit de prétendre tout ce qu'ils ont reçu du père ou de la mère dont la succession est ouverte, et qui serait sujet à rapport, d'après les règles établies à la section II du chapitre IV du présent titre.

761. Toute réclamation leur est interdite lorsqu'ils ont reçu, du vivant de leur père ou de leur mère, la moitié de ce qui leur est attribué par les articles précédents, avec déclaration expresse, de la part de leurs père et mère, que leur intention est de réduire l'enfant naturel à la portion qu'ils lui ont assignée. — Dans le cas où cette portion serait inférieure à la moitié de ce qui devrait revenir à l'enfant naturel, il ne pourra réclamer que le supplément nécessaire pour parfaire cette moitié.

762. Les dispositions des articles 757 et 758 ne sont pas applicables aux enfants adultérins ou incestueux. — La loi ne leur accorde que des aliments.

763. Ces aliments sont réglés eu égard aux facultés du père ou de la mère, au nombre et à la qualité des héritiers légitimes.

764. Lorsque le père ou la mère de l'enfant adultérin ou incestueux lui aura fait apprendre un art mécanique, ou lorsque l'un d'eux lui aura assuré des aliments de son vivant, l'enfant ne pourra élever aucune réclamation contre leur succession.

765. La succession de l'enfant naturel décédé sans postérité est dévolue au père ou à la mère qui l'a reconnu, ou par moitié à tous les deux, s'il a été reconnu par l'un ou par l'autre.

766. En cas de prédécès des père et mère de l'enfant naturel, les biens qu'il en avait reçus passent aux frères ou sœurs légitimes, s'ils se retrouvent en nature dans la succession; les actions en reprise, s'il en existe, ou le prix de ces biens aliénés, s'il est encore dû, retournent également aux frères et sœurs légitimes. Tous les autres biens passent aux frères et sœurs naturels ou à leurs descendants.

SECTION II. — Des droits du conjoint survivant et de l'état.

767. Lorsque le défunt ne laisse ni parents au degré successible ni enfants naturels, les biens de la succession appartiennent au conjoint qui lui survit.

768. A défaut de conjoint survivant, la succession est acquise à l'état.

769. Le conjoint survivant et l'administration des domaines, qui prétendent droit à la succession, sont tenus de faire apposer les scellés, et de faire faire inventaire dans les formes prescrites pour l'acceptation des successions sous bénéfice d'inventaire.

770. Ils doivent demander l'envoi en possession au tribunal de première instance dans le ressort duquel la succession est ouverte. Le tribunal ne peut statuer sur la demande qu'après trois publications et affiches dans les formes usités, et après avoir entendu le procureur du roi.

771. L'époux survivant est encore tenu de faire emploi du mobilier, ou de donner caution suffisante pour en assurer la restitution, au cas où il se présenterait des héritiers du défunt dans l'intervalle de trois ans : après ce délai, la caution est déchargée.

772. L'époux survivant, ou l'administration des domaines, qui n'auraient pas rempli les formalités qui leur sont respectivement prescrites, pourront être condamnés aux dommages et intérêts envers les héritiers, s'il s'en représente.

773. Les dispositions des articles 769, 770, 771 et 772, sont communes aux enfants naturels, appelés à défaut des parents.

CHAPITRE V. — *De l'acceptation et de la répudiation des successions.*

SECTION Ire. — *De l'acceptation.*

774. Une succession peut être acceptée purement et simplement, ou sous bénéfice d'inventaire.

775. Nul n'est tenu d'accepter une succession qui lui est échue.

776. Les femmes mariées ne peuvent pas valablement accepter une succession sans l'autorisation de leur mari ou de justice, conformément aux dispositions du chapitre VI *Du mariage.* — Les successions échues aux mineurs et aux interdits ne pourront être valablement acceptées que conformément aux dispositions du titre *De la minorité, de la tutelle et de l'émancipation.*

777. L'effet de l'acceptation remonte au jour de l'ouverture de la succession.

778. L'acceptation peut être expresse ou tacite : elle est expresse quand on prend le titre ou la qualité d'héritier dans un acte authentique ou privé; elle est tacite quand l'héritier fait un acte qui suppose nécessairement son intention d'accepter, et qu'il n'aurait droit de faire qu'en sa qualité d'héritier.

779. Les actes purement conservatoires, de surveillance et d'administration provisoire, ne sont pas des actes d'adition d'hérédité, si l'on n'y a pas pris le titre ou la qualité d'héritier.

780. La donation, vente ou transport que fait de ses droits successifs un des cohéritiers, soit à un étranger, soit à tous ses cohéritiers, soit à quelques uns d'eux, emporte de sa part acceptation de la succession. — Il en est de même 1° de la renonciation, même gratuite, que fait un des héritiers au profit d'un ou de plusieurs de ses cohéritiers; — 2° de la renonciation qu'il fait même au profit de tous ses cohéritiers indistinctement, lorsqu'il reçoit le prix de sa renonciation.

781. Lorsque celui à qui une succession est échue est décédé sans l'avoir répudiée ou sans l'avoir acceptée expressément ou tacitement, ses héritiers peuvent l'accepter ou la répudier de son chef.

782. Si ces héritiers ne sont pas d'accord pour accepter ou pour répudier la succession, elle doit être acceptée sous bénéfice d'inventaire.

783. Le majeur ne peut attaquer l'acceptation expresse ou tacite qu'il a faite d'une succession que dans le cas où cette acceptation aurait été la suite d'un dol pratiqué envers lui; il ne peut jamais réclamer sous prétexte de lésion, excepté seulement dans le cas où la succession se trouverait absorbée ou diminuée de plus de moitié par la découverte d'un testament inconnu au moment de l'acceptation.

SECTION II. — *De la renonciation aux successions.*

784. La renonciation à une succession ne se présume pas; elle ne peut plus être faite qu'au greffe du tribunal de première instance dans l'arrondissement duquel la succession s'est ouverte, sur un registre particulier tenu à cet effet.

785. L'héritier qui renonce est censé n'avoir jamais été héritier.

786. La part du renonçant accroît à ses cohéritiers; s'il est seul, elle est dévolue au degré subséquent.

787. On ne vient jamais par représentation d'un héritier qui a renoncé: si le renonçant est seul héritier de son degré, ou si tous ses cohéritiers renoncent, les enfants viennent de leur chef et succèdent par tête.

788. Les créanciers de celui qui renonce au préjudice de leurs droits peuvent se faire autoriser en justice à accepter la succession du chef de leur débiteur, en son lieu et place. — Dans ce cas, la renonciation n'est annulée qu'en faveur des créanciers et jusqu'à concurrence seulement de leurs créances; elle ne l'est pas au profit de l'héritier qui a renoncé.

789. La faculté d'accepter ou de répudier une succession se prescrit par le laps de temps requis pour la prescription la plus longue des droits immobiliers.

790. Tant que la prescription du droit d'accepter n'est pas acquise contre les héritiers qui ont renoncé, ils ont la faculté d'accepter encore la succession, si elle n'a pas été déjà acceptée par d'autres héritiers, sans préjudice néanmoins des droits qui peuvent être acquis à des tiers sur les biens de la succession, soit par prescription, soit par actes valablement faits avec le curateur à la succession vacante.

791. On ne peut, même par contrat de mariage, renoncer à la succession d'un homme vivant, ni aliéner les droits éventuels qu'on peut avoir à cette succession.

792. Les héritiers qui auraient diverti ou recélé des effets d'une succession sont déchus de la faculté d'y renoncer: ils demeurent héritiers purs et simples, nonobstant leur renonciation, sans pouvoir prétendre aucune part dans les objets divertis ou recélés.

SECTION III. — *Du bénéfice d'inventaire, de ses effets, et des obligations de l'héritier bénéficiaire.*

793. La déclaration d'un héritier qu'il entend ne prendre cette qualité que sous bénéfice d'inventaire doit être faite au greffe du tribunal de première instance dans l'arrondissement duquel la succession s'est ouverte; elle doit être inscrite sur le registre destiné à recevoir les actes de renonciation.

794. Cette déclaration n'a d'effet qu'autant qu'elle est précédée ou suivie d'un inventaire fidèle et exact des biens de la succession, dans les formes réglées par les lois sur la procédure, et dans les délais qui seront ci-après déterminés.

795. L'héritier a trois mois pour faire inventaire à compter du jour de l'ouverture de la succession. — Il a de plus, pour délibérer sur son acceptation ou sur sa renonciation, un délai de quarante jours, qui commencent à courir du jour de l'expiration des trois mois donnés pour l'inventaire, ou du jour de la clôture de l'inventaire, s'il a été terminé avant les trois mois.

796. Si cependant il existe dans la succession des objets susceptibles de dépérir ou dispendieux à conserver, l'héritier peut, en sa qualité d'habile à succéder, et sans qu'on puisse en induire de sa part une acceptation, se faire autoriser par justice à procéder à la vente de ces effets. — Cette vente doit être faite par officier public, après les affiches et publications réglées par les lois sur la procédure.

797. Pendant la durée des délais pour faire inventaire et pour délibérer, l'héritier ne peut être contraint à prendre qualité, et il ne peut être obtenu contre lui de condamnation : s'il renonce lorsque les délais sont expirés ou avant, les frais par lui faits légitimement jusqu'à cette époque sont à la charge de la succession.

798. Après l'expiration des délais ci-dessus, l'héritier, en cas de poursuite dirigée contre lui, peut demander un nouveau délai, que le tribunal saisi de la contestation accorde ou refuse, suivant les circonstances.

799. Les frais de poursuite, dans le cas de l'article précédent, sont à la charge de la succession si l'héritier justifie ou qu'il n'avait pas eu connaissance du décès, ou que les délais ont été insuffisants, soit à raison de la situation des biens, soit à raison des contestations survenues : s'il n'en justifie pas, les frais restent à sa charge personnelle.

800. L'héritier conserve néanmoins, après l'expiration des délais accordés par l'art. 795, même de ceux donnés par le juge, conformément à l'article 798, la faculté de faire encore inventaire et de se porter héritier bénéficiaire, s'il n'a pas fait d'ailleurs acte d'héritier, ou s'il n'existe pas contre lui de jugement passé en force de chose jugée qui le condamne en qualité d'héritier pur et simple.

801. L'héritier qui s'est rendu coupable de recélé, ou qui a omis, sciemment et de mauvaise foi, de comprendre dans l'inventaire des effets de la succession, est déchu du bénéfice d'inventaire.

802. L'effet du bénéfice d'inventaire est de donner à l'héritier l'avantage — 1° de n'être tenu du paiement des dettes de la succession que jusqu'à concurrence de la valeur des biens qu'il a recueillis, même de pouvoir se décharger du paiement des dettes en abandonnant tous les biens de la succession aux créanciers et aux légataires ; — 2° de ne pas confondre ses biens personnels avec ceux de la succession, et de conserver contre elle le droit de réclamer le paiement de ses créances.

803. L'héritier bénéficiaire est chargé d'administrer les biens de la succession, et doit rendre compte de son administration aux créanciers et aux légataires. — Il ne peut être contraint sur ses biens personnels qu'après avoir été mis en demeure de présenter son compte, et faute d'avoir satisfait à cette obligation. — Après l'apurement du compte, il ne peut être contraint sur ses biens personnels que jusqu'à concurrence seulement des sommes dont il se trouve reliquataire.

804. Il n'est tenu que des fautes graves dans l'administration dont il est chargé.

805. Il ne peut vendre les meubles de la succession que par le ministère d'un officier public, aux enchères, et après les affiches et publications accoutumées. — S'il les représente en nature, il n'est tenu que de la dépréciation ou de la détérioration causée par sa négligence.

806. Il ne peut vendre les immeubles que dans les formes prescrites par les lois sur la procédure ; il est tenu d'en déléguer le prix aux créanciers hypothécaires qui se sont fait connaître.

807. Il est tenu, si les créanciers ou autres personnes intéressées l'exigent, de donner caution bonne et solvable de la valeur du mobilier compris dans l'inventaire, et de la portion du prix des immeubles non déléguée aux créanciers hypothécaires. — Faute par lui de fournir cette cau-

tion, les immeubles sont vendus, et leur prix est déposé, ainsi que la portion non déléguée du prix des immeubles, pour être employée à l'acquit des charges de la succession.

808. S'il y a des créanciers opposants, l'héritier bénéficiaire ne peut payer que dans l'ordre et de la manière réglés par le juge. S'il n'y a pas de créanciers opposants, il paie les créanciers et les légataires à mesure qu'ils se présentent.

809. Les créanciers non opposants qui ne se présentent qu'après l'apurement du compte et le paiement du reliquat n'ont de recours à exercer que contre les légataires. — Dans l'un et l'autre cas, le recours se prescrit par le laps de trois ans à compter du jour de l'apurement du compte et du paiement du reliquat.

810. Les frais de scellés, s'il en a été apposé, d'inventaire et de compte, sont à la charge de la succession.

SECTION IV. — *Des successions vacantes.*

811. Lorsque, après l'expiration des délais pour faire inventaire et pour délibérer, il ne se présente personne qui réclame une succession, qu'il n'y a pas d'héritier connu, ou que les héritiers connus y ont renoncé, cette succession est réputée vacante.

812. Le tribunal de première instance dans l'arrondissement duquel elle est ouverte nomme un curateur sur la demande des personnes intéressées, ou sur la réquisition du procureur du roi.

813. Le curateur à une succession vacante est tenu, avant tout, d'en faire constater l'état par un inventaire : il en exerce et poursuit les droits, il répond aux demandes formées contre elle ; il administre, sous la charge de faire verser le numéraire qui se trouve dans la succession, ainsi que les deniers provenant eu prix des meubles ou immeubles vendus, dans la caisse du receveur de la régie royale pour la conservation des droits, et à la charge de rendre compte à qui il appartiendra.

814. Les dispositions de la section III du présent chapitre, sur les formes de l'inventaire, sur le mode d'administration et sur les comptes à rendre de la part de l'héritier bénéficiaire, sont au surplus communes aux curateurs à successions vacantes.

§ 2.

TITRE II. — *Des donations entre vifs et des testaments.*

CHAPITRE Ier. — *Dispositions générales.*

893. On ne pourra disposer de ses biens à titre gratuit que par donation entre vifs ou par testament dans les formes ci-après établies.

894. La donation entre vifs est un acte par lequel le donateur se dépouille actuellement et irrévocablement de la chose donnée en faveur du donataire qui l'accepte.

895. Le testament est un acte par lequel le testateur dispose, pour le temps où il n'existera plus, de tout ou partie de ses biens, et qu'il peut révoquer.

896. Les substitutions sont prohibées. — Toute disposition par laquelle le donataire, l'héritier institué ou le légataire, sera chargé de conserver et

de rendre à un tiers, sera nulle même à l'égard du donataire, de l'héritier institué ou du légataire. — Néanmoins les biens libres formant la dotation d'un titre héréditaire que le roi aurait érigé en faveur d'un prince ou d'un chef de famille pourront être transmis héréditairement, ainsi qu'il est réglé par l'acte du 30 mars 1806, et par celui du 14 août suivant.

897. Sont exceptées des deux premiers paragraphes de l'article précédent les dispositions permises aux pères et mères et aux frères et sœurs, au chapitre VI du présent titre.

898. La disposition par laquelle un tiers serait appelé à recueillir le don, l'hérédité ou le legs, dans le cas où le donataire, l'héritier institué ou le légataire, ne le recueillerait pas, ne sera pas regardée comme une substitution, et sera valable.

899. Il en sera de même de la disposition entre vifs ou testamentaire par laquelle l'usufruit sera donné à l'un et la nue propriété à l'autre.

900. Dans toute disposition entre vifs ou testamentaire, les conditions impossibles, celles qui seront contraires aux lois ou aux mœurs, seront réputées non écrites.

CHAPITRE II. — *De la capacité de disposer ou de recevoir par donation entre vifs ou par testament.*

901. Pour faire une donation entre vifs ou un testament, il faut être sain d'esprit.

902. Toutes personnes peuvent donner et recevoir, soit par donation entre vifs, soit par testament, excepté celles que la loi en déclare incapables.

903. Le mineur âgé de moins de seize ans ne pourra aucunement disposer, sauf ce qui est réglé au chapitre IX du présent titre.

904. Le mineur parvenu à l'âge de seize ans ne pourra disposer que par testament et jusqu'à concurrence seulement de la moitié des biens dont la loi permet au majeur de disposer.

905. La femme mariée ne pourra donner entre vifs sans l'assistance ou le consentement spécial de son mari, ou sans y être autorisée par la justice, conformément à ce qui est prescrit par les art. 217 et 219, au titre *Du mariage.* — Elle n'aura besoin ni de consentement du mari, ni d'autorisation de la justice, pour disposer par testament.

906. Pour être capable de recevoir entre vifs, il suffit d'être conçu au moment de la donation. — Pour être capable recevoir par testament, il suffit d'être conçu à l'époque du décès du testateur. — Néanmoins la donation ou le testament n'auront leur effet qu'autant que l'enfant sera né viable.

907. Le mineur, quoique parvenu à l'âge de seize ans, ne pourra, même par testament, disposer au profit de son tuteur. — Le mineur devenu majeur ne pourra disposer, soit par donation entre vifs, soit par testament, au profit de celui qui aura été son tuteur, si le compte définitif de la tutelle n'a pas été préalablement rendu et apuré. — Sont exceptés, dans les deux cas ci-dessus, les ascendants des mineurs qui sont ou qui ont été leurs tuteurs.

908. Les enfants naturels ne pourront, par donation entre vifs ou par testament, rien recevoir au delà de ce qui leur est accordé au titre *Des successions.*

909. Les docteurs en médecine ou en chirurgie, les officiers de santé et les pharmaciens qui auront traité une personne pendant la maladie dont elle meurt, ne pourront profiter des dispositions entre vifs ou testamentaires qu'elle aurait faites en leur faveur pendant le cours de cette maladie. — Sont exceptées 1° les dispositions rémunératoires faites à titre particulier, eu égard aux facultés du disposant et aux services rendus ; — 2° Les dispositions universelles dans le cas de parenté jusqu'au quatrième degré inclusivement, pourvu toutefois que le décédé n'ait pas d'héritier en ligne directe ; à moins que celui au profit de qui la disposition a été faite ne soit lui-même du nombre de ses héritiers. — Les mêmes règles seront observées à l'égard du ministre du culte (1).

910. Les dispositions entre vifs ou par testaments au profit des hospices, des pauvres d'une commune, ou d'établissements d'utilité publique, n'auront leur effet qu'autant qu'elles seront autorisées par une ordonnance royale.

911. Toute disposition au profit d'un incapable sera nulle, soit qu'on la déguise sous la forme d'un contrat onéreux, soit qu'on la fasse sous le nom de personnes interposées. — Seront réputés personnes interposées les pères et mères, les enfants et descendants, et l'époux de la personne incapable.

912. On ne pourra disposer au profit d'un étranger que dans le cas où cet étranger pourrait disposer au profit d'un Français (2).

CHAPITRE III. — *De la portion de biens disponible et de la réduction.*

SECTION Ire. — *De la portion disponible.*

913. Les libéralités , soit par actes entre vifs, soit par testaments, ne pourront excéder la moitié des biens du disposant s'il ne laisse à son décès qu'un enfant légitime, le tiers s'il laisse deux enfants, le quart s'il en laisse trois ou un plus grand nombre.

914. Sont compris dans l'article précédent , sous le nom d'*enfants*, les descendants en quelque degré que ce soit ; néanmoins ils ne sont comptés que pour l'enfant qu'ils représentent dans la succession du disposant.

915. Les libéralités par actes entre vifs ou par testaments ne pourront excéder la moitié des biens si , à défaut d'enfant, il laisse un ou plusieurs ascendants dans chacune des lignes paternelle et maternelle , et les trois quarts s'il ne laisse d'ascendants que dans une ligne. — Les biens ainsi réservés au profit des ascendants seront par eux recueillis dans l'ordre où la loi les appelle à succéder ; ils auront seuls droit à cette réserve dans tous les cas où un partage en concurrence avec des collatéraux ne leur donnerait pas la quotité de biens à laquelle elle est fixée.

916. A défaut d'ascendants et de descendants, les libéralités par actes entre vifs ou testamentaires pourront épuiser la totalité des biens.

917. Si la disposition par acte entre vifs ou par testament est d'un usufruit ou d'une rente viagère dont la valeur excède la quotité disponible, les héritiers au profit desquels la loi fait une réserve auront l'option ou d'exécuter cette disposition, ou de faire l'abandon de la propriété de la quotité disponible.

918. La valeur en pleine propriété des biens aliénés, soit à charge de rente viagère, soit à fonds perdu ou avec réserve d'usufruit, à l'un des successibles en ligne directe, sera imputée sur la portion disponible, et l'excédant, s'il y en a, sera rapporté à la masse. Cette imputation et ce rapport ne pourront être demandés par ceux des autres successibles en ligne directe

_____

(1) *Voyez* néanmoins la note du 9 janvier 1817, relative aux donations faites au profit des établissements ecclésiastiques.

(2) *Voyez* la note sur l'art. 726.

qui auraient consenti à ces aliénations, ni, dans aucun cas, par les successibles en ligne collatérale.

919. La quotité disponible pourra être donnée en tout ou en partie, soit par actes entre vifs, soit par testament, aux enfants ou autres successibles du donateur, sans être sujette au rapport par le donataire ou le légataire venant à la succession, pourvu que la disposition ait été faite expressément à titre de préciput ou hors part. — La déclaration que le don ou le legs est à titre de préciput ou hors part pourra être faite soit par l'acte qui contiendra la disposition, soit postérieurement, dans la forme des dispositions entre vifs ou testamentaires.

SECTION II. — *De la réduction des donations et legs.*

920. Les dispositions, soit entre vifs, soit à cause de mort, qui excéderont la quotité disponible, seront réductibles à cette quotité lors de l'ouverture de la succession.

921. La réduction des dispositions entre vifs ne pourra être demandée que par ceux au profit desquels la loi fait la réserve, par leurs héritiers ou ayant-cause; les donataires, les légataires, ni les créanciers du défunt, ne pourront demander cette réduction ni en profiter.

922. La réduction se détermine en formant une masse de tous les biens existants au décès du donateur ou testateur; on y réunit fictivement ceux dont il a été disposé par donations entre vifs, d'après leur état à l'époque des donations et leur valeur au temps du décès du donateur; on calcule sur tous ces biens, après en avoir déduit les dettes, quelle est, eu égard à la qualité des héritiers qu'il laisse, la quotité dont il a pu disposer.

923. Il n'y aura jamais lieu à réduire les donations entre vifs qu'après avoir épuisé la valeur de tous les biens compris dans les dispositions testamentaires; et, lorsqu'il y aura lieu à cette réduction, elle se fera en commençant par la dernière donation, et ainsi de suite en remontant des dernières aux plus anciennes.

924. Si la donation entre vifs réductible a été faite à l'un des successibles, il pourra retenir, sur les biens donnés, la valeur de la portion qui lui appartiendrait comme héritier dans les biens non disponibles, s'ils sont de la même nature.

925. Lorsque la valeur des donations entre vifs excédera ou égalera la quotité disponible, toutes les dispositions testamentaires seront caduques.

926. Lorsque les dispositions testamentaires excéderont soit la quotité disponible, soit la portion de cette quotité qui resterait après avoir déduit la valeur des donations entre vifs, la réduction sera faite au marc le franc, sans aucune distinction entre les legs universels et les legs particuliers.

927. Néanmoins dans tous les cas où le testateur aura expressément déclaré qu'il entend que tel legs soit acquitté de préférence aux autres, cette préférence aura lieu, et le legs qui en sera l'objet ne sera réduit qu'autant que la valeur des autres ne remplirait pas la réserve légale.

928. Le donataire restituera les fruits de ce qui excédera la portion disponible à compter du jour du décès du donateur, si la demande en réduction a été faite dans l'année, sinon du jour de la demande.

929. Les immeubles à recouvrer par l'effet de la réduction le seront sans charge de dettes ou hypothèques créées par le donataire.

930. L'action en réduction ou revendication pourra être exercée par les héritiers contre les tiers détenteurs des immeubles faisant partie des donations et aliénés par les donataires, de la même manière et dans le même ordre que contre les donataires eux-mêmes, et discussion préalablement

faite de leurs biens. Cette action devra être exercée suivant l'ordre des dates des aliénations, en commençant par la plus récente.

CHAPITRE IV. — *Des donations entre vifs.*

SECTION Ire. — *De la forme des donations entre vifs.*

931. Tous actes portant donation entre vifs seront passés devant notaires dans la forme ordinaire des contrats, et il en restera minute sous peine de nullité.

932. La donation entre vifs n'engagera le donateur et ne produira aucun effet que du jour qu'elle aura été acceptée en termes exprès. — L'acceptation pourra être faite du vivant du donateur par un acte postérieur et authentique dont il restera minute; mais alors la donation n'aura d'effet à l'égard du donateur que du jour où l'acte qui constatera cette acceptation lui aura été notifié.

933. Si le donataire est majeur, l'acceptation doit être faite par lui, ou en son nom par la personne fondée de sa procuration, portant pouvoir d'accepter la donation faite, ou un pouvoir général d'accepter les donations qui auraient été ou qui pourraient être faites. — Cette procuration devra être passée devant notaire, et une expédition devra en être annexée à la minute de la donation ou à la minute de l'acceptation, qui sera faite par acte séparé.

934. La femme mariée ne pourra accepter une donation sans le consentement de son mari, ou, en cas de refus du mari, sans autorisation de la justice, conformément à ce qui est prescrit par les articles 217 et 219, au titre *Du mariage.*

935. La donation faite à un mineur non émancipé ou à un interdit devra être acceptée par son tuteur, conformément à l'article 463, au titre *De la minorité, de la tutelle et de l'émancipation.* — Le mineur émancipé pourra accepter avec l'assistance de son tuteur. — Néanmoins les père et mère du mineur émancipé ou non émancipé, ou les autres ascendants, même du vivant des père et mère, quoiqu'ils ne soient ni tuteurs ni curateurs du mineur, pourront accepter pour lui.

936. Le sourd-muet qui saura écrire pourra accepter lui-même ou par un fondé de pouvoir. — S'il ne sait pas écrire, l'acceptation doit être faite par un curateur nommé à cet effet, suivant les règles établies au titre *De la minorité, de la tutelle et de l'émancipation.*

937. Les donations faites au profit d'hospices, des pauvres d'une commune, ou d'établissements d'utilité publique, seront acceptées par les administrateurs de ces communes ou établissements, après y avoir été dûment autorisés.

938. La donation dûment acceptée sera parfaite par le seul consentement des parties, et la propriété des objets donnés sera transférée au donataire sans qu'il soit besoin d'autre tradition.

939. Lorsqu'il y aura donation de biens susceptibles d'hypothèques, la transcription des actes contenant la donation et l'acceptation, ainsi que la notification de l'acceptation qui aurait eu lieu par acte séparé, devra être faite au bureau des hypothèques dans l'arrondissement duquel les biens sont situés.

940. Cette transcription sera faite à la diligence du mari lorsque les biens auront été donnés à sa femme, et si le mari ne remplit cette formalité, la femme pourra y faire procéder sans autorisation. — Lorsque la donation sera faite à des mineurs, à des interdits, ou à des établissements publics, la tran-

scription sera faite à la diligence des tuteurs, curateurs ou administrateurs.

941. Le défaut de transcription pourra être opposé par toute personne ayant intérêt, excepté toutefois celles qui sont chargées de faire faire la transcription, ou leurs ayant-cause, et le donateur.

942. Les mineurs, les interdits, les femmes mariées, ne seront point restitués contre le défaut d'acceptation ou de transcription des donations, sauf leur recours contre leurs tuteurs ou maris, s'il y échoit, et sans que la restitution puisse avoir lieu dans le cas même où lesdits tuteurs et maris se trouveraient insolvables.

943. La donation entre vifs ne pourra comprendre que les biens présents du donateur; si elle comprend les biens à venir, elle sera nulle à cet égard.

944. Toute donation entre vifs faite sous des conditions dont l'exécution dépend de la seule volonté du donateur sera nulle.

945. Elle sera pareillement nulle si elle a été faite sous la condition d'acquitter d'autres dettes ou charges que celles qui existaient à l'époque de la donation, ou qui seraient exprimées soit dans l'acte de donation, soit dans l'état qui devra y être annexé.

946. En cas que le donateur se soit réservé la liberté de disposer d'un effet compris dans la donation ou d'une somme fixe sur les biens donnés, s'il meurt sans en avoir disposé, ledit effet ou ladite somme appartiendra aux héritiers du donateur, nonobstant toutes clauses et stipulations contraires.

947. Les quatre articles précédents ne s'appliquent point aux donations dont est mention aux chapitres VIII et IX du présent titre.

948. Tout acte de donation d'effets mobiliers ne sera valable que pour les effets dont un état estimatif, signé du donateur et du donataire, ou de ceux qui acceptent pour lui, aura été annexé à la minute de la donation.

949. Il est permis au donateur de faire la réserve à son profit, ou de disposer au profit d'un autre, de la jouissance ou de l'usufruit des biens meubles ou immeubles donnés.

950. Lorsque la donation d'effets mobiliers aura été faite avec réserve d'usufruit, le donataire sera tenu, à l'expiration de l'usufruit, de prendre les effets donnés qui se trouveront en nature dans l'état où ils seront, et il aura action contre le donataire ou ses héritiers pour raison des objets non existants, jusqu'à concurrence de la valeur qui leur aura été donnée dans l'état estimatif.

951. Le donateur pourra stipuler le droit de retour des objets donnés soit pour le cas du prédécès du donateur seul, soit pour le cas du prédécès du donataire et de ses descendants. — Ce droit ne pourra être stipulé qu'au profit du donateur seul.

952. L'effet du droit de retour sera de résoudre toutes les aliénations de biens donnés, et de faire revenir ces biens au donateur francs et quittes de toutes charges et hypothèques, sauf néanmoins l'hypothèque de la dot et des conventions matrimoniales, si les autres biens de l'époux donataire ne suffisent pas, et dans le cas seulement où la donation lui aura été faite par le même contrat de mariage duquel résultent ces droits et hypothèques.

CHAPITRE V. — *Des dispositions testamentaires.*

967. Toute personne pourra disposer par testament, soit sous le titre de legs, soit sous toute autre dénomination propre à manifester sa volonté.

968. Un testament ne pourra être fait dans le même acte par deux ou plusieurs personnes, soit au profit d'un tiers, soit à titre de disposition réciproque et mutuelle.

969. Un testament pourra être olographe, ou fait par acte public, ou dans la forme mystique.

970. Le testament olographe ne sera point valable s'il n'est écrit en entier, daté et signé de la main du testateur. Il n'est assujetti à aucune autre forme.

971. Le testament par acte public est celui qui est reçu par deux notaires en présence de deux témoins, ou par un notaire en présence de quatre témoins.

972. Si le testament est reçu par deux notaires, il leur est dicté par le testateur, et il doit être écrit par l'un de ces notaires tel qu'il est dicté. — S'il n'y a qu'un notaire, il doit également être dicté par le testateur et écrit par ce notaire. — Dans l'un et l'autre cas, il doit en être donné lecture au testateur en présence des témoins. — Il est fait du tout mention expresse.

973. Ce testament doit être signé par le testateur; s'il déclare qu'il ne sait ou ne peut signer, il sera fait dans l'acte mention expresse de sa déclaration, ainsi que de la clause qui l'empêche de signer.

974. Le testament devra être signé par les témoins; et néanmoins, dans les campagnes, il suffira qu'un des deux témoins signe si le testament est reçu par deux notaires, et que deux des quatre témoins signent s'il est reçu par un notaire.

975. Ne pourront être pris pour témoins d'un testament par acte public ni les légataires, à quelque titre qu'ils soient, ni leurs parents ou alliés jusqu'au quatrième degré inclusivement, ni les clercs des notaires par lesquels les actes seront reçus.

976. Lorsque le testateur voudra faire un testament mystique ou secret, il sera tenu de signer ses dispositions, soit qu'il les ait écrites lui-même ou qu'il les ait fait écrire par un autre. Sera le papier qui contiendra ses dispositions, ou le papier qui servira d'enveloppe, s'il y en a une, clos et scellé. Le testateur le présentera ainsi clos et scellé au notaire et à six témoins au moins, ou il le fera clore et sceller en leur présence, et il déclarera que le contenu de ce papier est son testament écrit et signé de lui, ou écrit par un autre et signé de lui ; le notaire en dressera l'acte de suscription, qui sera écrit sur ce papier ou sur la feuille qui servira d'enveloppe ; cet acte sera signé tant par le testateur que par le notaire, ensemble par les témoins. Tout ce que dessus sera fait de suite et sans divertir à autres actes ; et en cas que le testateur, par un empêchement survenu depuis la signature du testament, ne puisse signer l'acte de suscription, il sera fait mention de la déclaration qu'il en aura faite, sans qu'il soit besoin, en ce cas, d'augmenter le nombre des témoins.

977. Si le testateur ne sait signer, ou s'il n'a pu le faire lorsqu'il a fait écrire ses dispositions, il sera appelé à l'acte de suscription un témoin outre le nombre porté par l'article précédent , lequel signera l'acte avec les

11

autres témoins, et il y sera fait mention de la cause pour laquelle ce témoin aura été appelé.

978. Ceux qui ne savent ou ne peuvent lire ne pourront faire de dispositions dans la forme du testament mystique.

979. En cas que le testateur ne puisse parler, mais qu'il puisse écrire,
il pourra faire un testament mystique, à la charge que le testament sera
entièrement écrit, daté et signé de sa main, qu'il le présentera au notaire
et aux témoins, et qu'au haut de l'acte de suscription il écrira, en leur
présence, que le papier qu'il présente est son testament; après quoi le notaire écrira l'acte de suscription, dans lequel il sera fait mention que le
testateur a écrit ces mots en présence du notaire et des témoins; et sera
au surplus observé tout ce qui est prescrit par l'art. 976.

980. Les témoins appelés pour être présents aux testaments devront être
mâles, majeurs, citoyens français, jouissant des droits civils.

SECTION II. — *Des règles particulières sur la forme de certains testaments.*

981. Les testaments des militaires et des individus employés dans les
armées pourront, en quelque pays que ce soit, être reçus par un chef de
bataillon ou d'escadron, ou par tout autre officier d'un grade supérieur, en
présence de deux témoins, ou par deux commissaires des guerres, ou par
un des commissaires, en présence de deux témoins.

982. Ils pourront encore, si le testateur est malade ou blessé, être reçus
par l'officier de santé en chef, assisté du commandant militaire chargé de
la police de l'hospice.

983. Les dispositions des articles ci-dessus n'auront lieu qu'en faveur de
ceux qui seront en expédition militaire, ou en quartier, ou en garnison
hors du territoire français, ou prisonniers chez l'ennemi; sans que ceux qui
seront en quartier ou en garnison dans l'intérieur puissent en profiter, à
moins qu'ils ne se trouvent dans une place assiégée ou dans une citadelle
et autres lieux dont les portes soient fermées et les communications interrompues à cause de la guerre.

984. Le testament fait dans la forme ci-dessus établie sera nul six mois
après que le testateur sera revenu dans un lieu où il aura la liberté d'employer les formes ordinaires.

985. Les testaments faits dans un lieu avec lequel toute communication
sera interceptée, à cause de la peste ou autre maladie contagieuse, pourront
être faits devant le juge de paix ou devant l'un des officiers municipaux de
la commune, en présence de deux témoins.

986. Cette disposition aura lieu tant à l'égard de ceux qui seraient attaqués de ces maladies que de ceux qui seraient dans les lieux qui en sont
infectés, encore qu'ils ne fussent pas actuellement malades.

987. Les testaments mentionnés aux deux présents articles deviendront
nuls six mois après que les communications auront été rétablies dans le
lieu où le testateur se trouve, ou six mois après qu'il aura passé dans un
lieu où elles ne seront point interrompues.

988. Les testaments faits sur mer, dans le cours d'un voyage, pourront
être reçus, savoir : — A bord des vaisseaux et autres bâtiments de l'état,
par l'officier commandant le bâtiment, ou, à son défaut, par celui qui le
supplée dans l'ordre du service, l'un ou l'autre conjointement avec l'officier d'administration ou avec celui qui en remplit les fonctions, — Et à
bord des bâtiments de commerce, par l'écrivain du navire ou celui qui en
fait les fonctions, l'un ou l'autre conjointement avec le capitaine, le maître

ou le patron, ou, à leur défaut, par ceux qui les remplacent. — Dans tous les cas, ces testaments devront être reçus en présence de deux témoins.

989. Sur les bâtiments de l'état, le testament du capitaine ou celui de l'officier d'administration, et, sur les bâtiments de commerce, celui du capitaine, du maître ou patron, ou celui de l'écrivain, pourront être reçus par ceux qui viennent après eux dans l'ordre du service, en se conformant pour le surplus aux dispositions de l'article précédent.

990. Dans tous les cas, il sera fait un double original des testaments mentionnés aux deux articles précédents.

991. Si le bâtiment aborde dans un port étranger dans lequel se trouve un consul de France, ceux qui auront reçu le testament seront tenus de déposer l'un des originaux, clos et cacheté, entre les mains de ce consul, qui le fera parvenir au ministre de la marine; et celui-ci en fera faire le dépôt au greffe de la justice de paix du lieu du domicile du testateur.

992. Au retour du bâtiment en France, soit dans le port de l'armement, soit dans un port autre que celui de l'armement, les deux originaux du testament, également clos et cachetés, ou l'original qui resterait, si, conformément à l'article précédent, l'autre avait été déposé pendant le cours du voyage, seront remis au bureau du préposé de l'inscription maritime; ce préposé les fera passer sans délai au ministre de la marine, qui en ordonnera le dépôt, ainsi qu'il est dit au même article.

993. Il sera fait mention sur le rôle du bâtiment, à la marge, du nom du testateur, de la remise qui aura été faite des originaux du testament, soit entre les mains d'un consul, soit au bureau d'un préposé de l'inscription maritime.

994. Le testament ne sera point réputé fait en mer, quoiqu'il l'ait été dans le cours du voyage, si, au temps où il a été fait, le navire avait abordé une terre, soit étrangère, soit de la domination française, où il y aurait un officier public français; auquel cas il ne sera valable qu'autant qu'il aura été dressé suivant les formes prescrites en France, ou suivant celles usitées dans le pays où il aura été fait.

995. Les dispositions ci-dessus seront communes aux testaments faits par les simples passagers qui ne feront point partie de l'équipage.

996. Le testament fait sur mer, en la forme prescrite par l'art. 988, ne sera valable qu'autant que le testateur mourra en mer, ou dans les trois mois après qu'il sera descendu à terre, et dans un lieu où il aura pu le refaire dans les formes ordinaires.

997. Le testament fait sur mer ne pourra contenir aucune disposition au profit des officiers du vaisseau, s'ils ne sont parents du testateur.

998. Les testaments compris dans les articles ci-dessus de la présente section seront signés par les testateurs et par ceux qui les auront reçus. — Si le testateur déclare qu'il ne sait ou ne peut signer, il sera fait mention de sa déclaration, ainsi que de la cause qui l'empêche de signer. — Dans les cas où la présence de deux témoins est requise, le testament sera signé au moins par l'un d'eux, et il sera fait mention de la cause pour laquelle l'autre n'aura pas signé.

999. Un Français qui se trouvera en pays étranger pourra faire ses dispositions testamentaires par acte sous signature privée, ainsi qu'il est prescrit en l'art. 970, ou par acte authentique, avec les formes usitées dans le lieu où cet acte sera passé.

1000. Les testaments faits en pays étranger ne pourront être exécutés sur les biens situés en France qu'après avoir été enregistrés au bureau du domicile du testateur, s'il en a conservé un, sinon au dernier bureau de son domicile connu en France; et, dans le cas où le testament contiendrait des dispositions d'immeubles qui y seraient situés, il devra être, en outre, enregistré au bureau de la situation de ces immeubles, sans qu'il puisse être exigé un double droit.

1001. Les formalités auxquelles les divers testaments sont assujettis par les dispositions de la présente section et de la précédente doivent être observées à peine de nullité.

SECTION III. — *Des institutions d'héritier, et des legs en général.*

1002. Les dispositions testamentaires sont ou universelles, ou à titre universel, ou à titre particulier.—Chacune de ces dispositions, soit qu'elle ait été faite sous la dénomination d'institution d'héritier, soit qu'elle ait été faite sous la dénomination de legs, produira son effet, suivant les règles ci-après établies pour les legs universels, pour les legs à titre universel, et pour les legs particuliers.

SECTION IV. — *Du legs universel.*

1003. Le legs universel est la disposition testamentaire par laquelle le testateur donne à une ou plusieurs personnes l'universalité des biens qu'il laissera à son décès.

1004. Lorsqu'au décès du testateur il y a des héritiers auxquels une quotité de ses biens est réservée par la loi, ces héritiers sont saisis de plein droit, par sa mort, de tous les biens de la succession, et le légataire universel est tenu de leur demander la délivrance des biens compris dans le testament.

1005. Néanmoins, dans les mêmes cas, le légataire universel aura la jouissance des biens compris dans le testament à compter du jour du décès, si la demande en délivrance a été faite dans l'année depuis cette époque; sinon, cette jouissance ne commencera que du jour de la demande formée en justice, ou du jour que la délivrance aurait été volontairement consentie.

1006. Lorsqu'au décès du testateur il n'y aura pas d'héritiers auxquels une quotité de ses biens soit réservée par la loi, le légataire universel sera saisi de plein droit par la mort du testateur, sans être tenu de demander la délivrance.

1007. Tout testament olographe sera, avant d'être mis à exécution, présenté au président du tribunal de première instance de l'arrondissement dans lequel la succession est ouverte. Ce testament sera ouvert s'il est cacheté. Le président dressera procès-verbal de la présentation, de l'ouverture et de l'état du testament, dont il ordonnera le dépôt entre les mains du notaire par lui commis. — Si le testament est dans la forme mystique, sa présentation, son ouverture, sa description et son dépôt, seront faits de la même manière; mais l'ouverture ne pourra se faire qu'en présence de ceux des notaires et des témoins signataires de l'acte de suscription qui se trouveront sur les lieux, ou eux appelés.

1008. Dans le cas de l'article 1006, si le testament est olographe ou mystique, le légataire universel sera tenu de se faire envoyer en possession par une ordonnance du président mise au bas d'une requête, à laquelle sera joint l'acte de dépôt.

1009. Le légataire universel qui sera en concours avec un héritier auquel la loi réserve une quotité des biens sera tenu des dettes et charges de la succession du testateur, personnellement pour sa part et portion, et hypothécairement pour le tout ; et il sera tenu d'acquitter tous les legs, sauf le cas de réduction, ainsi qu'il est expliqué aux articles 926 et 927.

SECTION V. — *Du legs à titre universel.*

1010. Le legs à titre universel est celui par lequel le testateur lègue une quote-part des biens dont la loi lui permet de disposer, telle qu'une moitié, un tiers, ou tous ses immeubles, ou tout son mobilier, ou une quotité fixe de tous ses immeubles ou de tout son mobilier. — Tout autre legs ne forme qu'une disposition à titre particulier.

1011. Les légataires à titre universel seront tenus de demander la délivrance aux héritiers auxquels une quotité des biens est réservée par la loi ; à leur défaut, aux légataires universels, et, à défaut de ceux-ci, aux héritiers appelés dans l'ordre établi au titre *Des successions.*

1012. Le légataire à titre universel sera tenu, comme le légataire universel, des dettes et charges de la succession du testateur personnellement pour sa part et portion, et hypothécairement pour le tout.

1013. Lorsque le testateur n'aura disposé que d'une quotité de la portion disponible, et qu'il l'aura fait à titre universel, ce légataire sera tenu d'acquitter les legs particuliers par contribution avec les héritiers naturels.

SECTION VI. — *Des legs particuliers.*

1014. Tout legs pur et simple donnera au légataire, du jour du décès du testateur, un droit à la chose léguée, droit transmissible à ses héritiers ou ayant-cause. — Néanmoins le légataire particulier ne pourra se mettre en possession de la chose léguée, ni en prétendre les fruits et intérêts, qu'à compter du jour de sa demande en délivrance, formée suivant l'ordre établi par l'article 1011, ou du jour auquel cette délivrance lui aurait été volontairement consentie.

1015. Les intérêts ou fruits de la chose léguée courront au profit du légataire dès le jour du décès, et sans qu'il ait formé sa demande en justice, — 1° lorsque le testateur aura expressément déclaré sa volonté à cet égard dans le testament ; — 2° lorsqu'une rente viagère ou pension aura été léguée à titre d'aliments.

1016. Les frais de la demande en délivrance seront à la charge de la succession, sans néanmoins qu'il puisse en résulter de réduction de la réserve légale. — Les droits d'enregistrement seront dus par le légataire. — Le tout s'il n'en a été autrement ordonné par le testament. — Chaque legs pourra être enregistré séparément, sans que cet enregistrement puisse profiter à aucun autre qu'au légataire ou à ses ayant-cause.

1017. Les héritiers du testateur ou autres débiteurs d un legs seront personnellement tenus de l'acquitter chacun au prorata de la part et portion dont ils profiteront dans la succession ; ils en seront tenus hypothécairement pour le tout jusqu'à concurrence de la valeur des immeubles de la succession dont ils seront détenteurs.

1018. La chose léguée sera délivrée avec les accessoires nécessaires et dans l'état où elle se trouvera au jour du décès du donateur.

1019. Lorsque celui qui a légué la propriété d'un immeuble l'a ensuite augmentée par des acquisitions, ces acquisitions, fussent-elles contiguës, ne seront pas censées, sans une nouvelle disposition, faire partie du legs. —

Il en sera autrement des embellissements ou des constructions nouvelles faites sur le fonds légué, ou d'un clos dont le testateur aurait également l'enceinte.

1020. Si, avant le testament ou depuis, la chose léguée a été hypothéquée pour une dette de la succession, ou même pour la dette d'un tiers, ou si elle est grevée d'un usufruit, celui qui doit acquitter le legs n'est point tenu de la dégager, à moins qu'il n'ait été chargé de le faire par une disposition expresse du testateur.

1021. Lorsque le testateur aura légué la chose d'autrui, le legs sera nul, soit que le testateur ait connu ou non qu'elle ne lui appartenait pas.

1022. Lorsque le legs sera d'une chose indéterminée, l'héritier ne sera pas obligé de la donner de la meilleure qualité, et il ne pourra l'offrir de la plus mauvaise.

1023. Le legs fait au créancier ne sera pas censé en compensation de sa créance, ni le legs fait au domestique en compensation de ses gages.

1024. Le légataire à titre particulier ne sera pas tenu des dettes de la succession, sauf la réduction du legs, ainsi qu'il est dit ci-dessus, et sauf l'action hypothécaire des créanciers.

§ 3.

TITRE III. — *Des contrats et obligations.*

CHAPITRE Iᵉʳ. — *Dispositions préliminaires.*

1101. Le contrat est une convention par laquelle une ou plusieurs personnes s'obligent envers une ou plusieurs autres à donner, à faire ou à ne pas faire quelque chose.

1102. Le contrat est *synallagmatique* ou *bilatéral* lorsque les contractants s'obligent réciproquement les uns envers les autres.

1103. Il est *unilatéral* lorsqu'une ou plusieurs personnes sont obligées envers une ou plusieurs autres sans que de la part de ces dernières il y ait d'engagement.

1104. Il est *commutatif* lorsque chacune des parties s'engage à donner ou à faire une chose qui est regardée comme l'équivalent de ce qu'on lui donne ou de ce qu'on fait pour elle. — Lorsque l'équivalent consiste dans la chance de gain ou de perte pour chacune des parties, d'après un événement incertain, le contrat est *aléatoire.*

1105. Le contrat de *bienfaisance* est celui dans lequel l'une des parties procure à l'autre un avantage purement gratuit.

1106. Le contrat à *titre onéreux* est celui qui assujettit chacun des parties à donner ou à faire quelque chose.

1107. Les contrats, soit qu'ils aient une dénomination propre, soit qu'ils n'en aient pas, sont soumis à des règles générales qui sont l'objet du présent titre. — Les règles particulières à certains contrats sont établies sous les titres relatifs à chacun d'eux, et les règles particulières aux transactions commerciales sont établies par les lois relatives au commerce.

Chapitre II. — *Des conditions essentielles pour la validité des conventions.*

1108. Quatre conditions sont essentielles pour la validité d'une convention : — Le consentement de la partie qui s'oblige ; — Sa capacité de contracter ; — Un objet certain qui forme la matière de l'engagement ; — Une cause licite dans l'obligation.

Section Iᵉ. — *Du consentement.*

1109. Il n'y a point de consentement valable si le consentement n'a été donné que par erreur, ou s'il a été extorqué par violence ou surpris par dol.

1110. L'erreur n'est une cause de nullité de la convention que lorsqu'elle tombe sur la substance même de la chose qui en est l'objet. — Elle n'est point une cause de nullité lorsqu'elle ne tombe que sur la personne avec laquelle on a intention de contracter, à moins que la considération de cette personne ne soit la chose principale de la convention.

1111. La violence exercée contre celui qui a contracté l'obligation est une cause de nullité, encore qu'elle ait été exercée par un tiers autre que celui au profit duquel la convention a été faite.

1112. Il y a violence lorsqu'elle est de nature à faire impression sur une personne raisonnable, et peut lui inspirer la crainte d'exposer sa personne ou sa fortune à un mal considérable et présent. On a égard, en cette matière, à l'âge, au sexe et à la condition des personnes.

1113. La violence est une cause de nullité de contrat, non seulement lorsqu'elle a été exercée sur la partie contractante, mais encore lorsqu'elle l'a été sur son époux ou sur son épouse, sur ses descendants ou ses ascendants.

1114. La seule crainte révérentielle envers le père, la mère, ou autre ascendant, sans qu'il y ait eu de violence exercée, ne suffit point pour annuler le contrat.

1115. Un contrat ne peut plus être attaqué pour cause de violence si, depuis que la violence a cessé, ce contrat a été approuvé, soit expressément, soit tacitement, soit en laissant passer le temps de la restitution fixé par la loi.

1116. Le dol est une cause de nullité de la convention lorsque les manœuvres pratiquées par l'une des parties sont telles, qu'il est évident que sans ces manœuvres l'autre partie n'aurait pas contracté. — Il ne se présume pas, et doit être prouvé.

1117. La convention contractée par erreur, violence ou dol, n'est point nulle de plein droit ; elle donne seulement lieu à une action en nullité ou en rescision, dans les cas et de la manière expliqués à la section vii du chapitre V du présent titre.

1118. La lésion ne vicie les conventions que dans certains contrats ou à l'égard de certaines personnes, ainsi qu'il sera expliqué en la même section.

1119. On ne peut, en général, s'engager ni stipuler en son propre nom que pour soi-même.

1120. Néanmoins on peut se porter fort pour un tiers en promettant le fait de celui-ci, sauf l'indemnité contre celui qui s'est porté fort ou qui a promis de faire ratifier si le tiers refuse de tenir l'engagement.

1121. On peut pareillement stipuler au profit d'un tiers lorsque telle est la condition d'une stipulation que l'on fait pour soi-même, ou d'une donation que l'on fait à un autre, Celui qui a fait cette stipulation ne peut plus la révoquer si le tiers a déclaré vouloir en profiter.

1122. On est censé avoir stipulé pour soi et pour ses héritiers et ayant-cause, à moins que le contraire ne soit exprimé ou ne résulte de la nature de la convention.

SECTION II. — *De la capacité des parties contractantes.*

1123. Toute personne peut contracter si elle n'en est pas déclarée incapable par la loi.

1124. Les incapables de contracter sont : — les mineurs, — les interdits, — les femmes mariées, dans les cas exprimés par la loi, — et généralement tous ceux à qui la loi a interdit certains contrats.

1125. Le mineur, l'interdit et la femme mariée, ne peuvent attaquer, pour cause d'incapacité, leurs engagements, que dans les cas prévus par la loi. — Les personnes capables de s'engager ne peuvent opposer l'incapacité du mineur, de l'interdit ou de la femme mariée, avec qui elles ont contracté.

SECTION III. — *De l'objet et de la matière des contrats.*

1126. Tout contrat a pour objet une chose qu'une partie s'oblige à donner ou qu'une partie s'oblige à faire ou à ne pas faire.

1127. Le simple usage ou la simple possession d'une chose peut être, comme la chose même, l'objet du contrat.

1128. Il n'y a que les choses qui sont dans le commerce qui puissent être l'objet des conventions.

1129. Il faut que l'obligation ait pour objet une chose au moins déterminée quant à son espèce. — La quotité de la chose peut être incertaine, pourvu qu'elle puisse être déterminée.

1130. Les choses futures peuvent être l'objet d'une obligation. — On ne peut cependant renoncer à une succession non ouverte, ni faire aucune stipulation sur une pareille succession, même avec le consentement de celui de la succession duquel il s'agit.

SECTION IV. — *De la cause.*

1131. L'obligation sans cause, ou sur une fausse cause, ou sur une cause illicite, ne peut avoir aucun effet.

1132. La convention n'est pas moins valable, quoique la cause n'en soit pas exprimée.

1133. La cause est illicite quand elle est prohibée par la loi, quand elle est contraire aux bonnes mœurs ou à l'ordre public.

CHAPITRE III. — *De l'effet des obligations.*

SECTION Ire. — *Dispositions générales.*

1134. Les conventions légalement formées tiennent lieu de loi à ceux qui les ont faites. — Elles ne peuvent être révoquées que de leur consentement mutuel ou pour les causes que la loi autorise. — Elles doivent être exécutées de bonne foi.

1135. Les conventions obligent, non seulement à ce qui y est exprimé, mais encore à toutes les suites que l'équité, l'usage ou la loi, donnent à l'obligation d'après sa nature.*

SECTION II. — *De l'obligation de donner.*

1136. L'obligation de donner emporte celle de livrer la chose et de la conserver jusqu'à la livraison, à peine de dommages-intérêts envers le créancier.

1137. L'obligation de veiller à la conservation de la chose, soit que la convention n'ait pour objet que l'utilité de l'une des parties, soit qu'elle ait pour objet leur utilité commune, soumet celui qui en est chargé à y apporter tous les soins d'un bon père de famille. — Cette obligation est plus ou moins étendue relativement à certains contrats, dont les effets à cet égard sont expliqués sous les titres qui les concernent.

1138. L'obligation de livrer la chose est parfaite par le seul consentement des parties contractantes. — Elle rend le créancier propriétaire, et met la chose à ses risques dès l'instant où elle a dû être livrée, encore que la tradition n'en ait point été faite, à moins que le débiteur ne soit en demeure de la livrer, auquel cas la chose reste aux risques de ce dernier.

1139. Le débiteur est constitué en demeure, soit par une sommation ou par autre acte équivalent, soit par l'effet de la convention, lorsqu'elle porte que, sans qu'il soit besoin d'acte, et par la seule déchéance du terme, le débiteur sera en demeure.

1140. Les effets de l'obligation de donner ou de livrer un immeuble sont réglés au titre *De la vente* et au titre *Des priviléges et hypothèques.*

1141. Si la chose qu'on s'est obligé de donner ou de livrer à deux personnes successivement est purement mobilière, celle des deux qui en a été mise en possession réelle est préférée et en demeure propriétaire, encore que son titre soit postérieur en date, pourvu toutefois que la possession soit de bonne foi.

SECTION III. — *De l'obligation de faire ou de ne pas faire.*

1142. Toute obligation de faire ou de ne pas faire se résout en dommages-intérêts, en cas d'inexécution de la part du débiteur.

1143. Néanmoins le créancier a le droit de demander que ce qui aurait été fait par contravention à l'engagement soit détruit, et il peut se faire autoriser à le détruire aux dépens du débiteur, sans préjudice de dommages-intérêts, s'il y a lieu.

1144. Le créancier peut aussi, en cas d'inexécution, être autorisé à faire exécuter lui-même l'obligation aux dépens du débiteur.

1145. Si l'obligation est de ne pas faire, celui qui y contrevient doit les dommages-intérêts par le seul fait de la contravention.

SECTION IV. — *Des dommages-intérêts résultant de l'inexécution de l'obligation.*

1146. Les dommages-intérêts ne sont dus que lorsque le débiteur est en demeure de remplir son obligation, excepté néanmoins lorsque la chose que le débiteur s'était obligé de donner ou de faire ne pouvait être donnée ou faite que dans un certain temps qu'il a laissé passer.

1147. Le débiteur est condamné, s'il y a lieu, au paiement des dommages-intérêts, soit à raison de l'inexécution de l'obligation, soit à raison du retard dans l'exécution, toutes les fois qu'il ne justifie pas que l'inexécution provient d'une cause étrangère qui ne peut lui être imputée, encore qu'il n'y ait aucune mauvaise foi de sa part.

1148. Il n'y a lieu à aucuns dommages-intérêts lorsque, par suite d'une force majeure ou d'un cas fortuit, le débiteur a été empêché de donner ou de faire ce à quoi il était obligé, ou a fait ce qui lui était interdit.

1149. Les dommages-intérêts dus au créancier sont en général de la perte qu'il a faite et du gain dont il a été privé, sauf les exceptions et modifications ci-après.

1150. Le débiteur n'est tenu que des dommages-intérêts qui ont été prévus ou qu'on a pu prévoir lors du contrat, lorsque ce n'est point par son dol que l'obligation n'est point exécutée.

1151. Dans le cas même où l'inexécution de la convention résulte du dol du débiteur, les dommages-intérêts ne doivent comprendre, à l'égard de la perte éprouvée par le créancier, et du gain dont il a été privé, que ce qui est une suite immédiate et directe de l'inexécution de la convention.

1152. Lorsque la convention porte que celui qui manquera de l'exécuter paiera une certaine somme à titre de dommages-intérêts, il ne peut être alloué à l'autre partie une somme plus forte ni moindre.

1153. Dans les obligations qui se bornent au paiement d'une certaine somme, les dommages-intérêts résultant du retard dans l'exécution ne consistent jamais que dans la condamnation aux intérêts fixés par la loi, sauf les règles particulières au commerce et au cautionnement. — Ces dommages-intérêts sont dus sans que le créancier soit tenu de justifier d'aucune perte. — Ils ne sont dus que du jour de la demande, excepté dans les cas où la loi les fait courir de plein droit.

1154. Les intérêts échus des capitaux peuvent produire des intérêts, ou par une demande judiciaire, ou par une convention spéciale, pourvu que, soit dans la demande, soit dans la convention, il s'agisse d'intérêts dus au moins pour une année entière.

1155. Néanmoins les revenus échus, tels que fermages, loyers, arrérages de rentes perpétuelles ou viagères, produisent intérêts du jour de la demande ou de la convention. — La même règle s'applique aux restitutions de fruits, et aux intérêts payés par un tiers au créancier, en acquit du débiteur.

SECTION V. — *De l'interprétation des conventions.*

1156. On doit, dans les conventions, rechercher quelle a été la commune intention des parties contractantes, plutôt que de s'arrêter au sens littéral des termes.

1157. Lorsqu'une clause est susceptible de deux sens, on doit plutôt l'entendre dans celui avec lequel elle peut avoir quelque effet que dans le sens avec lequel elle n'en pourrait produire aucun.

1158. Les termes susceptibles de deux sens doivent être pris dans le sens qui convient le plus à la matière du contrat.

1159. Ce qui est ambigu s'interprète par ce qui est d'usage dans le pays où le contrat est passé.

1160. On doit suppléer dans le contrat les clauses qui y sont d'usage, quoiqu'elles n'y soient pas exprimées.

1161. Toutes les clauses de conventions s'interprètent les unes par les autres, en donnant à chacune le sens qui résulte de l'acte entier.

1162. Dans le doute, la convention s'interprète contre celui qui a stipulé et en faveur de celui qui a contracté l'obligation.

1163. Quelque généraux que soient les termes dans lesquels une convention est conçue, elle ne comprend que les choses sur lesquelles il paraît que les parties se sont proposé de contracter.

1164. Lorsque dans un contrat on a exprimé un cas pour l'explication de l'obligation, on n'est pas censé avoir voulu par là restreindre l'étendue que l'engagement reçoit de droit aux cas non exprimés.

SECTION VI. — *De l'effet des conventions à l'égard des tiers.*

1165. Les conventions n'ont d'effet qu'entre les parties contractantes; elles ne nuisent point au tiers, et elles ne lui profitent que dans le cas prévu par l'art. 1121.

1166. Néanmoins les créanciers peuvent exercer tous les droits et actions de leur débiteur, à l'exception de ceux qui sont exclusivement attachés à la personne.

1167. Ils peuvent aussi en leur nom personnel attaquer les actes faits par leur débiteur, en fraude de leurs droits. — Ils doivent néanmoins, quant à leurs droits énoncés au titre *Des successions* et au titre *Du contrat de mariage et des droits respectifs des époux*, se conformer aux règles qui y sont prescrites.

CHAPITRE IV. —*Des diverses espèces d'obligations.*

SECTION Iʳᵉ. — *Des obligations conditionnelles.*

§ 1ᵉʳ. — De la condition en général, et de ses devoirs en particulier.

1168. L'obligation est conditionnelle lorsqu'on la fait dépendre d'un événement futur et incertain, soit en la suspendant jusqu'à ce que l'événement arrive, soit en la résiliant, selon que l'événement arrivera ou n'arrivera pas.

1169. La condition *casuelle* est celle qui dépend du hasard, et qui n'est nullement au pouvoir du créancier ni du débiteur.

1170. La condition *potestative* est celle qui fait dépendre l'exécution de la convention d'un événement qu'il est au pouvoir de l'une ou de l'autre des parties contractantes de faire arriver ou d'empêcher.

1171. La condition *mixte* est celle qui dépend tout à la fois de la volonté d'une des parties contractantes et de la volonté d'un tiers.

1172. Toute condition d'une chose impossible ou contraire aux bonnes mœurs ou prohibée par la loi est nulle, et rend nulle la convention qui en dépend.

1173. La condition de ne pas faire une chose impossible ne rend pas nulle l'obligation contractée sous cette condition.

1174. Toute obligation est nulle lorsqu'elle est contractée sous une condition potestative de la part de celui qui s'oblige.

1175. Toute condition doit être accomplie de la manière que les parties ont vraisemblablement voulu et entendu qu'elle le fût.

1176. Lorsqu'une obligation est contractée sous la condition qu'un événement arrivera dans un temps fixe, cette condition est censée défaillir lorsque le temps est expiré sans que l'événement soit arrivé. S'il n'y a point de temps fixe, la condition peut toujours être accomplie ; et elle n'est censée défaillir que lorsqu'il est devenu certain que l'événement n'arrivera pas.

1177. Lorsqu'une obligation est contractée sous la condition qu'un événement n'arrivera pas dans un temps fixe, cette condition est accomplie lorsque ce temps est expiré sans que l'événement soit arrivé ; elle l'est également si, avant le terme, il est certain que l'événement n'arrivera pas, et s'il y n'y a pas de temps déterminé, elle n'est accomplie que lorsqu'il est certain que l'événement n'arrivera pas.

1178. La condition est réputée accomplie lorsque c'est le débiteur, obligé sous cette condition, qui en a empêché l'accomplissement.

1179. La condition accomplie a un effet rétroactif au jour auquel l'engagement a été contracté. Si le créancier est mort avant l'accomplissement de la condition, ses droits passent à son héritier.

1180. Le créancier peut, avant que la condition soit accomplie, exercer tous les actes conservatoires de son droit.

§ 2. — De la condition suspensive.

1181. L'obligation contractée sous une condition suspensive est celle qui dépend ou d'un événement futur et incertain, ou d'un événement actuellement arrivé, mais encore inconnu des parties. — Dans le premier cas, l'obligation ne peut être exécutée qu'après l'événement ; dans le second cas, l'obligation a son effet du jour où elle a été contractée.

1182. Lorsque l'obligation a été contractée sous une condition suspensive, la chose qui fait la matière de la convention demeure aux risques du débiteur, qui ne s'est obligé de la livrer que dans le cas de l'événement de la condition. — Si la chose est entièrement périe par la faute du débiteur, l'obligation est éteinte. — Si la chose s'est détériorée sans la faute du débiteur, le créancier a le choix ou de résoudre l'obligation, ou d'exiger la chose dans l'état où elle se trouve, sans diminution du prix. — Si la chose s'est détériorée par la faute du débiteur, le créancier a le droit ou de résoudre l'obligation, ou d'exiger la chose dans l'état où elle se trouve, avec des dommages-intérêts.

§ 3. — De la condition résolutoire.

1183. La condition résolutoire est celle qui, lorsqu'elle s'accomplit, opère la révocation de l'obligation, et qui remet les choses au même état que si l'obligation n'avait pas existé. — Elle ne suspend point l'exécution de l'obligation ; elle oblige seulement le créancier à restituer ce qu'il a reçu dans le cas où l'événement prévu par la condition arrive.

1184. La condition résolutoire est toujours sous-entendue dans les contrats synallagmatiques pour le cas où l'une des deux parties ne satisfera point à son engagement. Dans ce cas, le contrat n'est point résolu de plein droit ; la partie envers laquelle l'engagement n'a point été exécuté a le choix ou de forcer l'autre à l'exécution de la convention lorsqu'elle est possible, ou d'en demander la résolution avec dommages-intérêts. — La résolution doit être demandée en justice, et il peut être accordé au défendeur un délai selon les circonstances.

SECTION II. — *Des obligations à terme.*

1185. Le terme diffère de la condition, en ce qu'il ne suspend point l'engagement, dont il retarde seulement l'exécution.

1186. Ce qui n'est dû qu'à terme ne peut être exigé avant l'échéance du terme; mais ce qui a été payé d'avance ne peut être répété.

1187. Le terme est toujours présumé stipulé en faveur du débiteur, à moins qu'il ne résulte de la stipulation ou des circonstances qu'il a été aussi convenu en faveur du créancier.

1188. Le débiteur ne peut plus réclamer le bénéfice du terme lorsqu'il a fait faillite, ou lorsque, par son fait, il a diminué les sûretés qu'il avait données par le contrat à son créancier.

SECTION III. — *Des obligations alternatives.*

1189. Le débiteur d'une obligation alternative est libéré par la délivrance de l'une des deux choses qui étaient comprises dans l'obligation.

1190. Le choix appartient au débiteur, s'il n'a pas été expressément accordé au créancier.

1191. Le débiteur peut se libérer en délivrant l'une des deux choses promises; mais il ne peut pas forcer le créancier à recevoir une partie de l'une et une partie de l'autre.

1192. L'obligation est pure et simple, quoique contractée d'une manière alternative, si l'une des deux choses promises ne pouvait être le sujet de l'obligation.

1193. L'obligation alternative devient pure et simple, si l'une des choses promises périt et ne peut plus être livrée, même par la faute du débiteur. Le prix de cette chose ne peut pas être offert à sa place. — Si toutes deux sont péries, et que le débiteur soit en faute à l'égard de l'une d'elles, il doit payer le prix de celle qui a péri la dernière.

1194. Lorsque, dans les cas prévus par l'article précédent, le choix avait été déféré par la convention au créancier, — Ou l'une des choses seulement est périe, et alors, si c'est sans la faute du débiteur, le créancier doit avoir celle qui reste; si le débiteur est en faute, le créancier peut demander la chose qui reste, ou le prix de celle qui est périe; — Ou les deux choses sont péries, et alors, si le débiteur est en faute à l'égard des deux, ou même à l'égard de l'une d'elles seulement, le créancier peut demander le prix de l'une ou de l'autre, à son choix.

1195. Si les deux choses sont péries sans la faute du débiteur, et avant qu'il soit en demeure, l'obligation est éteinte, conformément à l'art. 1302.

1196. Les mêmes principes s'appliquent au cas où il y a plus de deux choses comprises dans l'obligation alternative.

SECTION IV. — *Des obligations solidaires.*

§ 1er. — De la solidarité entre les créanciers.

1197. L'obligation est solidaire entre plusieurs créanciers lorsque le titre donne expressément à chacun d'eux le droit de demander le paiement du total de la créance, et que le paiement fait à l'un d'eux libère le débiteur, encore que le bénéfice de l'obligation soit partageable et divisible entre les divers créanciers.

1198. Il est au choix du débiteur de payer à l'un ou à l'autre des créanciers solidaires, tant qu'il n'a pas été prévenu par les poursuites de l'un d'eux. — Néanmoins la remise qui n'est faite que par l'un des créanciers solidaires ne libère le débiteur que pour la part de ce créancier.

1199. Tout acte qui interrompt la prescription à l'égard de l'un des créanciers solidaires profite aux autres créanciers.

§ 2. — De la solidarité de la part des débiteurs.

1200. Il y a solidarité de la part des débiteurs lorsqu'ils sont obligés à une même chose, de manière que chacun puisse être contraint pour la totalité, et que le paiement fait par un seul libère les autres envers le créancier.

1201. L'obligation peut être solidaire quoique l'un des débiteurs soit obligé différemment de l'autre au paiement de la même chose, par exemple si l'un n'est obligé que conditionnellement, tandis que l'engagement de l'autre est pur et simple, ou si l'un a pris un terme qui n'est point accordé à l'autre.

1202. La solidarité ne se présume point, il faut qu'elle soit expressément stipulée.—Cette règle ne cesse que dans le cas où la solidarité a lieu de plein droit, en vertu d'une disposition de la loi.

1203. Le créancier d'une obligation contractée solidairement peut s'adresser à celui des débiteurs qu'il veut choisir, sans que celui-ci puisse lui opposer le bénéfice de division.

1204. Les poursuites faites contre l'un des débiteurs n'empêchent pas le créancier d'en exercer de pareilles contre les autres.

1205. Si la chose due a péri par la faute ou pendant la demeure de l'un ou de plusieurs des débiteurs solidaires, les autres codébiteurs ne sont point déchargés de l'obligation de payer le prix de la chose; mais ceux-ci ne sont pas tenus des dommages et intérêts. — Le créancier peut seulement répéter les dommages et intérêts, tant contre les débiteurs par la faute desquels la chose a péri que contre ceux qui étaient en demeure.

1206. Les poursuites faites contre l'un des débiteurs solidaires interrompent la prescription à l'égard de tous.

1207. La demande d'intérêts formée contre l'un des débiteurs solidaires fait courir les intérêts à l'égard de tous.

1208. Le codébiteur solidaire poursuivi par le créancier peut opposer toutes les exceptions qui résultent de la nature de l'obligation, et toutes celles qui lui sont personnelles, ainsi que celles qui sont communes à tous les codébiteurs.—Il ne peut opposer les exceptions qui sont purement personnelles à quelques uns des autres codébiteurs.

1209. Lorsque l'un des débiteurs devient héritier unique du créancier ou lorsque le créancier devient l'unique héritier de l'un des débiteurs, la confusion n'éteint la créance solidaire que pour la part et portion du débiteur ou du créancier.

1210. Le créancier qui consent à la division de la dette à l'égard de l'un des codébiteurs conserve son action solidaire contre les autres, mais sous la déduction de la part du débiteur qu'il a déchargé de la solidarité.

1211. Le créancier qui reçoit divisément la part de l'un des débiteurs, sans réserver dans la quittance la solidarité ou ses droits en général, ne renonce à la solidarité qu'à l'égard de ce débiteur.— Le créancier n'est pas censé remettre la solidarité au débiteur lorsqu'il reçoit de lui une somme égale à la portion dont il est tenu, si la quittance ne porte pas que c'est pour sa part. — Il en est de même de la simple demande formée contre l'un des codébiteurs pour sa part, si celui-ci n'a pas acquiescé à la demande, ou s'il n'est pas intervenu un jugement de condamnation.

1212. Le créancier qui reçoit divisément et sans réserve la portion de l'un des codébiteurs dans les arrérages ou intérêts de la dette ne perd la solidarité que pour les arrérages ou intérêts échus, et non pour ceux à échoir, ni pour le capital, à moins que le paiement divisé n'ait été continué pendant dix ans consécutifs.

1213. L'obligation contractée solidairement envers le créancier se divise de plein droit entre les débiteurs, qui n'en sont tenus entre eux que chacun pour sa part et portion.

1214. Le codébiteur d'une dette solidaire qui l'a payée en entier ne peut répéter contre les autres que les part et portion de chacun d'eux. — Si l'un se trouve insolvable, la perte qu'occasionne son insolvabilité se répartit, par contribution, entre tous les autres débiteurs solvables et celui qui a fait le paiement.

1215. Dans le cas où le créancier a renoncé à l'action solidaire envers l'un des débiteurs, si l'un ou plusieurs des autres codébiteurs deviennent insolvables, la portion des insolvables sera contributoirement répartie entre tous les débiteurs, même entre ceux précédemment déchargés de la solidarité par le créancier.

1216. Si l'affaire pour laquelle la dette a été contractée solidairement ne concernait que l'un des coobligés solidaires, celui-ci serait tenu de toute la dette vis-à-vis des autres codébiteurs, qui ne seraient considérés par rapport à lui que comme ses cautions.

SECTION V. — *Des obligations divisibles et indivisibles.*

1217. L'obligation est divisible ou indivisible, selon qu'elle a pour objet ou une chose qui, dans sa livraison, ou un fait qui, dans l'exécution, est ou n'est pas susceptible de division, soit matérielle, soit intellectuelle.

1218. L'obligation est indivisible, quoique la chose ou le fait qui en est l'objet soit divisible par sa nature, si le rapport sous lequel elle est considérée dans l'obligation ne la rend pas susceptible d'exécution partielle.

1219. La solidarité stipulée ne donne point à l'obligation le caractère d'indivisibilité.

§ 1er. — Des effets de l'obligation divisible.

1220. L'obligation qui est susceptible de division doit être exécutée entre le créancier et le débiteur comme si elle était indivisible. La divisibilité n'a d'application qu'à l'égard de leurs héritiers, qui ne peuvent demander la dette ou qui ne sont tenus de la payer que pour les parts dont ils sont saisis ou dont ils sont tenus comme représentant le créancier ou le débiteur.

1221. Le principe établi dans l'article précédent reçoit exception à l'égard des héritiers du débiteur, — 1° dans le cas où la dette est hypothécaire ; — 2° lorsqu'elle est d'un corps certain ; — 3° lorsqu'il s'agit de la dette alternative de choses au choix du créancier, dont l'une est indivisible ; — 4° lorsque l'un des héritiers est chargé seul, par le titre, de l'exécution de l'obligation ; — 5° lorsqu'il résulte, soit de la nature de l'engagement, soit de la chose qui en fait l'objet, soit de la fin qu'on s'est proposée dans le contrat, que l'intention des contractants a été que la dette ne pût s'acquitter partiellement. — Dans les trois premiers cas l'héritier qui possède la chose due ou le fonds hypothéqué à la dette peut être poursuivi pour le tout sur la chose due ou sur le fonds hypothéqué, sauf le recours contre ses cohéritiers. Dans le quatrième cas l'héritier est seul chargé de la dette, et dans le cinquième cas chaque héritier peut aussi être poursuivi pour le tout, sauf son recours contre ses cohéritiers.

§ 2. — Des effets de l'obligation indivisible.

1222. Chacun de ceux qui ont contracté conjointement une dette indivisible en est tenu pour le total, encore que l'obligation n'ait pas été contractée solidairement.

1223. Il en est de même à l'égard des héritiers de celui qui a contracté une pareille obligation.

1224. Chaque héritier du créancier peut exiger en totalité l'exécution de l'obligation indivisible. — Il ne peut seul faire la remise de la totalité de la dette; il ne peut seul recevoir le prix au lieu de la chose. Si l'un des héritiers a seul remis la dette ou reçu le prix de la chose, son cohéritier ne peut demander la chose indivisible qu'en tenant compte de la portion du cohéritier qui a fait la remise ou qui a reçu le prix.

1225. L'héritier du débiteur assigné pour la totalité de l'obligation peut demander un délai pour mettre en cause ses cohéritiers, à moins que la dette ne soit de nature à ne pouvoir être acquittée que par l'héritier assigné, qui peut alors être condamné seul, sauf son recours en indemnité contre ses cohéritiers.

SECTION VI. — Des obligations avec clauses pénales.

Art. 1226 et suivants.

La clause pénale est celle par laquelle une personne, pour assurer l'exécution d'une convention, s'engage à quelque chose en cas d'inexécution. — La peine peut être modifiée par le juge lorsque l'obligation principale a été exécutée en partie.

CHAPITRE V. — De l'extinction des obligations.

1251. Les obligations s'éteignent — par le paiement, — par la novation, — par la remise volontaire, — par la compensation, — par la confusion, — par la perte de la chose, — par la nullité ou la rescision, — par l'effet de la condition résolutoire, — et par la prescription, etc.

CHAPITRE VI.

OPERATIONS EN PRÉSENCE DES EXAMINATEURS.

§ 1er. — *Enregistrement d'actes contenant plusieurs dispositions.*

C'est ici surtout qu'il convient de se rappeler que les enregistrement doivent être clairs et précis, et renfermer l'analyse succincte de toutes les dispositions de l'acte, soit qu'elles donnent ou non ouverture à des droits.

Soit donné d'enregistrer un acte contenant un *règlement de compte*, une *quittance*, un *bail en paiement*, et une *mainlevée* d'inscription hypothécaire.

(Le défaut d'espace nous empêche de donner copie de l'acte.)

ENREGISTREMENT.

Du vingt avril mil huit cent trente-cinq,
Enregistré un règlement de compte entre Thomas *Molière*, propriétaire à Roybon, et Claude *Durand*, négociant à Viriville, duquel il résulte que Molière devait à Durand la somme de quatre mille deux cents francs, suivant une obligation reçue Me Denolly le 2 janvier 1827; que sur cette somme il lui en avait payé, sans énonciation d'acte enregistré, celle de *huit cents*, et avait servi les intérêts du reliquat jusqu'au 1er janvier 1834, et qu'en l'état Molière doit à Durand 1° le reste du capital.   3,400 f. » c.
2° Intérêts sur cette somme depuis le 1er janvier 1834 jusqu'au 10 avril 1835, jour de l'acte.   217   20

                                        Total. . . . 3,617   20

Pour se libérer de cette somme de trois mille six cent dix-sept francs vingt centimes, Molière abandonne en toute propriété et usufruit à Durand une maison située à Viriville, provenant de succession directe. Durand lui donne quittance entière pour capital et intérêts, et consent en même temps la radiation de l'inscription prise à son profit au bureau des hypothèques de Saint-Marcellin le 20 janvier 1827, vol. 70, n. 15.
A 50 cent. pour 100 fr. sur la quittance de 800 fr. non établie par acte,

12

plus sur les intérêts du capital entier pour les cinq dernières années, non
établis, payés par titre enregistré, ou sur 850 fr., total 1,650 fr. Reçu
huit francs trente centimes, ci. . . . .   8 f. 30 c.

     A 5 fr. 50 cent. pour 100 fr. sur 3,617 fr. 20 cent., reçu cent
quatre-vingt-dix-neuf francs dix cent, ci. 199 10

     (Il n'est dû aucun droit sur la mainlevée.)

     Passé devant Mᵉ Marchand, notaire à Thodure, le 10 avril 1835, con-
tenant trois rôles et un renvoi.

§ 2. — *Déclaration d'une succession soumise à une liquidation de communauté entre époux.*

     Une liquidation de communauté entre époux exige de la part des
employés la plus grande attention; et cette opération présente d'autant
plus de difficultés que les liquidations sont presque aussi variées que
les conventions : car il peut y avoir des capitaux à déterminer, des
intérêts à fixer, des indemnités à réclamer. Or le Code, qui donne des
règles pour les diverses sortes de contrat, n'en contient pointrea tive-
ment aux liquidations ; et cependant il importe que les préposés puissent établir une liquidation et en vérifier l'exactitude, puisque des reprises, des récompenses, des indemnités allouées mal à propos, doivent influer sur les droits dus à raison de la part de chaque héritier.

     Les préposés devront donc bien se pénétrer des dispositions des art.
1400 et suivants du Code civil, qui traitent de la *communauté*, de ce
qui compose la communauté activement et passivement ;

     De la dissolution de la communauté, du partage de l'actif;

     De la manière dont se forme le passif de la communauté, et de la
contribution des dettes.

     Ils devront également étudier avec soin les diverses modifications
dont est susceptible le régime de la communauté entre époux, d'après
les règles déterminées par les art. 1497 et suivants du Code civil :

     Ainsi, la communauté légale, conventionnelle, d'acquêts sous le
régime dotal, etc.,

     En observant que ces clauses, dont le Code trace les règles, sont
en effet les plus usuelles, et que les époux peuvent en ajouter ou en
inventer une foule d'autres ; mais ce qu'il faut bien remarquer, c'est
que la communauté légale forme le droit commun, et qu'ainsi, toutes
les fois qu'il n'est pas constant que les époux ont voulu y faire exception, il faut y revenir comme au principe général.

     Enfin ils devront se reporter au titre *Des successions.*

     Il conviendra aussi de consulter les instructions de l'administration,
n. 392, 405, 484, 809, 1113; 1146, § 4; 1156, § 6; 1263, § 3;

1293, § 6; 1347, § 5; 1437, § 8, et 1446, § 4, dont voici quelques uns des principes essentiels.

En règle générale, dans les déclarations de biens de la communauté après le décès de l'un des conjoints, il y a lieu d'admettre sur la masse commune la distraction des reprises de l'époux survivant, et de ne percevoir les droits de succession que sur la portion des biens de la communauté qui revient aux héritiers après ces prélèvements.

Il en résulte que, si le montant des reprises à exercer par le survivant doit être distrait de la valeur des biens de la communauté, lors de la déclaration du prédécédé, ceux-ci doivent comprendre dans leur déclaration les prélèvements qu'ils ont à faire du chef de leur auteur, et acquitter les droits dont ils sont susceptibles. (Inst. 809.)

Dans le cas où avant la déclaration il a été procédé à partage des biens de la communauté entre les héritiers et le survivant, chacun des copartageants est censé avoir hérité *ab initio* des biens qui lui sont échus (883 et 1476 C. civ.), et les héritiers ne doivent en conséquence déclarer que les biens qui forment leur dot.

Lorsque les héritiers du prédécédé, quel qu'il soit, ont des reprises à exercer sur la totalité ou sur une portion de la communauté qui a été attribuée au survivant en vertu des stipulations insérées dans le contrat de mariage, et ce, à raison des apports ou capitaux tombés dans la communauté du chef de leur auteur, ces reprises font partie de la succession du prédécédé, et les héritiers doivent acquitter les droits de mutation par décès sur le montant. (Inst. 1156, § 6.)

Enfin, lorsque les biens meubles et immeubles de la communauté ne suffisent pas pour les reprises de la veuve, les héritiers ne peuvent s'étayer sur les dispositions de l'inst. 809 pour prétendre que les droits de mutation ne doivent être perçus que sur le restant de la succession, après le prélèvement intégral de ces reprises, parce que le recours subsidiaire accordé à la femme par les art. 1436 et 1472 du C. civ. sur les biens personnels de son mari ne constitue pas un droit de propriété sur ces biens, mais seulement une action hypothécaire, et, par suite, une charge de la succession, dont il ne peut être fait distraction dans l'évaluation des biens à déclarer. (Inst. 1146, § 4.)

Soit donné de recevoir une déclaration de succession soumise à une liquidation de communauté légale.

Nous empruntons à MM. Rolland et Trouillet le mode suivant d'opérer :

Liquidation d'une communauté légale.

Masse active. Meubles, argent, créances. . . . . 22,000 fr.
Immeubles acquêts existant à la dissolution. 25,000

Reprises de la femme. Elle prélève une somme de 2,000 fr., qui lui a été
donnée en propre pendant le mariage, ci . . . .   2,000 fr.
Un immeuble appartenant par indivis à la femme a été acquis
pendant la communauté; la femme l'abandonne à la communauté, et a droit par conséquent de reprendre sa part, supposée de   1,000

       TOTAL des récompenses de la femme. . .   3,000 fr.

Mais elle doit récompense du prix d'une coupe de bois sur
des héritages à elle propres, laquelle coupe pouvait être faite,
et ne l'a point été, ci. . . . . — 4,000

Ainsi la récompense excède les reprises de.   1,000
Donc la communauté, au lieu de s'élever à   47,000
monte à . . . .   48,000 fr.

Récompenses du mari. Le mari était créancier de son père d'une somme
de 1,500 fr.; pour s'en libérer il lui abandonné un immeuble qui n'entre
point en communauté. Ainsi le mari doit récompense à la communauté de.   1,500 fr.
Pendant le mariage, une succession est échue au mari; elle
se compose de 2,000 fr. de meubles, d'après inventaire, et
d'une valeur immobilière de 4,000 fr.; mais elle était grevée
d'une dette de 300 fr. : la part des dettes à la charge des immeubles du mari est de 200 fr., dont il doit récompense, ci. .   200

       TOTAL des récompenses dues par le mari. . . .   1,700 fr.

Or la communauté était supposée de.   47,000
La récompense de la femme est de   1,000
Donc la masse à partager est de . . . .   49,700 fr.

dont moitié pour les héritiers du prédécédé, et moitié pour l'époux survivant.
  Si la communauté est acceptée pour la femme, les héritiers de la femme
prédécédée doivent déclarer 1° ses immeubles personnels; 2° la moitié de
la communauté, distraction faite des 1,000 fr. qu'ils ont rapportés; restent
23,850 fr. à déclarer, dont 12,500 en immeubles, et le surplus en mobilier.
  Si le mari est prédécédé, ses héritiers devront déclarer ses immeubles
personnels, les 24,850 fr. formant moitié des 49,700 fr. ci-dessus, sur lesquels il faut déduire la récompense de 1,700 fr. qu'ils ont rapportés; restent
23,150 fr. à déclarer, dont 12,500 fr. en immeubles, et le reste en mobilier.
  S'il y a renonciation à la communauté, les héritiers de la femme prédécédée doivent déclarer ses immeubles personnels, et l'excédant des reprises
sur les récompenses qu'elles devaient à la communauté.
  Les héritiers du mari prédécédé auraient à passer déclaration des immeubles qui lui étaient personnels, des biens effectifs qui se sont trouvés
dans la communauté lors de sa dissolution, et consistant en mobilier de
2,000 fr. et en 25,000 fr. d'immeubles, et de la récompense de 2,000 fr.
due par la veuve, toute défalcation faite de ses reprises.

§ 3. — *Rédaction d'un procès-verbal de contravention.*

Il est à observer qu'il y a divergence d'opinions sur la formule des procès-verbaux : les uns pensent qu'il faut les rédiger *à la requête du directeur général, poursuites et diligences du procureur du roi ;* d'autres sont d'avis qu'il convient de mettre : *à la requête du ministère public, poursuites et diligences de l'administration.*

Ce dernier mode paraît devoir être adopté, par le motif que, quand il s'agit de constater des contraventions à la loi sur le notariat, ainsi qu'à celle sur les patentes, mesures, etc., les employés agissent bien en qualité d'agents ou de mandataires de l'administration; mais comme elle *n'a mission que de constater le fait,* sans qualité pour poursuivre la condamnation du contrevenant, et que c'est le ministère public qui doit agir et requérir l'exécution de la loi, c'est à la requête du procureur du roi que les procès-verbaux doivent être dressés.

Cette opinion se trouve d'ailleurs appuyée de l'autorité de MM. les rédacteurs du *Journal de l'Enregistrement.*

Soit donné de rédiger un procès-verbal contre un notaire pour contravention à l'art. 16 de la loi du 25 ventôse an 11, sur le notariat :

« A la requête de M. le procureur du roi près le tribunal de première instance de (*celui dans l'arrondissement duquel se trouve le fonctionnaire qui a commis la contravention*), poursuites et diligences de M. le conseiller d'état directeur général de l'administration de l'enregistrement et des domaines, rue Castiglione, n. 1 *bis*, à Paris, qui fait élection de domicile chez M. N..., directeur au département d..., hôtel de la direction, à..., rue..., et, au besoin, au bureau de M. N..., receveur de l'enregistrement à... ;

» Je soussigné (*nom, prénoms et qualité de l'employé*), dûment commissionné et ayant serment en justice,

» CERTIFIE que, procédant à (*indiquer l'opération*), j'ai reconnu que dans un acte reçu Mᵉ N..., notaire à..., canton d..., le ... de ce mois, en présence de deux témoins, contenant vente par Jacques *Michaud* à Philippe *Pinchon* d'un hectare de terre au terroir de Varennes-en-Croix, enregistré au bureau de..., le ..., fol. 9, nº ..., case 8, il existe à la 15ᵉ ligne de la 1ʳᵉ page deux mots surchargés qui paraissent avoir été *cent vingt*, qui sont maintenant *deux cents*, et qui se trouvent entre les mots *moyennant* et *francs*.

» Attendu que la surcharge de ces deux mots, qui n'a pas même été approuvée, ainsi que je l'ai attentivement vérifié, constitue une contravention à l'art. 16 de la loi du 25 ventôse an XI, portant qu'il ne doit point y avoir de surcharge dans le corps de l'acte, à peine d'une amende de cinquante francs (réduite à 10 francs par la loi du 16 juin 1824, art. 10), ainsi que de tous dommages-intérêts, j'ai rapporté le présent procès-verbal pour servir et valoir ce que de raison.

» Fait à..., le (*date en toutes lettres*). »

§ 4. — *Rédaction d'un bordereau de recettes et dépenses par mois.*

Il devient impossible d'indiquer ici avec précision le mode de rédaction d'un bordereau mensuel des recettes et dépenses ; mais, ainsi qu'il a été dit au § 7 du chap. 1er, il suffit de suivre avec attention la division matérielle du cadre tout préparé envoyé par l'administration, ainsi que les indications qui y sont tracées pour chaque nature de recettes et dépenses.

L'on y portera avec soin les totaux des divers registres de recette et le montant par nature des dépenses acquittées dans le mois, consignées d'abord au sommier de dépouillement.

L'on effectuera la même opération pour le report dans la colonne *ad hoc* des totaux des mois antérieurs ; enfin les additions seront faites avec la plus grande exactitude, afin que les résultats soient conformes à ceux du sommier de dépouillement, et de manière à ce que chaque mois présente rigoureusement le montant par nature de toutes les recettes et de toutes les dépenses effectuées depuis le commencement de l'année.

EXAMEN

DE LA TROISIÈME ANNÉE.

CHAPITRE PREMIER.

HYPOTHÈQUES.

---

§ 1er. — Lois sur les hypothèques.
§ 2. — Registres des formalités hypothécaires.
§ 3. — Droits au profit du trésor.
§ 4. — Salaire des conservateurs.
§ 5. — Responsabilité des conservateurs.

Le but des hypothèques est de garantir l'efficacité des transactions, et de protéger avec un égal succès le citoyen qui veut du crédit et le citoyen qui peut en faire.

Et en effet le premier soin de deux personnes qui traitent ensemble est d'assurer l'exécution de leurs engagements. Le contrat suppose l'intention et contient la promesse de la remplir; mais la promesse n'est pas toujours sincère, et les moyens peuvent ne pas répondre à l'intention.

Concilier le crédit le plus étendu avec la plus grande sûreté, voilà le problème à résoudre.

Si les parties connaissaient leur situation respective, l'un n'obtiendrait que ce qu'il mérite, l'autre n'accorderait que ce qu'il peut accorder sans risque; il n'y aurait de part et d'autre ni réserve déplacée, ni surprise fâcheuse.

Si donc on trouve un moyen d'éclairer chaque citoyen sur l'état véritable de celui avec lequel il traite, il faut s'empresser de le saisir. On aura alors tout ce que désirent, tout ce que peuvent désirer les personnes de bonne foi, et, si la mauvaise foi s'en alarme, ce sera une preuve de plus en faveur de la mesure.

L'hypothèque affecte un immeuble à l'exécution d'un engagement : si le contractant n'était pas propriétaire, ou, ce qui revient au même, si cet immeuble était déjà absorbé par des affectations précédentes, l'hypothèque serait illusoire, et les conventions resteraient sans garantie.

Il n'est pas de législateur qui, frappé de cet inconvénient, n'ait cherché à y porter un remède. Les Grecs plaçaient sur l'héritage engagé des signes visibles qui garantissaient les créanciers de toute surprise (1). Il paraît que cet usage a été connu et pratiqué à Rome. Mais il y avait aussi de l'excès dans cette précaution : s'il est bon que les parties qui traitent aient une connaissance respective de leur état, il n'est pas également nécessaire de le proclamer pour ainsi dire par une affiche, et de l'annoncer à tous les instants aux personnes même qui n'ont aucun intérêt de le connaître.

Cet usage disparut et devait disparaître : il a suffi depuis, pour hypothéquer un immeuble, d'en faire la stipulation ; même l'hypothèque fut attachée de plein droit à toute obligation authentique.

On réparait un mal par un mal plus grand. Les signes apposés sur l'héritage affecté n'étaient fâcheux que pour le propriétaire, dont la situation devenait trop publique ; ils avaient du moins l'avantage de commander à tous les citoyens de la prudence et de la réserve lorsqu'ils traitaient avec lui.

Mais l'hypothèque donnée par des actes occultes ne laissait aucune garantie contre la mauvaise foi.

L'homme qui semble fournir le plus de sûreté est souvent celui qui en donne le moins, et l'hypothèque acquise par un citoyen modeste et probe se trouvait enlevée par une foule d'hypothèques antérieures, dont il n'avait pas même pu soupçonner l'existence.

De là naissaient des discussions multipliées et ruineuses, dont l'effet, le plus souvent, était de dévorer le gage des créanciers, dépouillés comme le débiteur lui-même.

Les lois ne présentaient que de vaines ressources contre tant de maux. Le créancier pouvait faire déclarer par le débiteur que ses biens étaient libres ; et si la déclaration était fausse, on avait la contrainte par corps contre le débiteur ; mais on n'exigeait pas toujours cette déclaration, et quand on l'avait exigée, elle ne tenait pas lieu au créancier du gage qui avait disparu.

Le système actuel des hypothèques consiste en un juste milieu entre l'usage de ces marques extérieures apposées sur les héritages affectés, qui plaçaient à tous les instants, et sous les yeux de tous, la situation affligeante d'un citoyen, et cette obscurité fatale qui livrait sans défense la bonne foi à l'intrigue et à la perversité.

Ce système peut se résumer en ces mots :

Les actes produisant hypothèque seront inscrits dans un registre,

_____

(1) Un poteau placé sur l'immeuble annonçait qu'il n'était pas libre, et que ce bien formait le gage de quelque créance.

et les personnes intéressées pourront vérifier si le gage qu'on leur propose est libre, ou jusqu'à quel point il péut être affecté.

§ 1er. — *Lois sur les hypothèques.*

Loi du 21 ventôse an 7, sur l'organisation de la conservation des hypothèques.

Art. 1er. La conservation des hypothèques est remise à la régie nationale de l'enregistrement; elle en confiera l'exécution aux receveurs de l'enregistrement, dans les lieux et suivant les formes qui seront ci-après déterminés.

2. Il y aura un bureau de la conservation des hypothèques par chaque arrondissement de tribunal de police correctionnelle; il sera placé dans la commune où siége le tribunal.

Si, dans le même arrondissement, le tribunal civil et le tribunal de police correctionnelle siégent dans deux communes différentes, le bureau sera placé dans la commune où siégera le tribunal civil.

3. Les préposés de la régie à la conservation des hypothèques seront chargés 1° de l'exécution des formalités civiles prescrites pour la conservation des hypothèques et la consolidation des mutations de propriétés immobilières; 2° de la perception des droits établis au profit du trésor public pour chacune de ces formalités.

4. Avant d'entrer en exercice, chaque préposé fera enregistrer sa commission au greffe du tribunal civil du département; il y prêtera le serment prescrit par la loi du 19 fructidor an 5, et celui de remplir avec fidélité et exactitude les fonctions qui lui sont confiées.

5. Le préposé fournira en outre un cautionnement en immeubles. Il sera payé, pour l'enregistrement dudit cautionnement, un droit fixe d'un franc. — Le cautionnement sera reçu par le tribunal civil de la situation des biens contradictoirement avec le commissaire du directoire exécutif près le même tribunal.

6. Le préposé sera tenu de faire recevoir son cautionnement et d'en justifier à la régie nationale dans le mois de l'enregistrement de sa commission; il déposera dans le même délai une expédition de la réception dudit cautionnement au greffe du tribunal civil dans l'arrondissement duquel il remplira ses fonctions.

7. L'inscription du cautionnement sera faite à la diligence et aux frais du préposé. — Elle subsistera pendant toute la durée de sa responsabilité, sans avoir besoin d'être renouvelée.

8. Le cautionnement ci-dessus demeure spécialement et exclusivement affecté à la responsabilité du préposé à la conservation des hypothèques pour les erreurs et omissions dont la loi le rend garant envers les citoyens.

Cette affectation subsistera pendant toute la durée des fonctions et dix années après; passé lequel délai les biens servant de cautionnement seront affranchis de plein droit de toutes actions de recours qui n'auraient point été intentées dans cet intervalle.

9. Les préposés à la conservation des hypothèques auront domicile au bureau où ils rempliront leurs fonctions pour les actions auxquelles leur responsabilité pourrait donner lieu.

Ce domicile est de droit; il durera aussi long-temps que la responsabilité des préposés; toutes poursuites à cet égard pourront y être dirigées contre eux, quand même ils seraient sortis de place, ou contre leurs ayant-cause.

10. Le passage d'un bureau dans un autre n'emportera point l'obligation d'un nouveau cautionnement; celui déjà fourni subsistera pour le nouveau bureau, sauf à suppléer, s'il y a lieu.

11. Le cautionnement sera :

De 20,000 francs pour une population de cinquante mille individus et au dessous;

De 30,000 francs pour une population de cinquante mille à cent mille individus;

De 40,000 francs pour une population de cent mille à cent cinquante mille individus;

De 50,000 francs pour une population de cent cinquante mille à deux cent mille individus, et au dessus.

Il sera de 100,000 francs pour la commune de Paris.

12. En cas d'absence ou d'empêchement d'un préposé, il sera suppléé par le vérificateur ou l'inspecteur de l'enregistrement dans le département, ou bien, à leur défaut, par le plus ancien surnuméraire du bureau.

Le préposé demeurera garant de cette gestion, sauf son recours contre ceux qui l'auront remplacé.

13. S'il y a vacance d'un bureau par mort ou autrement, le cas de démission excepté, il sera rempli provisoirement par le vérificateur ou l'inspecteur de l'enregistrement, ou bien, à leur défaut, par le plus ancien surnuméraire du bureau.

Ils demeureront responsables de leur gestion. La régie pourvoira sur-le-champ à la place vacante.

14. Nul préposé démissionnaire ne pourra quitter ses fonctions avant l'installation de son successeur, à peine de répondre de tous dommages-intérêts auxquels la vacance momentanée du bureau pourrait donner lieu.

15. Le traitement des préposés à la conservation des hypothèques est réglé par les remises accordées sur les recettes aux receveurs de l'enregistrement, et il leur sera payé par les requérants, pour les actes qu'ils délivreront, outre le papier timbré, le salaire énoncé au tarif. (V. ci-après, § 4, *Salaire des conservateurs*.)

16. Les registres servant à recevoir les actes du nouveau régime hypothécaire seront en papier timbré; les préposés les feront coter et parapher à chaque feuillet par le président de l'administration municipale du lieu.

Cette formalité sera remplie dans les trois jours de la présentation des registres, et sans frais.

17. Les actes seront datés et consignés de suite, sans blanc, et jour par jour; ils seront numérotés suivant le rang qu'ils tiendront dans les registres, et signés du préposé.

18. Outre les registres mentionnés en l'article 16, les préposés tiendront un registre sur papier libre dans lequel seront portés par extrait, au fur et à mesure des actes, sous le nom de chaque grevé, et à la case qui lui sera destinée, les inscriptions à sa charge, les transcriptions, les radiations et les autres actes qui le concernent, ainsi que l'indication des registres où chacun de ces actes sera porté et les numéros sous lesquels ils y seront consignés.

19. Il sera perçu au profit du trésor public, conformément à l'article 62 du titre 4 de la loi du 9 vendémiaire an 6, un droit sur l'inscription des créances hypothécaires et sur la transcription des actes emportant mutation de propriétés immobilières.

20. Le droit d'inscription des créances hypothécaires sera 1° d'un pour deux mille du capital de chaque créance hypothécaire antérieure à la promulgation de la loi du 11 brumaire dernier; 2° d'un pour mille du capital des créances postérieures à ladite époque.

21. Il ne sera payé qu'un seul droit d'inscription pour chaque créance, quel que soit d'ailleurs le nombre des créanciers requérants ou celui des débiteurs grevés.

22. S'il y a lieu à inscription d'une même créance dans plusieurs bureaux, le droit sera acquitté en totalité dans le premier bureau; il ne sera payé pour chacune des autres inscriptions que le simple salaire du préposé, sur la représentation de la quittance constatant le paiement entier du droit lors de la première inscription.

En conséquence, le préposé, dans le premier bureau, sera tenu de délivrer à celui qui paiera le droit, indépendamment de la quittance au pied du bordereau d'inscription, autant de duplicata de ladite quittance qu'il lui en sera demandé. — Il sera payé au préposé vingt centimes par chaque duplicata, outre le papier timbré.

23. L'inscription des créances appartenant à l'état, aux hospices civils et autres établissements publics, sera faite sans avance du droit d'hypothèque et des salaires des préposés.

24. Toutes les fois que l'inscription aura lieu sans avance du droit et des salaires, le préposé sera tenu 1° d'énoncer, tant sur le registre que sur le bordereau à remettre aux requérants, que les droits et salaires sont dus; 2° d'en poursuivre le recouvrement sur les débiteurs dans les deux décades après la date de l'inscription.

Ces poursuites s'exerceront suivant les formes établies pour le recouvrement des droits d'enregistrement.

25. Le droit sur la transcription des actes emportant mutation de propriétés immobilières sera de un et demi pour cent du prix intégral desdites mutations, suivant qu'il aura été réglé à l'enregistrement.

26. Si le même acte donne lieu à transcription dans plusieurs bureaux, le droit sera acquitté ainsi qu'il est porté à l'art. 22 ci-dessus pour les inscriptions. (Pour le droit de transcription, voyez la loi de 1816.)

27. Hors les cas d'exception prononcés par la présente loi et par celle du 11 brumaire dernier, les droits et salaires dus pour les formalités hypothécaires seront payés d'avance par les requérants.

Les préposés en expédieront quittance au pied des actes et certificats par eux remis et délivrés; chaque somme y sera mentionnée séparément et en toutes lettres.

28. Les dispositions de la loi du 29 messidor an 3 sur le régime hypothécaire, provisoirement maintenues par l'art. 55 de la loi du 11 brumaire dernier, sont et demeurent rapportées.

(Les art. 29, 30, 31, 32, 33, 34, 35, 36, 37 et 38, sont maintenant sans objet.)

29. Il sera placé dans chaque bureau de la conservation des hypothèques un tableau divisé en trois colonnes:

La première contiendra, par ordre alphabétique, les noms des communes de l'arrondissement;

La seconde désignera l'ancien arrondissement dont chacune d'elles faisait partie;

La troisième indiquera dans quel bureau de la nouvelle organisation hypothécaire auront été déposés les registres des inscriptions et transcriptions antérieures à sa mise en activité et relatives à chaque commune. (Circ. 1539.)

(Extrait de la loi du 28 avril 1816.)

TITRE VII. — § 2. *Des hypothèques.*

60. Le droit d'inscription des créances hypothécaires sera de un pour mille, sans distinction des créances antérieures ou postérieures à la loi du 11 brumaire an 7. — La perception de ces droits suivra les sommes et valeurs de 20 fr. en 20 fr. inclusivement, et sans fraction.

61. Les actes de transmission d'immeubles et droits immobiliers susceptibles de transcription ne seront assujettis à cette formalité que pour un droit fixe de 1 fr., outre le droit du conservateur, lorsque les droits en auront été acquittés de la manière prescrite par les art. 52 et 54 de la présente loi.

(Voir ci-après, livre III, tit. VIII, du Code civil.)

§ 2. — *Registre des formalités hypothécaires.*

Les registres d'une conservation d'hypothèques sont ou de *formalité*, ou de *manutention.*

Les registres de *formalité* sont au nombre de cinq; ils sont en papier timbré, cotés et paraphés à chaque page, par première et dernière, par l'un des juges du tribunal dans le ressort duquel le bureau est établi. (Circ. 2201, Instr. 233); ils sont arrêtés chaque jour. (Instr. 373; Circ. 14 fév. 1807.)

Ces registres sont :

1° *Registre de dépôt*, sur lequel le conservateur inscrit, jour par jour, et par ordre numérique, les remises qui lui sont faites d'actes de mutation pour être transcrits, ou de bordereaux pour être inscrits.

On y indique le numéro du bulletin de remise des pièces, les noms et prénoms des requérants, les noms et prénoms des grevés ou vendeurs, le nombre et la nature des pièces, la désignation de la formalité à donner et de la somme portée en l'acte, les numéros et folios du registre où le droit a été porté en recette, et de celui où l'acte a reçu la formalité. (Instr. 276, § 1.)

Une reconnaissance du dépôt est remise à la partie; cette reconnaissance doit être sur papier timbré, ou timbré à l'extraordinaire. (Art. 2200 C. civ.)

La quotité du timbre à rembourser par les parties au conservateur est de 6 centimes par chaque enregistrement, qui, joints aux 35 centimes pour le timbre du bulletin, forment un total de 41 centimes. (Instr. 233, 276, 316, 494, 505; Circ. 7 juin 1809, 20 déc. 1811.)

Il est à observer que, lorsque la partie dépose en même temps plusieurs pièces, le conservateur ne peut l'obliger à prendre plus d'une reconnaissance. (Instr. 433, § 6; 1303, § 24.)

C'est sur le registre de dépôt que s'effectue la recette des droits d'inscription et de transcription perçus au profit du trésor.

2° *Registre des inscriptions*, destiné à la copie des bordereaux d'inscription de créances. (Art. 2150 C. civ.)

On portera sur ce registre trente-cinq lignes par page et treize syllabes par ligne : les conservateurs doivent se conformer à cette fixation pour le calcul des droits de timbre à rembourser par les parties. (Instr. 1433.)

3° *Registre de transcription.* Il sert à transcrire tous les actes de mutation. (Art. 2181 C. civ.)—On portera sur ce registre trente-cinq lignes par page, et dix-huit syllabes par ligne. (Instr. 494, 1432.)

4° *Registre de transcription de saisie*, destiné à transcrire les procès-verbaux de saisie immobilière. (Art. 677 C. proc. civ.)

5° *Registre pour l'enregistrement des originaux de dénonciation de saisie, et de ceux de notification de placards aux créanciers inscrits,* ouvert en vertu des art. 681 et 696 C. proc. civ.

Ces divers registres, et notamment celui du dépôt, doivent être exactement arrêtés chaque jour.

Les arrêtés doivent être écrits de la main du conservateur, et signés par lui, sous les peines portées par l'art. 2201 C. civ.; ils doivent contenir l'indication des jours fériés.

L'arrêté à faire chaque jour sur chacun des registres de formalité doit être porté sur une ligne distincte et spéciale.

On conservera entre les lignes l'intervalle indiqué par les traits dont sont marqués les registres de transcription, et l'on observera sur les autres un espace égal.

Le timbre de ces arrêtés est une charge de l'emploi. (Instr. 1433.)

Indépendamment de ces registres, il y a encore :

1° Le *registre des salaires*, qui est en même temps un registre de *recette*, par rapport à la moitié des salaires de transcription qui est attribuée au trésor.

Sur ce registre les conservateurs portent, jour par jour, et par suite de numéros, tous les salaires qu'ils reçoivent.

Ce registre, non timbré, doit, par mesure d'ordre, être arrêté comme les autres registres de formalité. (Instr. 494 et 665.)

Toutefois les conservateurs porteront à ce registre, à la fin de chaque mois, en une seule ligne, 1° le nombre des articles enregistrés pendant le mois au registre du dépôt, des bordereaux à inscrire et des actes de mutation à transcrire, ainsi que le montant en masse des salaires de ces articles; 2° le nombre des inscriptions faites pendant le mois, et la totalité des salaires pour ces inscriptions. (Circ. du 17 sept. 1812.)

Les omissions seraient de véritables soustractions au préjudice de la caisse des retraites, au profit de laquelle s'exerce une retenue de 5 pour 100 sur les salaires. (Instr. 665.)

Les salaires de transcription ne doivent être portés au registre des salaires qu'après la transcription des actes.

Mais les conservateurs devront indiquer, en marge de chaque transcription, le montant des salaires, ainsi que le numéro du registre-journal sous lequel ils ont été portés en recette, et, réciproquement, faire mention, au registre des salaires, de la date et du numéro de la transcription. (Instr. 1433.)

Il est également de bon ordre d'émarger chacune des formalités tant sur les registres que sur les pièces et certificats délivrés du numéro correspondant du registre des salaires.

2° *Registre du visa pour timbre.* Les conservateurs tiennent un registre de *visa* pour les bordereaux, états et certificats d'inscriptions qui, aux termes des lois et instructions de l'administration, doivent être visés pour valoir timbre. (Circ. 1500, 1539, 1676 et 2034; Instr. 233, 442.) L'usage de ce registre étant restreint au visa des seules pièces ci-dessus, aucun des inconvénients que les arrêtés quotidiens des registres de recette ont pour objet de prévenir ne peut se présenter; en conséquence les conservateurs ont été dispensés par l'instr. n. 1531 de l'arrêter jour par jour.

Les registres de *manutention* sont:

1° *Répertoire des formalités.* Ce registre, en papier libre, est servi de l'extrait, sous le nom de chaque grevé, à la case qui lui est destinée, des inscriptions, transcriptions, radiations, et des autres actes qui le concernent, ainsi que de l'indication des registres où chacun de ces actes sera porté.

Toutes les formalités requises doivent y être portées avec le plus grand soin, ce registre devant offrir en quelque sorte le bilan hypothécaire de chaque particulier. (Circ. 1539, 1570; Instr. 316, 1081.)

2° *Table du répertoire.* Pour faciliter l'usage du répertoire, les conservateurs tiennent toujours au courant une table alphabétique des noms placés en tête de chaque case, et qui est servie d'après les colonnes qu'elle contient. (Circ. 1539.)

Il a été procédé en 1823 à une refonte des tables alphabétiques du répertoire; cette refonte a été faite en établissant une table générale dans la forme de dictionnaire, par les cinq premières lettres de chaque nom propre. (Instr. 1081, 1088.)

3° *Sommier des droits d'hypothèques.* D'après l'inst. 1358, il est tenu deux sommiers de droits d'hypothèques, l'un pour les droits constatés, l'autre pour les droits en suspens.

4° *Table des majorats.* Pour faciliter les recherches relatives à la transcription, il est tenu une table de renseignements (Instr. 413, 423.)

Indépendamment de ces divers registres, les conservateurs tiennent également, dans les formes fixées, le *journal des dépenses,* les sommiers d'*ordre,* de *correspondance,* etc.

§ 3. — *Droits au profit du trésor.*

La perception des droits d'hypothèques sur le montant des créances à inscrire et sur le prix des mutations à transcrire avait d'abord été attribuée aux receveurs de l'enregistrement par l'art. 1er de l'arrêté du 5 frimaire an 7. Le conservateur ne pouvait donner la formalité que sur la quittance du receveur. (Circ. 1454.)

L'art. 3 de la loi de ventôse an 7 confia la recette aux conservateurs; il a été depuis dérogé à cet article, mais seulement en ce qui concerne la transcription des actes postérieurs à la loi du 28 avril 1816. Le droit pour les ventes est joint à celui d'enregistrement, et ne forme qu'un avec lui. Quant aux autres actes de nature à être transcrits, le droit est exigé en sus de celui d'enregistrement dont ces actes sont susceptibles. (Art. 52 et 54 de la loi du 28 avril 1816.)

La perception suit les sommes et valeurs de 20 en 20 francs inclusivement et sans fraction.

Quand les valeurs sont susceptibles d'être estimées, c'est à l'inscrivant à les évaluer dans son bordereau. (2148 C. civ.) S'il s'agissait d'un acte à transcrire, le conservateur suivrait l'estimation donnée lors de l'enregistrement. Enfin, si, en raison de l'ancienneté de l'acte, il n'avait pas été fait d'évaluation, les parties sont tenues d'y suppléer.

Les droits doivent être payés d'avance par le requérant, aux termes de l'art. 27 de la loi de ventôse; le conservateur ne pourrait rien croiser sur ses registres, sous le prétexte qu'ils n'auraient pas été acquittés. (Circ. 1539.)

Les formalités étant facultatives, la loi n'a pu attacher aucune peine fiscale au retard quelconque dans leur accomplissement; le droit simple est le seul exigible.

Les frais d'inscription sont, à moins de stipulation contraire, à la charge du débiteur; l'inscrivant en fait l'avance et en obtient le remboursement.

Il n'est établi d'exception que s'il s'agit d'hypothèque légale; c'est au conservateur à exercer, pour le droit d'inscription et salaire, le recours que la loi lui donne contre le débiteur.

Les comptables publics sont tenus de rembourser le timbre des bordereaux et des registres et les salaires; mais ils ne paient les droits que lorsque la créance devient réelle. (Instr. 350.)

Les frais de transcription sont à la charge des nouveaux possesseurs; l'acquéreur est obligé de les acquitter; toutefois le vendeur est tenu de les avancer lorsque c'est lui qui requiert la formalité. (Art. 27 de la loi de ventôse.)

Dès que la remise d'un acte est constatée sur le registre de dépôt, les formalités sont censées accomplies; le droit est acquis au trésor.

Les droits perçus au profit du trésor sont de deux espèces : *droits d'inscription* et *droits de transcription*.

Le droit d'*inscription* des créances hypothécaires est de 1 pour 1,000 sans distinction des créances antérieures ou postérieures à la loi du 11 brumaire an 7. (Art. 60 de la loi du 28 avril 1816.)

Il n'est payé qu'un seul droit d'inscription pour chaque créance, quel que soit d'ailleurs le nombre des créanciers requérants, ou celui des débiteurs grevés. (Art. 21 de la loi de ventôse.)

L'art. 22 de la même loi détermine la marche à suivre s'il y a lieu à l'inscription d'une même créance dans plusieurs bureaux. (V. le texte.)

L'inscription des créances appartenant à l'état, celle des hypothèques légales des communes et des établissements publics sur les biens de leurs receveurs ou administrateurs comptables; celles des mineurs, des interdits, sur leurs tuteurs; des femmes mariées, sur leurs époux, se font sans avance du droit d'hypothèque et des salaires du conservateur, pour lequel celui-ci a son recours contre le débiteur grevé. (Art. 2153 et 2155 C. civ.)

Les inscriptions pour le trésor public et le domaine se font sans avance des droits ni salaires, lorsqu'elles sont nécessaires au recouvrement des droits et amendes. (Instr. 316.)

Toutes les formalités sont, dans ces divers cas, données en débet, à charge par le conservateur d'en suivre le recouvrement.

La formalité est donnée gratis pour les inscriptions et le renouvellement relatifs aux rentes comprises dans les donations.

Lorsque l'inscription est indéfinie, c'est-à-dire qu'elle a pour objet la conservation d'un simple droit d'hypothèque éventuel, sans créance existante, elle n'est point sujette au droit proportionnel. (Art. 1er de la loi du 6 messidor an 7 ; — Circ. 1676.)

Si le droit éventuel qui a donné lieu à l'inscription indéfinie se convertit en créance réelle, le droit proportionnel est dû sur le capital de la créance. (Art. 2 de la même loi.)

Droit de transcription. Le droit sur la transcription des actes emportant mutation de propriétés immobilières avait été fixé, par l'article 25 de la loi du 25 ventôse an 7, à 1 fr. 50 pour 100 du prix intégral des mutations, ainsi que ce prix aurait été réglé à l'enregistrement.

Mais la loi du 8 avril 1816, après avoir, par l'art. 54, disposé que, dans tous les cas où les actes seraient de nature à être transcrits, le droit serait perçu à l'enregistrement, a ajouté, art. 61 : « Les actes de transmissions d'immeubles et droits immobiliers susceptibles de transcription ne seront assujettis à cette formalité que pour un droit fixe de 1 fr., outre le salaire du conservateur, lorsque les droits proportionnels auront été acquittés de la manière prescrite par les art. 52 et 54 de la loi du 28 avril 1816. »

Il suit de là que *le droit porportionnel de transcription n'est exigible aux hypothèques qu'autant qu'il n'aurait pas été perçu à l'enregistrement ; dans tous les autres cas, il n'est dû que 1 fr. fixe.*

Le droit de transcription n'est pas dû pour les acquisitions ni pour les échanges faits pour le compte de l'état. (Inst. 366.)

Il n'est dû pour la transcription d'une adjudication en faveur de l'administration de l'enregistrement, sur des poursuites de saisie immobilière, ni droit d'hypothèque, ni salaire du conservateur, ni timbre des registres, dont le montant doit être déduit de la débite. (Inst. 202.)

§ 4. — *Salaire des conservateurs.*

Les *salaires* des conservateurs consistent dans le prix de la formalité, payé directement par les parties intéressées.

La loi du 21 ventôse an 7 avait fixé les salaires des conservateurs ; mais, vu leur insuffisance, et eu égard à leurs travaux et à leur responsabilité, ils ont été augmentés par un décret du 21 septembre 1810, et sont réglées ainsi qu'il suit (Inst. 494) :

1° Pour l'enregistrement et la reconnaisssance des dépôts d'actes de mutation pour être transcrits, ou de bordereaux pour être inscrits, 25 centimes.

2° Pour l'inscription de chaque droit d'hypothèque ou privilége, quel que soit le nombre des créanciers, si la formalité est requise par le même bordereau, 1 fr.

3° Pour chaque inscription faite d'office par le conservateur en vertu d'un acte de propriété soumis à la transcription, 1 franc.

4° Pour chaque déclaration soit de changement de domicile, soit de subrogation, soit de tous les deux par le même acte, 50 c.

5° Pour chaque radiation d'inscription, 1 fr.

6° Pour chaque extrait d'inscription, ou certificat qu'il n'en existe aucune, 1 fr.

7° Pour la transcription de chaque acte de mutation, par rôle d'écriture du conservateur, contenant vingt-cinq lignes à la page et dix-huit syllabes à la ligne, 1 fr.

8° Pour chaque certificat de non-transcription d'acte de mutation, 1 franc.

9° Pour les copies collationnées des actes déposés ou transcrits dans les bureaux des hypothèques, par rôle d'écriture du conservateur, contenant vingt-cinq lignes à la page et dix-huit syllabes à la ligne, 1 franc.

10° Pour chaque duplicata de quittance, 25 c.

11° Pour la transcription de chaque procès-verbal de saisie immobilière (art. 67 du Code de proc. civ.), par rôle d'écriture du conservateur, contenant vingt-cinq lignes à la page et dix-huit syllabes à la ligne, 1 fr.

12° Pour l'enregistrement et la dénonciation de la saisie immobilière au saisi, et la mention qui en est faite en marge du registre (art. 681 du Code de proc. civ.), 1 fr.

13° Pour l'enregistrement de chaque exploit de notification de placards aux créanciers inscrits (art. 696 du Code), tenant lieu de l'inscription des exploits de notification des procès-verbaux d'affiches, 1 franc.

14° Pour l'acte du conservateur constatant son refus de transcription en cas de précédente saisie (art. 679 du Code), 1 fr.

15° Pour la radiation de la saisie immobilière (art. 676 du même Code), 1 fr.

Le tarif des salaires doit être affiché dans l'endroit le plus apparent du bureau. (Circ. 7 juin 1809.)

Les salaires sont payables d'avance par les requérants. (Circ. 1539.)

Le salaire n'est exigible que sur la pièce délivrée. (Instr. 530.)

Il convient d'ajouter à ce qui a été dit dans le premier examen que la défense de donner des notes non signées s'étend à tous les moyens propres à éluder la publicité par écrit : ainsi ouvrir le répertoire aux personnes voulant connaître la situation d'un individu, leur montrer des inscriptions, des transcriptions, dont elles ne prennent pas les extraits ou les copies.

La recherche et le certificat ne font qu'un et ne donnent lieu qu'au salaire du certificat. (Instr. 547.)

Le conservateur qui exigerait de plus forts salaires que ceux fixés serait considéré comme concussionnaire et puni comme tel, quelle que soit la forme employée pour couvrir l'irrégularité de la perception. (Instr. 547.)

Les conservateurs doivent donner des quittances libellées, datées et signées, de leurs salaires, sur les actes remis aux requérants, sans jamais les confondre avec les droits perçus par le trésor.

Les salaires sont portés chaque jour au regître *ad hoc*, et avec une scrupuleuse exactitude.

Depuis la loi du 28 avril 1816, les conservateurs des hypothèques portent en recette, pour le compte du trésor, la moitié des salaires pour la transcription des actes de mutation. (Instr. 719.)

Cette recette est passible des remises ordinaires.

Lorsque les inscriptions et autres formalités sont requises pour le compte du trésor, et qu'elles se font sans aucune avance, elles ont lieu en *débet*, et les conservateurs ne reçoivent leurs salaires que lors du recouvrement des droits.

Les salaires en *débet* ne se prescrivent que par trente ans.

Il n'est point dû de salaires pour la rectification des erreurs que les conservateurs ont commises dans leurs écritures, et qu'ils réparent par de nouvelles formalités.

Enfin il est quelques rares circonstances où les salaires sont en *pure perte :* ainsi lorsque des inscriptions ont été mal à propos requises par les agents de l'administration, ou lorsque le débiteur du trésor n'offre aucune solvabilité, etc.

L'application des divers articles du tarif des salaires donne lieu parfois à des difficultés : pour leur solution, ainsi que pour tout ce qui se rattache aux hypothèques, MM. les surnuméraires consulteront avec succès, indépendamment des dictionnaires des rédacteurs et de MM. Rolland et Trouillet, le *Traité des formalités hypothécaires* de M. Baudot.

§ 5. — *Responsabilité des conservateurs.*

Responsabilité envers le public.

Le cautionnement fourni en immeubles par le conservateur demeure spécialement et exclusivement affecté à sa responsabilité pour les erreurs et omissions dont la loi le rend garant envers les particuliers. (Art. 8 de la loi du 21 ventôse an 7.)

Cette affectation subsistera pendant toute la durée des fonctions, et dix ans après. (Même art.)

« Les conservateurs sont responsables du préjudice résultant 1° de l'omission, sur leurs registres, des transcriptions d'actes de mutation et des inscriptions requises dans leur bureau ; 2° du défaut de mutation dans leurs certificats d'une ou de plusieurs inscriptions existantes, à moins, dans ce dernier cas, que l'erreur ne provînt de désignations insuffisantes qui ne pourraient leur être imputées. » (Art. 2197 du C. civ.)

« L'immeuble à l'égard duquel le conservateur aurait omis dans ses certificats une ou plusieurs des charges inscrites en demeure, sauf la responsabilité du conservateur, est affranchi dans les mains du nouveau possesseur, pourvu qu'il ait requis le certificat depuis la transcription de son titre ; sans préjudice néanmoins du droit des créanciers de se faire colloquer suivant l'ordre qui leur appartient, tant que le prix n'a pas été payé par l'acquéreur, ou tant que l'ordre fait entre les créanciers n'a pas été homologué. » (Art. 2198.)

« Dans aucun cas les conservateurs ne peuvent refuser ni retarder la transcription des actes de mutation, l'inscription des droits hypothécaires, ni la délivrance des certificats requis, sous peine de dommages-intérêts des parties ; à l'effet de quoi procès-verbaux des refus ou retardements seront, à la diligence des requérants, dressés sur-le-champ soit par un juge de paix, soit par un huissier audiencier du tribunal, soit par un autre huissier ou un notaire assisté de deux témoins. » (Art. 2199.)

L'omission d'une des indications *essentielles* contenues dans le bordereau équivaut à l'omission totale de l'inscription, et donne lieu à la même responsabilité : le conservateur en demeure garant, comme ne s'étant pas conformé à l'art. 2150 du Code, qui veut qu'il fasse mention sur son registre du contenu aux bordereaux.

Le conservateur qui omettrait de transcrire un acte déposé, qui le transcrirait à une autre date que celle du dépôt, ou qui enfin refuserait ou retarderait de le transcrire, est donc responsable du préjudice qu'il cause aux parties ; il répond également des pertes qui seraient la suite d'une transcription incomplète ; la même responsabilité s'étend aux inscriptions et aux états qui en sont fournis.

Le conservateur qui délivre un certificat constatant qu'il n'existe pas d'inscription contre un individu, tandis qu'il y en a, est tenu des dommages-intérêts envers les tiers qui, sur la foi du certificat, contracteraient avec cet individu.

Sa condition serait la même s'il attestait qu'un acte qui a été transcrit ne l'est pas.

Il répond des omissions faites dans les transcriptions des contrats, et demeure garant du préjudice qu'elles peuvent causer.

S'il avait négligé de prendre d'office des inscriptions en faveur des vendeurs, prêteurs de fonds, s'il ne les avait faites que postérieurement à la transcription, ou qu'elles fussent irrégulières, il en serait responsable.

Toutefois le conservateur n'est tenu, d'après l'art. 2108 du Code civil, que des dommages-intérêts envers les tiers auxquels l'erreur ou l'omission porterait préjudice.

C'est aux parties à prouver et à établir le préjudice qu'elles éprouvent : car, encore bien qu'un conservateur se soit trompé, qu'il ait omis quelques inscriptions dans un état, ou négligé de transcrire, d'inscrire d'office, etc., il serait possible qu'en raison de la solvabilité des parties, il ne résultât de ces oublis aucun inconvénient, aucune perte, ce qui rendrait illusoire la responsabilité. Pour être tenu de réparer un dommage, il faut que celui-ci ait une existence positive et réelle.

Le conservateur n'est point responsable de l'omission d'une ou de plusieurs inscriptions dans les états qu'il délivre, lorsque cette omission résulte de fausses dénominations ou de désignations insuffisantes.

Enfin la responsabilité des conservateurs est encore engagée :

1° Pour les radiations qui n'auraient pas été faites du consentement de tous les cohéritiers ou coïntéressés ;

2° Pour celles demandées, sans qu'il apparaisse de libération, par les héritiers d'un absent ;

3° Pour la radiation de l'inscription d'office, soit lorsque le prix n'est point payé, soit lorsqu'une offre de payer a été signifiée aux créanciers, et qu'elle est légalement connue par le conservateur ;

4° En raison du refus de radier, motivé sur un appel tardif ;

5° S'ils négligeaient, en transcrivant des actes complexes, d'assurer le privilége du premier vendeur ;

6° S'ils perdaient de vue que le défaut de réserve d'élire un commaud donne à la déclaration qui en serait indûment faite le caractère d'une seconde vente.

7° Si, pour rectifier des erreurs ou réparer des omissions dans un état signifié aux créanciers, ils en fournissaient un autre en vertu duquel il serait fait de nouvelles diligences, la nullité de celles-ci et les omissions dans le premier état donneraient lieu à l'exercice du recours.

Responsabilité envers la direction générale.

Le conservateur, comme employé comptable, est soumis à la même responsabilité que les receveurs de l'enregistrement.

Il demeure garant des omissions de droits, des erreurs de calcul, des perceptions irrégulières ou insuffisantes, des droits qu'il a laissé prescrire, et des suppléments qu'il n'a point exigés dans le délai utile. (Instr. 316.)

Responsabilité pour les erreurs commises par les précédents conservateurs.

Chaque conservateur est responsable, vis-à-vis du public, des erreurs qu'il a commises dans les formalités : dès lors celui en exercice n'est garant que des vices qui ont eu lieu pendant sa régie.

Responsabilité des employés chargés de l'intérim d'une conservation.

Lorsque le conservateur est remplacé pour cause d'absence ou d'empêchement, il demeure garant de la gestion de l'employé chargé de l'intérim. (Art. 12 de la loi du 21 vent. an 7.)

Il a toujours son recours contre celui qui l'a remplacé (même art.), et peut dès lors obtenir le remboursement des dommages-intérêts auxquels il aurait été condamné envers des tiers.

Quand l'intérim résulte de la vacance du bureau par la mort du titulaire ou autrement, le cas de démission excepté, l'employé qui a fait l'intérim est responsable de sa gestion. (Art. 13 de la même loi.)

Peines indépendantes de ces diverses responsabilités.

Elles sont déterminées par les art. 2201, 2202 et 2203, du Code civil, reproduits ci-après.

Aux règles ci-dessus sur la responsabilité des conservateurs nous croyons devoir ajouter le passage suivant, extrait de l'instruction 1537 :

« Lorsqu'il s'engage des contestations entre les conservateurs des hypothèques et les parties sur l'exécution des formalités hypothécaires, le conservateur, à raison de sa responsabilité, stipule pour son propre compte, et non dans l'intérêt du trésor : dès lors il doit plaider par le ministère d'un avoué, et suivre les formes de la procédure entre particuliers.

» Spécialement, lorsque le conservateur est assigné pour voir ordonner une radiation d'inscription qu'il a refusé d'opérer, il doit se défendre suivant le mode ordinaire de procédure.

» Mais si les conservateurs interviennent ou sont assignés sur des faits relatifs à la perception des droits établis pour les formalités hypothécaires, comme alors ils agissent pour le compte et dans l'intérêt du trésor, ils sont dispensés de constituer avoué, et l'instruction de l'instance se fait par simples mémoires respectivement signifiés, conformément à l'art. 65 de la loi du 22 frimaire an 7.

» Ceux qui exercent une action en responsabilité contre les héritiers d'un conservateur doivent les assigner au bureau même où celui-ci exerçait ses fonctions, et qui, aux termes de l'art. 9 de la loi du 21 ventôse an 9, est son domicile de droit tant que dure la responsabilité. »

CHAPITRE II.

CODE CIVIL.

Avant de reproduire ici le texte des passages du Code civil compris dans le programme de l'examen de 3° année, nous devons faire observer à MM. les surnuméraires qu'aux termes de l'instr. 1534, l'administration, en déterminant les parties du Code civil sur lesquelles devaient spécialement porter les examens, n'a point entendu restreindre à ces matières les études des surnuméraires; son intention est, au contraire, que ces études s'étendent à toutes les parties du Code; elle a seulement indiqué dans les instructions 1470 et 1534 celles qui présentent les notions les plus générales, ou qu'il importe le plus aux employés de connaître.

LIVRE III. — *Des différentes manières dont on acquiert la propriété.*

TITRE V. — *Du contrat de mariage et des droits respectifs des époux.*

CHAPITRE Ier. — *Dispositions générales.*

1387. La loi ne régit l'association conjugale, quant aux biens, qu'à défaut de conventions spéciales, que les époux peuvent faire comme ils le jugent à propos, pourvu qu'elles ne soient pas contraires aux bonnes mœurs, et, en outre, sous les modifications qui suivent.

1388. Les époux ne peuvent déroger ni aux droits résultant de la puissance maritale sur la personne de la femme et des enfants, ou qui appartiennent au mari comme chef, ni aux droits conférés au survivant des époux par le titre *De la puissance paternelle*, et par le titre *De la minorité, de la tutelle et de l'émancipation*, ni aux dispositions prohibitives du présent Code.

1389. Ils ne peuvent faire aucune convention ou renonciation dont l'objet serait de changer l'ordre légal des successions, soit par rapport à eux-mêmes dans la succession de leurs enfants ou descendants, soit par rapport à leurs enfants entre eux, sans préjudice des donations entre vifs ou testamentaires qui pourront avoir lieu selon les formes et dans les cas déterminés par le présent Code.

1390. Les époux ne peuvent plus stipuler d'une manière générale que leur association sera réglée par l'une des coutumes, lois ou statuts locaux, qui régissaient ci-devant les diverses parties du territoire français, et qui sont abrogés par le présent Code.

1391. Ils peuvent cependant déclarer d'une manière générale qu'ils entendent se marier ou sous le régime de la communauté, ou sous le régime dotal.

Au premier cas, et sous le régime de la communauté, les droits des époux et de leurs héritiers seront réglés par les dispositions du chapitre II du présent titre.

Au deuxième cas, et sous le régime dotal, leurs droits seront réglés par les dispositions du chapitre III.

1392. La simple stipulation que la femme se constitue ou qu'il lui est constitué des biens en dot ne suffit pas pour soumettre ces biens au régime dotal, s'il n'y a dans le contrat de mariage une déclaration expresse à cet égard.

La soumission au régime dotal ne résulte pas non plus de la simple déclaration faite par les époux qu'ils se marient sans communauté, ou qu'ils seront séparés de biens.

1393. A défaut de stipulations spéciales qui dérogent au régime de la communauté ou le modifient, les règles établies dans la première partie du chapitre II formeront le droit commun de la France.

1394. Toutes conventions matrimoniales seront rédigées avant le mariage par acte devant notaire.

1395. Elles ne peuvent recevoir aucun changement après la célébration du mariage.

1396. Les changements qui y seraient faits avant cette célébration doivent être constatés par acte passé dans la même forme que le contrat de mariage.

Nul changement ou contre-lettre n'est, au surplus, valable sans la présence et le consentement simultané de toutes les personnes qui ont été parties dans le contrat de mariage.

1397. Tous changements et contre-lettres, même revêtus des formes prescrites par l'article précédent, seront sans effet à l'égard des tiers, s'ils n'ont été rédigés à la suite de la minute du contrat de mariage, et le notaire ne pourra, à peine de dommages-intérêts des parties, et sous plus grande peine, s'il y a lieu, délivrer ni grosses ni expéditions du contrat de mariage, sans transcrire à la suite le changement ou la contre-lettre.

1398. Le mineur habile à contracter mariage est habile à consentir toutes les conventions dont ce contrat est susceptible, et les conventions et donations qu'il y a faites sont valables, pourvu qu'il ait été assisté, dans le contrat, des personnes dont le consentement est nécessaire pour la validité du mariage.

CHAPITRE II. — *Du régime en communauté.*

1399. La communauté, soit légale, soit conventionnelle, commence du jour du mariage contracté devant l'officier de l'état civil : on ne peut stipuler qu'elle commencera à une autre époque.

Iʳᵉ PARTIE. — *De la communauté légale.*

1400. La communauté qui s'établit par la simple déclaration qu'on se marie sous le régime de la communauté, ou à défaut de contrat, est soumise aux règles expliquées dans les six sections qui suivent.

§ 1ᵉʳ. — De l'actif de la communauté.

SECTION Iʳᵉ. — *De ce qui compose la communauté activement et passivement.*

1401. La communauté se compose activement :
1° De tout le mobilier que les époux possédaient au jour de la célébration du mariage, ensemble de tout le mobilier qui leur échoit pendant le mariage à titre de succession ou même de donation, si le donateur n'a exprimé le contraire;
2° De tous les fruits, revenus, intérêts et arrérages, de quelque nature qu'ils soient, échus ou perçus pendant le mariage, et provenant des biens qui appartenaient aux époux lors de sa célébration, ou de ceux qui leur sont échus pendant le mariage, à quelque titre que ce soit;
3° De tous les immeubles qui sont acquis pendant le mariage.

1402. Tout immeuble est réputé acquêt de communauté s'il n'est prouvé que l'un des époux en avait la propriété ou possession légale antérieurement au mariage, ou qui lui est échu depuis à titre de succession ou donation.

1403. Les coupes de bois et les produits des carrières et mines tombent dans la communauté pour tout ce qui en est considéré comme usufruit, d'après les règles expliquées au titre *De l'usufruit, de l'usage et de l'habitation.*
Si les coupes de bois qui, en suivant ces règles, pouvaient être faites durant la communauté, ne l'ont point été, il en sera dû récompense à l'époux non propriétaire du fonds ou à ses héritiers.
Si les carrières et les mines ont été ouvertes pendant le mariage, les produits n'en tombent dans la communauté que sauf récompense ou indemnité à celui des époux à qui elle pourra être due.

1404. Les immeubles que les époux possèdent au jour de la célébration du mariage, ou qui leur échoient pendant son cours à titre de succession, n'entrent point en communauté.
Néanmoins, si l'un des époux avait acquis un immeuble depuis le contrat de mariage contenant stipulation de communauté, et avant la célébration du mariage, l'immeuble acquis dans cet intervalle entrera dans la communauté, à moins que l'acquisition n'ait été faite en exécution de quelque clause du mariage, auquel cas elle serait réglée suivant la convention.

1405. Les donations d'immeubles qui ne sont faites pendant le mariage qu'à l'un des deux époux ne tombent point en communauté, et appartiennent au donataire seul, à moins que la donation ne contienne expressément que la chose donnée appartiendra à la communauté.

1406. L'immeuble abandonné ou cédé par les père, mère ou autre ascendant, à l'un des deux époux, soit pour le remplir de ce qu'il lui doit, soit à la charge de payer les dettes du donateur à des étrangers, n'entre point en communauté, sauf récompeuse ou indemnité.

1407. L'immeuble acquis pendant le mariage, à titre d'échange contre l'immeuble appartenant à l'un des deux époux, n'entre point en communauté, et est subrogé au lieu et place de celui qui a été aliéné, sauf la récompense s'il y a soulte.

1408. L'acquisition faite pendant le mariage, à titre de licitation ou autrement, de portion d'un immeuble dont l'un des époux était propriétaire par indivis, ne forme point un conquêt, sauf à indemniser la communauté de la somme qu'elle a fournie pour cette acquisition.

Dans le cas où le mari deviendrait seul, et en son nom personnel, acquéreur ou adjudicataire de portion ou de la totalité d'un immeuble appartenant par indivis à la femme, celle-ci, lors de la dissolution de la communauté, a le choix ou d'abandonner l'effet à la communauté, laquelle devient alors débitrice envers la femme de la portion appartenant à celle-ci dans le prix, ou de retirer l'immeuble, en remboursant à la communauté le prix de l'acquisition.

§ 2. — Du passif de la communauté, et des actions qui en résultent contre la communauté.

1409. La communauté se compose passivement :

1° De toutes les dettes mobilières dont les époux étaient grevés au jour de la célébration de leur mariage, ou dont se trouvent chargées les successions qui leur échoient durant le mariage, sauf la récompense pour celles relatives aux immeubles propres à l'un ou à l'autre des époux ;

2° Des dettes, tant en capitaux qu'arrérages ou intérêts, contractées par le mari pendant la communauté, ou par la femme du consentement du mari, sauf la récompense dans le cas où elle a lieu ;

3° Des arrérages et intérêts seulement des rentes ou dettes passives qui sont personnelles aux deux époux ;

4° Des réparations usufructuaires des immeubles qui n'entrent point en communauté ;

5° Des aliments des époux, de l'éducation et entretien des enfants, et de toute autre charge du mariage.

1410. La communauté n'est tenue des dettes mobilières contractées avant le mariage par la femme qu'autant qu'elles résultent d'un acte authentique antérieur au mariage, ou ayant reçu avant la même époque une date certaine soit par l'enregistrement, soit par le décès d'un ou de plusieurs signataires dudit acte.

Le créancier de la femme en vertu d'un acte n'ayant pas de date certaine avant le mariage ne peut en poursuivre contre elle le paiement que sur la nue propriété de ses immeubles personnels.

Le mari qui prétendrait avoir payé pour sa femme une dette de cette nature n'en peut demander la récompense ni à sa femme ni à ses héritiers.

1141. Les dettes des successions purement mobilières qui sont échues aux époux pendant le mariage sont pour le tout à la charge de la communauté.

1412. Les dettes d'une succession purement immobilière qui échoit à l'un des époux pendant le mariage ne sont point à la charge de la communauté, sauf le droit qu'ont les créanciers de poursuivre leur paiement sur les immeubles de ladite succession.

Néanmoins, si la succession est échue au mari, les créanciers de la succession peuvent poursuivre leur paiement, soit sur tous les biens propres au mari, soit même sur ceux de la communauté, sauf, dans ce second cas, la récompense due à la femme ou à ses héritiers.

1413. Si la succession purement immobilière est échue à la femme, et que celle-ci l'ait acceptée du consentement de son mari, les créanciers de la succession peuvent poursuivre leur paiement sur les biens personnels de la femme; mais si la succession n'a été acceptée par la femme que comme autorisée en justice au refus du mari, les créanciers, en cas d'insuffisance des immeubles de la succession, ne peuvent se pourvoir que sur la nue propriété des autres biens personnels de la femme.

1414. Lorsque la succession échue à l'un des époux est en partie immobilière, les dettes dont elle est grevée ne sont à la charge de la communauté que jusqu'à concurrence de la portion contributoire du mobilier dans les dettes, eu égard à la valeur de ce mobilier comparée à celle des immeubles.

Cette portion contributoire se règle d'après l'inventaire, auquel le mari doit faire procéder, soit de son chef, si la succession le concerne personnellement, soit comme dirigeant et autorisant les actions de sa femme, s'il s'agit d'une succession à elle échue.

1415. A défaut d'inventaire, et dans tous les cas où ce défaut préjudicie à la femme, elle ou ses héritiers peuvent, lors de la dissolution de la communauté, poursuivre les récompenses de droit, et même faire preuve tant par titres et papiers domestiques que par témoins, et au besoin par la commune renommée, de la consistance et valeur du mobilier non inventorié.

Le mari n'est jamais recevable à faire cette preuve.

1416. Les dispositions de l'art. 1464 ne font point obstacle à ce que les créanciers d'une succession en partie mobilière et en partie immobilière poursuivent leur paiement sur les biens de la communauté, soit que la succession soit échue au mari, soit qu'elle soit échue à la femme, lorsque celle-ci l'a acceptée du consentement de son mari; le tout sauf les récompenses respectives.

Il en est de même si la succession n'a été acceptée par la femme que comme autorisée en justice, et que néanmoins le mobilier en ait été confondu dans celui de la communauté sans un inventaire préalable.

1417. Si la succession n'a été acceptée par la femme que comme autorisée en justice au refus du mari, et s'il y a eu inventaire, les créanciers ne peuvent poursuivre leur paiement que sur les biens, tant mobiliers qu'immobiliers, de ladite succession, et, en cas d'insuffisance, sur la nue propriété des autres biens personnels de la femme.

1418. Les règles établies par les articles 1411 et suivants régissent les dettes dépendant d'une donation, comme celles résultant d'une succession.

1419. Les créanciers peuvent poursuivre le paiement des dettes que la femme a contractées avec le consentement du mari, tant sur tous les biens de la communauté que sur ceux du mari ou de la femme, sauf la récompense due à la communauté ou l'indemnité due au mari.

1420. Toute dette qui n'est contractée par la femme qu'en vertu de la procuration générale ou spéciale du mari est à la charge de la communauté, et le créancier n'en peut poursuivre le paiement ni contre la femme ni sur ses biens personnels.

SECTION II. — *De l'administration de la communauté, et de l'effet des actes de l'un ou des l'autre époux relativement à la société conjugale.*

1421. Le mari administre seul les biens de la communauté.

Il peut les vendre, aliéner et hypothéquer sans le concours de la femme...

1422. Il ne peut disposer entre vifs à titre gratuit des immeubles de la communauté, ni de l'universalité ou d'une quotité du mobilier, si ce n'est pour l'établissement des enfants communs.

Il peut néanmoins disposer des effets mobiliers à titre gratuit et particulier au profit de toutes personnes, pourvu qu'il ne s'en réserve pas l'usufruit.

1423. La donation testamentaire faite par le mari ne peut excéder sa part dans la communauté.

S'il a donné en cette forme un effet de la communauté, le donataire ne peut le réclamer en nature qu'autant que l'effet, par l'événement du partage, tombe au lot des héritiers du mari; si l'effet ne tombe point au lot de ces héritiers, le légataire a la récompense de la valeur totale de l'effet donné sur la part des héritiers du mari dans la communauté, et sur les biens personnels de ce dernier.

1424. Les amendes encourues par le mari pour crime n'emportant pas mort civile peuvent se poursuivre sur les biens de la communauté, sauf la récompense due à la femme; celles encourues par la femme ne peuvent s'exécuter que sur la nue propriété de ses biens personnels tant que dure la communauté.

1425. Les condamnations prononcées contre l'un des deux époux pour crime emportant mort civile ne frappent que sa part de la communauté et ses biens personnels.

1426. Les actes faits par la femme sans le consentement du mari, et même avec l'autorisation de la justice, n'engagent point les biens de la communauté, si ce n'est lorsqu'elle contracte comme marchande publique et pour le fait de son commerce.

1427. La femme ne peut s'obliger ni engager les biens de la communauté, même pour tirer son mari de prison, ou pour l'établissement de ses enfants en cas d'absence du mari, qu'après y avoir été autorisée par justice.

1428. Le mari a l'administration de tous les biens personnels de la femme.

Il peut exercer seul toutes les actions mobilières et possessoires qui appartiennent à la femme.

Il ne peut aliéner les immeubles personnels de sa femme sans son consentement.

Il est responsable de tout dépérissement des biens personnels de sa femme causé par défaut d'actes conservatoires.

1429. Les baux que le mari seul a faits des biens de sa femme pour un temps qui excède neuf ans ne sont, en cas de dissolution de la communauté, obligatoires vis-à-vis de la femme ou de ses héritiers que pour le temps qui reste à courir, soit de la première période de neuf ans si les parties s'y trouvent encore, soit de la seconde, et ainsi de suite, de manière que le fermier n'ait que le droit d'achever la jouissance de la période de neuf ans où il se trouve.

1430. Les baux de neuf ans ou au dessous que le mari seul a passés ou renouvelés des biens de sa femme, plus de trois ans avant l'expiration du bail courant s'il s'agit de biens ruraux, et plus de deux ans avant la même époque s'il s'agit de maisons, sont sans effet, à moins que leur exécution n'ait commencé avant la dissolution de la communauté.

1431. La femme qui s'oblige solidairement avec son mari pour les affaires de la communauté ou du mari n'est réputée, à l'égard de celui-ci, s'être obligée que comme caution; elle doit être indemnisée de l'obligation qu'elle a contractée.

1432. Le mari qui garantit solidairement ou autrement la vente que sa femme a faite d'un immeuble personnellement a pareillement un recours contre elle, soit sur sa part dans la communauté, soit sur ses biens personnels, s'il est inquiété.

1433. S'il est vendu un immeuble appartenant à l'un des époux, de même que si l'on s'est rédimé en argent de services fonciers dus à des héritages propres à l'un d'eux, et que le prix en ait été versé dans la communauté, le tout sans remploi, il y a lieu au prélèvement de ce titre sur la communauté au profit de l'époux qui était propriétaire soit de l'immeuble vendu, soit des services rachetés.

1434. Le remploi est censé fait à l'égard du mari toutes les fois que, lors d'une acquisition, il a déclaré qu'elle était faite des deniers provenus de l'aliénation de l'immeuble qui lui était personnel, et pour lui tenir lieu de remploi.

1435. La déclaration du mari que l'acquisition est faite des deniers provenus de l'immeuble vendu par la femme et pour lui servir de remploi ne suffit point si ce remploi n'a été formellement accepté par la femme; si elle ne l'a pas accepté, elle a simplement droit, lors de la dissolution de la communauté, à la récompense du prix de son immeuble vendu.

1436. La récompense du prix de l'immeuble appartenant au mari ne s'exerce que sur la masse de la communauté; celle du prix de l'immeuble appartenant à la femme s'exerce sur les biens personnels du mari en cas d'insuffisance des biens de la communauté. Dans tous les cas la récompense n'a lieu que sur le pied de la vente, quelque allégation qui soit faite touchant la valeur de l'immeuble aliéné.

1437. Toutes les fois qu'il est pris sur la communauté une somme soit pour acquitter les dettes ou charges personnelles à l'un des époux, telles que le prix ou partie du prix d'un immeuble à lui propre ou le rachat de services fonciers, soit pour le recouvrement, la conservation ou l'amélioration de ses biens personnels, et généralement toutes les fois que l'un des deux époux a tiré un profit personnel des biens de la communauté, il en doit la récompense.

1438. Si le père et la mère ont doté conjointement l'enfant commun, sans exprimer la portion pour laquelle ils entendaient y contribuer, ils sont censés avoir doté chacun pour moitié, soit que la dot ait été fournie ou promise en effets de la communauté, soit qu'elle l'ait été en biens personnels à l'un des deux époux.

Au second cas, l'époux dont l'immeuble ou l'effet personnel a été constitué en dot a sur les biens de l'autre une action en indemnité pour la moitié de ladite dot, eu égard à la valeur de l'effet donné au temps de la donation.

1439. La dot constituée par le mari seul à l'enfant commun en effets de la communauté est à la charge de la communauté, et, dans le cas où la communauté est acceptée par la femme, celle-ci doit supporter la moitié de la dot, à moins que le mari n'ait déclaré expressément qu'il s'en chargeait pour le tout ou pour une portion plus forte que la moitié.

1440. La garantie de la dot est due par toute personne qui l'a constituée, et ses intérêts courent du jour du mariage, encore qu'il y ait terme pour le paiement, s'il n'y a stipulation contraire.

SECTION III. — *De la dissolution de la communauté, et de quelques unes de ses suites.*

1441. La communauté se dissout 1° par la mort naturelle, 2° par la mort civile, 3° par le divorce, 4° par la séparation de corps, 5° par la séparation de biens.

1442. Le défaut d'inventaire après la mort naturelle ou civile de l'un des époux ne donne pas lieu à la continuation de la communauté, sauf les poursuites des parties intéressées relativement à la consistance des biens et effets communs, dont la preuve pourra être faite tant par titres que par la commune renommée.

S'il y a des enfants mineurs, le défaut d'inventaire fait perdre en outre à l'époux survivant la jouissance de leurs revenus, et le subrogé tuteur, qui ne l'a point obligé à faire inventaire, est solidairement tenu avec lui de toutes les condamnations qui peuvent être prononcées au profit des mineurs.

1443. La séparation de biens ne peut être poursuivie qu'en justice par la femme dont la dot est mise en péril, et lorsque le désordre des affaires du mari donne lieu de craindre que les biens de celui-ci ne soient point suffisants pour remplir les droits et reprises de la femme.

Toute séparation volontaire est nulle.

1444. La séparation de biens, quoique prononcée en justice, est nulle si elle n'a point été exécutée par le paiement réel des droits et reprises de la femme, effectuée par acte authentique jusqu'à concurrence des biens du mari, ou au moins par des poursuites commencées dans la quinzaine qui a suivi le jugement, et non interrompues depuis.

1445. Toute séparation de biens doit, avant son exécution, être rendue publique par l'affiche sur un tableau à ce destiné dans la principale salle du tribunal de première instance, et, de plus, si le mari est marchand, banquier ou commerçant, dans celle du tribunal de commerce du lieu de son domicile, et ce, à peine de nullité de l'exécution.

Le jugement qui prononce la séparation de biens remonte, quant à ses effets, au jour de la demande.

1446. Les créanciers personnels de la femme ne peuvent, sans son consentement, demander la séparation de biens.

Néanmoins, en cas de faillite ou de déconfiture du mari, ils peuvent exercer les droits de leur débitrice jusqu'à concurrence du montant de leurs créances.

1447. Les créanciers du mari peuvent se pourvoir contre la séparation de biens prononcée et même exécutée en fraude de leurs droits; ils peuvent même intervenir dans l'instance sur la demande en séparation pour la contester.

1448. La femme qui a obtenu la séparation de biens doit contribuer proportionnellement à ses facultés, et à celles du mari, tant aux frais du ménage qu'à ceux d'éducation des enfants communs.

Elle doit supporter entièrement ces frais s'il ne reste rien au mari.

1449. La femme séparée soit de corps et de biens, soit de biens seulement, en reprend la libre administration.

Elle ne peut disposer de son mobilier, et l'aliéner.

Elle ne peut aliéner ses immeubles sans le consentement du mari, ou sans être autorisée en justice, à son refus.

1450. Le mari n'est pas garant du défaut d'emploi ou de remploi du prix de l'immeuble que la femme séparée a aliéné sous l'autorisation de la justice, à moins qu'il n'ait concouru au contrat, ou qu'il ne soit prouvé que les deniers ont été reçus par lui ou ont tourné à son profit.

Il est garant du défaut d'emploi ou de remploi si la vente a été faite en sa présence et de son consentement; il ne l'est point de l'utilité de cet emploi.

1451. La communauté dissoute par la séparation soit de corps et de biens, soit de biens seulement, peut être rétablie du consentement des deux parties.

Elle ne peut l'être que par un acte passé devant notaire avec minute, dont une expédition doit être affichée dans la forme de l'article 1445.

En ce cas, la communauté rétablie reprend son effet du jour du mariage, les choses sont remises au même état que s'il n'y avait point eu de séparation, sans préjudice néanmoins de l'exécution des actes qui, dans cet intervalle, ont pu être faits par la femme, en conformité de l'article 1449.

Toute convention par laquelle les époux rétabliraient leur communauté sous des conditions différents de celles qui la réglaient antérieurement est nulle.

1452. La dissolution de communauté opérée par le divorce ou par la séparation soit de corps et de biens, soit de biens seulement, ne donne pas ouverture aux droits de survie de la femme; mais celle-ci conserve la faculté de les exercer lors de la mort naturelle ou civile de son mari.

SECTION IV.—*De l'acceptation de la communauté, et de la renonciation qui peut y être faite, avec les conditions qui y sont relatives.*

1453. Après la dissolution de la communauté, la femme ou ses héritiers et ayant-cause ont la faculté de l'accepter ou d'y renoncer : toute convention contraire est nulle.

1454. La femme qui s'est immiscée dans les biens de la communauté ne peut y renoncer.

Les actes purement administratifs ou conservatoires n'emportent point immixtion.

1455. La femme majeure qui a pris dans un acte la qualité de commune ne peut plus y renoncer ni se faire restituer contre cette qualité, quand même elle l'aurait prise avant d'avoir fait inventaire, s'il n'y a eu dol de la part des héritiers du mari.

1456. La femme survivante qui veut conserver la faculté de renoncer à la communauté doit, dans les trois mois du jour du décès du mari, faire faire un inventaire fidèle et exact de tous les biens de la communauté contradictoirement avec les héritiers du mari, ou eux dûment appelés.

Cet inventaire doit être par elle affirmé sincère et véritable, lors de sa clôture, devant l'officier public qui l'a reçu.

1457. Dans les trois mois et quarante jours après le décès du mari, elle doit faire sa renonciation au greffe du tribunal de première instance dans l'arrondissement duquel le mari avait son domicile; cet acte doit être inscrit sur le registre établi pour recevoir les renonciations à succession.

1458. La veuve peut, suivant les circonstances, demander au tribunal civil une prorogation du délai prescrit par l'article précédent pour sa renonciation; cette prorogation est, s'il y a lieu, prononcée contradictoirement avec les héritiers du mari, ou eux dûment appelés.

1459. La veuve qui n'a point fait sa renonciation dans le délai ci-dessus prescrit n'est pas déchue de la faculté de renoncer, si elle ne s'est point immiscée et qu'elle ait fait inventaire; elle peut seulement être poursuivie comme commune jusqu'à ce qu'elle ait renoncé, et elle doit les frais faits contre elle jusqu'à sa renonciation.

Elle peut être également poursuivie après l'expiration des quarante jours depuis la clôture de l'inventaire, s'il a été clos avant les trois mois.

1460. La veuve qui a diverti ou recélé quelques effets de la communauté est déclarée commune, nonobstant sa renonciation ; il en est de même à l'égard de ses héritiers.

1461. Si la veuve meurt avant l'expiration des trois mois sans avoir fait ou terminé l'inventaire, les héritiers auront, pour faire ou pour terminer l'inventaire, un nouveau délai de trois mois à compter du décès de la veuve, et de quarante jours pour délibérer, après la clôture de l'inventaire.

Si la veuve meurt ayant terminé l'inventaire, ses héritiers auront, pour délibérer, un nouveau délai de quarante jours à compter du jour du décès.

Ils peuvent, au surplus, renoncer à la communauté dans les formes établies ci-dessus, et les articles 1458 et 1459 leur sont applicables.

1462. Les dispositions des articles 1456 et suivants sont applicables aux femmes des individus morts civilement à partir du moment où la mort civile a commencé.

1463. La femme divorcée ou séparée de corps qui n'a point, dans les trois mois et quarante jours après le divorce ou la séparation définitivement prononcé, accepté la communauté, est censée y avoir renoncé, à moins qu'étant encore dans le délai, elle n'en ait obtenu la prorogation en justice, contradictoirement avec le mari, ou lui dûment appelé.

1464. Les créanciers de la femme peuvent attaquer la renonciation qui aurait été faite par elle ou par ses héritiers en fraude de leurs créances, et accepter la communauté de leur chef.

1465. La veuve, soit qu'elle accepte, soit qu'elle renonce, a droit, pendant les trois mois et quarante jours qui lui sont accordés pour faire inventaire et délibérer, de prendre sa nourriture et celle de ses domestiques sur ses provisions existantes, et, à défaut, par emprunt au compte de la masse commune, à la charge d'en user modérément.

Elle ne doit aucun loyer à raison de l'habitation qu'elle a pu faire, pendant ces délais, dans une maison dépendant de la communauté ou appartenant aux héritiers du mari ; et si la maison qu'habitaient les époux à l'époque de la dissolution de la communauté était tenue par eux à titre de loyer, la femme ne contribuera point, pendant les mêmes délais, au paiement dudit loyer, lequel sera pris sur la masse.

1466. Dans le cas de dissolution de la communauté par la mort de la femme, ses héritiers peuvent renoncer à la communauté dans les délais et dans les formes que la loi prescrit à la femme survivante.

SECTION V. — *Du partage de la communauté après l'acceptation.*

1467. Après l'acceptation de la communauté par la femme ou ses héritiers, l'actif se partage, et le passif est supporté de la manière ci-après déterminée.

§ 1er. — Du partage de l'actif.

1468. Les époux ou leurs héritiers rapportent à la masse des biens existants tout ce dont ils sont débiteurs envers la communauté à titre de récompense ou d'indemnité, d'après les règles ci-dessus prescrites à la section II de la 1re partie du présent chapitre.

1469. Chaque époux ou son héritier rapporte également les sommes qui ont été tirées de la communauté, ou la valeur des biens que l'époux y a pris pour doter un enfant d'un autre lit, ou pour doter personnellement l'enfant commun.

1470. Sur la masse des biens, chaque époux ou son héritier prélève :

1° Ses biens personnels qui ne sont point entrés en communauté, s'ils existent en nature, ou ceux qui ont été acquis en remploi;

2° Le prix des immeubles qui ont été aliénés pendant la communauté et dont il n'a point été fait remploi;

3° Les indemnités qui lui sont dues par la communauté.

1471. Les prélèvements de la femme s'exercent avant ceux du mari.

Ils s'exercent pour les biens qui n'existent plus en nature, d'abord sur l'argent comptant, ensuite sur le mobilier, et subsidiairement sur les immeubles de la communauté; dans ce dernier cas le choix des immeubles est déféré à la femme et à ses héritiers.

1472. Le mari ne peut exercer ses reprises que sur les biens de la communauté.

La femme et ses héritiers, en cas d'insuffisance de la communauté, exercent leurs reprises sur les biens personnels du mari.

1473. Les remplois et récompenses dus par la communauté aux époux, et les récompenses et indemnités par eux dues à la communauté, emportent les intérêts de plein droit du jour de la dissolution de la communauté.

1474. Après que tous les prélèvements des deux époux ont été exécutés sur la masse, le surplus se partage par moitié entre les époux ou ceux qui les représentent.

1475. Si les héritiers de la femme sont divisés, en sorte que l'un ait accepté la communauté à laquelle l'autre a renoncé, celui qui a accepté ne peut prendre que sa portion virile et héréditaire dans les biens qui échoient au lot de la femme.

Le surplus reste au mari, qui demeure chargé, envers l'héritier renonçant, des droits que la femme aurait pu exercer en cas de renonciation, mais jusqu'à concurrence seulement de la portion virile héréditaire du renonçant.

1476. Au surplus, le partage de la communauté pour tout ce qui concerne ses formes, la licitation des immeubles quand il y a lieu, les effets du partage, la garantie qui en résulte, et les soultes, est soumis à toutes les règles qui sont établies au titre *Des successions*, pour les partages entre cohéritiers.

1477. Celui des époux qui aurait diverti ou recélé quelques effets de la communauté est privé de sa portion dans lesdits effets.

1478. Après le partage consommé, si l'un des deux époux est créancier personnel de l'autre, comme lorsque le prix de son bien a été employé à payer une dette personnelle de l'autre époux, ou pour toute autre cause, il exerce sa créance sur la part qui est échue à celui-ci dans la communauté ou sur ses biens personnels.

1479. Les créances personnelles que les époux ont à exercer l'un contre l'autre ne portent intérêt que du jour de la demande en justice.

1480. Les donations que l'un des époux a pu faire à l'autre ne s'exécutent que sur la part du donateur dans la communauté, et sur ses biens personnels.

1481. Le deuil de la femme est aux frais des héritiers du mari prédécédé.

La valeur de ce deuil est réglée selon la fortune du mari.

Il est dû même à la femme qui renonce à la communauté.

§ 2. Du passif de la communauté, et de la contribution aux dettes.

1482. Les dettes de la communauté sont pour moitié à la charge de chacun des époux ou de leurs héritiers; les frais de scellé, inventaire, vente

14

de mobilier, liquidation, licitation et partage, font partie de ces dettes.

1483. La femme n'est tenue des dettes de la communauté soit à l'égard du mari, soit à l'égard des créanciers, que jusqu'à concurrence de son émolument, pourvu qu'il y ait eu bon et fidèle inventaire, et en rendant compte tant du contenu de cet inventaire que de ce qui lui est échu par le partage.

1484. Le mari est tenu pour la totalité des dettes de la communauté par lui contractées, sauf son recours contre la femme ou ses héritiers pour la moitié desdites dettes.

1485. Il n'est tenu que pour moitié de celles personnelles à la femme et qui étaient tombées à la charge de la communauté.

1486. La femme peut être poursuivie pour la totalité des dettes qui procèdent de son chef et étaient entrées dans la communauté, sauf son recours contre le mari ou son héritier, pour la moitié desdites dettes.

1487. La femme, même personnellement obligée pour une dette de communauté, ne peut être poursuivie que pour la moitié de cette dette, à moins que l'obligation ne soit solidaire.

1488. La femme qui a payé une dette de la communauté au delà de sa moitié n'a point de répétition contre le créancier pour l'excédant, à moins que la quittance n'exprime que ce qu'elle a payé était pour sa moitié.

1489. Celui des deux époux qui, par l'effet de l'hypothèque exercée sur l'immeuble à lui échu en partage, se trouve poursuivi pour la totalité d'une dette de communauté, a de droit son recours pour la moitié de cette dette contre l'autre époux ou ses héritiers.

1490. Les dispositions précédentes ne font point obstacle à ce que, par le partage, l'un ou l'autre des copartageants soit chargé de payer une quotité de dettes autre que la moitié, même de les acquitter entièrement.

Toutes les fois que l'un des copartageants a payé des dettes de la communauté au delà de la portion dont il était tenu, il y a lieu au recours de celui qui a trop payé contre l'autre.

1491. Tout ce qui est dit ci-dessus à l'égard du mari ou de la femme a lieu à l'égard des héritiers de l'un et de l'autre; et ces héritiers exercent les mêmes droits et sont soumis aux mêmes actions que le conjoint qu'ils représentent.

SECTION VI. — *De la renonciation à la communauté, et de ses effets.*

1492. La femme qui renonce perd toute espèce de droit sur les biens de la communauté, et même sur le mobilier qui y est entré de son chef.

Elle retire seulement les linges et hardes à son usage.

1493. La femme renonçante a le droit de reprendre :

1° Les immeubles à elle appartenants, lorsqu'ils existent en nature, ou l'immeuble qui a été acquis en remploi ;

2° Le prix de ses immeubles aliénés dont le remploi n'a pas été fait et accepté comme il est dit ci-dessus ;

3° Toutes les indemnités qui peuvent lui être dues par la communauté.

1494. La femme renonçante est déchargée de toute contribution aux dettes de la communauté tant à l'égard du mari qu'à l'égard des créanciers. Elle reste néanmoins tenue envers ceux-ci lorsqu'elle s'est obligée conjointement avec son mari, ou lorsque la dette devenue dette de la communauté provenait originairement de son chef; le tout sauf son recours contre le mari ou ses héritiers.

1495. Elle peut exercer toutes les actions et reprises ci-dessus détaillées tant sur les biens de la communauté que sur les biens personnels du mari.

Ses héritiers le peuvent de même, sauf ce qui concerne le prélèvement des linges et hardes, ainsi que le logement et la nourriture pendant le délai donné pour faire inventaire et délibérer ; lesquels droits sont purement personnels à la femme survivante.

Disposition relative à la communauté légale, lorsque l'un des époux ou tous deux ont des enfants de précédents mariages.

1496. Tout ce qui est dit ci-dessus sera observé même lorsque l'un des époux ou tous deux auront des enfants de précédents mariages.

Si toutefois la confusion du mobilier et des dettes opérait, au profit de l'un des époux, un avantage supérieur à celui qui est autorisé par l'art. 1098, au titre *Des donations entre vifs et des testaments*, les enfants du premier lit de l'autre époux auront l'action en retranchement.

IIe PARTIE. — *De la communauté conventionnelle, et des conventions qui peuvent modifier ou même exclure la communauté légale.*

1497. Les époux peuvent modifier la communauté légale pour toute espèce de convention non contraire aux articles 1387, 1388, 1389 et 1390.

Les principales modifications sont celles qui ont lieu en stipulant de l'une ou de l'autre des manières qui suivent, savoir :

1° Que la communauté n'embrassera que les acquêts ;

2° Que le mobilier présent ou futur n'entrera point en communauté, ou n'y entrera que pour une partie ;

3° Qu'on y comprendra tout ou partie des immeubles présents ou futurs, par la voie de l'ameublissement ;

4° Que les époux paieront séparément leurs dettes antérieures au mariage ;

5° Qu'en cas de renonciation la femme pourra reprendre ses apports francs et quittes ;

6° Que le survivant aura un préciput ;

7° Que les époux auront des parts inégales ;

8° Qu'il y aura entre eux communauté à titre universel.

SECTION Ire. — *De la communauté réduite aux acquêts.*

1498. Lorsque les époux stipulent qu'il n'y aura entre eux qu'une communauté d'acquêts, ils sont censés exclure de la communauté et les dettes de chacun d'eux actuelles et futures, et leur mobilier respectif présent et futur.

En ce cas, et après que chacun des époux a prélevé ses apports dûment justifiés, le partage se borne aux acquêts faits par les époux ensemble ou séparément durant le mariage, et provenant tant de l'industrie commune que des économies faites sur les fruits et revenus des biens des deux époux.

1499. Si le mobilier existant lors du mariage, ou échu depuis, n'a pas été constaté par inventaire ou état en bonne forme, il est réputé acquêt.

SECTION II. — *De la clause qui exclut de la communauté le mobilier en tout ou partie.*

1500. Les époux peuvent exclure de leur communauté tout leur mobilier présent et futur.

Lorsqu'ils stipulent qu'ils en mettront réciproquement dans la communauté jusqu'à concurrence d'une somme ou d'une valeur déterminée, ils sont, par cela seul, censés se réserver le surplus.

1501. Cette clause rend l'époux débiteur envers la communauté de la somme qu'il a promis d'y mettre, et l'oblige à justifier de cet apport.

1502. L'apport est suffisamment justifié, quant au mari, par la déclaration portée au contrat de mariage que son mobilier est de telle valeur.

Il est suffisamment justifié à l'égard de la femme par la quittance que le mari lui donne, ou à ceux qui l'ont dotée.

1503. Chaque époux a le droit de reprendre et de prélever , lors de la dissolution de la communauté, la valeur de ce dont le mobilier qu'il a apporté lors du mariage, ou qui lui est échu depuis, excédait sa mise en communauté.

1504. Le mobilier qui échoit à chacun des époux pendant le mariage doit être constaté par un inventaire.

A défaut d'inventaire du mobilier échu au mari, ou d'un titre propre à justifier de sa consistance et valeur , déduction faite des dettes , le mari ne peut en exercer la reprise.

Si le défaut d'inventaire porte sur un mobilier échu à la femme, celle-ci ou ses héritiers sont admis à faire preuve, soit par titre, soit par témoins, soit même par commune renommée, de la valeur de ce mobilier.

SECTION III.— De la clause d'ameublissement.

1505. Lorsque les époux ou l'un d'eux font entrer en communauté tout ou partie de leurs immeubles présents ou futurs, cette clause s'appelle *ameublissement*.

1506. L'ameublissement peut être déterminé ou indéterminé.

Il est déterminé quand l'époux a déclaré ameublir et mettre en communauté un tel immeuble en tout ou jusqu'à concurrence d'une certaine somme.

Il est indéterminé quand l'époux a simplement déclaré apporter en communauté ses immeubles, jusqu'à concurrence d'une certaine somme.

1507. L'effet de l'ameublissement déterminé est de rendre l'immeuble ou les immeubles qui en sont frappés biens de la communauté comme les meubles mêmes.

Lorsque l'immeuble ou les immeubles de la femme sont ameublis en totalité, le mari en peut disposer comme des autres effets de la communauté, et les aliéner en totalité.

Si l'immeuble n'est ameubli que pour une certaine somme , le mari ne peut l'aliéner qu'avec le consentement de la femme ; mais il peut l'hypothéquer sans son consentement jusqu'à concurrence seulement de la portion ameublie.

1508. L'ameublissement indéterminé ne rend point la communauté propriétaire des immeubles qui en sont frappés ; son effet se réduit à obliger l'époux qui l'a consenti à comprendre dans la masse, lors de la dissolution de la communauté, quelques uns de ses immeubles jusqu'à concurrence de la somme par lui promise.

Le mari ne peut, comme en l'article précédent, aliéner en tout ou en partie, sans le consentement de sa femme , les immeubles sur lesquels est établi l'ameublissement indéterminé; mais il peut les hypothéquer jusqu'à concurrence de cet ameublissement.

1509. L'époux qui a ameubli un héritage a , lors du partage, la faculté de le retenir en le précomptant sur sa part, pour le prix qu'il vaut alors; et ses héritiers ont le même droit.

SECTION IV. — De la clause de séparation des dettes.

1510. La clause par laquelle les époux stipulent qu'ils paieront séparément leurs dettes personnelles les oblige à se faire , lors de la disolution de la communauté, respectivement raison des dettes qui sont justifiées avoir été acquittées par la communauté à la décharge de celui des époux qui en était débiteur.

Cette obligation est la même, soit qu'il y ait eu inventaire ou non; mais, si le mobilier apporté par les époux n'a pas été constaté par un inventaire ou un état authentique antérieur au mariage, les créanciers de l'un et de l'autre des époux peuvent, sans avoir égard à aucune des distinctions qui seraient réclamées, poursuivre leur paiement sur le mobilier non inventorié, comme sur tous les autres biens de la communauté.

Les créanciers ont le même droit sur le mobilier qui serait échu aux époux pendant la communauté, s'il n'a pas été pareillement constaté par un inventaire ou état authentique.

1511. Lorsque les époux apportent dans la communauté une somme certaine ou un corps certain, un tel apport emporte la convention tacite qu'il n'est point grevé de dettes antérieures au mariage, et il doit être fait raison par l'époux débiteur à l'autre de toutes celles qui diminueraient l'apport promis.

1512. La clause de séparation des dettes n'empêche point que la communauté ne soit chargée des intérêts et arrérages qui ont couru depuis le mariage.

1513. Lorsque la communauté est poursuivie pour les dettes de l'un des époux, déclaré, par contrat, franc et quitte de toutes dettes antérieures au mariage, le conjoint a droit à une indemnité qui se prend soit sur la part de la communauté revenant à l'époux débiteur, soit sur les biens personnels dudit époux, et, en cas d'insuffisance, cette indemnité peut être poursuivie par voie de garantie contre le père, la mère, l'ascendant ou le tuteur qui l'auraient déclaré franc et quitte.

Cette garantie peut même être exercée par le mari durant la communauté, et si la dette provient du chef de la femme; sauf, en ce cas, le remboursement dû par la femme ou ses héritiers aux garants, après la dissolution de la communauté.

SECTION V. — *De la faculté accordée à la femme de reprendre son apport franc et quitte.*

1514. La femme peut stipuler qu'en cas de renonciation à la communauté, elle reprendra tout ou partie de ce qu'elle y aura apporté, soit lors du mariage, soit depuis; mais cette stipulation ne peut s'étendre au delà des choses formellement exprimées, ni au profit de personnes autres que celles désignées.

Ainsi la faculté de reprendre le mobilier que la femme a apporté lors du mariage ne s'étend point à celui qui serait échu pendant le mariage.

Ainsi la faculté accordée à la femme ne s'étend point aux enfants, celle accordée à la femme et aux enfants ne s'étend point aux héritiers ascendants ou collatéraux.

Dans tous les cas, les apports ne peuvent être repris que déduction faite des dettes personnelles à la femme, et que la communauté aurait acquittées.

SECTION VI. — *Du préciput conventionnel.*

1515. La clause par laquelle l'époux survivant est autorisé à prélever, avant tout partage, une certaine somme ou une certaine quantité d'effets mobiliers en nature, ne donne droit à ce prélèvement, au profit de la femme survivante, que lorsqu'elle accepte la communauté, à moins que le contrat de mariage ne lui ait réservé ce droit, même en renonçant.

Hors le cas de cette réserve, le préciput ne s'exerce que sur la masse partageable, et non sur les biens personnels de l'époux prédécédé.

1516. Le préciput n'est point regardé comme un avantage sujet aux formalités des donations, mais comme une convention de mariage.

1517. La mort naturelle ou civile donne ouverture au préciput.

1518. Lorsque la dissolution de la communauté s'opère par le divorce ou par la séparation de corps, il n'y a pas lieu à la délivrance actuelle du préciput; mais l'époux qui a obtenu soit le divorce, soit la séparation de corps, conserve ses droits au préciput en cas de survie. Si c'est la femme, la somme ou la chose qui constitue le préciput reste toujours provisoirement au mari, à la charge de donner caution.

1519. Les créanciers de la communauté ont toujours le droit de faire vendre les effets compris dans le préciput, sauf le recours de l'époux conformément à l'art. 1515.

SECTION VII. — *Des clauses par lesquelles on assigne à chacun des époux des parts inégales dans la communauté.*

1520. Les époux peuvent déroger au partage égal établi par la loi, soit en ne donnant à l'époux survivant ou à ses héritiers, dans la communauté, qu'une part moindre que la moitié, soit en ne lui donnant qu'une somme fixe pour tout droit de communauté, soit en stipulant que la communauté entière, en certains cas, appartiendra à l'époux survivant, ou à l'un des deux seulement.

1521. Lorsqu'il a été stipulé que l'époux ou ses héritiers n'auront qu'une certaine part dans la communauté, comme le tiers ou le quart, l'époux ainsi réduit ou ses héritiers ne supportent les dettes de la communauté que proportionnellement à la part qu'ils prennent dans l'actif.

La convention est nulle si elle oblige l'époux ainsi réduit ou ses héritiers à supporter une plus forte part, ou si elle les dispense de supporter une part dans les dettes égale à celle qu'ils prennent dans l'actif.

1522. Lorsqu'il est stipulé que l'un des époux ou ses héritiers ne pourront prétendre qu'une certaine somme pour tout droit de communauté, la clause est un forfait qui oblige l'autre époux ou ses héritiers à payer la somme convenue, soit que la communauté soit bonne ou mauvaise, suffisante ou non pour acquitter la somme. -

1523. Si la clause n'établit le forfait qu'à l'égard des héritiers de l'époux, celui-ci, dans le cas où il survit, a droit au partage légal par moitié.

1524. Le mari ou ses héritiers qui retiennent, en vertu de la clause énoncée en l'art. 1520, la totalité de la communauté, sont obligés d'en acquitter toutes les dettes.

Les créanciers n'ont, en ce cas, aucune action contre la femme ni contre ses héritiers.

Si c'est la femme survivante qui a, moyennant une somme convenue, le droit de retenir toute la communauté contre les héritiers du mari, elle a le choix ou de leur payer cette somme en demeurant obligée à toutes les dettes, ou de renoncer à la communauté, et d'en abandonner aux héritiers du mari les biens et les charges.

1525. Il est permis aux époux de stipuler que la totalité de la communauté appartiendra au survivant ou à l'un d'eux seulement, sauf aux héritiers de l'autre à faire la reprise des apports et capitaux tombés dans la communauté, du chef de leur auteur.

Cette stipulation n'est point réputée un avantage sujet aux règles relatives aux donations, soit quant au fond, soit quant à la forme, mais simplement une convention de mariage entre associés.

SECTION VIII.— *De la communauté à titre universel.*

1526. Les époux peuvent établir par leur contrat de mariage une communauté universelle de leurs biens tant meubles qu'immeubles, présents et à venir, ou de tous leurs biens présents seulement, ou de tous leurs biens à venir seulement.

Dispositions communes aux huit sections ci-dessus.

1527. Ce qui est dit aux huit sections ci-dessus ne limite pas à leurs dispositions précises les stipulations dont est susceptible la communauté conventionnelle.

Les époux peuvent faire toutes autres conventions, ainsi qu'il est dit à l'art. 1387, et sauf les modifications portées par les art. 1388, 1389 et 1390.

Néanmoins, dans le cas où il y aurait des enfants d'un précédent mariage, toute convention qui tendrait dans ses effets à donner à l'un des époux au delà de la portion réglée par l'art. 1098, au titre *Des donations entre vifs et des testaments*, sera sans effet pour tout l'excédant de cette portion; mais les simples bénéfices résultant des travaux communs et des économies faites sur les revenus respectifs, quoique inégaux, des deux époux, ne sont pas considérés comme un avantage fait au préjudice des enfants du premier lit.

1528. La communauté conventionnelle reste soumise aux règles de la communauté légale pour tous les cas auxquels il n'y a pas été dérogé implicitement ou explicitement par le contrat.

SECTION IX.— *Des conventions exclusives de la communauté.*

1529. Lorsque, sans se soumettre au régime dotal, les époux déclarent qu'ils se marient sans communauté, ou qu'ils seront séparés de biens, les effets de cette stipulation sont réglés comme il suit.

§ 1er.— De la clause portant que les époux se marient sans communauté.

1530. La clause portant que les époux se marient sans communauté ne donne point à la femme le droit d'administrer ses biens, ni d'en percevoir les fruits ; ces fruits sont censés apportés au mari pour soutenir les charges du mariage.

1531. Le mari conserve l'administration des biens meubles et immeubles de la femme, et, par suite, le droit de percevoir tout le mobilier qu'elle apporte en dot ou qui lui échoit pendant le mariage, sauf la restitution qu'il en doit faire après la dissolution du mariage, ou après la séparation de biens qui serait prononcée par la justice.

1532. Si dans le mobilier apporté en dot par la femme, ou qui lui échoit pendant le mariage, il y a des choses dont on ne peut faire usage sans les consommer, il en doit être joint un état estimatif au contrat de mariage, ou il doit en être fait inventaire lors de l'échéance, et le mari en doit rendre le prix d'après l'estimation.

1533. Le mari est tenu de toutes les charges de l'usufruit.

1534. La clause énoncée au présent paragraphe ne fait point obstacle à ce qu'il soit convenu que la femme touchera annuellement, sur ses seules quittances, certaine portion de ces revenus pour son entretien et ses besoins personnels.

1535. Les immeubles constitués en dot dans le cas du présent paragraphe ne sont point inaliénables.

Néanmoins ils ne peuvent être aliénés sans le consentement du mari, et, à son refus, sans l'autorisation de la justice.

§ 2.— De la clause de séparation de biens.

1536. Lorsque les époux ont stipulé par leur contrat de mariage qu'ils seraient séparés de biens, la femme conserve l'entière administration de ses biens meubles et immeubles, et la jouissance libre de ses revenus.

1537. Chacun des époux contribue aux charges du mariage suivant les conventions contenues en leur contrat ; et, s'il n'en existe point à cet égard, la femme contribue à ces charges jusqu'à concurrence du tiers de ses revenus.

1538. Dans aucun cas, ni à la faveur d'aucune stipulation, la femme ne peut aliéner ses immeubles sans le consentement spécial de son mari, ou, à son refus, sans être autorisée par justice.

Toute autorisation générale d'aliéner les immeubles donnés à la femme, soit par contrat de mariage, soit depuis, est nulle.

1539. Lorsque la femme séparée a laissé la jouissance de ses biens à son mari, celui-ci n'est tenu, soit sur la demande que sa femme pourrait lui faire, soit à la dissolution du mariage, qu'à la représentation des fruits existants, et il n'est point comptable de ceux qui ont été consommés jusque alors.

CHAPITRE III. — *Du régime dotal.*

1540. La dot, sous ce régime, comme sous celui du chapitre II, est le bien que la femme apporte au mari pour supporter les charges du mariage.

1541. Tout ce que la femme se constitue ou qui lui est donné en contrat de mariage est dotal, s'il n'y a stipulation contraire.

SECTION Ire. — *De la constitution de dot.*

1542. La constitution de dot peut frapper tous les biens présents et à venir de la femme, ou tous ses biens présents seulement, ou une partie de ses biens présents et à venir, ou même un objet individuel.

La constitution en termes généraux de tous les biens de la femme ne comprend pas les biens à venir.

1543. La dot ne peut être constituée ni même augmentée pendant le mariage.

1544. Si les père et mère constituent conjointement une dot, sans distinguer la part de chacun, elle sera censée constituée par portions égales.

Si la dot est constituée par le père seul pour droits paternels et maternels, la mère, quoique présente au contrat, ne sera point engagée, et la dot demeurera en entier à la charge du père.

1545. Si le survivant des père ou mère constitue une dot pour biens paternels et maternels, sans spécifier les portions, la dot se prendra d'abord sur les droits du futur époux dans les biens du conjoint prédécédé, et le surplus sur les biens du constituant.

1546. Quoique la fille dotée par ses père et mère ait des biens à elle propres dont ils jouissent, la dot sera prise sur les biens des constituants, s'il n'y a stipulation contraire.

1547. Ceux qui constituent une dot sont tenus à la garantie des objets constitués.

1548. Les intérêts de la dot courent de plein droit du jour du mariage contre ceux qui l'ont promise, encore qu'il y ait terme pour le paiement, s'il n'y a stipulation contraire.

SECTION II. — *Des droits du mari sur les biens dotaux, et de l'inaliénabilité du fonds dotal.*

1549. Le mari seul a l'administration des biens dotaux pendant le mariage.

Il a seul le droit d'en poursuivre les débiteurs et détenteurs, d'en percevoir les fruits et les intérêts, et de recevoir le remboursement des capitaux.

Cependant il peut être convenu, par le contrat de mariage que la femme touchera annuellement, sur ses seules quittances, une partie de ses revenus pour son entretien et ses besoins personnels.

1550. Le mari n'est pas tenu de fournir caution pour la réception de la dot, s'il n'y a pas été assujetti par le contrat de mariage.

1551. Si la dot ou partie de la dot consiste en objets mobiliers mis à prix par le contrat, sans déclaration que l'estimation n'en fait pas vente, le mari en devient propriétaire et n'est débiteur que du prix donné au mobilier.

1552. L'estimation donnée à l'immeuble constitué en dot n'en transporte point la propriété au mari, s'il n'y en a déclaration expresse.

1553. L'immeuble acquis des deniers dotaux n'est pas dotal, si la condition de l'emploi n'a été stipulée par le contrat de mariage.

Il en est de même de l'immeuble donné en paiement de la dot constituée en argent.

1554. Les immeubles constitués en dot ne peuvent être aliénés ou hypothéqués pendant le mariage ni par le mari, ni par la femme, ni par les deux conjointement, sauf les exceptions qui suivent.

1555. La femme peut, avec l'autorisation de son mari, ou, sur son refus, avec permission de justice, donner ses biens dotaux pour l'établissement des enfants qu'elle aurait d'un mariage antérieur ; mais, si elle n'est autorisée que par justice, elle doit réserver la jouissance à son mari.

1556. Elle peut aussi, avec l'autorisation de son mari, donner ses biens dotaux pour l'établissement de leurs enfants communs.

1557. L'immeuble dotal peut être aliéné lorsque l'aliénation en a été permise par le contrat de mariage.

1558. L'immeuble dotal peut encore être aliéné avec permission de justice et aux enchères, après trois affiches,

Pour tirer de prison le mari ou la femme ;

Pour fournir des aliments à la famille dans les cas prévus par les art. 203, 205 et 206, au titre *Du mariage ;*

Pour payer les dettes de la femme, ou de ceux qui ont constitué la dot, lorsque ces dettes ont une date certaine antérieure au contrat de mariage ;

Pour faire de grosses réparations indispensables pour la conservation de l'immeuble dotal ;

Enfin lorsque cet immeuble se trouve indivis avec des tiers, et qu'il est reconnu impartageable.

Dans tous ces cas, l'excédant du prix de la vente au dessus des besoins reconnus restera dotal, et il en sera fait emploi comme tel au profit de la femme.

1559. L'immeuble dotal peut être échangé, mais avec le consentement de la femme, contre un autre immeuble de même valeur, pour les quatre cinquièmes au moins, en justifiant de l'utilité de l'échange, en obtenant l'autorisation en justice, et d'après une estimation par experts nommés d'office par le tribunal.

Dans ce cas, l'immeuble reçu en échange sera dotal ; l'excédant du prix, s'il y en a, le sera aussi, et il en sera fait emploi comme tel au profit de la femme.

1560. Si, hors les cas d'exception qui viennent d'être expliqués, la femme ou le mari, ou tous les deux conjointement, aliènent le fonds dotal, la femme ou ses héritiers pourront faire révoquer l'aliénation après la dissolution du mariage sans qu'on puisse leur imposer aucune prescription pendant sa durée ; la femme aura le même droit après la séparation de biens.

Le mari lui-même pourra faire révoquer l'aliénation pendant le mariage, en demeurant néanmoins sujet aux dommages-intérêts de l'acheteur, s'il n'a pas déclaré dans le contrat que le bien vendu était dotal.

1561. Les immeubles dotaux non déclarés inaliénables par le contrat de mariage sont imprescriptibles pendant le mariage, à moins que la prescription n'ait commencé auparavant.

Ils deviennent néanmoins prescriptibles après la séparation de biens, quelle que soit l'époque à laquelle la prescription a commencé.

1562. Le mari est tenu, à l'égard des biens dotaux, de toutes les obligations de l'usufruitier.

Il est responsable de toutes prescriptions acquises et détériorations survenues par sa négligence.

1563. Si la dot est mise en péril, la femme peut poursuivre la séparation de biens, ainsi qu'il est dit aux art. 1443 et suivants.

SECTION III. — De la restitution de la dot.

1564. Si la dot consiste en immeubles,

Ou en meubles non estimés par le contrat de mariage, ou bien mis à prix, avec déclaration que l'estimation n'en ôte pas la propriété à la femme,

Le mari ou ses héritiers peuvent être contraints de la restitutuer sans délai après la dissolution du mariage;

1565. Si elle consiste en une somme d'argent,

Ou en meubles mis à prix par le contrat, sans déclaration que l'estimation n'en rend pas le mari propriétaire,

La restitution n'en peut exigée qu'un an après la dissolution.

1566. Si les meubles dont la propriété reste à la femme ont dépéri par l'usage, et sans la faute du mari, il ne sera tenu de rendre que ceux qui resteront, et dans l'état où il se trouveront.

Et néanmoins la femme pourra, dans tous les cas, retirer les linges et hardes à son usage actuel, sauf à précompter leur valeur lorsque ces linges et hardes auront été primitivement constitués avec estimation.

1567. Si la dot comprend des obligations ou constitutions de rente qui ont péri, ou souffert des retranchements qu'on ne puisse imputer à la négligence du mari, il n'en sera point tenu; il en sera quitte en restituant les contrats.

1568. Si un usufruit a été constitué en dot, le mari ou ses héritiers ne sont obligés, à la dissolution du mariage, que de restituer le droit d'usufruit, et non les fruits échus durant le mariage.

1569. Si le mariage a duré dix ans depuis l'échéance des termes pris pour le paiement de la dot, la femme ou ses héritiers pourront la répéter contre le mari après la dissolution du mariage, sans être tenus de prouver qu'il l'a reçue, à moins qu'il ne justifiât de diligences inutilement par lui faites pour s'en procurer le paiement.

1570. Si le mariage est dissous par la mort de la femme, l'intérêt et les fruits de la dot à restituer courent de plein droit au profit de ses héritiers depuis le jour de la dissolution.

Si c'est par la mort du mari, la femme a le droit d'exiger les intérêts de sa dot pendant l'an du deuil ou de se faire fournir des aliments pendant ledit temps aux dépens de la succession du mari; mais dans les deux cas l'habitation durant cette année et les habits de deuil doivent lui être fournis sur la succession, et sans imputation sur les intérêts à elle dus.

1571. A la dissolution du mariage, les fruits des immeubles dotaux se partagent entre le mari et la femme ou ses héritiers, à proportion du temps qu'il a duré, pendant la dernière année.

L'année commence à partir du jour où le mariage a été célébré.

1572. La femme ou ses héritiers n'ont point de privilége pour la répétition de la dot sur les créanciers antérieurs à elle en hypothèque.

1573. Si le mari était déjà insolvable, et n'avait ni art ni profession lorsque le père a constitué une dot à sa fille, celle-ci ne sera tenue de rapporter à la succession du père que l'action qu'elle a contre celle de son mari, pour s'en faire rembourser.

Mais si le mari n'est devenu insolvable que depuis le mariage,

Ou s'il avait un métier ou une profession qui lui tenait lieu de bien,

La perte de la dot tombe uniquement sur la femme.

Section IV. — *Des biens paraphernaux.*

1574. Tous les biens de la femme qui n'ont pas été constitués en dot sont paraphernaux.

1575. Si tous les biens de la femme sont paraphernaux, et s'il n'y a pas de convention dans le contrat pour lui faire supporter une portion des charges du mariage, la femme y contribue jusqu'à concurrence du tiers de ses revenus.

1576. La femme a l'administration et la jouissance de ses biens paraphernaux.

Mais elle ne peut les aliéner ni paraître en jugement à raison desdits biens sans l'autorisation du mari, ou, à son refus, sans la permission de la justice.

1577. Si la femme donne sa procuration au mari pour administrer ses biens paraphernaux avec charge de lui rendre compte des fruits, il sera tenu vis-à-vis d'elle comme tout mandataire.

1578. Si le mari a joui des biens paraphernaux de sa femme sans mandat, et néanmoins sans opposition de sa part, il n'est tenu, à la dissolution du mariage, ou à la première demande de la femme, qu'à la représentation des fruits existants, et il n'est point comptable de ceux qui ont été consommés jusque alors.

1579. Si le mari a joui des biens paraphernaux malgré l'opposition constatée de la femme, il est comptable envers elle de tous les fruits tant existants que consommés.

1580. Le mari qui jouit des biens paraphernaux est tenu de toutes les obligations de l'usufruitier.

Dispositions particulières.

1581. En se soumettant au régime dotal, les époux peuvent néanmoins stipuler une société d'acquêts, et les effets de cette société sont réglés comme il est dit aux art. 1498 et 1499.

Titre VI. — *De la vente.*

Chapitre Ier. — *De la nature et de la forme de la vente.*

1582. La vente est une convention par laquelle l'un s'oblige à livrer une chose, et l'autre à la payer.

Elle peut être faite par acte authentique ou sous seing privé.

1583. Elle est parfaite entre les parties, et la propriété est acquise de droit à l'acheteur à l'égard du vendeur, dès qu'on est convenu de la chose et du prix, quoique la chose n'ait pas encore livrée ni le prix payé.

1584. La vente peut être faite purement et simplement, ou sous une condition soit suspensive, soit résolutoire.

Elle peut aussi avoir pour objet deux ou plusieurs choses alternatives.

Dans tous ces cas, son effet est réglé par les principes généraux des conventions.

1585. Lorsque des marchandises ne sont point vendues en bloc, mais au poids, au compte ou à la mesure, la vente n'est point parfaite, en ce sens que les choses vendues sont aux risques du vendeur jusqu'à ce qu'elles soient pesées, comptées ou mesurées ; mais l'acheteur peut en demander ou la délivrance, ou des dommages-intérêts, s'il y a lieu, en cas d'inexécution de l'engagement.

1586. Si au contraire les marchandises ont été vendues en bloc, la vente est parfaite, quoique les marchandises n'aient pas encore été pesées, comptées ou mesurées.

1587. A l'égard du vin, de l'huile, et des autres choses que l'on est dans l'usage de goûter avant d'en faire l'achat, il n'y point de vente tant que l'acheteur ne les a pas goûtés et agréés.

1588. La vente faite à l'essai est toujours présumée faite sous une condition suspensive.

1589. La promesse de vente vaut vente lorsqu'il y a consentement réciproque des deux parties sur la chose et sur le prix.

1590. Si la promesse de vendre a été faite avec des arrhes, chacun des contractants est maître de s'en départir:

Celui qui les a données, en les perdant;

Et celui qui les a reçues, en restituant le double.

1591. Le prix de la vente doit être déterminé et désigné par les parties.

1592. Il peut cependant être laissé à l'arbitrage d'un tiers ; si le tiers ne veut ou ne peut faire l'estimation, il n'y a point de vente.

1593. Les frais d'actes et autres accessoires à la vente sont à la charge de l'acheteur.

CHAPITRE II. — *Qui peut acheter ou vendre.*

1594. Tous ceux auxquels la loi ne l'interdit pas peuvent acheter ou vendre.

1595. Le contrat de vente ne peut avoir lieu entre époux que dans les trois cas suivants :

1° Celui où l'un des deux époux cède des biens à l'autre, séparé judiciairement d'avec lui, en paiement de ses droits ;

2° Celui où la cession que le mari fait à sa femme, même non séparée, a une cause légitime, telle que le remploi de ses immeubles aliénés, ou de deniers à elle appartenants, si ces immeubles ou deniers ne tombent pas en communauté ;

3° Celui où la femme cède les biens à son mari en paiement d'une somme qu'elle lui aurait promise en dot, et lorsqu'il y a exclusion de communauté ;

Sauf, dans ces trois cas, les droits des héritiers des parties contractantes, s'il y a avantage indirect.

1596. Ne peuvent se rendre adjudicataires, sous peine de nullité, ni par eux-mêmes, ni par personnes interposées :

Les tuteurs, des biens de ceux dont ils ont la tutelle ;

Les mandataires, des biens qu'ils sont chargés de vendre ;

Les administrateurs, de ceux des communes ou des établissements publics confiés à leurs soins;

Les officiers publics, des biens nationaux dont les ventes se font par leur ministère.

1597. Les juges, leurs suppléants, les commissaires du gouvernement, leurs substituts, les greffiers, huissiers, avoués, défenseurs officieux et notaires, ne peuvent devenir cessionnaires des procès, droits et actions litigieux, qui sont de la compétence du tribunal dans le ressort duquel ils exercent leurs fonctions, à peine de nullité, et des dépens et dommages-intérêts.

CHAPITRE III. — *Des choses qui peuvent être vendues.*

1598. Tout ce qui est dans le commerce peut être vendu, lorsque des lois particulières n'en ont pas prohibé l'aliénation.

1599. La vente de la chose d'autrui est nulle ; elle peut donner lieu à des dommages-intérêts lorsque l'acheteur a ignoré que la chose fût à autrui.

1600. On ne peut vendre la succession d'une personne vivante, même de son consentement.

1601. Si au moment de la vente la chose vendue était périe en totalité, la vente serait nulle.

Si une partie seulement de la chose est périe, il est au choix de l'acquéreur d'abandonner la vente, ou de demander la partie conservée, en faisant déterminer le prix par la ventilation.

CHAPITRE IV. — *Des obligations du vendeur.*

SECTION Ire. — *Dispositions générales.*

1602. Le vendeur est tenu d'expliquer clairement ce à quoi il s'oblige.

Tout pacte obscur ou ambigu s'interprète contre le vendeur.

1603. Il a deux obligations principales : celle de délivrer et celle de garantir la chose qu'il vend.

SECTION II. — *De la délivrance.*

1604. La délivrance est le transport de la chose vendue en la puissance et possession de l'acheteur.

1605. L'obligation de délivrer les immeubles est remplie de la part du vendeur lorsqu'il a remis les clefs s'il s'agit d'un bâtiment, ou lorsqu'il a remis les titres de propriété.

1606. La délivrance des effets mobiliers s'opère

Ou par la tradition réelle,

Ou par la remise des clefs du bâtiment qui les contient,

Ou même par le seul consentement des parties, si le transport ne peut pas s'en faire au moment la vente, ou si l'acheteur les avait déjà en son pouvoir à un autre titre.

1607. La tradition des droits incorporels se fait, ou par la remise des titres, ou par l'usage que l'acquéreur en fait du consentement du vendeur.

1608. Les frais de la délivrance sont à la charge du vendeur, et ceux de l'enlèvement à la charge de l'acheteur, s'il n'y a eu stipulation contraire.

1609. La délivrance doit se faire au lieu où était, au temps de la vente, la chose qui en a fait l'objet, s'il n'en a été autrement convenu.

1610. Si le vendeur manque à faire la délivrance dans le temps convenu entre les parties, l'acquéreur pourra, à son choix, demander la résolution de la vente, ou sa mise en possession, si le retard ne vient que du fait du vendeur.

1611. Dans tous les cas le vendeur doit être condamné aux dommages-intérêts, s'il résulte un préjudice pour l'acquéreur du défaut de délivrance au terme convenu.

1612. Le vendeur n'est pas tenu de délivrer la chose si l'acheteur n'en paie pas le prix, et que le vendeur ne lui ait pas accordé un délai pour le paiement.

1613. Il ne sera pas non plus obligé à la délivrance, quand même il aurait accordé un délai pour le paiement, si, depuis la vente, l'acheteur est tombé en faillite ou en état de déconfiture, en sorte que le vendeur se trouve en danger imminent de perdre le prix, à moins que l'acheteur ne lui donne caution de payer au terme.

1614. La chose doit être délivrée en l'état où elle se trouve au moment de la vente.

Depuis ce jour, tous les fruits appartiennent à l'acquéreur.

1615. L'obligation de délivrer la chose comprend ses accessoires et tout ce qui a été destiné à son usage perpétuel.

1616. Le vendeur est tenu de délivrer la contenance telle qu'elle est portée au contrat, sous les modifications ci-après exprimées.

1617. Si la vente d'un immeuble a été faite avec indication de la contenance à raison de tant la mesure, le vendeur est obligé de délivrer à l'acquéreur, s'il l'exige, la quantité indiquée au contrat;

Et si la chose ne lui est pas possible, ou si l'acquéreur ne l'exige pas, le vendeur est obligé de souffrir une diminution proportionnelle du prix.

1618. Si au contraire, dans le cas de l'article précédent, il se trouve une contenance plus grande que celle exprimée au contrat, l'acquéreur a le choix de fournir le supplément du prix, ou de se désister du contrat, si l'excédent est d'un vingtième au dessus de la contenance déclarée.

1619. Dans tous les autres cas,

Soit que la vente soit faite d'un corps certain et limité,

Soit qu'elle ait pour objet des fonds distincts et séparés,

Soit qu'elle commence par la mesure ou par la désignation de l'objet vendu, suivie de la mesure,

L'expression de cette mesure ne donne lieu à aucun supplément de prix en faveur du vendeur, pour l'excédant de mesure, ni, en faveur de l'acquéreur, à aucune diminution du prix pour moindre mesure, qu'autant que la différence de la mesure réelle à celle exprimée au contrat est d'un vingtième en plus ou moins, eu égard à la valeur de la totalité des objets vendus, s'il n'y a stipulation contraire.

1620. Dans le cas où, suivant l'article précédent, il y a lieu à l'augmentation de prix pour excédant de mesure, l'acquéreur a le choix ou de se désister du contrat, ou de fournir le supplément de prix, et ce, avec les intérêts s'il a gardé l'immeuble.

1621. Dans tous les cas où l'acquéreur a le droit de se désister du contrat, le vendeur est tenu de lui restituer outre le prix, s'il l'a reçu, les frais de ce contrat.

1622. L'action en supplément de prix de la part du vendeur, et celle en diminution de prix ou en résiliation du contrat de la part de l'acquéreur, doivent être intentées dans l'année à compter du jour du contrat, à peine de déchéance.

1623. S'il a été vendu deux fonds par le même contrat, et pour un seul et même prix, avec désignation de la mesure de chacun, et qu'il se trouve moins de contenance en l'un et plus en l'autre, on fait compensation jusqu'à due concurrence, et l'action soit en supplément, soit en diminution de prix, n'a lieu que suivant les règles ci-dessus établies.

1624. La question de savoir sur lequel, du vendeur ou de l'acquéreur, doit tomber la perte ou la détérioration de la chose vendue avant la livraison, est jugée d'après les règles prescrites au titre *Des contrats ou des obligations conventionnelles en général.*

Section III. — *De la garantie.*

1625. La garantie que le vendeur doit à l'acquéreur a deux objets : le premier est la possession paisible de la chose vendue; le second, les défauts cachés de cette chose ou les vices rédhibitoires.

§ 1er. — De la garantie en cas d'éviction.

1626. Quoique lors de la vente il n'ait été fait aucune stipulation sur la garantie, le vendeur est obligé de droit à garantir l'acquéreur de l'éviction qu'il souffre dans la totalité ou partie de l'objet vendu, ou des charges prétendues sur cet objet, et non déclarées lors de la vente.

1627. Les parties peuvent, par des conventions particulières, ajouter à cette obligation de droit ou en diminuer l'effet; elles ne peuvent même convenir que le vendeur ne sera soumis à aucune garantie.

1628. Quoiqu'il soit dit que le vendeur ne sera soumis à aucune garantie, il demeure cependant tenu de celle qui résulte d'un fait qui lui est personnel ; toute convention contraire est nulle.

1629. Dans le même cas de stipulation de non-garantie, le vendeur, en cas d'éviction, est tenu à la restitution du prix, à moins que l'acquéreur n'ait connu lors de la vente le danger de l'éviction ou qu'il n'ait acheté à ses périls et risques.

1630. Lorsque la garantie a été promise, ou qu'il n'a rien été stipulé à ce sujet, si l'acquéreur est évincé, il a droit de demander contre le vendeur :

1° La restitution du prix ;

2° Celle des fruits, lorsqu'il est obligé de les rendre au propriétaire qui l'évince ;

3° Les frais faits sur la demande en garantie de l'acheteur, et ceux faits par le demandeur originaire ;

4° Enfin les dommages-intérêts, ainsi que les frais et loyaux coûts du contrat.

1631. Lorsqu'à l'époque de l'éviction, la chose vendue se trouve diminuée de valeur, ou considérablement détériorée, soit par la négligence de l'acheteur, soit par des accidents de force majeure, le vendeur n'en est pas moins tenu de restituer la totalité du prix.

1632. Mais si l'acquéreur a tiré profit des dégradations par lui faites, le vendeur a droit de retenir sur le prix une somme égale à ce profit.

1633. Si la chose vendue se trouve avoir augmentée de prix à l'époque de l'éviction, indépendamment même du fait de l'acquéreur, le vendeur est tenu de lui payer ce qu'elle vaut au dessus du prix de la vente.

1634. Le vendeur est tenu de rembourser ou de faire rembourser à l'acquéreur, par celui qui l'évince, toutes les réparations et améliorations utiles qu'il aura faites au fonds.

1635. Si le vendeur avait vendu de mauvaise foi le fonds d'autrui, il sera obligé de rembourser à l'acquéreur toutes les dépenses, même voluptuaires ou d'agrément, que celui-ci aura faites au fonds.

1636. Si l'acquéreur n'est évincé que d'une partie de la chose, et qu'elle soit de telle conséquence, relativement au tout, que l'acquéreur n'eût point acheté sans la partie dont il a été évincé, il peut faire résilier la vente.

1637. Si, dans le cas de l'éviction d'une partie du fonds vendu, la vente n'est pas résiliée, la valeur de la part dont l'acquéreur se trouve évincé lui est remboursée suivant l'estimation à l'époque de l'éviction, et non proportionnellement au prix total de la vente, soit que la chose vendue ait augmenté ou diminué de valeur.

1638. Si l'héritage vendu se trouve grevé, sans qu'il en ait été fait de déclaration, de servitudes non apparentes, et qu'elles soient de telle importance qu'il y ait lieu de présumer que l'acquéreur n'aurait pas acheté s'il en avait été instruit, il peut demander la résiliation du contrat, si mieux il n'aime se contenter d'une indemnité.

1639. Les autres questions auxquelles peuvent donner lieu les dommages-intérêts résultant pour l'acquéreur de l'inexécution de la vente doivent être décidées suivant les règles générales établies au titre *Des contrats ou des obligations conventionnelles et générales.*

1640. La garantie pour cause d'éviction cesse lorsque l'acquéreur s'est laissé condamner par un jugement en dernier ressort, ou dont l'appel n'est plus recevable, sans appeler son vendeur, si celui-ci prouve qu'il existait des moyens suffisants pour faire rejeter la demande.

§ 2. — De la garantie des défauts de la chose vendue.

1641. Le vendeur est tenu de la garantie à raison des défauts cachés de la chose vendue qui la rendent impropre à l'usage auquel on la destine, ou qui diminuent tellement cet usage, que l'acheteur ne l'aurait pas acquise, ou n'en aurait donné qu'un moindre prix, s'il les avait connus.

1642. Le vendeur n'est pas tenu des vices apparents et dont l'acheteur a pu se convaincre lui-même.

1643. Il est tenu des vices cachés, quand même il ne les aurait pas connus, à moins que dans ce cas il n'ait stipulé qu'il ne sera obligé à aucune
garantie.

1644. Dans le cas des art. 1641 et 1643, l'acheteur a le choix de rendre
la chose et de se faire restituer le prix, ou de garder la chose et de se faire
rendre une partie du prix telle qu'elle sera arbitrée par experts.

1645. Si le vendeur connaissait les vices de la chose, il est tenu, outre la
restitution du prix qu'il en a reçu, de tous les dommages-intérêts envers
l'acheteur.

1646. Si le vendeur ignorait les vices de la chose, il ne sera tenu qu'à la
restitution du prix, et à rembourser à l'acquéreur les frais occasionnés par
la vente.

1647. Si la chose qui avait des vices a péri par suite de sa mauvaise qualité, la perte est pour le vendeur, qui sera tenu envers l'acheteur à la restitution du prix, et aux autres dédommagements expliqués dans les deux
articles précédents.

Mais la perte arrivée par cas fortuit sera pour le compte de l'acheteur.

1648. L'action résultant des vices rédhibitoires doit être intentée par
l'acquéreur dans un bref délai, suivant la nature des vices rédhibitoires et
l'usage du lieu où la vente a été faite.

1649. Elle n'a pas lieu dans les ventes faites par autorité de justice.

Chapitre V. — *Des obligations de l'acheteur.*

1650. La principale obligation de l'acheteur est de payer le prix au jour
et au lieu réglés par la vente.

1651. S'il n'a rien été réglé à cet égard lors de la vente, l'acheteur doit
payer au lieu et dans le temps où doit se faire la délivrance.

1652. L'acheteur doit l'intérêt du prix de la vente jusqu'au paiement du
capital dans les trois cas suivants :

S'il a été ainsi convenu lors de la vente ;

Si la chose vendue et livrée produit des fruits ou autres revenus ;

Si l'acheteur a été sommé de payer.

Dans ce dernier cas l'intérêt ne court que depuis la sommation.

1653. Si l'acheteur est troublé ou a juste sujet de craindre d'être troublé
par une action soit hypothécaire, soit en revendication, il peut suspendre
le paiement du prix jusqu'à ce que le vendeur ait fait cesser le trouble, si
mieux n'aime celui-ci donner caution, ou à moins qu'il n'ait été stipulé
que, nonobstant le trouble, l'acheteur paiera.

1654. Si l'acheteur ne paie pas le prix, le vendeur peut demander la résolution de la vente.

1655. La résolution de la vente d'immeubles est prononcée de suite, si le
vendeur est en danger de perdre la chose et le prix.

Si ce danger n'existe pas, le juge peut accorder à l'acquéreur un délai plus
ou moins long suivant les circonstances.

Ce délai passé sans que l'acquéreur ait payé, la résolution de la vente sera
prononcée.

1656. S'il a été stipulé, lors de la vente d'immeubles, que, faute de
paiement du prix dans le terme convenu, la vente sera résolue de plein
droit, l'acquéreur peut néanmoins payer après l'expiration du délai, tant
qu'il n'a pas été mis en demeure par une sommation ; mais après cette
sommation le juge ne peut pas lui accorder de délai.

1657. En matière de vente de denrées et effets mobiliers, la résolution de
la vente aura lieu de plein droit et sans sommation, au profit du vendeur,
après l'expiration du terme convenu pour le retirement.

Chapitre VI. — *De la nullité et de la résolution de la vente.*

1658. Indépendamment des causes de nullité ou de résolution déjà expliquées dans ce titre, et de celles qui sont communes à toutes les conventions, le contrat de vente peut être résolu par l'exercice de la faculté de rachat et par la vileté du prix.

Section Iᵉ. — *De la faculté de rachat.*

1659. La faculté de rachat ou de réméré est un pacte par lequel le vendeur se réserve de reprendre la chose vendue, moyennant la restitution du prix principal, et le remboursement dont il est parlé à l'art. 1673.

1660. La faculté de rachat ne peut être stipulée pour un terme excédant cinq années.

Si elle a été stipulée pour un terme plus long, elle est réduite à ce terme.

1661. Le terme fixé est de rigueur et ne peut être prolongé par le juge.

1662. Faute par le vendeur d'avoir exercé son action de réméré dans le terme prescrit, l'acquéreur demeure propriétaire irrévocable.

1663. Le délai court contre toutes personnes, même contre le mineur, sauf, s'il y a lieu, le recours contre qui de droit.

1664. Le vendeur à pacte de rachat peut exercer son action contre un second acquéreur, quand même la faculté de réméré n'aurait pas été déclarée dans le second contrat.

1665. L'acquéreur à pacte de rachat exerce tous les droits de son vendeur; il peut prescrire tant contre le véritable maître que contre ceux qui prétendraient les droits ou hypothèques sur la chose vendue.

1666. Il peut opposer le bénéfice de la discussion aux créanciers de son vendeur.

1667. Si l'acquéreur à pacte de réméré d'une partie indivise d'un héritage s'est rendu adjudicataire de la totalité sur une licitation provoquée contre lui, il peut obliger le vendeur à retirer le tout lorsque celui-ci veut user du pacte.

1668. Si plusieurs ont vendu conjointement et par un seul contrat un héritage commun entre eux, chacun ne peut exercer l'action en réméré que pour la part qu'il y avait.

1669. Il en est de même si celui qui a vendu seul un héritage a laissé plusieurs héritiers.

Chacun de ses cohéritiers ne peut user de la faculté de rachat que pour la part qu'il prend dans la succession.

1670. Mais, dans le cas des deux articles précédents, l'acquéreur peut exiger que tous les covendeurs ou tous les cohéritiers soient mis en cause, afin de se concilier entre eux pour la reprise de l'héritage entier; et, s'ils ne se concilient pas, il sera renvoyé de la demande.

1671. Si la vente d'un héritage appartenant à plusieurs n'a pas été faite conjointement et de tout l'héritage ensemble, et que chacun n'ait vendu que la part qu'il y avait, ils peuvent exercer séparément l'action en réméré sur la portion qui leur appartenait.

Et l'acquéreur ne peut forcer celui qui l'exercera de cette manière à retirer le tout.

1672. Si l'acquéreur a laissé plusieurs héritiers, l'action en réméré ne peut être exercée contre chacun d'eux que pour sa part dans le cas où elle est encore indivise, et dans celui où la chose vendue a été partagée entre eux.

Mais s'il y a eu partage de l'hérédité, et que la chose vendue soit échue au lot de l'un des héritiers, l'action en réméré peut être intentée contre lui pour le tout.

1673. Le vendeur qui use du pacte de rachat doit rembourser non seule-

15

ment le prix principal, mais encore les frais et loyaux coûts de la vente, les réparations nécessaires, et celles qui ont augmenté la valeur du fonds, jusqu'à concurrence de cette augmentation. Il ne peut entrer en possession qu'après avoir satisfait à toutes ces obligations.

Lorsque le vendeur rentre dans son héritage par l'effet du pacte de rachat, il le reprend exempt de toutes les charges et hypothèques dont l'acquéreur l'aurait grevé ; il est tenu d'exécuter les baux faits sans fraude par l'acquéreur.

Section II. — *De la rescision de la vente pour cause de lésion.*

1674. Si le vendeur a été lésé de plus de sept douzièmes dans le prix d'un immeuble, il a le droit de demander la rescision de la vente, quand même il aurait expressément renoncé dans le contrat à la faculté de demander cette rescision, et qu'il aurait déclaré donner la plus-value.

1675. Pour savoir s'il y a lésion de plus de sept douzièmes, il faut estimer l'immeuble suivant son état et sa valeur au moment de la vente.

1676. La demande n'est plus recevable après l'expiration de deux années à compter du jour de la vente.

Ce délai court contre les femmes mariées, et contre les absents, les interdits, et les mineurs venant du chef d'un majeur qui a vendu.

Ce délai court aussi et n'est pas suspendu pendant la durée du temps stipulé pour le pacte de rachat.

1677. La preuve de la lésion ne pourra être admise que par jugement, et dans le cas seulement où les faits articulés seraient assez vraisemblables et assez graves pour faire présumer la lésion.

1678. Cette preuve ne pourra se faire que par un rapport de trois experts, qui seront tenus de dresser un seul procès-verbal commun, et de ne former qu'un seul avis à la pluralité des voix.

1679. S'il y a des avis différents, le procès-verbal en contiendra les motifs, sans qu'il soit permis de faire connaître de quel avis chaque expert a été.

1680. Les trois experts seront nommés d'office, à moins que les parties ne se soient accordées pour les nommer tous les trois conjointement.

1681. Dans le cas où l'action en rescision est admise, l'acquéreur a le choix ou de rendre la chose en retirant le prix qu'il en a payé, ou de garder le fonds en payant le supplément du juste prix, sous la déduction du dixième du prix total.

Le tiers possesseur a le même droit, sauf sa garantie contre son vendeur.

1682. Si l'acquéreur préfère garder la chose en fournissant le supplément réglé par l'article précédent, il doit l'intérêt du supplément du jour de la demande en rescision.

S'il préfère la rendre et recevoir le prix, il rend les fruits du jour de la demande.

L'intérêt du prix qu'il a payé lui est aussi compté du jour de la même demande, ou du jour du paiement, s'il n'a touché aucuns fruits.

1683. La rescision pour lésion n'a pas lieu en faveur de l'acheteur.

1684. Elle n'a pas lieu en toutes ventes qui, d'après la loi, ne peuvent être faites que d'autorité de justice.

1685. Les règles expliquées dans la section précédente pour les cas où plusieurs ont vendu conjointement ou séparément, et pour celui où le vendeur ou l'acheteur a laissé plusieurs héritiers, sont pareillement observées pour l'exercice de l'action en rescision.

Chapitre VII. — *De la licitation.*

1686. Si une chose commune à plusieurs ne peut être partagée commodément et sans perte;

Ou si, dans un partage fait de gré à gré de biens communs, il s'en trouve quelques uns qu'aucun des copartageants ne puisse ou ne veuille prendre,

La vente s'en fait aux enchères, et le prix en est partagé entre les copropriétaires.

1687. Chacun des copropriétaires est le maître de demander que les étrangers soient appelés à la licitation; ils sont nécessairement appelés lorsque l'un des copropriétaires est mineur.

1688. Le mode et les formalités à observer pour la licitation sont expliqués au titre *Des successions* et au Code judiciaire.

CHAPITRE VIII. — *Du transport des créances et autres droits incorporels.*

1689. Dans le transport d'une créance, d'un droit ou d'une action sur un tiers, la délivrance s'opère entre le cédant et le cessionnaire par la remise de titre.

1690. Le cessionnaire n'est saisi à l'égard des tiers que par la signification de transport faite au débiteur.

Néanmoins le cessionnaire peut être également saisi par l'acceptation du transport faite par le débiteur dans un acte authentique.

1691. Si, avant que le cédant ou le cessionnaire eût signifié le transport au débiteur, celui-ci avait payé le cédant, il sera valablement libéré.

1692. La vente ou cession d'une créance comprend les accessoires de la créance, tels que caution, privilége et hypothèque.

1693. Celui qui vend une créance ou autre droit incorporel doit en garantir l'existence au temps du transport, quoiqu'il soit fait sans garantie.

1694. Il ne répond de la solvabilité du débiteur que lorsqu'il s'y est engagé, et jusqu'à concurrence seulement du prix qu'il a retiré de la créance.

1695. Lorsqu'il a promis la garantie de la solvabilité du débiteur, cette promesse ne s'entend que de la solvabilité actuelle, et ne s'étend pas au temps à venir, si le cédant ne l'a expressément stipulé.

1696. Celui que vend une hérédité sans en spécifier en détail les objets n'est tenu de garantir que sa qualité d'héritier.

1697. S'il avait déjà profité des fruits de quelques fonds, ou reçu le montant de quelques créances appartenant à cette hérédité, ou vendu quelques effets de la succession, il est tenu de les rembours r à l'acquéreur s'il ne les a expressément réservés lors de la vente.

1698. L'acquéreur doit de son côté rembourser au vendeur ce que celui-ci a payé pour les dettes et charges de la succession, et lui faire raison de tout ce dont il était créancier, s'il n'y a stipulation contraire.

1699. Celui contre lequel on a cédé un droit litigieux peut s'en faire tenir quitte par le cessionnaire, en lui remboursant le prix réel de la cession avec les frais et loyaux coûts, et avec les intérêts à compter du jour où le cessionnaire a payé le prix de la cession à lui faite.

1700. La chose est censée litigieuse dès qu'il y a procès et contestations sur le fond du droit.

1701. La disposition portée en l'article 1699 cesse

1° Dans le cas où la cession a été faite à un cohéritier ou copropriétaire du droit cédé;

2° Lorsqu'elle a été faite à un créancier en paiement de ce qui lui est dû;

3° Lorsqu'elle a été faite au possesseur de l'héritage sujet au droit litigieux.

TITRE VII. — *De l'échange.*

1702. L'échange est un contrat par lequel les parties se donnent respectivement une chose pour une autre.

1703. L'échange s'opère par le seul consentement, de la même manière que la vente.

1704. Si l'un des copermutants a déjà reçu la chose à lui donnée en échange, et qu'il prouve ensuite que l'autre contractant n'est pas propriétaire de cette chose, il ne peut pas être forcé à livrer celle qu'il a promise en contre-échange, mais seulement à rendre celle qu'il a reçue.

1705. Le copermutant qui est évincé de la chose qu'il a reçue en échange a le choix de conclure à des dommages-intérêts ou de répéter sa chose.

1706. La rescision pour cause de lésion n'a pas lieu dans le contrat d'échange.

1707. Toutes les autres règles prescrites pour le contrat de vente s'appliquent d'ailleurs à l'échange.

TITRE VIII. — *Du contrat de louage.*

CHAPITRE Ier. — *Dispositions générales.*

1708. Il y a deux sortes de contrats de louage :
Celui des choses,
Et celui d'ouvrage.

1709. Le louage des choses est un contrat par lequel l'une des parties s'oblige à faire jouir l'autre d'une chose pendant un certain temps, et moyennant un certain prix que celle-ci s'oblige de lui payer.

1710. Le louage d'ouvrage est un contrat par lequel l'une des parties s'engage à faire quelque chose pour l'autre moyennant un prix convenu entre elles.

1711. Ces deux genres de louage se subdivisent encore en plusieurs espèces particulières :
On appelle *bail à loyer* le louage des maisons et celui des meubles ;
Bail à ferme, celui des héritages ruraux ;
Loyer, le louage du travail ou du service ;
Bail à cheptel, celui des animaux dont le profit se partage entre le propriétaire et celui à qui elle les confie.

Les *devis*, *marchés* ou *prix faits*, pour l'entreprise d'un ouvrage moyennant un prix déterminé, sont aussi un louage lorsque la matière est fournie par celui pour qui l'ouvrage se fait.

Ces trois dernières espèces ont des règles particulières.

1712. Les baux des biens nationaux, des biens des communes et des établissements publics, sont soumis à des règlements particuliers.

CHAPITRE II. — *Du louage des choses.*

1713. On peut louer toutes sortes de biens meubles ou immeubles.

SECTION Ire. — *Des règles communes aux baux des maisons et des biens ruraux.*

1714. On peut louer par écrit ou verbalement.

1715. Si le bail fait sans écrit n'a encore reçu aucune exécution, et que l'une des parties le nie, la preuve ne peut être reçue par témoins, quelque modique qu'en soit le prix, et quoiqu'on allègue qu'il y a eu des arrhes données.

Le serment peut seulement être déféré à celui qui nie le bail.

1716. Lorsqu'il y aura contestation sur le prix du bail verbal dont l'exécution a commencé, e qu'il n'existera point de quittance, le propriétaire en sera cru sur son serment, si mieux n'aime le locataire demander l'estimation par experts, auquel cas les frais de l'expertise restent à sa charge si l'estimation excède le prix qu'il a déclaré.

1717. Le preneur a le droit de sous-louer, et même de céder son bail à un autre, si cette faculté ne lui a pas été interdite.

Elle peut être interdite pour le tout ou partie.

Cette clause est toujours de rigueur.

1718. Les articles du titre *Du contrat de mariage et des droits respectifs des époux* relatifs aux baux des biens des femmes mariées sont applicables aux baux des biens des mineurs.

1719. Le bailleur est obligé par la nature du contrat, et sans qu'il soit besoin d'aucune stipulation particulière,

1° De délivrer au preneur la chose louée;

2° D'entretenir cette chose en état de servir à l'usage pour lequel elle a été louée;

3° D'en faire jouir paisiblement le preneur pendant la durée du bail.

1720. Le bailleur est tenu de délivrer la chose en bon état de réparations de toute espèce.

Il doit y faire, pendant la durée du bail, toutes les réparations qui peuvent devenir nécessaires autres que les locatives.

1721. Il est dû garantie au preneur pour tous les vices ou défauts de la chose louée qui en empêchent l'usage, quand même le bailleur ne les aurait pas connus lors du bail.

S'il résulte de ces vices ou défauts quelque perte pour le preneur, le bailleur est tenu de l'indemniser.

1722. Si pendant la durée du bail la chose louée est détruite en totalité par cas fortuit, le bail est résilié de plein droit; si elle n'est détruite qu'en partie, le preneur peut, suivant les circonstances, demander ou une diminution du prix, ou la résiliation même du bail. Dans l'un et l'autre cas, il n'y a lieu à aucun dédommagement.

1723. Le bailleur ne peut, pendant la durée du bail, changer la forme de la chose louée.

1724. Si durant le bail la chose louée a besoin de réparations urgentes et qui ne puissent être différées jusqu'à sa fin, le preneur doit les souffrir, quelque incommodité qu'elles lui causent et quoiqu'il soit privé pendant qu'elles se font d'une partie de la chose louée.

Mais si ces réparations durent plus de quarante jours, le prix du bail sera diminué à proportion du temps et de la partie de la chose louée dont il aura été privé.

Si les réparations sont de telle nature qu'elles rendent inhabitable ce qui est nécessaire au logement du preneur et de sa famille, celui-ci pourra faire résilier le bail.

1725. Le bailleur n'est pas tenu de garantir le preneur du trouble que des tiers apportent par voies de fait à sa jouissance, sans prétendre d'ailleurs aucun droit sur la chose louée, sauf au preneur à les poursuivre en son nom personnel.

1726. Si au contraire le locataire ou le fermier ont été troublés dans leur jouissance par suite d'une action concernant la propriété du fonds, ils ont droit à une diminution proportionnée sur le prix du bail à loyer ou à ferme, pourvu que le trouble et l'empêchement aient été dénoncés au propriétaire.

1727. Si ceux qui ont commis les voies de fait prétendent avoir quelque droit sur la chose louée, ou si le preneur est lui-même cité en justice pour se voir condamner au délaissement de la totalité ou de partie de cette chose, ou à souffrir l'exercice de quelque servitude, il doit appeler le bailleur en garantie, et doit être mis hors d'instance, s'il l'exige, en nommant le bailleur pour lequel il possède.

1728. Le preneur est tenu de deux obligations principales:

1° D'user de la chose louée en bon père de famille et suivant la destination qui lui a été donnée par le bail, ou suivant celle présumée d'après les circonstances à défaut de convention;

2° De payer le prix du bail aux termes convenus.

1729. Si le preneur emploie la chose louée à un autre usage que celui auquel elle a été destinée, ou dont il puisse résulter un dommage pour le bailleur, celui-ci peut, suivant les circonstances, faire résilier le bail.

1730. S'il a été fait un état des lieux entre le bailleur et le preneur, celui-ci doit rendre la chose telle qu'il l'a reçue, suivant cet état, excepté ce qui a péri ou a été dégradé par vétusté ou force majeure.

1731. S'il n'a pas été fait d'état des lieux, le preneur est présumé les avoir reçus en bon état de réparations locatives, et doit les rendre tels, sauf la preuve contraire.

1732. Il répond des dégradations ou des pertes qui arrivent pendant sa jouissance, à moins qu'il ne prouve qu'elles ont eu lieu sans sa faute.

1733. Il répond de l'incendie, à moins qu'il ne prouve :

Que l'incendie est arrivé par cas fortuit ou force majeure, ou par vice de construction;

Ou que le feu a été communiqué par une maison voisine.

1734. S'il y a plusieurs locataires, tous sont solidairement responsables de l'incendie,

A moins qu'ils ne prouvent que l'incendie a commencé dans l'habitation de l'un d'eux, auquel cas celui-là seul en est tenu;

Ou que quelques uns ne prouvent que l'incendie n'a pu commencer chez eux, auquel cas ceux-là n'en sont pas tenus.

1735. Le preneur est tenu des dégradations et des pertes qui arrivent par le fait des personnes de sa maison ou de ses sous-locataires.

1736. Si le bail a été fait sans écrit, l'une des parties ne pourra donner congé à l'autre qu'en observant les délais fixés par l'usage des lieux.

1737. Le bail cesse de plein droit à l'expiration du terme fixé lorsqu'il a été fait par écrit, sans qu'il soit nécessaire de donner congé.

1738. Si à l'expiration des baux écrits le preneur reste et est laissé en possession, il s'opère un nouveau bail dont l'effet est réglé par l'article relatif aux locations faites sans écrit.

1739. Lorsqu'il y a un congé signifié, le preneur, quoiqu'il ait continué sa jouissance, ne peut invoquer la tacite réconduction.

1740. Dans le cas des deux articles précédents, la caution donnée pour le bail ne s'étend pas aux obligations résultant de la prolongation.

1741. Le contrat de louage se résout par la perte de la chose louée et par le défaut respectif du bailleur et du preneur de remplir leurs engagements.

1742. Le contrat de louage n'est point résolu par la mort du bailleur ni par celle du preneur.

1743. Si le bailleur vend la chose louée, l'acquéreur ne peut expulser le fermier ou le locataire qui a un bail authentique, ou dont la date est certaine, à moins qu'il ne se soit réservé ce droit par le contrat de bail.

1744. S'il a été convenu, lors du bail, qu'en cas de vente l'acquéreur pourrait expulser le fermier ou locataire, et qu'il n'ait été fait aucune stipulation sur les dommages-intérêts, le bailleur est tenu d'indemniser le fermier ou le locataire de la manière suivante.

1745. S'il s'agit d'une maison, appartement ou boutique, le bailleur paie, à titre de dommages-intérêts, au locataire évincé, une somme égale au prix du loyer pendant le temps qui, suivant l'usage des lieux, est accordé entre le congé et la sortie.

1746. S'il s'agit de biens ruraux, l'indemnité que le bailleur doit payer au fermier est du tiers du prix du bail pour tout le temps qui reste à courir.

1747. L'indemnité se réglera par experts s'il s'agit de manufactures, usines, ou autres établissements qui exigent de grandes avances.

1748. L'acquéreur qui veut user de la faculté réservée par le bail d'expulser le fermier ou locataire en cas de vente est en outre tenu d'avertir le locataire au temps d'avance usité dans le lieu pour les congés.

Il doit aussi avertir le fermier des biens ruraux au moins un an à l'avance.

1749. Les fermiers ou les locataires ne peuvent être expulsés qu'ils ne soient payés par le bailleur, ou, à son défaut, par le nouvel acquéreur, des dommages-intérêts ci-dessus expliqués.

1750. Si le bail n'est pas fait par acte authentique, ou n'a point de date certaine, l'acquéreur n'est tenu d'aucuns dommages-intérêts.

1751. L'acquéreur à pacte de rachat ne peut user de la faculté d'expulser le preneur, jusqu'à ce que, par l'expiration du délai fixé pour le réméré, il devienne propriétaire incommutable.

SECTION II. — *Des règles particulières aux baux à loyer.*

1752. Le locataire qui ne garnit pas la maison de meubles suffisants peut être expulsé, à moins qu'il ne donne des sûretés capables de répondre du loyer.

1753. Le sous-locataire n'est tenu envers le propriétaire que jusqu'à concurrence du prix de sa sous-location, dont il peut être débiteur au moment de la saisie, et sans qu'il puisse opposer des paiements faits par anticipation.

Les paiements faits par le sous-locataire, soit en vertu d'une stipulation portée en son bail, soit en conséquence de l'usage des lieux, ne sont pas réputés faits par anticipation.

1754. Les réparations locatives ou de menu entretien dont le locataire est tenu, s'il n'y a clause contraire, sont celles désignées comme telles par l'usage des lieux, et, entre autres, les réparations à faire

Aux âtres, contre-cœurs, chambranles et tablettes des cheminées;

Au recrépiment du bas des murailles des appartements et autres lieux d'habitation, à la hauteur d'une mètre;

Aux pavés et carreaux des chambres, lorsqu'il y en a seulement quelques uns de cassés;

Aux vitres, à moins qu'elles ne soient cassées par la grêle, ou autres accidents extraordinaires et de force majeure, dont le locataire ne peut être tenu;

Aux portes, croisées, planches de cloison ou de fermeture de boutiques, gonds, targettes et serrures.

1755. Aucune des réparations réputées locatives n'est à la charge des locataires quand elles ne sont occasionnées que par vétusté ou force majeure.

1756. Le curement des puits et celui des fosses d'aisance sont à la charge du bailleur, s'il n'y a clause contraire.

1757. Le bail des meubles fournis pour garnir une maison entière, un corps de logis entier, une boutique, ou tous autres appartements, est censé fait pour la durée ordinaire des baux de maison, corps de logis, boutiques ou autres appartements, selon l'usage des lieux.

1758. Le bail d'un appartement meublé est censé fait à l'année, quand il a été fait à tant par an;

Au mois, quand il a été fait à tant par mois;

Au jour, s'il a été fait à tant par jour.

Si rien ne constate que le bail soit fait à tant par an, mois ou par jour, la location est censée faite suivant l'usage des lieux.

1759. Si le locataire d'une maison ou d'un appartement continue sa jouissance après l'expiration du bail par écrit, sans opposition de la part du bailleur, il sera censé les occuper aux mêmes conditions pour le terme fixé par l'usage des lieux, et ne pourra plus en sortir ni en être expulsé qu'après un congé donné suivant le délai fixé par l'usage des lieux.

1760. En cas de résiliation par la faute du locataire, celui-ci est tenu de payer le prix du bail pendant le temps nécessaire à la relocation, sans préjudice des dommages-intérêts qui ont pu résulter de l'abus.

1761. Le bailleur ne peut résoudre la location, encore qu'il déclare vouloir occuper par lui-même la maison louée, s'il n'y a eu convention contraire.

1762. S'il a été convenu dans le contrat de louage que le bailleur pourrait venir occuper la maison, il est tenu de signifier d'avance un congé aux époques déterminées par l'usage des lieux.

SECTION III. — *Des règles particulières aux baux à ferme.*

1763. Celui qui cultive sous la condition d'un partage de fruits avec le bailleur ne peut ni sous-louer ni céder, si la faculté ne lui en a pas été expressément accordée par le bail.

1764. En cas de contravention, le propriétaire a droit de rentrer en jouissance, et le preneur est condamné aux dommages-intérêts résultant de l'inexécution du bail.

1765. Si, dans un bail à ferme, on donne aux fonds une contenance moindre ou plus grande que celle qu'ils ont réellement, il n'y a lieu à augmentation ou diminution du prix pour le fermier que dans le cas et suivant les règles exprimées au titre *De la vente.*

1766. Si le preneur d'un héritage rural ne le garnit pas des bestiaux et des ustensiles nécessaires à son exploitation, s'il abandonne la culture, s'il ne cultive pas en bon père de famille, s'il emploie la chose louée à un autre usage que celui auquel elle a été destinée, ou, en général, s'il n'exécute pas les clauses du bail, et qu'il en résulte un dommage pour le bailleur, celui-ci peut, suivant les circonstances, faire résilier le bail.

En cas de résiliation provenant du fait du preneur, celui-ci est tenu des dommages-intérêts, ainsi qu'il est dit en l'art. 1764.

1767. Tout preneur de bien rural est tenu d'engranger dans les lieux à ce destinés d'après le bail.

1768. Le preneur d'un bien rural est tenu, sous peine de tous dépens, dommages-intérêts, d'avertir le propriétaire des usurpations qui peuvent être commises sur les fonds.

Cet avertissement doit être donné dans le même délai que celui qui est réglé en cas d'assignation, suivant la distance des lieux.

1769. Si le bail est fait pour plusieurs années, et que pendant la durée du bail la totalité ou la moitié d'une récolte au moins soit enlevée par des cas fortuits, le fermier peut demander une remise du prix de sa location, à moins qu'il ne soit indemnisé par les récoltes précédentes.

S'il n'est pas indemnisé, l'estimation de la remise ne peut avoir lieu qu'à la fin du bail, auquel temps il se fait une compensation de toutes les années de jouissance;

Et cependant le juge peut provisoirement dispenser le preneur de payer une partie du prix en raison de la perte soufferte.

1770. Si le bail n'est que d'une année, et que la perte soit de la totalité des fruits, ou au moins de la moitié, le preneur sera déchargé d'une partie proportionnelle du prix de la location.

Il ne pourra prétendre à aucune remise si la perte est moindre de moitié.

1771. Le fermier ne peut obtenir de remise lorsque la perte des fruits arrive après qu'ils sont séparés de la terre, à moins que le bail ne donne au propriétaire une quotité de la récolte en nature; auquel cas le propriétaire doit supporter sa part de la perte, pourvu que le preneur ne fût pas en demeure de lui délivrer sa portion de récolte.

Le fermier ne peut également demander une remise lorsque la cause du dommage était existante et connue à l'époque où le bail a été passé.

1772. Le preneur peut être chargé des cas fortuits par une stipulation expresse.

1773. Cette stipulation ne s'entend que des cas fortuits ordinaires, tels que grêle, feu du ciel, gelée ou coulure.

Elle ne s'entend point des fortuits extraordinaires, tels que les ravages de la guerre ou une inondation, auxquels le pays n'est pas ordinairement sujet, à moins que le preneur n'ait été chargé de tous les cas fortuits prévus ou imprévus.

1774. Le bail sans écrit d'un fonds rural est censé fait pour le temps qui est nécessaire afin que le preneur recueille tous les fruits de l'héritage affermé.

Ainsi le bail à ferme d'un pré, d'une vigne, ou de tout autre fonds dont les fruits se recueillent en entier dans le cours de l'année, est censé fait pour un an.

Le bail des terres labourables, lorsqu'elles se divisent par soles ou saisons, est censé fait pour autant d'années qu'il y a de soles.

1775. Le bail des héritages ruraux, quoique fait sans écrit, cesse de plein droit à l'expiration du temps pour lequel il est censé fait, selon l'article précédent.

1776. Si, à l'expiration de baux ruraux écrits, le preneur reste et est laissé en possession, il s'opère un nouveau bail dont l'effet est réglé par l'art. 1774.

1777. Le fermier sortant doit laisser à celui qui lui succède dans la culture les logements convenables et autres facilités pour les travaux de l'année suivante, et, réciproquement, le fermier entrant doit procurer à celui qui sort les logements convenables et autres facilités pour la consommation des fourrages et pour les récoltes restant à faire.

Dans l'un et l'autre cas, on doit se conformer à l'usage des lieux.

1778. Le fermier sortant doit aussi laisser les pailles en engrais de l'année, s'il les a reçus lors de son entrée en jouissance; et, quand même il ne les aurait pas reçus, le propriétaire pourra les retenir suivant l'estimation.

Chapitre III. — *Du louage d'ouvrage et d'industrie.*

1779. Il y a trois espèces principales de louage d'ouvrage et d'industrie :

1° Le louage des gens de travail qui s'engagent au service de quelqu'un ;

2° Celui des voituriers, tant par terre que par eau, qui se chargent du transport des personnes ou des marchandises ;

3° Celui des entrepreneurs d'ouvrages par suite de devis ou marchés.

Section Ire. — *Du louage des domestiques et ouvriers.*

1780. On ne peut engager ses services qu'à temps, ou pour une entreprise déterminée.

1781. Le maître est cru sur son affirmation

Pour la quotité des gages,

Pour le paiement du salaire de l'année échue,

Et pour les à-compte donnés pour l'année courante.

Section II. — *Des voituriers par terre et par eau.*

1782. Les voituriers par terre et par eau sont assujettis, pour la garde et la conservation des choses qui leur sont confiées, aux mêmes obligations que les aubergistes, dont il est parlé au titre *Du dépôt et du séquestre.*

1783. Ils répondent non seulement de ce qu'ils ont ont déjà reçu dans leur bâtiment ou voiture, mais encore de ce qui leur a été remis sur le port ou dans l'entrepôt, pour être placé dans leur bâtiment ou voiture.

1784. Ils sont responsables de la perte et des avaries des choses qui leur sont confiées, à moins qu'ils ne prouvent qu'elles ont été perdues et avariées par cas fortuit ou force majeure.

1785. Les entrepreneurs de voitures publiques par terre et par eau, et ceux des roulages publics, doivent tenir registre de l'argent, des effets et des paquets dont ils se chargent.

1786. Les entrepreneurs et directeurs de voitures et roulages publics, les maîtres de barques et navires, sont en outre assujettis à des règlements particuliers, qui font la loi entre eux et les autres citoyens.

SECTION III. — *Des devis et des marchés.*

1787. Lorsqu'on charge quelqu'un de faire un ouvrage, on peut convenir qu'il fournira seulement son travail ou son industrie, ou bien qu'il fournira aussi la matière.

1788. Si, dans le cas où l'ouvrier fournit la matière, la chose vient à périr, de quelque manière que ce soit, avant d'être livrée, la perte en est pour l'ouvrier, à moins que le maître ne fût en demeure de recevoir la chose.

1789. Dans le cas où l'ouvrier fournit seulement son travail ou son industrie, si la chose vient à périr, l'ouvrier n'est tenu que de sa faute.

1790. Si, dans le cas de l'article précédent, la chose vient à périr, quoique sans aucune faute de la part de l'ouvrier, avant que l'ouvrage ait été reçu, et sans que le maître fût en demeure de le vérifier, l'ouvrier n'a point de salaire à réclamer, à moins que la chose n'ait péri par le vice de la matière.

1791. S'il s'agit d'un ouvrage à plusieurs pièces ou à la mesure, la vérification peut s'en faire par parties; elle est censée faite pour toutes les parties payées, si le maître paie l'ouvrier en proportion de l'ouvrage fait.

1792. Si l'édifice construit à prix fait périt en tout ou en partie par le vice de la construction, même par le vice du sol, les architectes et entrepreneurs en sont responsables pendant dix ans.

1793. Lorsqu'un architecte ou un entrepreneur s'est chargé de la construction à forfait d'un bâtiment, d'après un plan arrêté et convenu avec le propriétaire du sol, il ne peut demander aucune augmentation de prix, ni sous le prétexte d'augmentation de la main d'œuvre ou des matériaux ni sous celui de changement ou d'augmentation fait sur ce plan, si ces changements ou augmentations n'ont pas été autorisés par écrit, et le prix convenu avec le propriétaire.

1794. Le maître peut résilier, par sa seule volonté, le marché à forfait, quoique l'ouvrage soit déjà commencé, en dédommageant l'entrepreneur de toutes ses dépenses, de tous ses travaux, et de tout ce qu'il aurait pu gagner dans cette entreprise.

1795. Le contrat de louage d'ouvrage est dissous par la mort de l'ouvrier, de l'architecte ou entrepreneur.

1796. Mais le propriétaire est tenu de payer en proportion du prix porté par la convention, à leur succession, la valeur des ouvrages faits et celle des matériaux préparés, lors seulement que ces travaux ou ces matériaux peuvent lui être utiles.

1797. L'entrepreneur répond du fait des personnes qu'il emploie.

1798. Les maçons, charpentiers et autres ouvriers qui ont été employés à la construction d'un bâtiment ou d'autres ouvrages faits à l'entreprise n'ont d'action contre celui pour lequel les ouvrages ont été faits que jusqu'à concurrence de ce dont il se trouve débiteur envers l'entrepreneur au moment où leur action est intentée.

1799. Les maçons, charpentiers, serruriers et autres ouvriers qui font directement des marchés à prix fait sont astreints aux règles prescrites dans la présente section ; ils sont entrepreneurs dans la partie qu'ils traitent.

CHAPITTRE IV. — *Du bail à cheptel.*

SECTION 1ʳᵉ. — *Dispositions générales.*

1800. Le bail à cheptel est un contrat par lequel l'une des parties donne à l'autre un fonds de bétail pour le garder, le nourrir et le soigner, sous les conditions convenues entre elles.

1801. Il y a plusieurs sortes de cheptel :

Le cheptel simple ou ordinaire,

Le cheptel à moitié,

Le cheptel donné au fermier ou au colon partiaire.

Il y a encore une quatrième espèce de contrat improprement appelée cheptel.

1802. On peut donner à cheptel toute espèce d'animaux susceptibles de croît ou de profit pour l'agriculture ou le commerce.

1803. A défaut de conventions particulières, ces contrats se règlent par les principes qui suivent.

SECTION II. — *Du cheptel simple.*

1804. Le bail à cheptel simple est un contrat par lequel on donne à un autre des bestiaux à garder, nourrir et soigner, à condition que le preneur profitera de la moitié du croît, et qu'il supportera aussi la moitié de la perte.

1805. L'estimation donnée au cheptel dans le bail n'en transporte pas la propriété au preneur; elle n'a d'autre objet que de fixer la perte ou le profit qui pourra se trouver à l'expiration du bail.

1806. Le preneur doit les soins d'un bon père de famille à la conservation du cheptel.

1807. Il n'est tenu du cas fortuit que lorsqu'il a été précédé de quelque faute de sa part, sans laquelle la perte ne serait pas arrivée.

1808. En cas de contestation, le preneur est tenu de prouver le cas fortuit, le bailleur est tenu prouver la faute qu'il impute au preneur.

1809. Le preneur qui est déchargé par le cas fortuit est toujours tenu de rendre compte des peaux des bêtes.

1810. Si le cheptel périt en entier sans la faute du preneur, la perte en est pour le bailleur.

S'il n'en périt qu'une partie, la perte est supportée en commun, d'après le prix de l'estimation originaire et celui de l'estimation à l'expiration du cheptel.

1811. On ne peut stipuler

Que le preneur supportera la perte totale du cheptel, quoique arrivée par cas fortuit et sans sa faute;

Ou qu'il supportera dans la perte une part plus grande que dans la profit;

Ou que le bailleur prélèvera à la fin du bail quelque chose de plus que le cheptel qu'il a fourni.

Toute convention semblable est nulle.

Le preneur profite seul du laitage, du fumier et du travail des animaux donnés à cheptel.

La laine et le croît se partagent.

1812. Le preneur ne peut disposer d'aucune bête du troupeau, soit du fonds, soit du croît, sans le consentement du bailleur, qui ne peut lui-même en disposer sans le consentement du preneur.

1813. Lorsque le cheptel est donné au fermier d'autrui, il doit être notifié au propriétaire de qui ce fermier tient ; sans quoi il peut le saisir et le faire vendre pour ce que son fermier lui doit.

1814. Le preneur ne pourra tondre sans en prévenir le bailleur.

1815. S'il n'y a pas de temps fixé par la convention pour la durée du cheptel, il est censé fait pour trois ans.

1816. Le bailleur peut en demander plus tôt la résolution, si le preneur ne remplit pas ses obligations.

1817. A la fin du bail, ou lors de sa résolution, il se fait une nouvelle estimation du cheptel.

Le bailleur peut prélever des bêtes de chaque espèce jusqu'à concurrence de la première estimation ; l'excédant se partage.

S'il n'existe pas assez de bêtes pour remplir la première estimation, le bailleur prend ce qui reste, et les parties se font raison de la perte.

SECTION III. — Du cheptel à moitié.

1818. Le cheptel à moitié est une société dans laquelle chacun des contractants fournit la moitié des bestiaux, qui demeurent communs pour le profit ou pour la perte.

1819. Le preneur profite seul, comme dans le cheptel simple, des laitages, du fumier et des travaux des bêtes.

Le bailleur n'a droit qu'à la moitié des laines et du croît.

Toute convention contraire est nulle, à moins que le bailleur ne soit propriétaire de la métairie dont le preneur est fermier ou colon partiaire.

1820. Toutes les autres règles du cheptel simple s'appliquent au cheptel à moitié.

SECTION IV. — Du cheptel donné par le propriétaire à son fermier ou colon
partiaire.

§ 1er. — Du cheptel donné au fermier.

1821. Ce cheptel (aussi appelé *cheptel de fer*) est celui par lequel le propriétaire d'une métairie la donne à ferme, à la charge qu'à l'expiration du bail le fermier laissera des bestiaux d'une valeur égale au prix de l'estimation de ceux qu'il aura reçus.

1822. L'estimation du cheptel donné au fermier ne lui en transfère pas la propriété, mais néanmoins le met à ses risques.

1823. Tous les profits appartiennent au fermier pendant la durée de son bail, s'il n'y a convention contraire.

1824. Dans les cheptels donnés au fermier, le fumier n'est point dans les profits personnels des preneurs, mais appartient à la métairie, à l'exploitation de laquelle il doit être uniquement employé.

1825. La perte, même totale et par cas fortuit, est en entier pour le fermier, s'il n'y a convention contraire.

1826. A la fin du bail, le fermier ne peut retenir le cheptel en en payant l'estimation originaire ; il doit en laisser un de valeur pareille à celui qu'il a reçu.

S'il y a du déficit, il doit le payer, et c'est seulement l'excédant qui lui appartient.

§ 2. — Du cheptel donné au colon partiaire.

1827. Si le cheptel périt en entier sans la faute du colon, la perte est pour le bailleur.

1828. On peut stipuler que le colon délaissera au bailleur sa part de la toison à un prix inférieur à la valeur ordinaire ;

Que le bailleur aura une plus grande part de profit ;

Qu'il aura la moitié des laitages.

Mais on ne peut pas stipuler que le colon sera tenu de toute la perte.

1829. Ce cheptel finit avec le bail à métairie.

1830. Il est d'ailleurs soumis à toutes les règles du cheptel simple.

Section V. — *Du contrat improprement appelé cheptel.*

1831. Lorsqu'une ou plusieurs vaches sont données pour les loger et les nourrir, le bailleur en conserve la propriété ; il a seulement le profit des veaux qui en naissent.

Titre XVIII. — *Des priviléges et hypothèques.*

Chapitre Ier. — *Dispositions générales.*

2092. Quiconque s'est obligé personnellement est tenu de remplir son engagement sur tous ses biens mobiliers et immobiliers, présents et à venir.

2093. Les biens du débiteur sont le gage commun de ses créanciers, et le prix s'en distribue entre eux par contribution, à moins qu'il n'y ait entre les créanciers des causes légitimes de préférence.

2094. Les causes légitimes de préférence sont les priviléges et hypothèques.

Chapitre II. — *Des priviléges.*

2095. Le privilége est un droit que la qualité de la créance donne à un créancier d'être préféré aux autres créanciers, même hypothécaires.

2096. Entre les créanciers privilégiés, la préférence se règle par les différentes qualités des priviléges.

2097. Les créanciers privilégiés qui sont dans le même rang sont payés par concurrence.

2098. Le privilége à raison du droit du trésor, et l'ordre dans lequel il s'exerce, sont réglés par les lois qui les concernent. — Le trésor ne peut cependant obtenir de privilége au préjudice des droits antérieurement acquis des tiers.

2099. Les priviléges peuvent être sur les meubles ou sur les immeubles.

Section Ire. — *Des priviléges sur les meubles.*

2100. Les priviléges sont ou généraux, ou particuliers sur certains meubles.

§ 1er. — Des principes généraux sur les meubles.

2101. Les créances privilégiées sur la généralité des meubles sont celles ci-après exprimées, et s'exercent dans l'ordre suivant : — 1° Les frais de justice ; — 2° Les frais funéraires ; — 3° Les frais quelconques de la dernière maladie, concurremment entre ceux à qui ils sont dus ; — 4° Le salaire des gens de service pour l'année échue, et ce qui est dû sur l'année courante ; — 5° Les fournitures de subsistances faites au débiteur et à sa famille, savoir : pendant les six derniers mois, par les marchands en détail, tels que boulangers, bouchers et autres ; et pendant la dernière année, par les maîtres de pension et marchands en gros.

§ 2. — Des priviléges sur certains meubles.

2102. Les créances privilégiées sur certains meubles sont : 1° Les loyers et fermages des immeubles sur les fruits de la récolte de l'année, et sur le prix de tout ce qui garnit la maison louée ou la ferme, et de tout ce qui sert à l'exploitation de la ferme, savoir : pour tout ce qui est échu et pour tout ce qui est à échoir, si les baux sont authentiques, ou si, étant sous signature privée, ils ont une date certaine ; et, dans ces deux cas, les autres créanciers ont le droit de relouer la maison ou la ferme pour le restant du bail, et de faire leur profit des baux ou fermages, à la charge toutefois de payer au propriétaire tout ce qui lui serait encore dû ; —Et, à défaut de baux authentiques, ou lorsque, étant sous signature privée, ils n'ont pas une date certaine, pour une année à partir de l'expiration de l'année courante. — Le même privilége a lieu pour les réparations locatives et pour tout ce qui concerne l'exécution du bail.—Néanmoins les sommes dues pour les semences ou pour les frais de la récolte de l'année sont payées sur le prix de la récolte, et celles dues pour ustensiles, sur le prix de ces ustensiles, par préférence au propriétaire, dans l'un et l'autre cas. — Le propriétaire peut saisir les meubles qui garnissent sa maison ou sa ferme, lorsqu'ils ont été déplacés sans son consentement, et il conserve sur eux son privilége, pourvu qu'il ait fait sa revendication, savoir : lorsqu'il s'agit du mobilier qui garnissait une ferme, dans le délai de quarante jours, et dans celui de quinzaine s'il s'agit des meubles garnissant une maison. — 2° La créance sur le gage dont le créancier est saisi ; — 3° Les frais faits pour la conservation de la chose ; —4° Le prix d'effets mobiliers non payés s'ils sont encore en la possession du débiteur, soit qu'il ait acheté à terme ou sans terme. — Si la vente a été faite sans terme, le vendeur peut même revendiquer ces effets tant qu'ils sont en la possession de l'acheteur, et en empêcher la revente, pourvu que la revendication soit faite dans la huitaine de la livraison, et que les effets se trouvent dans le même état dans lequel cette livraison a été faite. — Le privilége du vendeur ne s'exerce toutefois qu'après celui du propriétaire de la maison ou de la ferme, à moins qu'il ne soit prouvé que le propriétaire avait connaissance que les meubles et autres objets garnissant sa maison ou sa ferme n'appartenaient pas au locataire. — Il n'est rien innové aux lois et usages du commerce sur la revendication. — 5° Les fournitures d'un aubergiste, sur les effets du voyageur qui ont été transportés dans son auberge ; — 6° Les frais de voiture et les dépenses accessoires, sur la chose voiturée ; — 7° Les créances résultant d'abus et prévarications commis par les fonctionnaires publics dans l'exercice de leurs fonctions, sur les fonds de leur cautionnement, et sur les intérêts qui ne peuvent être dus.

Section II. — *Des priviléges sur les immeubles.*

2103. Les créanciers privilégiés sur les immeubles sont : 1° Le vendeur, sur l'immeuble vendu, pour le paiement du prix ; — S'il y a plusieurs ventes successives dont le prix soit dû en tout ou en partie, le premier vendeur est préféré au second, le deuxième au troisième, et ainsi de suite ; — 2° Ceux qui ont fourni les deniers pour l'acquisition d'un immeuble, pourvu qu'il soit authentiquement constaté par l'acte d'emprunt que la somme était destinée à cet emploi, et, par la quittance du vendeur, que ce paiement a été fait des deniers empruntés (1) ; — 3° Les cohéritiers, sur les immeubles de la succession, pour la garantie des partages faits entre eux, et des soultes ou retour de lots ; — 4° Les architectes, entrepreneurs, maçons et autres ouvriers employés pour édifier, reconstruire ou réparer des bâtiments, canaux ou autres ouvrages quelconques, pourvu néanmoins que par un expert nommé d'office par le tribunal de première instance dans le ressort duquel les bâtiments sont situés il ait été dressé préalablement un procès-verbal à l'effet de constater l'état des lieux relativement aux ouvrages que le propriétaire déclarera avoir dessein de faire, et que les ouvrages aient été,

(1) Voyez le second alinéa de l'art. 693 du Code de procédure civile.

dans les six mois au plus de leur perfection, reçus par un expert également nommé d'office; — Mais le montant du privilége ne peut excéder les valeurs constatées par le second procès-verbal, et il se réduit à la plus-value existant à l'époque de l'aliénation de l'immeuble et résultant des travaux qui y ont été faits; — 5° Ceux qui ont prêté les deniers pour payer ou rembourser les ouvriers jouissent du même privilége, pourvu que cet emploi soit authentiquement constaté par l'acte d'emprunt, et par la quittance des ouvriers, ainsi qu'il a été dit ci-dessus pour ceux qui ont prêté les deniers pour l'acquisition d'un immeuble.

SECTION III. — *Des priviléges qui s'étendent sur les meubles et les immeubles.*

2104. Les priviléges qui s'étendent sur les meubles et les immeubles sont ceux énoncés en l'art. 2101.

2105. Lorsqu'à défaut de mobilier les privilégiés énoncés en l'article précédent se présentent pour être payés sur le prix d'un immeuble en concurrence avec les créanciers privilégiés sur l'immeuble, les paiements se font dans l'ordre qui suit : — 1° Les frais de justice et autres énoncés en l'art. 2101 ; — 2° Les créances désignées en l'art. 2103.

SECTION IV. — *Comment se conservent les priviléges.*

2106. Entre les créanciers, les priviléges ne produisent d'effet, à l'égard des immeubles, qu'autant qu'ils sont rendus publics par inscriptions sur les registres du conservateur des hypothèques, de la manière déterminée par la loi et à compter de la date de cette inscription, sous les seules exceptions qui suivent.

2107. Sont exceptées de la formalité de l'inscription les créances énoncées en l'art. 2101.

2108. Le vendeur privilégié conserve son privilége par la transcription du titre qui a transféré la propriété à l'acquéreur, et qui constate que la totalité ou partie du prix lui est due ; à l'effet de quoi la transcription du contrat faite par l'acquéreur vaudra inscription pour le vendeur et pour le prêteur qui lui aura fourni les deniers payés, et qui sera subrogé aux droits du vendeur par le même contrat. Sera néanmoins le conservateur des hypothèques tenu, sous peine de tous dommages-intérêts envers les tiers, de faire d'office l'inscription, sur son registre, des créances résultant de l'acte translatif de propriété, tant en faveur du vendeur qu'en faveur des prêteurs, qui pourront aussi faire, si elle ne l'a été, la transcription du contrat de vente, à l'effet d'acquérir l'inscription de ce qui leur est dû sur le prix.

2109. Le cohéritier ou copartageant conserve son privilége sur les biens de chaque lot ou sur le bien licité, pour les soultes et retours de lots ou pour le prix de la licitation, par l'inscription faite à sa diligence, dans les soixante jours à dater de l'acte de partage ou de l'adjudication par licitation ; durant lequel temps aucune hypothèque ne peut avoir lieu sur le bien chargé de soulte ou adjugé par licitation, au préjudice du créancier de la soulte et du prix.

2110. Les architectes, entrepreneurs, maçons et autres ouvriers employés pour édifier, reconstruire ou réparer des bâtiments, canaux ou autres ouvrages, et ceux qui ont, pour les payer ou rembourser, prêté les deniers dont l'emploi a été constaté, conservent par la double inscription faite, 1° du procès-verbal qui constate l'état des lieux, 2° du procès-verbal de réception, leur privilége à la date de l'inscription du premier procès-verbal.

2111. Les créanciers et légataires qui demandent la séparation du patrimoine du défunt, conformément à l'art. 878, au titre *Des successions*, conservent, à l'égard des créanciers des héritiers ou représentants du défunt, leur privilége sur les immeubles de la succession, par les inscriptions faite sur chacun de ces biens, dans les six mois à compter de l'ouverture de la succession. — Avant l'expiration de ce délai aucune hypothèque ne peut être établie avec effet sur ces biens par les héritiers ou représentants au préjudice de ces créanciers ou légataires.

2112. Les cessionnaires de ces diverses créances privilégiées exercent tous les mêmes droits que les cédants, en leur lieu et place.

2113. Toutes créances privilégiées soumises à la formalité de l'inscription à l'égard desquelles les conditions ci-dessus prescrites pour conserver le privilège n'ont pas été accomplies ne cessent pas néanmoins d'être hypothécaires; mais l'hypothèque ne date, à l'égard des tiers, que de l'époque des inscriptions qui auront dû être faites ainsi qu'il sera ci-après expliqué.

Chapitre III. *Des hypothèques.*

2114. L'hypothèque est un droit réel sur les immeubles affectés à l'acquittement d'une obligation. — Elle est, de sa nature, indivisible, et subsiste en entier sur tous les immeubles affectés, sur chacun et sur chaque portion de ces immeubles. — Elle les suit dans quelque main qu'ils passent.

2115. L'hypothèque n'a lieu que dans les cas et suivant les formes autorisées par la loi.

2116. Elle est ou légale, ou judiciaire, ou conventionnelle.

2117. L'hypothèque légale est celle qui résulte de la loi. — L'hypothèque judiciaire est celle qui résulte des jugements ou actes judiciaires. — L'hypothèque conventionnelle est celle qui dépend des conventions et de la forme extérieure des actes et des contrats.

2118. Sont seuls susceptibles d'hypothèques : — 1° Les biens immobiliers qui sont dans le commerce, et leurs accessoires réputés immeubles; — 2° L'usufruit des mêmes biens et accessoires pendant le temps de sa durée.

2119. Les meubles n'ont pas de suite par hypothèque.

2120. Il n'est rien innové par le présent Code aux dispositions des lois maritimes concernant les navires et bâtiments de mer.

Section Iʳᵉ — *Des hypothèques légales.*

2121. Les droits et créances auxquels l'hypothèque légale est attribuée sont : — Ceux des femmes mariées sur les biens de leur mari; — Ceux des mineurs et interdits sur les biens de leur tuteur; — Ceux de l'état, des communes et des établissements publics, sur les biens des receveurs et administrateurs comptables.

2122. Le créancier qui a une hypothèque légale peut exercer son droit sur tous les immeubles appartenant à son débiteur, et sur ceux qui pourront lui appartenir dans la suite, sous les modifications qui seront ci-après exprimées.

Section II. — *Des hypothèques judiciaires.*

2123. L'hypothèque judiciaire résulte des jugements, soit contradictoires, soit par défaut, définitifs ou provisoires, en faveur de celui qui les a obtenus. Elle résulte aussi des reconnaissances ou vérifications, faites en jugement, des signatures apposées à un acte obligatoire sous seing privé. — Elle peut s'exercer sur les immeubles actuels du débiteur et sur ceux qu'il pourra acquérir, sauf aussi les modifications qui seront ci-après exprimées. — Les décisions arbitrales n'emportent hypothèques qu'autant qu'elles sont revêtues de l'ordonnance judiciaire d'exécution. — L'hypothèque ne peut pareillement résulter des jugements rendus en pays étranger qu'autant qu'ils ont été déclarés exécutoires par un tribunal français, sans préjudice des dispositions contraires qui peuvent être dans les lois politiques ou dans les traités.

Section III. — *Des hypothèques conventionnelles.*

2124. Les hypothèques conventionnelles ne peuvent être consenties que par ceux qui ont la capacité d'aliéner les immeubles qu'ils y soumettent.

2125. Ceux qui n'ont sur l'immeuble qu'un droit suspendu par une condition, ou résoluble dans certains cas, ou sujet à rescision, ne peuvent consentir qu'une hypothèque soumise aux mêmes conditions ou à la même rescision.

2126. Les biens des mineurs, des interdits, et ceux des absents, tant que la possession n'en est déférée que provisoirement, ne peuvent être hypothéqués que pour les causes et dans les formes établies par la loi, ou en vertu de jugements.

2127. L'hypothèque conventionnelle ne peut être consentie que par acte passé en forme authentique devant deux notaires ou devant un notaire et deux témoins.

2128. Les contrats passés en pays étranger ne peuvent donner d'hypothèque sur les biens de France, s'il n'y a des dispositions contraires à ce principe dans les lois ou dans les traités.

2129. Il n'y a d'hypothèque conventionnelle valable que celle qui, soit dans le titre authentique constitutif de la créance, soit dans un acte authentique postérieur, déclare la nature et la situation de chacun des immeubles actuellement appartenant au débiteur sur lesquels il consent l'hypothèque de la créance. Chacun de tous ses biens présents peut être nominativement soumis à l'hypothèque. — Les biens à venir ne peuvent pas être hypothéqués.

2130. Néanmoins, si les biens présents et libres du débiteur sont insuffisants pour la sûreté de la créance, il peut, en exprimant cette insuffisance, consentir que chacun des biens qu'il acquerra par la suite y demeure affecté à mesure des acquisitions.

2131. Pareillement, en cas que l'immeuble ou les immeubles présents, assujettis à l'hypothèque, eussent péri ou éprouvé des dégradations, de manière qu'ils fussent devenus insuffisants pour la sûreté du créancier, celui-ci pourra ou poursuivre dès à présent son remboursement, ou obtenir un supplément d'hypothèque.

2132. L'hypothèque conventionnelle n'est valable qu'autant que la somme pour laquelle elle est consentie est certaine et déterminée par l'acte. Si la créance résultant de l'obligation est conditionnelle pour son existence, ou indéterminée dans sa valeur, le créancier ne pourra requérir l'inscription dont il sera parlé ci-après que jusqu'à concurrence d'une valeur estimative par lui déclarée expressément, et que le débiteur aura droit de faire réduire, s'il y a lieu.

2133. L'hypothèque acquise s'étend à toutes les améliorations survenues à l'immeuble hypothéqué.

Section IV. — *Du rang que les hypothèques ont entre elles.*

2134. Entre les créanciers, l'hypothèque, soit légale, soit judiciaire, soit conventionnelle, n'a de rang que du jour de l'inscription prise par le créancier sur les registres du conservateur, dans la forme et de la manière prescrites par la loi, sauf les exceptions portées en l'article suivant.

2135. L'hypothèque existe, indépendamment de toute inscription : — 1° Au profit des mineurs et interdits, sur les immeubles appartenant à leur tuteur, à raison de sa gestion, du jour de l'acceptation de la tutelle ; — 2° Au profit des femmes, pour raison de leurs dot et conventions matrimoniales

16

sur les immeubles de leur mari, et à compter du jour du mariage. — La femme n'a hypothèque pour les sommes dotales qui proviennent de successions à elle échues, ou de donations à elle faite pendant le mariage, qu'à compter de l'ouverture des successions ou du jour que les donations ont eu leur effet. — Elle n'a hypothèque pour l'indemnité des dettes qu'elle a contractées avec son mari, et pour le remploi de ses propres aliénés, qu'à compter du jour de l'obligation ou de la vente. — Dans aucun cas la disposition du présent article ne pourra préjudicier aux droits acquis à des tiers avant la publication du présent titre.

2136. Sont toutefois les maris et les tuteurs tenus de rendre publiques les hypothèques dont leurs biens sont grevés, et, à cet effet, de requérir eux-mêmes, sans aucun délai, inscription aux bureaux à ce établis, sur les immeubles à eux appartenant et sur ceux qui pourront leur appartenir par la suite. — Les maris et les tuteurs qui, ayant manqué de requérir et de faire faire les inscriptions ordonnées par le présent article, auraient consenti ou laissé prendre des priviléges ou des hypothèques sur leurs immeubles, sans déclarer expressément que lesdits immeubles étaient affectés à l'hypothèque légale des femmes et des mineurs, seront réputés stellionataires, et, comme tels, contraignables par corps.

2137. Les subrogés tuteurs seront tenus, sous leur responsabilité personnelle et sous peine de tous dommages-intérêts, de veiller à ce que les inscriptions soient prises sans délai sur les biens du tuteur, pour raison de sa gestion, même de faire faire lesdites inscriptions.

2138. A défaut par les maris, tuteurs, subrogés tuteurs, de faire faire les inscriptions ordonnées par les articles précédents, elles seront requises par le procureur du roi près le tribunal de première instance du domicile des maris ou tuteurs, ou du lieu de la situation des biens.

2139. Pourront les parents, soit du mari, soit de la femme, et les parents du mineur, ou, à défaut de parents, ses amis, requérir lesdites inscriptions; elles pourront aussi être requises par la femme et par les mineurs.

2140. Lorsque, dans le contrat de mariage, les parties, majeures, seront convenues qu'il ne sera pris d'inscription que sur un ou certains immeubles du mari, les immeubles qui ne seraient pas indiqués pour l'inscription resteront libres et affranchis de l'hypothèque pour la dot de la femme et pour ses reprises et conventions matrimoniales. Il ne pourra pas être convenu qu'il ne sera pris aucune inscription.

2141. Il en sera de même pour les immeubles du tuteur lorsque les parents, en conseil de famille, auront été d'avis qu'il ne soit pris d'inscription que sur certains immeubles.

2142. Dans le cas des deux articles précédents, le mari, le tuteur et le subrogé tuteur, ne seront tenus de requérir inscription que sur les immeubles indiqués.

2143. Lorsque l'hypothèque n'aura pas été restreinte par l'acte de nomination du tuteur, celui-ci pourra, dans le cas où l'hypothèque générale sur ses immeubles excéderait notoirement les sûretés suffisantes pour sa gestion, demander que cette hypothèque soit restreinte aux immeubles suffisants pour opérer une pleine garantie en faveur du mineur. — La demande sera formée contre le subrogé tuteur, et elle devra être précédée d'un avis de famille.

2144. Pourra pareillement le mari, du consentement de sa femme, et après avoir pris l'avis des quatre plus proche parents d'icelle, réunis en assemblée de famille, demander que l'hypothèque générale sur tous les immeubles, pour raison de la dot, des reprises et conventions matrimoniales, soit restreinte aux immeubles suffisants pour la conservation entière des droits de la femme.

2145. Les jugements sur les demandes des maris et des tuteurs ne seront rendus qu'après avoir entendu le procureur du roi, et conjointement avec lui. — Dans le cas où le tribunal prononcera la réduction de l'hypothèque à certains immeubles, les inscriptions prises sur tous les autres seront rayées.

CHAPITRE IV.—*Du mode de l'inscription des priviléges et hypothèques.*

2146. Les inscriptions se font au bureau de conservation des hypothèques dans l'arrondissement duquel sont situés les biens soumis au privilége ou à l'hypothèque. Elles ne produisent aucun effet si elles sont prises dans le délai pendant lequel les actes faits avant l'ouverture des faillites sont déclarés nuls. — Il en est de même entre les créanciers d'une succession, si l'inscription n'a été faite par l'un d'eux que depuis l'ouverture et dans le cas où la succession n'est acceptée que par bénéfice d'inventaire.

2147. Tous les créanciers inscrits le même jour exercent en concurrence une hypothèque de la même date, sans distinction entre l'inscription du matin et du soir, quand cette différence serait marquée par le conservateur.

2148. Pour opérer l'inscription, le créancier représente , soit par lui-même, soit par un tiers, au conservateur des hypothèques, l'original en brevet ou une expédition authentique du jugement ou de l'acte qui donne naissance au privilége ou à l'hypothèque. — Il y joint deux bordereaux écrits sur papier timbré, dont l'un peut être porté sur l'expédition du titre ; ils contiennent : — 1° Les nom, prénom, domicile du créancier, sa profession s'il en a une, et l'élection d'un domicile pour lui dans un lieu quelconque de l'arrondissement du bureau ; — 2° les nom , prénom, domicile du débiteur, sa profession s'il en a une connue, ou une désignation individuelle et spéciale telle que le conservateur puisse reconnaître et distinguer dans tous les cas l'individu grevé d'hypothèque ; — 3° la date et la nature du titre ; — 4° le montant du capital des créances exprimées dans le titre, ou évaluées par l'inscrivant, pour les rentes ou prestations, ou pour les droits éventuels, conditionnels, ou indéterminés, dans les cas où cette évaluation est ordonnée ; comme aussi le montant des accessoires de ces capitaux et l'époque de l'exigibilité ; 5° l'indication de l'espèce et de la situation des biens sur lesquels il entend conserver son privilége ou son hypothèque. — Cette dernière disposition n'est pas nécessaire dans le cas des hypothèques légales ou judiciaires : à défaut de conventions, une seule inscription pour ces hypothèques frappe tous les immeubles compris dans l'arrondissement du bureau.

2149. Les inscriptions à faire sur les biens d'une personne décédée pourront être faites sous la simple désignation du défunt, ainsi qu'il est dit au n° 2 de l'article précédent.

2150. Le conservateur fait mention, sur son registre, du contenu aux bordereaux, et remet au requérant tant le titre ou l'expédition du titre que l'un des bordereaux au pied duquel il certifie avoir fait l'inscription.

2151. Le créancier inscrit pour un capital produisant intérêt ou arrérage a droit d'être colloqué pour deux années seulement , et pour l'année courante, au même rang d'hypothèque que pour son capital, sans préjudice des inscriptions particulières à prendre , portant hypothèque à compter de leur date , pour les arrérages autres que ceux conservés par la première inscription.

2152. Il est loisible à celui qui a requis une inscription, ainsi qu'à ses représentants ou cessionnaires par acte authentique, de changer, sur le registre des hypothèques, le domicile par lui élu, à la charge d'en choisir et indiquer un autre dans le même arrondissement.

2153. Les droits d'hypothèque purement légale de l'état, des communes et des établissements publics, sur les biens des comptables, ceux des mineurs ou interdits sur les tuteurs, des femmes mariées sur leurs époux , seront inscrits sur la représentation de deux bordereaux contenant seulement : — 1° Les noms, prénoms, profession et domicile réel du créancier, et le domicile qui sera par lui, ou pour lui, élu dans l'arrondissement ; — 2° Les nom, prénoms, profession, domicile, ou désignation précise du débiteur ; — 3° La nature des droits à conserver, et le montant de leur valeur quant aux objets déterminés, sans être tenu de la fixer quant à ceux qui sont conditionnels, éventuels ou indéterminés.

2154. Les inscriptions conservent l'hypothèque et le privilége pendant dix années à compter du jour de leur date ; leur effet cesse si ces inscriptions n'ont été renouvelées avant l'expiration de ce délai.

2155. Les frais des inscriptions sont à la charge du débiteur, s'il n'y a stipulation contraire ; l'avance en est faite par l'inscrivant, si ce n'est quant aux hypothèques légales, pour l'inscription desquelles le conservateur a son recours contre le débiteur. Les frais de la transcription qui peut être requise par le vendeur sont à la charge de l'acquéreur.

2156. Les actions auxquelles les inscriptions peuvent donner lieu contre les créanciers seront intentées devant le tribunal compétent, par exploits faits à leur personne, ou au dernier des domiciles élus sur leur registre ; et ce, nonobstant le décès soit des créanciers, soit de ceux chez lesquels ils auront fait élection de domicile.

CHAPITRE V. — *De la radiation et réduction des inscriptions.*

2157. Les inscriptions sont rayées du consentement des parties intéressées et ayant capacité à cet effet, ou en vertu d'un jugement en dernier ressort ou passé en force de chose jugée.

2158. Dans l'un et dans l'autre cas, ceux qui requièrent la radiation déposent au bureau du conservateur l'expédition de l'acte authentique portant consentement, ou celle du jugement.

2159. La radiation non consentie est demandée au tribunal dans le ressort duquel l'inscription a été faite, si ce n'est lorsque cette inscription a eu lieu pour sûreté d'une condamnation éventuelle ou indéterminée, sur l'exécution ou liquidation de laquelle le débiteur et le créancier prétendu sont en instance ou doivent être jugés dans un autre tribunal ; auquel cas la demande en radiation doit y être portée ou renvoyée. — Cependant la convention, faite par le créancier et le débiteur, de porter, en cas de contestation, la demande à un tribunal qu'ils auraient désigné, recevra son exécution entre eux.

2160. La radiation doit être ordonnée par les tribunaux lorsque l'inscription a été faite sans être fondée ni sur la loi ni sur un titre, ou lorsqu'elle l'a été en vertu d'un titre soit irrégulier, soit éteint ou soldé, ou lorsque les droits de privilége ou d'hypothèque sont effacés par les voies légales.

2161. Toutes les fois que les inscriptions prises par un créancier qui, d'après la loi, aurait droit d'en prendre sur les biens présents ou sur les biens à venir d'un débiteur, sans limitation convenue, seront portées sur plus de domaines différents qu'il n'est nécessaire à la sûreté des créances, l'action en réduction des inscriptions, ou en radiation d'une partie en ce qui excède la proportion convenable, est ouverte au débiteur. On y suit les règles de compétence établies dans l'art. 2159. — La disposition du présent article ne s'applique pas aux hypothèques conventionnelles.

2162. Sont réputées excessives les inscriptions qui frappent sur plusieurs domaines , lorsque la valeur d'un seul ou de quelques uns d'entre eux excède de plus d'un tiers en fonds libres le montant des créances en capital et accessoires légaux.

2163. Peuvent aussi être réduites comme excessives les inscriptions prises d'après l'évaluation, faite par le créancier, des créances qui , en ce qui concerne l'hypothèque à établir pour leur sûreté, n'ont pas été réglées par la convention, et qui, par leur nature, sont conditionnelles, éventuelles ou ndéterminées.

2164. L'excès, dans ce cas, est arbitré par les juges, d'après les circonstances, les probabilités des chances et les présomptions de fait, de manière à concilier les droits vraisemblables du créancier avec l'intérêt du crédit raisonnable à conserver au débiteur; sans préjudice des nouvelles inscriptions à prendre avec hypothèque du jour de leur date, lorsque l'événement aura porté des créances indéterminées à une somme plus forte.

2165. La valeur des immeubles dont la comparaison est à faire avec celles des créances et le tiers en sus est déterminée par quinze fois la valeur du revenu déclaré par la matrice du rôle de la contribution foncière, ou indiqué par la cote des contributions sur le rôle, selon la proportion qui existe dans les communes de la situation entre cette matrice ou cette cote et le revenu, pour les immeubles non sujets à dépérissement, et dix fois cette valeur pour ceux qui y sont sujets. Pourront néanmoins les juges s'aider, en outre, des éclaircissements qui peuvent résulter des baux non suspects, des procès-verbaux d'estimation qui ont pu être dressés précédemment à des époques rapprochées, et autres actes semblables, et à évaluer le revenu au taux moyen entre les résultats de ces divers renseignements.

CHAPITRE VI. — *De l'effet des privilèges et hypothèques contre les tiers détenteurs.*

2166. Les créanciers ayant privilége ou hypothèque inscrite sur un immeuble le suivent en quelques mains qu'il passe, pour être colloqués et payés suivant l'ordre de leurs créances ou inscriptions.

2167. Si le tiers détenteur ne remplit pas les formalités qui seront ci-après établies pour purger sa propriété, il demeure, par l'effet seul des inscriptions, obligé comme détenteur à toutes les dettes hypothécaires, et jouit des termes et délais accordés au débiteur originaire.

2168. Le tiers détenteur est tenu dans le même cas, ou de payer tous les intérêts et capitaux exigibles, à quelque somme qu'ils puissent monter, ou de délaisser l'immeuble hypothéqué sans aucune réserve.

2169. Faute par le tiers détenteur de satisfaire pleinement à l'une de ces obligations, chaque créancier hypothécaire a droit de faire vendre sur lui-même l'immeuble hypothéqué trente jours après commandement fait au débiteur originaire et sommation faite au tiers détenteur de payer la dette exigible ou de délaisser l'héritage.

2170. Néanmoins le tiers détenteur qui n'est pas personnellement obligé à la dette peut s'opposer à la vente de l'héritage hypothéqué qui lui a été transmis s'il est demeuré d'autres immeubles hypothéqués à la même dette dans la possession du principal ou des principaux obligés, et en requérir la discussion préalable selon la forme réglée au titre *Du cautionnement;* pendant cette discussion il est sursis à la vente de l'héritage hypothéqué.

2171. L'exception de discussion ne peut être opposée au créancier priviligié ou ayant hypothèque spéciale sur l'immeuble.

2172. Quant au délaissement par hypothèque, il peut être fait par tous les tiers détenteurs qui ne sont pas personnellement obligés à la dette, et qui ont la capacité d'aliéner.

2173. Il peut l'être même après que le tiers détenteur a reconnu l'obligation ou subi condamnation en cette qualité seulement; le délaissement n'empêche pas que, jusqu'à l'adjudication, le tiers détenteur ne puisse reprendre l'immeuble en payant toute la dette et les frais.

2174. Le délaissement par hypothèque se fait au greffe du tribunal de la situation des biens, et il en est donné acte par ce tribunal. —Sur la pétition du plus diligent des intéressés, il est créé à l'immeuble délaissé un curateur sur lequel la vente de l'immeuble est poursuivi dans les formes prescrites pour les expropriations.

2175. Les détériorations qui procèdent du fait ou de la négligence du tiers détenteur, au préjudice des créanciers hypothécaires ou privilégiés, donnent lieu contre lui à une action en indemnité; mais il ne peut répéter ses impenses ou améliorations que jusqu'à concurrence de la plus-value résultant de l'amélioration.

2176. Les fruits de l'immeuble hypothéqué ne sont dus par le tiers détenteur qu'à compter du jour de la sommation de payer ou de délaisser; et, si les poursuites commencées ont été abandonnées pendant trois ans à compter de la nouvelle sommation qui sera faite.

2177. Les servitudes et droits réels que le tiers détenteur avait sur l'immeuble avant sa possession renaissent après le délaissement ou après l'adjudication faite sur lui. — Ses créanciers personnels, après tous ceux qui sont inscrits sur les précédents propriétaires, exercent leur hypothèque à leur rang, sur le bien délaissé ou adjugé.

2178. Le tiers détenteur qui a payé la dette hypothécaire, ou délaissé l'immeuble hypothéqué, ou subi l'expropriation de cet immeuble, a le recours en garantie, tel que de droit, contre le débiteur principal.

2179. Le tiers détenteur qui veut purger sa propriété en payant le prix observe les formalités qui sont établies dans le chapitre VIII du présent titre.

CHAPITRE VII. — *De l'extinction des priviléges et hypothèques.*

2180. Les priviléges et hypothèques s'éteignent : — 1° Par l'extinction de l'obligation principale; — 2° Par la renonciation du créancier à l'hypothèque; — 3° Par l'accomplissement des formalités et conditions prescrites aux tiers détenteurs pour purger les biens par eux acquis; — 4° Par la prescription. — La prescription est acquise au débiteur, quant aux biens qui sont dans ses mains, par le temps fixé pour la prescription des actions qui donnent l'hypothèque ou le privilége. — Quant aux biens qui sont dans la main d'un tiers détenteur, elle lui est acquise par le temps réglé pour la prescription de la propriété à son profit. Dans le cas où la prescription suppose un titre, elle ne commence à courir que du jour où il a été transcrit sur les registres du conservateur. — Les inscriptions prises par le créancier n'interrompent pas le cours de la prescription établie par la loi en faveur du débiteur ou du tiers détenteur.

CHAPITRE VIII. — *Du mode de purger les propriétés des priviléges et hypothèques.*

2181. Les contrats translatifs de la propriété d'immeubles ou droits réels immobiliers que les tiers détenteurs voudront purger de priviléges et hypothèques seront transcrits en entier par le conservateur des hypothèques dans l'arrondissement duquel les biens sont situés. — Cette transcription se fera sur un registre à ce destiné, et le conservateur sera tenu d'en donner reconnaissance au requérant.

2182. La simple transcription des titres translatifs de propriété sur le registre du conservateur ne purge pas les hypothèques et priviléges établis sur l'immeuble. — Le vendeur ne transmet à l'acquéreur que la propriété et les droits qu'il avait lui-même sur la chose vendue; il les transmet sous l'affectation des mêmes priviléges et hypothèques dont il était chargé.

2183. Si le nouveau propriétaire veut se garantir de l'effet des poursuites autorisées dans le chapitre VI du présent titre, il est tenu, soit avant les poursuites, soit dans le mois au plus tard à compter de la première sommation qui lui est faite, de notifier aux créanciers, aux domiciles par eux élus dans leurs inscriptions, — 1° Extrait de son titre, contenant seulement la date et la qualité de l'acte, le nom et la désignation précise du vendeur ou du donateur, la nature et la situation de la chose vendue ou donnée; et, s'il s'agit d'un corps de biens, la dénomination générale seulement du domaine et des arrondissements dans lesquels il est situé, le prix et les charges faisant partie du prix de la vente, ou l'évaluation de la chose, si elle a été donnée; — 2° Extrait de la transcription de l'acte de vente; — 3° Un tableau sur trois colonnes, dont la première contiendra la date des hypothèques et celle des inscriptions; la seconde, le nom des créanciers; la troisième, le montant des créances inscrites.

2184. L'acquéreur ou le donataire déclarera, par le même acte, qu'il est prêt à acquitter sur-le-champ les dettes et charges hypothécaires, jusqu'à concurrence seulement du prix, sans distinction des dettes exigibles ou non exigibles.

2185. Lorsque le nouveau propriétaire a fait cette notification dans le délai fixé, tout créancier dont le titre est inscrit peut requérir la mise de l'immeuble aux enchères et adjudications publiques, à la charge— 1° Que cette réquisition sera signifiée au nouveau propriétaire dans quarante jours au plus tard de la notification faite à la requête de ce dernier, en y ajoutant deux jours par cinq myriamètres de distance entre le domicile élu et le domicile réel de chaque créancier requérant; — 2° Qu'elle contiendra soumission du requérant de porter ou faire porter le prix à un dixième en sus de celui qui aura été stipulé dans le contrat ou déclaré par le nouveau propriétaire; — 3° Que la même signification sera faite dans le même délai au précédent propriétaire, débiteur principal; — 4° Que l'original et les copies de ces exploits seront signés par le créancier requérant, ou par son fondé de procuration expresse, lequel, en ce cas, est tenu de donner copie de sa procuration; — 5° Qu'il offrira de donner caution jusqu'à concurrence du prix et des charges. — Le tout à peine de nullité.

2186. A défaut par les créanciers d'avoir requis la mise aux enchères dans le délai et les formes prescrits, la valeur de l'immeuble demeure définitivement fixée au prix stipulé dans le contrat ou déclaré par le nouveau propriétaire, lequel est en conséquence libéré de tout privilège et hypothèque, en payant ledit prix aux créanciers qui seront en ordre de recevoir, ou en le consignant.

2187. En cas de revente sur enchères, elle aura lieu suivant les formes établies pour les expropriations forcées, à la diligence soit du créancier qui l'aura requise, soit du nouveau propriétaire. — Le poursuivant énoncera dans les affiches le prix stipulé dans le contrat ou déclaré, et la somme en sus à laquelle le créancier s'est obligé de la porter ou faire porter.

2188. L'adjudicataire est tenu, au delà du prix de son adjudication, de restituer à l'acquéreur ou au donataire dépossédé les frais et loyaux coûts de son contrat, ceux de transcription sur les registres du conservateur, ceux de notification, et ceux faits par lui pour parvenir à la revente.

2189. L'acquéreur ou le donataire qui conserve l'immeuble mis aux enchères, en se rendant dernier enchérisseur, n'est pas tenu de faire transcrire le jugement d'adjudication.

2190. Le désistement du créancier requérant la mise aux enchères ne peut, même quand le créancier paierait le montant de la soumission, empêcher l'adjudication publique, si ce n'est du consentement exprès de tous les autres créanciers hypothécaires.

2191. L'acquéreur qui se sera rendu adjudicataire aura son recours tel que de droit contre le vendeur pour le remboursement de ce qui excède le prix stipulé par son titre, et pour l'intérêt de cet excédant à compter du jour de chaque paiement.

2192. Dans le cas où le titre du nouveau propriétaire comprendrait des immeubles et des meubles, ou plusieurs immeubles, les uns hypothéqués, les autres non hypothéqués, situés dans le même ou dans divers arrondissements de bureaux, aliénés pour un seul et même prix, ou pour des prix distincts et séparés, soumis ou non à la même exploitation, le prix de chaque immeuble frappé d'inscriptions particulières et séparées sera déclaré dans la notification du nouveau propriétaire, par ventilation, s'il y a lieu, du prix total exprimé dans le titre. — Le créancier surenchérisseur ne pourra, en aucun cas, être contraint d'étendre sa soumission ni sur le mobilier, ni sur d'autres immeubles que ceux qui sont hypothéqués à sa créance et situés dans le même arrondissement, sauf le recours du nouveau propriétaire contre ses auteurs, pour l'indemnité du dommage qu'il éprouverait, soit de la division des objets de son acquisition, soit de celle des exploitations.

CHAPITRE IX. — *Du mode de purger les hypothèques quand il n'existe pas d'inscription sur les biens des maris et des tuteurs.*

2193. Pourront les acquéreurs d'immeubles appartenant à des maris ou à des tuteurs, lorsqu'il n'existera pas d'inscription sur lesdits immeubles à raison de la gestion du tuteur, et des dot, reprises et conventions matrimoniales de la femme, purger les hypothèques qui existeraient sur les biens par eux acquis.

2194. A cet effet ils déposeront copie dûment collationnée du contrat translatif de propriété au greffe du tribunal civil du lieu de la situation des biens, et ils certifieront, par acte signifié tant à la femme ou au subrogé tuteur qu'au procureur du roi près le tribunal, le dépôt qu'ils auront fait. Extrait de ce contrat, contenant la date, les noms, professions et domiciles des contractants, la désignation de la nature et de la situation des biens, le prix et les autres charges de la vente, sera et restera affiché pendant deux mois dans l'auditoire du tribunal, pendant lequel temps les femmes, les maris, les tuteurs, subrogés tuteurs, mineurs, interdits, parents ou amis, et le procureur du roi, seront reçus à requérir, s'il y a lieu, et à faire faire au bureau du conservateur des hypothèques les inscriptions sur l'immeuble aliéné, qui auront le même effet que si elles avaient été prises le jour du contrat de mariage, ou le jour de l'entrée en gestion du tuteur, sans préjudice des poursuites qui pourraient avoir lieu contre les maris et les tuteurs, ainsi qu'il a été dit ci-dessus, pour hypothèques par eux consenties au profit de tierces personnes, sans leur avoir déclaré que les immeubles étaient déjà grevés d'hypothèques en raison du mariage ou de la tutelle.

2195. Si, dans le cours de deux mois de l'exposition du contrat, il n'a pas été fait d'inscription du chef des femmes, mineurs ou interdits, sur les immeubles vendus, ils passent à l'acquéreur sans aucune charge, à raison des dot, reprises et conventions matrimoniales de la femme ou de la gestion du tuteur, et sauf le recours, s'il y a lieu, contre le mari et le tuteur. — S'il a été pris des inscriptions du chef desdits femmes, mineurs ou interdits, et s'il existe des créanciers antérieurs qui absorbent le prix en totalité ou en partie, l'acquéreur est libéré du prix ou de la portion de prix par lui payée aux créanciers placés en ordre utile, et les inscriptions du chef des femmes, mineurs ou interdits, seront rayées, ou en totalité, ou jusqu'à concurrence. — Si les inscriptions du chef des femmes, mineurs ou interdits, sont les plus anciennes, l'acquéreur ne pourra faire aucun paiement du prix au préjudice desdites inscriptions, qui auront toujours, ainsi qu'il a été dit ci-dessus, la date du contrat de mariage, ou de l'entrée en gestion du tuteur; et dans ce cas les inscriptions des autres créanciers qui ne viennent pas en ordre utile seront rayées.

CHAPITRE X. — *De la publicité des registres et de la responsabilité des conservateurs.*

2196. Les conservateurs des hypothèques sont tenus de délivrer à tous ceux qui le requièrent copie des actes transcrits sur leurs registres et celle des inscriptions subsistantes, ou certificat qu'il n'en existe aucune.

2197. Ils sont responsables du préjudice résultant—1° De l'omission, sur leurs registres, des transcriptions d'actes de mutation', et des inscriptions requises en leurs bureaux ; — 2° Du défaut de mention dans leurs certificats d'une ou de plusieurs des inscriptions existantes, à moins, dans ce dernier cas, que l'erreur ne provint de désignations insuffisantes qui ne pourraient leur être imputées.

2198. L'immeuble à l'égard duquel le conservateur aurait omis dans ses certificats une ou plusieurs des charges inscrites en demeure, sauf la responsabilité du conservateur, affranchi dans les mains du nouveau possesseur, pourvu qu'il ait requis le certificat depuis la transcription de son titre, sans préjudice néanmoins du droit des créanciers de se faire colloquer suivant l'ordre qui leur appartient tant que le prix n'a pas été payé par l'acquéreur, ou tant que l'ordre fait entre les créanciers n'a pas été homologué.

2199. Dans aucun cas les conservateurs ne peuvent refuser ni retarder la transcription des actes de mutation, l'inscription des droits hypothécaires, ni la délivrance des certificats requis, sous peine des dommages-intérêts des parties ; à l'effet de quoi procès-verbaux des refus ou retardements seront, à la diligence des requérants, dressés sur-le-champ, soit par un juge de paix, soit par un huissier-audiencier du tribunal, soit par un autre huissier ou un notaire assisté de deux témoins.

2200. Néanmoins les conservateurs seront tenus d'avoir un registre sur lequel ils inscriront, jour par jour, et par ordre numérique, les remises qui leur seront faites d'actes de mutation pour être transcrits, ou de bordereaux pour être inscrits ; ils donneront au requérant une reconnaissance sur papier timbré, qui rappellera le numéro du registre sur lequel la remise aura été inscrite, et ils ne pourront transcrire les actes de mutation ni inscrire les bordereaux sur les registres à ce destinés qu'à la date et dans l'ordre des remises qui leur en auront été faites.

2201. Tous les registres des conservateurs sont en papier timbré, cotés et paraphés à chaque page, par première et dernière, par l'un des juges du tribunal dans le ressort duquel le bureau est établi. Les registres seront arrêtés chaque jour comme ceux d'enregistrement des actes.

2202. Les conservateurs sont tenus de se conformer, dans l'exercice de leurs fonctions, à toutes les dispositions du présent chapitre, à peine d'une amende de deux cents à mille francs pour la première contravention, et de destitution pour la seconde, sans préjudice des dommages-intérêts des parties, lesquels seront payés avant l'amende.

2203. Les mentions de dépôts, les inscriptions et transcriptions, sont faites sur les registres de suite, sans aucun blanc ni interligne, à peine, contre le conservateur, de mille à deux mille francs d'amende et des dommages-intérêts des parties, payables aussi par préférence à l'amende.

CHAPITRE III.

CODE DE PROCÉDURE CIVILE.

PARTIE 1re.

LIVRE V. — *De l'exécution des jugements.*

TITRE Ier. — *Des réceptions de cautions.*

517. Le jugement qui ordonnera de fournir caution fixera le délai dans lequel elle sera présentée et celui dans lequel elle sera acceptée ou contestée.

518. La caution sera présentée par exploit signifié à la partie, si elle n'a point d'avoué, et par acte d'avoué si elle en a constitué, avec copie de l'acte de dépôt, qui sera fait au greffe, des titres qui constatent la solvabilité de la caution, sauf le cas où la loi n'exige pas que la solvabilité soit établie par titres.

519. La partie pourra prendre au greffe communication des titres; si elle accepte la caution, elle le déclarera par un simple acte : dans ce cas, ou si la partie ne conteste pas dans le délai, la caution fera au greffe sa soumission, qui sera exécutoire sans jugement, même pour la contrainte par corps, s'il y a lieu à contrainte.

520. Si la partie conteste la caution dans le délai fixé par le jugement, l'audience sera poursuivie sur un simple acte.

521. Les réceptions de cautions seront jugées sommairement, sans requêtes ni écritures; le jugement sera exécuté nonobstant appel.

522. Si la caution est admise, elle fera sa soumission, conformément à l'art. 519 ci-dessus.

TITRE II. — *De la liquidation des dommages-intérêts.*

523. Lorsque l'arrêt ou le jugement n'aura pas fixé les dommages-intérêts, la déclaration en sera signifiée à l'avoué du défendeur, s'il en a été constitué, et les pièces seront communiquées sur récépissé de l'avoué ou par la voie du greffe.

524. Le défendeur sera tenu, dans les délais fixés par les articles 97 et 98, et sous les peines y portées, de remettre lesdites pièces, et, huitaine après l'expiration desdits délais, de faire ses offres au demandeur de la somme qu'il avisera pour les dommages-intérêts; sinon, la cause sera portée sur un simple acte à l'audience, et il sera condamné à payer le montant de la déclaration si elle est trouvée juste et bien vérifiée.

525. Si les offres contestées sont jugées suffisantes, le demandeur sera condamné aux dépens du jour des offres.

TITRE III. — *De la liquidation des fruits.*

526. Celui qui sera condamné à restituer des fruits en rendra compte dans la forme ci-après, et il sera procédé comme sur les autres comptes rendus en justice.

TITRE IV. — *Des redditions de comptes.*

527. Les comptables commis par justice seront poursuivis devant les juges qui les auront commis; les tuteurs, devant les juges du lieu où la tutelle a été déférée ; tous autres comptables , devant les juges de leur domicile.

528. En cas d'appel d'un jugement qui aurait rejeté une demande en reddition de compte, l'arrêt infirmatif renverra, pour la reddition et le jugement du compte, au tribunal où la demande avait été formée, ou à tout autre tribunal de première instance que l'arrêt indiquera. —Si le compte a été rendu et jugé en première instance, l'exécution de l'arrêt infirmatif appartiendra à la Cour qui l'aura rendu ou à un autre tribunal qu'elle aura indiqué par le même arrêt.

529. Les oyants qui auront le même intérêt nommeront un seul avoué. Faute de s'accorder sur le choix, le plus ancien occupera, et néanmoins chacun des oyants pourra en constituer un ; mais les frais occasionnés par cette constitution particulière, et faits tant activement que passivement, seront supportés par l'oyant.

530. Tout jugement portant condamnation de rendre compte fixera le délai dans lequel le compte sera rendu, et commettra un juge.

531. Si le préambule du compte, en y comprenant la mention de l'acte ou du jugement qui aura commis le rendant et du jugement qui aura ordonné le compte, excède six rôles, l'excédant ne passera point en taxe.

532. Le rendant n'emploiera pour dépenses communes que les frais du voyage, s'il y a lieu, les vacations de l'avoué qui aura mis en ordre les pièces du compte , les grosses et copies , les frais de présentation et affirmation.

533. Le compte contiendra les recettes et dépenses effectives; il sera terminé par la récapitulation de la balance desdites recettes et dépenses , sauf à faire un chapitre particulier des objets à recouvrer.

534. Le rendant présentera et affirmera son compte en personne ou par procureur spécial, dans le délai fixé et au jour indiqué par le juge-commissaire, les oyants présents, ou appelés à personne ou domicile s'ils n'ont avoué, et par acte d'avoué s'ils en ont constitué.—Le délai passé, le rendant y sera contraint par saisie et vente de ses biens jusqu'à concurrence d'une somme que le tribunal arbitrera; il pourra même y être contraint par corps si le tribunal l'estime convenable.

535. Le compte présenté et affirmé, si la recette excède la dépense, l'oyant pourra requérir du juge-commissaire exécutoire de cet excédant, sans approbation de compte.

536. Après la présentation et l'affirmation, le compte sera signifié à l'avoué de l'oyant. Les pièces justificatives seront cotées et paraphées par l'avoué du rendant; si elles sont communiquées sur récépissé, elles seront rétablies dans le délai qui sera fixé par le juge-commissaire sous les peines portées par l'art. 107.—Si les oyants ont constitué avoués différents, la copie et la communication ci-dessus seront données à l'avoué plus ancien seulement, s'ils ont le même intérêt, et à chaque avoué s'ils ont des intérêts différents. — S'il y a des créanciers intervenants, ils n'auront tous ensemble qu'une seule communication, tant du compte que des pièces justificatives, par les mains du plus ancien des avoués qu'ils auront constitués.

537. Les quittances de fournisseurs, ouvriers, maîtres de pension et autres de même nature produites comme pièces justificatives du compte, sont dispensées de l'enregistrement.

538. Aux jour et heure indiqués par le commissaire, les parties se présenteront devant lui pour fournir débats, soutènements et réponses sur son procès-verbal; si les parties ne se présentent pas, l'affaire sera portée à l'audience sur un simple acte.

539. Si les parties ne s'accordent pas, le commissaire ordonnera qu'il en sera par lui fait rapport à l'audience, au jour qu'il indiquera; elles seront tenues de s'y trouver sans aucune sommation.

540. Le jugement qui interviendra sur l'instance de compte contiendra le calcul de la recette et des dépenses, et fixera le reliquat précis, s'il y en a aucun.

541. Il ne sera procédé à la révision d'aucun compte, sauf aux parties, s'il y a erreurs, omissions, faux ou doubles emplois, à en former leur demande devant les mêmes juges.

542. Si l'oyant est défaillant, le commissaire fera son rapport au jour par lui indiqué : les articles seront alloués, s'ils sont justifiés; le rendant, s'il est reliquataire, gardera les fonds sans intérêts; et s'il ne s'agit point d'un compte de tutelle, le comptable donnera caution, si mieux il n'aime consigner.

Titre V. — *De la liquidation des dépens et frais.*

543. La liquidation des dépens et frais sera faite, en matière sommaire, par le jugement qui les adjugera.

544. La manière de procéder à la liquidation des dépens et frais, dans les autres matières, sera déterminée par un ou plusieurs règlements d'administration publique, qui seront exécutoires le même jour que le présent Code, et qui, après trois ans au plus tard, seront présentés en forme de loi au corps législatif, avec les changements dont ils auront paru susceptibles.

Titre VI. — *Règles générales sur l'exécution forcée des jugements et actes.*

545. Nul jugement ni acte ne pourront être mis à exécution s'ils ne portent le même intitulé que les lois et ne sont terminés par un mandement aux officiers de justice, ainsi qu'il est dit art. 146.

546. Les jugements rendus par les tribunaux étrangers, et les actes reçus par les officiers étrangers, ne seront susceptibles d'exécution en France que de la manière et dans les cas prévus par les art. 2123 et 2128 Code civil.

547. Les jugements rendus et les actes passés en France seront exécutoires dans tout le royaume, sans *visa* ni *pareatis*, encore que l'exécution ait lieu hors du ressort du tribunal par lequel les jugements ont été rendus ou dans le territoire duquel les actes ont été passés.

548. Les jugements qui prononceront une mainlevée, une radiation d'inscription hypothécaire, un paiement, ou quelque autre chose à faire par un tiers ou à sa charge, ne seront exécutoires par les tiers ou contre eux, même après les délais de l'opposition ou de l'appel, que sur le certificat de l'avoué de la partie poursuivante, contenant la date de la signification du jugement faite au domicile de la partie condamnée, et sur l'attestation du greffier constatant qu'il n'existe contre le jugement ni opposition ni appel.

549. A cet effet, l'avoué de l'appelant fera mention de l'appel, dans la forme et sur le registre prescrits par l'art. 163.

550. Sur le certificat qu'il n'existe aucune opposition ni appel sur ce registre, les séquestres, conservateurs et tous autres, seront tenus de satisfaire au jugement.

551. Il ne sera procédé à aucune saisie mobilière ou immobilière qu'en vertu d'un titre exécutoire, pour choses liquides et certaines; si la dette exigible n'est pas d'une somme en argent, il sera sursis, après la saisie, à toutes poursuites ultérieures, jusqu'à ce que l'appréciation en ait été faite.

552. La contrainte par corps, pour objet susceptible de liquidation, ne pourra être exécutée qu'après que la liquidation aura été faite en argent.

553. Les contestations élevées sur l'exécution des jugements des tribunaux de commerce seront portées au tribunal de première instance du lieu où l'exécution se poursuivra.

554. Si les difficultés élevées sur l'exécution des jugements ou actes requièrent célérité, le tribunal du lieu y statuera provisoirement, et renverra la connaissance du fond au tribunal d'exécution.

555. L'officier insulté dans l'exercice de ses fonctions dressera procès-verbal de rébellion, et il sera procédé suivant les règles établies par le Code d'instruction criminelle.

556. La remise de l'acte ou du jugement à l'huissier vaudra pouvoir pour toutes exécutions autres que la saisie immobilière et l'emprisonnement, pour lesquels il sera besoin d'un pouvoir spécial.

TITRE VII.— *Des saisies-arrêts ou oppositions.*

557. Tout créancier peut, en vertu de titres authentiques ou privés, saisir-arrêter entre les mains d'un tiers les sommes et effets appartenant à son débiteur, ou s'opposer à leur remise.

558. S'il n'y a pas de titre, le juge du domicile du débiteur, et même celui du domicile du tiers saisi, pourront, sur requête, permettre la saisie-arrêt et opposition.

559. Tout exploit de saisie-arrêt ou opposition fait en vertu d'un titre contiendra l'énonciation du titre et de la somme pour laquelle elle est faite ; si l'exploit est fait en vertu de la permission du juge, l'ordonnance énoncera la somme pour laquelle la saisie-arrêt ou opposition est faite, et il sera donné copie de l'ordonnance en tête de l'exploit.— Si la créance pour laquelle on demande la permission de saisir-arrêter n'est pas liquide, l'évaluation provisoire en sera faite par le juge.— L'exploit contiendra aussi élection de domicile dans le lieu où demeure le tiers saisi, si le saisissant n'y demeure pas; le tout à peine de nullité.

560. La saisie-arrêt ou opposition entre les mains de personne non demeurant en France, sur le continent, ne pourra point être faite au domicile des procureurs du roi; elle devra être signifiée à personne ou à domicile.

561. La saisie-arrêt ou opposition formée entre les mains des receveurs, dépositaires ou administrateurs de caisses ou deniers publics en cette qualité, ne sera point valable, si l'exploit n'est fait à la personne préposée pour le recevoir, et s'il n'est visé par elle sur l'original, ou, en cas de refus, par le procureur du roi.

562. L'huissier qui aura signé la saisie-arrêt ou opposition sera tenu, s'il en est requis, de justifier de l'existence du saisissant à l'époque où le pouvoir de saisir a été donné, à peine d'interdiction, et des dommages-intérêts des parties.

563. Dans la huitaine de la saisie-arrêt ou opposition, outre un jour pour trois myriamètres de distance entre le domicile du tiers saisi et celui du saisissant, et un jour pour trois myriamètres de distance entre le domicile de ce dernier et celui du débiteur saisi, le saisissant sera tenu de dénoncer la saisie-arrêt ou opposition au débiteur saisi, et de l'assigner en validité.

564. Dans un pareil délai, outre celui en raison des distances, à compter du jour de la demande en validité, cette demande sera dénoncée, à la requête du saisissant, au tiers saisi, qui ne sera tenu de faire aucune déclaration avant que cette dénonciation lui ait été faite.

565. Faute de demande en validité, la saisie ou opposition sera nulle ; faute de dénonciation de cette demande au tiers saisi, les paiements par lui faits jusqu'à la dénonciation seront valables.

566. En aucun cas il ne sera nécessaire de faire précéder la demande en validité par une citation en conciliation.

567. La demande en validité et la demande en mainlevée formée par la partie saisie seront portées devant le tribunal du domicile de la partie saisie.

568. Le tiers saisi ne pourra être assigné en déclaration s'il n'y a titre

authentique ou jugement qui ait déclaré la saisie-arrêt ou l'opposition valable.

569. Les fonctionnaires publics dont il est parlé à l'art. 561 ne seront point assignés en déclaration, mais ils délivreront un certificat constatant s'il est dû à la partie civile, et énonçant la somme, si elle est liquide.

570. Le tiers saisi sera assigné, sans citation préalable en conciliation, devant le tribunal qui doit connaître de la saisie, sauf à lui, si sa déclaration est contestée, à demander son renvoi devant son juge.

571. Le tiers saisi assigné fera sa déclaration et l'affirmera au greffe, s'il est sur les lieux, sinon devant le juge de paix de son domicile, sans qu'il soit besoin, dans ce cas, de réitérer l'affirmation au greffe.

572. La déclaration et l'affirmation pourront être faites par procuration spéciale.

573. La déclaration énoncera les causes et le montant de la dette, les paiements à compte, si aucuns ont été faits; l'acte ou les causes de libération, si le tiers saisi n'est plus débiteur, et, dans tous les cas, les saisies-arrêts ou oppositions formées entre ses mains.

574. Les pièces justificatives de la déclaration seront annexées à cette déclaration; le tout sera déposé au greffe, et l'acte de dépôt sera signifié par un seul acte contenant constitution d'avoué.

575. S'il survient de nouvelles saisies-arrêts ou oppositions, le tiers saisi les dénoncera à l'avoué du premier saisissant, par extrait contenant les noms et élection de domicile des saisissants, et les causes des saisies-arrêts ou oppositions.

576. Si la déclaration n'est pas contestée, il ne sera fait aucune autre procédure, ni de la part du tiers saisi, ni contre lui.

577. Le tiers saisi qui ne fera pas sa déclaration, ou qui ne fera pas les justifications ordonnées par les articles ci-dessus, sera déclaré débiteur pur et simple des causes de la saisie.

578. Si la saisie-arrêt ou opposition est formée sur effets mobiliers, le tiers saisi sera tenu de joindre à sa déclaration un état détaillé desdits effets.

579. Si la saisie-arrêt ou opposition est déclarée valable, il sera procédé à la vente et distribution du prix, ainsi qu'il sera dit au titre *De la distribution par contribution.*

580. Les traitements et pensions dus par l'état ne pourront être saisis que pour la portion déterminée par les lois ou par les règlements et ordonnances royales.

581. Seront insaisissables 1° les choses déclarées insaisissables par la loi; 2° les provisions alimentaires adjugées par justice; 3° les sommes et objets disponibles déclarés insaisissables par le testateur ou donateur; 4° les sommes et pensions pour aliments, encore que le testament ou l'acte de donation ne les déclare pas insaisissables.

582. Les provisions alimentaires ne pourront être saisis que pour cause d'aliments; les objets mentionnés aux n°s 3 et 4 du précédent article ne pourront être saisis par des créanciers postérieurs à l'acte de donation ou à l'ouverture du legs, et ce en vertu de la permission du juge et pour la portion qu'il déterminera.

Titre VIII. — *Des saisies-exécutions.*

583. Toute saisie-exécution sera précédée d'un commandement à la personne ou au domicile du débiteur, fait au moins un jour avant la saisie, et contenant notification du titre, s'il n'a déjà été notifié.

584. Il contiendra élection de domicile, jusqu'à la fin de la poursuite, dans la commune où doit se faire l'exécution, si le créancier n'y demeure, et le débiteur pourra faire à ce domicile élu toutes significations, même d'offres réelles et d'appel.

585. L'huissier sera assisté de deux témoins, Français, majeurs, non parents ni alliés des parties ou de l'huissier, jusqu'au degré de cousin issu de germain inclusivement, ni leurs domestiques ; il énoncera sur le procès-verbal leurs noms, professions et demeures ; les témoins signeront l'original et les copies. La partie poursuivante ne pourra être présente à la saisie.

586. Les formalités des exploits seront observées dans les procès-verbaux de saisie-exécution ; ils contiendront itératifs commandement, si la saisie est faite en la demeure du saisi.

587. Si les portes sont fermées, ou si l'ouverture est refusée, l'huissier pourra établir gardien aux portes pour empêcher le divertissement ; il se retirera sur-le-champ, sans assignation, devant le juge de paix, ou, à son défaut, devant le commissaire de police ; et, dans les communes où il n'y en a pas, devant le maire, et, à son défaut, devant l'adjoint, en présence desquels l'ouverture des portes, même celles des meubles fermants, sera faite au fur et à mesure de la saisie. L'officier qui se transportera ne dressera point de procès-verbal ; mais il signera celui de l'huissier, lequel ne pourra dresser du tout qu'un seul et même procès-verbal.

588. Le procès-verbal contiendra la désignation détaillée des objets saisis ; s'il y a des marchandises, elles seront pesées, mesurées ou jaugées, suivant leur nature.

589. L'argenterie sera spécifiée par pièces et poinçons, et elle sera pesée.

590. S'il y a des deniers comptant, il sera fait mention du nombre et de la qualité des espèces ; l'huissier les déposera au lieu établi pour les consignations, à moins que le saisissant et la partie saisie, ensemble les opposants s'il y en a, ne conviennent d'un autre dépositaire.

591. Si le saisissant est absent, et qu'il y ait refus d'ouvrir aucune pièce ou meuble, l'huissier en requerra l'ouverture ; et, s'il se trouve des papiers, il requerra l'apposition des scellés par l'officier appelé pour l'ouverture.

592. Ne pourront être saisis : 1° Les objets que la loi déclare immeubles par destination ; — 2° Le coucher nécessaire des saisis, ceux de leurs enfants vivant avec eux, les habits dont les saisis sont vêtus et couverts ; — 3° Les livres relatifs à la profession du saisi, jusqu'à la somme de trois cents francs, à son choix ; — 4° Les machines et instruments servant à l'enseignement pratique ou exercice des sciences et arts, jusqu'à concurrence de la même somme, et au choix du saisi ; — 5° Les équipements des militaires, suivant l'ordonnance et le grade ; — 6° Les outils des artisans nécessaires à leurs occupations personnelles ; — 7° Les farines et menues denrées nécessaires à la consommation du saisi et de sa famille pendant un mois ; — 8° Enfin une vache, ou trois brebis, ou deux chèvres, au choix du saisi, avec les pailles, fourrages et grains nécessaires pour la litière et la nourriture desdits animaux pendant un mois.

593. Lesdits objets ne pourront être saisis par aucune créance, même celle de l'état, si ce n'est pour aliments fournis à la partie saisie, ou sommes dues aux fabricants ou vendeurs desdits objets, ou à celui qui aura prêté pour les acheter, fabriquer ou réparer, pour fermage et moissons des terres à la culture desquelles ils sont employés, loyers des manufactures, moulins, pressoirs, usines dont ils dépendent, et loyers des lieux servant à l'habitation personnelle du débiteur.—Les objets spécifiés sous le n° 2 du précédent article ne pourront être saisis pour aucune créance.

594. En cas de saisie d'animaux et ustensiles servant à l'exploitation des terres, le juge de paix pourra, sur la demande du saisissant, le propriétaire et le saisi entendus ou appelés, établir un gérant à l'exploitation.

595. Le procès-verbal contiendra indication du jour de la vente.

596. Si la partie saisie offre un gardien solvable, et qui se charge volontairement et sur-le-champ, il sera établi par l'huissier.

597. Si le saisi ne présente gardien solvable et de la qualité requise, il en sera établi un par l'huissier.

598. Ne pourront être établis gardiens le saisissant, son conjoint, ses parents et alliés jusqu'au degré de cousin issu de germain inclusivement, et ses domestiques; mais le saisi, son conjoint, ses parents alliés et domestiques, pourront être établis gardiens, de leur consentement et de celui du saisissant.

599. Le procès-verbal sera fait sans déplacer, il sera signé par le gardien en l'original et la copie; s'il ne sait signer, il en sera fait mention, et il lui sera laissé copie du procès-verbal.

600. Ceux qui, par voie de fait, empêcheraient l'établissement du gardien, ou qui enlèveraient et détourneraient des effets saisis, seront poursuivis conformément au Code d'instruction criminelle.

601. Si la saisie est faite au domicile de la partie, copie lui sera laissée sur-le-champ du procès-verbal, signée des personnes qui auront signé l'original; si la partie est absente, copie sera remise au maire ou adjoint, ou magistrat, qui, en cas de refus de portes, aura fait faire ouverture, et qui visera l'original.

602. Si la saisie est faite hors du domicile et en l'absence du saisi, copie lui sera notifiée dans le jour, outre un jour par trois myriamètres, sinon les frais de garde et de délai pour la vente ne courront que du jour de la notification.

603. Le gardien ne peut se servir des choses saisies, les louer ou prêter, à peine de privation des frais de garde, et de dommages-intérêts, au paiement desquels il sera contraignable par corps.

604. Si les objets saisis ont produit quelques profits ou revenus, il est tenu d'en compter, même par corps.

605. Il peut demander sa décharge, si la vente n'a pas été faite au jour indiqué par le procès-verbal, sans qu'elle ait été empêchée par quelque obstacle; et, en cas d'empêchement, la décharge peut être demandée deux mois après la saisie, sauf au saisissant à faire nommer un autre gardien.

606. La décharge sera demandée contre le saisissant et le saisi, par une assignation en référé devant le juge du lieu de la saisie; si elle est accordée, il sera préalablement procédé au récolement des effets saisis, parties appelées.

607. Il sera passé outre, nonobstant toutes réclamations de la part de la partie saisie, sur lesquelles il sera statué en référé.

608. Celui qui se prétendra propriétaire des objets saisis ou de partie d'iceux pourra s'opposer à la vente par exploit signifié au gardien, et dénoncé au saisissant et au saisi, contenant assignation libellée et l'énonciation des preuves de propriété, à peine de nullité; il y sera statué par le tribunal du lieu de la saisie, comme en matière sommaire. — Le réclamant qui succombera sera condamné, s'il y échoit, aux dommages-intérêts du saisissant.

609. Les créanciers du saisi, pour quelque cause que ce soit, même pour loyers, ne pourront former opposition que sur le prix de la vente; leurs oppositions en contiendront les causes; elles seront signifiées au saisissant et à l'huissier ou autre officier chargé de la vente, avec élection de domicile dans le lieu où la saisie est faite, si l'opposant n'y est pas domicilié; le tout à peine de nullité des oppositions, et de dommages-intérêts contre l'huissier, s'il y a lieu.

610. Le créancier opposant ne pourra faire aucune poursuite, si ce n'est contre la partie saisie, et pour obtenir condamnation; il n'en sera fait aucune contre lui, sauf à discuter les causes de son opposition lors de la distribution des deniers.

611. L'huissier qui, se présentant pour saisir, trouverait une saisie déjà faite et un gardien établi, ne pourra pas saisir de nouveau; mais il pourra procéder au récolement des meubles et effets sur le procès-verbal, que le gardien sera tenu de lui représenter; il saisira les effets omis, et fera som-

mation au premier saisissant de vendre le tout dans la huitaine : le procès-verbal de récolement vaudra opposition sur les deniers de la vente.

612. Faute par le saisissant de faire vendre dans le délai ci-après fixé, tout opposant ayant titre exécutoire pourra, sommation préalablement faite au saisissant, et sans former aucune demande en subrogation, faire procéder au récolement des effets saisis, sur la copie du procès-verbal de saisie, que le gardien sera tenu de représenter, et de suite à la vente.

613. Il y aura au moins huit jours entre la signification de la saisie au débiteur et la vente.

614. Si la vente se fait à un jour autre que celui indiqué par la signification, la partie saisie sera appelée, avec un jour d'intervalle, outre un jour pour trois myriamètres en raison de la distance du domicile du saisi et du lieu où les effets seront vendus.

615. Les opposants ne seront point appelés.

616. Le procès-verbal de récolement qui précédera la vente ne contiendra aucune énonciation des effets saisis, mais seulement de ceux en déficit, s'il y en a.

617. La vente sera faite au plus prochain marché public, aux jour et heure ordinaires des marchés, ou un jour de dimanche. Pourra néanmoins le tribunal permettre de vendre les effets en un autre lieu plus avantageux. Dans tous les cas, elle sera annoncée un jour auparavant par quatre placards au moins, affichés, l'un au lieu où sont les effets, l'autre à la porte de la maison commune, le troisième au marché du lieu, et, s'il n'y en a pas, au marché voisin ; le quatrième à la porte de l'auditoire de la justice de paix ; et si la vente se fait dans un lieu autre que le marché ou le lieu où sont les effets, un cinquième placard sera apposé au lieu où se fera la vente. La vente sera en outre annoncée par la voie des journaux dans les villes où il y en a.

618. Les placards indiqueront les lieu, jour et heure de la vente, et la nature des objets, sans détails particuliers.

619. L'apposition sera constatée par exploit, auquel sera annexé un exemplaire du placard.

620. S'il s'agit de barques, chaloupes et autres bâtiments de mer, du port de dix tonneaux et au dessus ; bacs, galiotes, bateaux et autres bâtiments de rivière, moulins et autres édifices mobiles, assis sur bateaux ou autrement, il sera procédé à leur adjudication sur les ports, gares ou quais où ils se trouvent. Il sera affiché quatre placards au moins, conformément à l'article précédent ; et il sera fait, à trois divers jours consécutifs, trois publications au lieu où sont lesdits objets ; la première publication ne sera faite que huit jours au moins après la signification de la saisie. Dans les villes où il s'imprime des journaux, il sera suppléé à ces trois publications par l'insertion qui sera faite au journal de l'annonce de ladite vente, laquelle annonce sera répétée trois fois dans le cours du mois précédant la vente.

621. La vaisselle d'argent, les bagues et joyaux de la valeur de trois cents francs au moins, ne pourront être vendus qu'après placards apposés en la forme ci-dessus, et trois expositions, soit au marché, soit dans l'endroit où sont lesdits effets, sans que néanmoins, dans aucun cas, lesdits objets puissent être vendus au dessous de leur valeur réelle, s'il s'agit de vaisselle d'argent, ni au dessus de l'estimation qui en aura été faite par les gens de l'art, s'il s'agit de bagues et joyaux. Dans les villes où il s'imprime des journaux, les trois publications seront suppléées comme il est dit en l'article précédent.

622. Lorsque la valeur des effets saisis excédera le montant des causes de la saisie et des oppositions, il ne sera procédé qu'à la vente des objets suffisant à fournir les sommes nécessaires pour le paiement des créances et frais.

17

623. Le procès-verbal constatera la présence ou le défaut de comparution de la partie saisie.

624. L'adjudication sera faite au plus offrant, en payant comptant; faute de paiement, l'effet sera revendu sur-le-champ, à la folle enchère de l'adjudicataire.

625. Les commissaires-priseurs et huissiers seront personnellement responsables du prix des adjudications, et feront mention, dans leurs procès-verbaux, des noms et domiciles des adjudicataires; ils ne pourront recevoir d'eux aucune somme au dessus de l'enchère, à peine de concussion.

TITRE IX. — *De la saisie des fruits pendants par racine, ou de la saisie-brandon.*

626. La saisie-brandon ne pourra être faite que dans les six semaines qui précéderont l'époque ordinaire de la maturité des fruits; elle sera précédée d'un commandement, avec un jour d'intervalle.

627. Le procès-verbal de saisie contiendra l'indication de chaque pièce, sa contenance et sa situation, et deux au moins de ses tenants et aboutissants, et la nature des fruits.

628. Le garde champêtre sera établi gardien, à moins qu'il ne soit compris dans l'exclusion portée par l'art. 598; s'il n'est présent, la saisie lui sera signifiée; il sera aussi laissé copie au maire de la commune de la situation, et l'original sera visé par lui. — Si les communes sur lesquelles les biens sont situés sont contiguës ou voisines, il sera établi un seul gardien, autre néanmoins qu'un garde champêtre; le visa sera donné par le maire de la commune du chef-lieu de l'exploitation, et, s'il n'y en a pas, par le maire de la commune où est située la majeure partie des biens.

629. La vente sera annoncée par placards affichés huitaine au moins avant la vente, à la porte du saisi, à celle de la maison commune, et, s'il n'y en a pas, au lieu où s'apposent les actes de l'autorité publique; au principal marché du lieu, et, s'il n'y en a pas, au marché le plus voisin, et à la porte de l'auditoire de la justice de paix.

630. Les placards désigneront les jour, heure et lieu de la vente; les noms et demeures du saisi et du saisissant, la quantité d'hectares, et la nature de chaque espèce de fruits, la commune où ils sont situés, sans autre désignation.

631. L'apposition des placards sera constatée ainsi qu'il est dit au titre *Des saisies-exécutions.*

632. La vente sera faite un jour de dimanche ou de marché.

633. Elle pourra être faite sur les lieux ou sur la place de la commune où est située la majeure partie des objets saisis.

634. Seront, au surplus, observées les formalités prescrites au titre *Des saisies-exécutions.*

635. Il sera procédé à la distribution du prix de la vente ainsi qu'il sera dit au titre *De la distribution par contribution.*

TITRE X. — *De la saisie des rentes constituées sur particuliers.*

636. La saisie d'une rente constituée ne peut avoir lieu qu'en vertu d'un titre authentique et exécutoire.— Elle sera précédée d'un commandement fait à la personne ou au domicile de la partie obligée ou condamnée, au moins un jour avant la saisie, et contenant notification du titre, si déjà elle n'a été faite.

637. La rente sera saisie entre les mains de celui qui la doit, par exploit contenant, outre les formalités ordinaires, l'énonciation du titre constitutif de la rente, de sa quotité et de son capital, et du titre de la créance du sai-

sissant ; les noms, profession et demeure de la partie saisie , élection de domicile chez un avoué près le tribunal devant lequel la vente sera poursuivie, et assignation au tiers saisi en déclaration devant le même tribunal : le tout à peine de nullité.

638. Les dispositions contenues aux art. 570, 571, 572, 573, 574, 575 et 576, relatives aux formalités que doit remplir le tiers saisi , seront observées par le débiteur de la rente.— Et si ce débiteur ne fait pas sa déclaration , ou s'il la fait tardivement , ou s'il ne fait pas les justifications ordonnées , il pourra , selon les cas , être condamné à servir la rente , faute d'avoir justifié de sa libération , ou à des dommages-intérêts résultant soit de son silence, soit du retard apporté à faire sa déclaration, soit de la procédure à laquelle il aura donné lieu.

639. La saisie entre les mains de personnes non demeurant en France , sur le continent , sera signifiée à personne ou domicile, et seront observés , pour la citation, les délais prescrits par l'art. 73.

640. L'exploit de saisie vaudra toujours saisie-arrêt des arrérages échus et à échoir jusqu'à la distribution.

641. Dans les trois jours de la saisie , outre un jour pour trois myriamètres de distance entre le domicile du débiteur de la rente et celui du saisissant, et pareil délai en raison de la distance entre le domicile de ce dernier et celui de la partie saisie, le saisissant sera tenu , à peine de nullité de la saisie, de la dénoncer à la partie saisie , et de lui notifier le jour de la première publication.

642. Lorsque le débiteur de la rente sera domicilié hors du continent du royaume , le délai pour la dénonciation ne courra que du jour de l'échéance de la citation au saisi.

643. Quinzaine après la dénonciation à la partie saisie , le saisissant sera tenu de mettre au greffe du tribunal du domicile de la partie saisie le cahier des charges , contenant les noms , professions et demeures du saisissant , de la partie saisie et du débiteur de la rente, sa quotité, celle du capital , la date et l'énonciation du titre en vertu duquel elle est constituée ; l'énonciation de l'inscription, si le titre contient hypothèque, et si aucune a été prise pour la sûreté de la rente ; les noms et demeure de l'avoué du poursuivant ; les conditions de l'adjudication , et la mise à prix ; la première publication se fera à l'audience.

644. Extrait du cahier des charges, contenant les renseignements ci-dessus, sera remis au greffier, huitaine avant la remise du cahier des charges au greffe , et par lui inséré dans un tableau placé à cet effet dans l'auditoire du tribunal devant lequel se poursuit la vente.

645. Huitaine avant la remise du cahier des charges au greffe, pareil extrait sera placardé 1° à la porte de la maison de la partie saisie ; 2° à celle du débiteur de la rente ; 3° à la principale porte du tribunal ; 4° et à la principale place du lieu où se poursuit la vente.

646. Pareil extrait sera inséré dans l'un des journaux imprimés dans la ville où se poursuit la vente ; et , s'il n'y en a pas, dans l'un de ceux imprimés dans le département, s'il y en a.

647. Sera observé, relativement auxdits placards et annonces, ce qui est prescrit au titre *De la saisie immobilière*.

648. La seconde publication se fera huitaine après la première ; et la rente saisie pourra , lors de ladite publication , être adjugée, sauf le délai qui sera prescrit par le tribunal.

649. Il sera fait une troisième publication , lors de laquelle l'adjudication définitive sera faite au plus offrant et dernier enchérisseur.

650. Il sera affiché de nouveaux placards et inséré nouvelles annonces dans les journaux trois jours avant l'adjudication définitive.

651. Les enchères seront reçues par le ministère d'avoués.

652. Les formalités prescrites au titre *De la saisie immobilière*, pour la

rédaction du jugement d'adjudication, l'acquit des conditions et du prix, et la revente sur folle enchère, seront observées lors de l'adjudication des rentes.

653. Si la rente a été saisie par deux créanciers, la poursuite appartiendra à celui qui le premier aura dénoncé; en cas de concurrence, au porteur du titre plus ancien; et, si les titres sont de même date, à l'avoué le plus ancien.

654. La partie saisie sera tenue de proposer ses moyens de nullité, si aucuns elle a, avant l'adjudication préparatoire, après laquelle elle ne pourra proposer que les moyens de nullité contre les procédures postérieures.

655. La distribution du prix sera faite ainsi qu'il sera prescrit au titre *De la distribution par contribution*, sans préjudice néanmoins des hypothèques établies antérieurement à la loi du 11 brumaire an 7.

TITRE XI. — *De la distribution par contribution.*

656. Si les deniers arrêtés ou le prix des ventes ne suffisent pas pour payer les créanciers, le saisi et les créanciers seront tenus, dans le mois, de convenir de la distribution par contribution.

657. Faute par le saisi et les créanciers de s'accorder dans ledit délai, l'officier qui aura fait la vente sera tenu de consigner, dans la huitaine suivante, et à la charge de toutes les oppositions, le montant de la vente, déduction faite de ses frais, d'après la taxe qui aura été faite par le juge sur la minute du procès-verbal; il sera fait mention de cette taxe dans les expéditions.

658. Il sera tenu au greffe un registre des contributions, sur lequel un juge sera commis par le président sur la réquisition du saisissant, ou, à son défaut, de la partie la plus diligente; cette réquisition sera faite par simple note portée sur le registre.

659. Après l'expiration des délais portés aux art. 656 et 657, et en vertu de l'ordonnance du juge commis, les créanciers seront sommés de produire et la partie saisie de prendre communication des pièces produites, et de contredire, s'il y échoit.

660. Dans le mois de la sommation, les créanciers opposants, soit entre les mains du saisissant, soit en celles de l'officier qui aura procédé à la vente, produiront, à peine de forclusion, leurs titres ès mains du juge commis, avec acte contenant demande en collocation et constitution d'avoué.

661. Le même acte contiendra la demande à fin de privilége; néanmoins le propriétaire pourra appeler la partie saisie et l'avoué le plus ancien en référé devant le juge-commissaire pour faire statuer préliminairement sur son privilége pour raison de loyers à lui dus.

662. Les frais de poursuite seront prélevés, par privilége, avant toute créance autre que celle pour loyers dus au propriétaire.

663. Le délai ci-dessus fixé expiré, et même auparavant, si les créanciers ont produit, le commissaire dressera, en suite de son procès-verbal, l'état de distribution sur les pièces produites; le poursuivant dénoncera, par acte d'avoué, la clôture du procès-verbal aux créanciers produisants et à la partie saisie, avec sommation d'en prendre communication, et de contredire sur le procès-verbal du commissaire dans la quinzaine.

664. Faute par les créanciers et la partie saisie de prendre communication ès mains du juge-commissaire dans ledit délai, ils demeureront forclos, sans nouvelle sommation ni jugement; il ne sera fait aucun dire, s'il n'y a lieu à contester.

665. S'il n'y a point de contestation, le juge-commissaire clora son procès-verbal, arrêtera la distribution des deniers, et ordonnera que le greffier

délivrera mandement aux créanciers, en affirmant par eux la sincérité de leurs créances.

666. S'il s'élève des difficultés, le juge-commissaire renverra à l'audience; elle sera poursuivie par la partie la plus diligente, sur un simple acte d'avoué à avoué, sans autre procédure.

667. Le créancier contestant, celui contesté, la partie saisie et l'avoué le plus ancien des opposants, seront seuls en cause; le poursuivant ne pourra être appelé en cette qualité.

668. Le jugement sera rendu sur le rapport du juge-commissaire et les conclusions du ministère public.

669. L'appel de ce jugement sera interjeté dans les dix jours de la signification à avoué; l'acte d'appel sera signifié au domicile de l'avoué; il contiendra citation et énonciation des griefs; il y sera statué comme en matière sommaire. — Ne pourront être intimées sur ledit appel que les parties indiquées par l'art. 667.

670. Après l'expiration du délai fixé par l'appel, et en cas d'appel, après la signification de l'arrêt au domicile de l'avoué, le juge-commissaire clora son procès-verbal, ainsi qu'il est prescrit par l'art. 665.

671. Huitaine après la clôture du procès-verbal, le greffier délivrera les mandements aux créanciers, en affirmant la sincérité de leur créance par devant lui.

672. Les intérêts des sommes admises en distribution cesseront du jour de la clôture du procès-verbal de distribution, s'il ne s'élève pas de contestation; en cas de contestation, du jour de la signification du jugement qui aura statué; en cas d'appel, quinzaine après la signification du jugement sur appel.

Le titre XII traite des formalités diverses prescrites pour effectuer la *saisie immobilière.*

Le titre XIII est relatif aux incidents qui peuvent survenir sur la poursuite de saisie immobilière.

Le titre XIV est consacré à l'ordre à ouvrir entre les créanciers.

Le titre XV traite de l'*emprisonnement.*

Enfin le titre XVI est consacré aux *référés.*

CHAPITRE IV.

CODE DE COMMERCE.

§ 1er. — Livre Ier, titre VIII. Des sociétés.

§ 2. — Livre Ier, titre VIII, De la lettre de change et du billet à ordre.

---

§ 1er.

LIVRE Ier.

TITRE III. — *Des sociétés.*

SECTION Ire. — *Des diverses sociétés et de leurs règles.*

18. Le contrat de société se règle par le droit civil, par les lois particulières au commerce, et par les conventions des parties.

19. La loi reconnaît trois espèces de sociétés commerciales : la société

en nom collectif, la société en commandite, la société anonyme.

20. La *société en nom collectif* est celle que contractent deux personnes ou un plus grand nombre, et qui a pour objet de faire le commerce sous une raison sociale.

21. Les noms des associés peuvent seuls faire partie de la raison sociale.

22. Les associés en nom collectif indiqués dans l'acte de société sont solidaires pour tous les engagements de la société, encore qu'un seul des associés ait signé, pourvu que ce soit sous la raison sociale.

23. La *société en commandite* se contracte entre un ou plusieurs associés responsables, et un ou plusieurs associés simples bailleurs de fonds, que l'on nomme *commanditaires* ou *associés en commandite*. — Elle est régie sous un nom social qui doit être nécessairement celui d'un ou plusieurs des associés responsables et solidaires.

24. Lorsqu'il y a plusieurs associés solidaires et en nom, soit que tous gèrent ensemble, soit qu'un ou plusieurs gèrent pour tous, la société est à la fois société en nom collectif à leur égard, et société en commandite à l'égard des simples bailleurs de fonds.

25. Le nom d'un associé commanditaire ne peut faire partie de la raison sociale.

26. L'associé commanditaire n'est passible des pertes que jusqu'à concurrence des fonds qu'il a mis ou dû mettre dans la société.

27. L'associé commanditaire ne peut faire aucun acte de gestion, ni être employé pour les affaires de la société, même en vertu de procuration.

28. En cas de contravention à la prohibition mentionnée dans l'article précédent, l'associé commanditaire est obligé solidairement, avec les associés en nom collectif, pour toutes les dettes et engagements de la société.

29. La *société anonyme* n'existe point sous un nom social ; elle n'est désignée par le nom d'aucun des associés.

30. Elle est qualifiée par la désignation de l'objet de son entreprise.

31. Elle est administrée par des mandataires à temps, révocables, associés ou non associés, salariés ou gratuits.

32. Les administrateurs ne sont responsables que de l'exécution du mandat qu'ils ont reçu. — Ils ne contractent, à raison de leur gestion, aucune obligation personnelle ni solidaire relativement aux engagements de la société.

33. Les associés ne sont passibles que de la perte du montant de leur ntérêt dans la société.

34. Le capital de la société anonyme se divise en actions et même en coupons d'actions d'une valeur égale.

35. L'action peut être établie sous la forme d'un titre au porteur. — Dans ce cas la cession s'opère par la tradition du titre.

36. La propriété des actions peut être établie par une inscription sur les registres de la société. — Dans ce cas, la cession s'opère par une déclaration de transfert inscrite sur les registres, et signée de celui qui fait le transport ou d'un fondé de pouvoir.

37. La société anonyme ne peut exister qu'avec l'autorisation du roi et avec son approbation pour l'acte qui la constitue ; cette approbation doit être donnée dans la forme prescrite pour les règlements d'administration publique.

38. Le capital des sociétés en commandite pourra être aussi divisé en actions, sans aucune autre dérogation aux règles établies pour ce genre de société.

39. Les société en nom collectif ou en commandite doivent être constatées par des actes publics ou sous signature privée, en se conformant dans ce dernier cas à l'art. 1325 du Code civil.

40. Les sociétés anonymes ne peuvent être formées que par des actes publics.

41. Aucune preuve par témoin ne peut être admise contre et outre le contenu dans les actes de société, ni sur ce qui serait allégué avoir été dit avant l'acte, lors de l'acte ou depuis, encore qu'il s'agisse d'une somme au dessous de cent cinquante francs.

42. L'extrait des actes de société en nom collectif et en commandite doit être remis, dans la quinzaine de leur date, au greffe du tribunal de commerce de l'arrondissement dans lequel est établie la maison du commerce social, pour être transcrit sur le registre et affiché pendant trois mois dans la salle des audiences.—Si la société a plusieurs maisons de commerce situées dans divers arrondissements, la remise, la transcription et l'affiche de cet extrait, seront faites au tribunal de commerce de chaque arrondissement.—Ces formalités seront observées, à peine de nullité, à l'égard des intéressés; mais le défaut d'aucune d'elles ne pourra être opposé à des tiers par les associés.

43. L'extrait doit contenir :—Les noms, prénoms, qualités et demeures des associés autres que les actionnaires ou commanditaires;—La raison de commerce de la société;—La désignation de ceux des associés autorisés à gérer, administrer et signer pour la société;—Le montant des valeurs fournies ou à fournir par actions ou en commandite;—L'époque où la société doit commencer et celle où elle doit finir.

44. L'extrait des actes de société est signé, pour les actes publics, par les notaires; et pour les actes sous seing privé, par tous les associés si la société est en nom collectif, et par les associés solidaires ou gérants si la société est en commandite, soit qu'elle se divise ou ne se divise pas en actions.

45. L'ordonnance du roi qui autorise les sociétés anonymes devra être affichée avec l'acte d'association et pendant le même temps.

46. Toute continuation de société après son terme expiré sera constatée par une déclaration de coassociés. — Cette déclaration , et tous actes portant dissolution de société avant le terme fixé pour sa durée par l'acte qui l'établit, tout changement ou retraite d'associés, toutes nouvelles stipulations ou clauses, tout changement à raison de société, sont soumis aux formalités prescrites par les art. 42, 43 et 44. — En cas d'omission de ces formalités, il y aura lieu à l'application des dispositions pénales de l'art. 42, troisième alinéa.

47. Indépendamment des trois espèces de société ci-dessus, la loi reconnaît les *associations commerciales en participation.*

48. Ces associations sont relatives à une ou plusieurs *opérations de commerce;* elles ont lieu pour les objets, dans les formes, avec les proportions d'intérêt et aux conditions convenues entre les participants.

49. Les associations en participation peuvent être constatées par la représentation des livres, de la correspondance, ou par la preuve testimoniale si le tribunal juge qu'elle peut être admise.

50. Les associations commerciales en participation ne sont pas sujettes aux formalités prescrites pour les autres sociétés.

SECTION II. — *Des contestations entre associés, et de la manière de les décider.*

51. Toute contestation entre associés, et pour raison de la société, sera jugée par des arbitres.

52. Il y aura lieu à l'appel du jugement arbitral ou au pourvoi en cassation, si la renonciation n'a pas été stipulée. L'appel sera porté devant la cour royale.

53. La nomination des arbitres se fait — Par un acte sous signature privée,—Par acte notarié,—Par acte extrajudiciaire,—Par un consentement donné en justice.

54. Le délai pour le jugement est fixé par les parties, lors de la nomina•

tion des arbitres; et, s'ils ne sont pas d'accord sur le délai, il sera réglé par les juges.

55. En cas de refus de l'un ou de plusieurs des associés de nommer des arbitres, les arbitres sont nommés d'office par le tribunal de commerce.

56. Les parties remettent leurs pièces et mémoires aux arbitres, sans aucune formalité de justice.

57. L'associé en retard de remettre les pièces et mémoires est sommé de le faire dans les dix jours.

58. Les arbitres peuvent, suivant l'exigence des cas, proroger le délai pour la production des pièces.

59. S'il n'y a renouvellement de délai, ou si le nouveau délai est expiré, les arbitres jugent sur les seules pièces et mémoires remis.

60. En cas de partage, les arbitres nomment un surarbitre, s'ils n'est nommé par le compromis; si les arbitres sont discordants sur le choix, le surarbitre est nommé par le tribunal de commerce.

61. Le jugement arbitral est motivé. — Il est déposé au greffe du tribunal de commerce. — Il est rendu exécutoire sans aucune modification, et transcrit sur les registres, en vertu d'une ordonnance du président du tribunal, lequel est tenu de la rendre pure et simple, et dans le délai de trois jours du dépôt au greffe.

62. Les dispositions ci-dessus sont communes aux veuves, héritiers ou ayant-cause des associés.

63. Si des mineurs sont intéressés dans une contestation pour raison d'une société commerciale, le tuteur ne pourra renoncer à la faculté d'appeler du jugement arbitral.

64. Toutes actions contre les associés non liquidateurs, et leurs veuves, héritiers ou ayant-cause, sont prescrites cinq ans après la fin ou la dissolution de la société, si l'acte de société qui énonce la durée, ou l'acte de dissolution, a été affiché et enregistré, conformément aux articles 42, 43, 44 et 46, et si, depuis cette formalité remplie, la prescription n'a été interrompue à leur égard par aucune poursuite judiciaire.

§ 2.

Titre VIII. — *De la lettre de change, du billet à ordre et de la prescription.*

Section Ire. — *De la lettre de change.*

§ Ier. — De la forme de la lettre de change.

110. La lettre de change est tirée d'un lieu sur un autre. — Elle est datée, — Elle énonce : — La somme à payer, — Le nom de celui qui doit payer, — L'époque et le lieu où le paiement doit s'effectuer, — La valeur fournie en espèces, en marchandises, en compte, ou de toute autre manière. — Elle est à l'ordre d'un tiers, ou à l'ordre du tireur lui-même. — Si elle est par première, seconde, troisième, quatrième, etc., elle l'exprime.

111. Une lettre de change peut être tirée sur un individu, et payable au domicile d'un tiers. — Elle peut être tirée par ordre et pour le compte d'un tiers.

112. Sont réputées simples promesses toutes lettres de change contenant supposition soit de nom, soit de qualité, soit de domicile, soit des lieux d'où elles *sont* tirées ou dans lesquels elles *sont* payables.

113. La signature des femmes et des filles non négociantes ou marchandes publiques sur lettres de change ne vaut à leur égard que comme simple promesse.

114. Les lettres de change souscrites par des mineurs non négociants sont

nulles à leur égard, sauf les droits respectifs des parties, conformément à l'art. 1312 du Code civil.

§ 2. — De la provision.

115. — La provision doit être faite par le tireur, ou par celui pour le compte de qui la lettre de change sera tirée, sans que le tireur pour le compte d'autrui cesse d'être personnellement obligé envers les endosseurs et le porteur seulement. (*Loi du 19 mars 1817.*)

116. Il y a provision si, à l'échéance de la lettre de change, celui sur qui elle est fournie est redevable au tireur, ou à celui pour compte de qui elle est tirée, d'une somme au moins égale au montant de la lettre de change.

117. L'acceptation suppose la provision. — Elle en établit la preuve à l'égard des endosseurs. — Soit qu'il y ait ou non acceptation, le tireur seul est tenu de prouver, en cas de dénégation, que ceux sur qui la lettre était tirée avaient provision à l'échéance, sinon il est tenu de la garantir, quoique le protêt ait été fait après les délais fixés.

§ 3. — De l'acceptation.

118. Le tireur et les endosseurs d'une lettre de change sont garants solidaires de l'acceptation et du paiement à l'échéance.

119. Le refus d'acceptation est constaté par un acte que l'on nomme *protêt faute d'acceptation.*

120. Sur la notification du protêt faute d'acceptation, les endosseurs et le tireur sont respectivement tenus de donner caution pour assurer le paiement de la lettre de change à son échéance, ou d'en effectuer le remboursement avec les frais de protêt et de rechange. — La caution, soit du tireur, soit de l'endosseur, n'est solidaire qu'avec celui qu'elle a cautionné.

121. Celui qui accepte une lettre de change contracte l'obligation d'en payer le montant. — L'accepteur n'est pas restituable contre son acceptation, quand même le tireur aurait failli à son insu avant qu'il eût accepté.

122. L'acceptation d'une lettre de change doit être signée. — L'acceptation est exprimée par le mot *accepté.* — Elle est datée, si la lettre est à un ou plusieurs jours ou mois de vue; — Et, dans ce dernier cas, le défaut de date de l'acceptation rend la lettre exigible au terme y exprimé, à compter de sa date.

123. L'acceptation d'une lettre de change payable dans un autre lieu que celui de la résidence de l'accepteur indique le domicile où le paiement doit être effectué ou les diligences faites.

124. L'acceptation ne peut être conditionnelle, mais elle peut être restreinte quant à la somme acceptée. Dans ce cas, le porteur est tenu de faire protester la lettre de change pour le surplus.

125. Une lettre de change doit être acceptée à sa présentation, ou au plus tard dans les vingt-quatre heures de la présentation. — Après les vingt-quatre heures, si elle n'est rendue, acceptée ou non acceptée, celui qui l'a retenue est passible de dommages-intérêts envers le porteur.

§ 4. — De l'acceptation par intervention.

126. Lors du protêt faute d'acceptation, la lettre de change peut être acceptée par un tiers intervenant pour le tireur ou pour l'un des endosseurs. — L'intervention est mentionnée dans l'acte du protêt; elle est signée par l'intervenant.

127. L'intervenant est tenu de notifier sans délai son intervention à celui pour qui il est intervenu.

128. Le porteur de la lettre de change conserve tous ses droits contre le tireur et les endosseurs, à raison du défaut d'acceptation par celui sur qui la lettre était tirée, nonobstant toutes acceptations par intervention.

§ 5. — De l'échéance.

129. Une lettre de change peut être tirée à vue,
à un ou plusieurs jours
à un ou plusieurs mois   } de vue ;
à une ou plusieurs usances
à un ou plusieurs jours
à un ou plusieurs mois   } de date ;
à une ou plusieurs usances
à jour fixe ou à jour déterminé en foire.

130. La lettre de change à vue est payable à sa présentation.

131. L'échéance d'une lettre de change
à un ou plusieurs jours
à un ou plusieurs mois   } de vue
à une ou plusieurs usances

est fixée par la date de l'acceptation, ou par celle du protêt faute d'acceptation.

132. L'usance est de trente jours, qui courent du lendemain de la date de la lettre de change. — Les mois sont tels qu'ils sont fixés par le calendrier grégorien.

133. Une lettre de change payable en foire est échue la veille du jour fixé pour la clôture de la foire, ou le jour de la foire, si elle ne dure qu'un jour.

134. Si l'échéance d'un lettre de change est à un jour férié légal, elle est payable la veille.

135. Tous délais de grâce, de faveur, d'usage ou d'habitude locale, pour le paiement des lettres de change, sont abrogés.

§ 6. — De l'endossement.

136. La propriété d'une lettre de change se transmet par la voie de l'endossement.

137. L'endossement est daté. Il exprime la valeur fournie. — Il énonce le nom de celui à l'ordre de qui il est passé.

138. Si l'endossement n'est pas conforme aux dispositions de l'article précédent, il n'opère pas le transport, il n'est qu'une procuration.

139. Il est défendu d'antidater les ordres, à peine de faux.

§ 7. — De la solidarité.

140. Tous ceux qui ont signé, accepté ou endossé une lettre de change, sont tenus à la garantir solidaire envers le porteur.

§ 8. — De l'aval.

141. Le paiement d'une lettre de change, indépendamment de l'acceptation et de l'endossement, peut être garanti par un aval.

142. Cette garantie est fournie par un tiers sur la lettre même ou par acte séparé. — Le donneur d'aval est tenu solidairement et par les mêmes voies que les tireurs et endosseurs, sauf les conventions différentes des parties.

§ 9. — Du paiement.

143. Une lettre de change doit être payée dans la monnaie qu'elle indique.

144. Celui qui paie une lettre de change avant son échéance est responsable de la validité du paiement.

145. Celui qui paie une lettre de change à son échéance, et sans opposition, est présumé valablement libéré.

146. Le porteur d'une lettre de change ne peut être contraint d'en recevoir le paiement avant l'échéance.

147. Le paiement d'une lettre de change fait sur une seconde, troisième, quatrième, etc., est valable, lorsque la seconde, troisième, quatrième, etc., porte que ce paiement annule l'effet des autres.

148. Celui qui paie une lettre de change sur une seconde, troisième, quatrième, etc., sans retirer celle sur laquelle se trouve son acceptation, n'opère point sa libération à l'égard du tiers porteur de son acceptation.

149. Il n'est admis d'opposition au paiement qu'en cas de perte de la lettre de change ou de la faillite du porteur.

150. En cas de perte d'une lettre de change non acceptée, celui à qui elle appartient peut en poursuivre le paiement sur un seconde, troisième, quatrième, etc.

151. Si la lettre de change perdue est revêtue de l'acceptation, le paiement ne peut en être exigé sur une seconde, troisième, quatrième, etc., que par ordonnance du juge, et en donnant caution.

152. Si celui qui a perdu la lettre de change, qu'elle soit acceptée ou non, ne peut représenter la seconde, troisième, quatrième, etc., il peut demander le paiement de la lettre de change perdue, et l'obtenir par l'ordonnance du juge en justifiant de sa propriété par ses livres, et en donnant caution.

153. En cas de refus de paiement, sur la demande formée en vertu des deux articles précédents, le propriétaire de la lettre de change perdue conserve tous ses droits par un acte de protestation. — Cet acte doit être fait le lendemain de l'échéance de la lettre de change perdue. — Il doit être notifié aux tireurs et endosseurs, dans les formes et délais prescrits ci-après pour la notification du protêt.

154. Le propriétaire de la lettre de change égarée doit, pour s'en procurer la seconde, s'adresser à son endosseur immédiat, qui est tenu de lui prêter son nom et ses soins pour agir envers son propre endosseur; et ainsi en remontant d'endosseur en endosseur jusqu'au tireur de la lettre. Le propriétaire de la lettre de change égarée supportera les frais.

155. L'engagement de la caution mentionnée dans les art. 151 et 152 est éteint après trois ans, si pendant ce temps il n'y a eu ni demandes ni poursuites juridiques.

156. Les paiements faits à compte sur le montant d'une lettre de change sont à la décharge des tireur et endosseurs. — Le porteur est tenu de faire protester la lettre de change pour le surplus.

157. Les juges ne peuvent accorder aucun délai pour le paiement de la lettre de change.

§ 10. — Du paiement par intervention.

158. Une lettre de change protestée peut être payée par tout intervenant pour le tireur ou pour l'un des endosseurs. — L'intervention et le paiement seront constatés dans l'acte de protêt ou à la suite de l'acte.

159. Celui qui paie une lettre de change par intervention est subrogé aux droits du porteur, et tenu des mêmes devoirs pour les formalités à remplir. — Si le paiement par intervention est fait pour le compte du tireur, tous les endosseurs sont libérés. — S'il est fait pour un endosseur, les endosseurs subséquents sont libérés. — S'il y a concurrence pour le paiement d'une lettre de change par intervention, celui qui opère le plus de libérations est préféré. — Si celui sur qui la lettre était originairement tirée et sur qui a été fait le protêt faute d'acceptation se présente pour la payer, il sera préféré à tous autres.

§ 10. — Des droits et devoirs du porteur.

160. Le porteur d'une lettre de change tirée du continent et des îles de l'Europe, et payable dans les possessions européennes de la France, soit à vue, soit à un ou plusieurs jours ou usances de vue, doit en exiger le paiement ou l'acceptation dans les six mois de sa date, sous peine de perdre son recours sur les endosseurs, et même sur le tireur, si celui-ci a fait provision. — Le délai est de huit mois pour la lettre de change tirée des Echelles du Levant et des côtes septentrionales de l'Afrique sur les possessions européennes de la France, et, réciproquement, du continent et des îles de l'Europe sur les établissements français aux échelles du Levant et aux côtes septentrionales de l'Afrique. — Le délai est d'un an pour les lettres de change tirées des côtes occidentales de l'Afrique, jusques et compris le cap de Bonne-Espérance. — Il est aussi d'un an pour les lettres de change tirées du continent et des îles des Indes occidentales sur les possessions européennes de la France ; et, réciproquement, du continent et des îles de l'Europe sur les possessions françaises ou établissements français aux côtes occidentales de l'Afrique, au continent et aux îles des Indes occidentales. — Le délai est de deux ans pour les lettres de change tirées du continent et des îles des Indes orientales sur les possessions européennes de la France, et, réciproquement, du continent et des îles de l'Europe sur les possessions françaises ou établissements français au continent et aux îles des Indes orientales. — La même déchéance aura lieu contre le porteur d'une lettre de change à vue, à un ou plusieurs jours, mois ou usances de vue, tirée de France, des possessions ou établissements français, et payable dans les pays étrangers, qui n'en exigera pas le paiement ou l'acceptation dans les délais ci-dessus prescrits pour chacu e des distances respectives. — Les délais ci-dessus de huit mois, d'un an ou de deux ans, sont doubles en cas guerre maritime. — Les dispositions ci-dessus ne préjudicieront néanmoins pas aux stipulations contraires qui pourraient intervenir entre le preneur, le tireur et même les endosseurs. (Art. 2 de la loi du 19 mars 1817.) — Les tireurs et endosseurs français de lettres de change de l'espèce désignée en l'art. 2 du § 1 de la présente loi, lesquelles se trouveraient actuellement en circulation, ne pourront être poursuivis en recours, faute de paiement, si lesdites lettres n'ont été présentées au paiement ou à l'acceptation dans les délais fixés par le même article précédent, en comptant, pour cette fois seulement, ces délais à dater de six mois après la publication de la présente loi. (Art. 3 de la même loi du 19 mars 1817.)

161. Le porteur d'une lettre de change doit en exiger le paiement le jour de son échéance.

162. Le refus de paiement doit être constaté le lendemain du jour de l'échéance, par un acte que l'on nomme *protêt faute de paiement*. — Si ce jour est un jour férié légal, le protêt est fait le jour suivant.

163. Le porteur n'est dispensé du protêt faute de paiement ni par le protêt faute d'acceptation, ni par la mort ou faillite de celui sur qui la lettre de change est tirée. — Dans le cas de faillite de l'accepteur avant l'échéance, le porteur peut faire protester, et exercer son recours.

164. Le porteur d'une lettre de change protestée faute de paiement peut exercer son action en garantie, — Ou individuellement contre le tireur et chacun des endosseurs, — Ou collectivement contre les endosseurs et le tireur. La même faculté existe pour chacun des endosseurs à l'égard du tireur et des endosseurs qui le précèdent.

165. Si le porteur exerce le recours individuellement contre son cédant, il doit lui faire notifier le protêt, et, à défaut de remboursement, le faire citer en jugement dans les quinze jours qui suivent la date du protêt, si celui-ci réside dans la distance de cinq myriamètres. — Ce délai, à l'égard du cédant domicilié à plus de cinq myriamètres de l'endroit où la lettre de change était payable, sera augmenté d'un jour par deux myriamètres et demi excédant les cinq myriamètres.

166. Les lettres de change tirées de France et payables hors du territoire continental de la France en Europe étant protestées, les tireurs et endosseurs résidant en France seront poursuivis dans les délais ci-après : — De deux mois pour celles qui étaient payables en Corse, dans l'île d'Elbe ou de Capraja, en Angleterre et dans les états limitrophes de la France ; — De quatre mois pour celles qui étaient payables dans les autres états de l'Europe ; — De six mois pour celles qui étaient payables aux Échelles du Levant et sur les côtes septentrionales de l'Afrique ; — D'un an pour celles qui étaient payables aux côtes occidentales de l'Afrique, jusques et y compris le cap de Bonne-Espérance, et dans les Indes occidentales ; — De deux ans pour celles qui étaient payables dans les Indes orientales. — Ces délais seront observés dans les mêmes proportions pour le recours à exercer contre les tireurs et endosseurs résidant dans les possessions françaises situées hors d'Europe. — Les délais ci-dessus, de six mois, d'un an et de deux ans, seront doublés en temps de guerre maritime.

167. Si le porteur exerce son recours collectivement contre les endosseurs et le tireur, il jouit, à l'égard de chacun d'eux, du délai déterminé par les articles précédents. — Chacun des endosseurs a le droit d'exercer le même recours, ou individuellement, ou collectivement, dans le même délai. — A leur égard, le délai court du lendemain de la date de la citation en justice.

168. Après l'expiration des délais ci-dessus, — Pour la présentation de la lettre de change à vue, ou à un ou plusieurs jours, ou mois, ou usances de vue, — Pour le protêt faute de paiement, — Pour l'exercice de l'action en garantie, — Le porteur de la lettre de change est déchu de tous droits contre les endosseurs.

169. Les endosseurs sont également déchus de toute action en garantie contre leurs cédants après les délais ci-dessus prescrits, chacun en ce qui le concerne.

170. La même déchéance a lieu contre le porteur et les endosseurs à l'égard du tireur lui-même si ce dernier justifie qu'il y avait provision à l'échéance de la lettre de change. — Le porteur, en ce cas, ne conserve d'action que contre celui sur qui la lettre était tirée.

171. Les effets de la déchéance prononcée par les trois articles précédents cessent en faveur du porteur contre le tireur, ou contre celui des endosseurs qui, après l'expiration des délais fixés pour le protêt, la notification du protêt ou la citation en jugement, a reçu, par compte, compensation, ou autrement, les fonds destinés au paiement de la lettre de change.

172. Indépendamment des formalités prescrites pour l'exercice de l'action en garantie, le porteur d'une lettre de change protestée faute de paiement peut, en obtenant la permission du juge, saisir conservatoirement les effets mobiliers des tireurs, accepteurs et endosseurs.

§ 12. — Des protêts.

173. Les protêts faute d'acceptation ou de paiement sont faits par deux notaires, ou par un notaire et deux témoins, ou par un huissier et deux témoins. — Le protêt doit être fait — Au domicile de celui sur qui la lettre de change était payable, ou à son dernier domicile connu, — Au domicile des personnes indiquées par la lettre de change pour la payer au besoin, — Au domicile du tiers qui a accepté par intervention ; — Le tout par un seul et même acte. — En cas de fausse indication de domicile, le protêt est précédé d'un acte de perquisition.

174. L'acte de protêt contient : — La transcription littérale de la lettre

de change, de l'acceptation, des endossements, et des recommandations qui y sont indiquées ; — La sommation de payer le montant de la lettre de change. — Il énonce la présence ou l'absence de celui qui doit payer, — Les motifs du refus de payer, et l'impuissance ou le refus de signer.

175. Nul acte de la part du porteur de la lettre de change ne peut suppléer l'acte de protêt, hors le cas prévu par les art. 150 et suivants touchant la perte de la lettre de change.

176. Les notaires et les huissiers sont tenus, à peine de destitution, dépens et dommages-intérêts envers les parties, de laisser copie exacte des protêts, et de les inscrire en entier, jour par jour et par ordre de dates, dans un registre particulier, coté, paraphé et tenu dans les formes prescrites pour les répertoires.

§ 13. — Du rechange.

177. Le rechange s'effectue par une retraite.

178. La retraite est une nouvelle lettre de change, au moyen de laquelle le porteur se rembourse sur le tireur, ou sur l'un des endosseurs, du principal de la lettre protestée, de ses frais, et du nouveau change qu'il paie.

179. Le rechange se règle, à l'égard du tireur, par le cours du change du lieu où la lettre de change était payable, sur le lieu d'où elle a été tirée. Il se règle, à l'égard des endosseurs, par le cours du change du lieu où la lettre de change a été remise ou négociée par eux, sur le lieu où le remboursement s'effectue.

180. La retraite est accompagnée d'un compte de retour.

181. Le compte de retour comprend : — Le principal de la lettre de change protestée ; — Les frais du protêt et autres frais légitimes, tels que commission de banque, courtage, timbre et ports de lettres. — Il énonce le nom de celui sur qui la retraite est faite, et le prix du change auquel elle est négociée. — Il est certifié par un agent de change ; dans les lieux où il n'y a pas d'agent de change, il est certifié par deux commerçants. — Il est accompagné de la lettre de change protestée, du protêt, ou d'une expédition de l'acte de protêt. — Dans le cas où la retraite est faite sur l'un des endosseurs, elle est accompagnée, en outre, d'un certificat qui constate le cours du change du lieu où la lettre de change était payable, sur le lieu d'où elle a été tirée.

182. Il ne peut être fait plusieurs comptes de retour sur une même lettre de change. — Ce compte de retour est remboursé d'endosseur à endosseur respectivement, et définitivement par le tireur.

183. Les rechanges ne peuvent être cumulés. — Chaque endosseur n'en supporte qu'un seul, ainsi que le tireur.

184. L'intérêt du principal de la lettre de change protestée faute de paiement est dû à compter du jour du protêt.

185. L'intérêt des frais de protêt, rechange, et autres frais légitimes, n'est dû qu'à compter du jour de la demande en justice.

186. Il n'est point dû de rechange si le compte de retour n'est pas accompagné des certificats d'agents de change ou de commerçants prescrits par l'art. 181.

Section II. — Du billet à ordre.

187. Toutes les dispositions relatives aux lettres de change, et concernant — l'échéance, — l'endossement, — la solidarité, — l'aval, — le paiement, — le paiement par intervention, — le protêt, — les devoirs et droits du porteur, — le rechange ou les intérêts, — sont applicables aux billets à ordre, sans préjudice des dispositions relatives aux cas prévus par les art. 636, 637 et 638.

188. Le billet à ordre est daté. — Il énonce — la somme à payer, — le nom de celui à l'ordre de qui il est souscrit, — l'époque à laquelle le paiement doit s'effectuer, — la valeur qui a été fournie, en espèces, en marchandises, en compte, ou de toute autre manière.

SECTION III. — *De la prescription.*

189. Toutes actions relatives aux lettres de change et à ceux des billets à ordre souscrits par des négociants, marchands ou banquiers, ou pour faits de commerce, se prescrivent par cinq ans à compter du jour du protêt, ou de la dernière poursuite juridique, s'il y a eu condamnation, ou si la dette n'a été reconnue par acte séparé. — Néanmoins les prétendus débiteurs seront tenus, s'ils en sont requis, d'affirmer, sous serment, qu'il ne sont plus redevables; et leurs veuves, héritiers ou ayant-cause, qu'ils estiment de bonne foi qu'il n'est plus rien dû.

CHAPITRE V.

CODE FORESTIER.

---

§ 1. — Titre Ier. Du régime forestier.
§ 2. — Titre III. Des bois et forêts qui font partie des domaines de l'état.
§ 3. — Titre XII. — De l'exécution des jugements.

---

§ 1er.

TITRE Ier. — *Du régime forestier.*

Art. 1er. Sont soumis au régime forestier et seront administrés conformément aux dispositions de la présente loi :

1° Les bois et forêts qui font partie du domaine de l'état;

2° Ceux qui font partie du domaine de la couronne;

3° Ceux qui sont possédés à titre d'apanages et de majorats réversibles à l'état;

4° Les bois et forêts des communes et des sections de communes;

5° Ceux des établissements publics;

6° Les bois et forêts dans lesquels l'état, la couronne, les communes ou les établissements publics, ont des droits de propriété indivis avec des particuliers.

7° Les particuliers exercent sur leurs bois tous les droits résultant de la propriété, sauf les restrictions qui seront spécifiées dans la présente loi.

§ 2.

TITRE III. — *Des bois et forêts qui font partie du domaine de l'état.*

SECTION Ire. — *De la délimitation et du bornage.*

8. La séparation entre les bois et forêts de l'état et les propriétés riveraines pourra être requise, soit par l'administration forestière, soit par les propriétaires riverains.

9. L'action en separation sera intentée, soit par l'état, soit par les propriétaires riverains, dans les formes ordinaires.

Toutefois, il sera sursis à statuer sur les actions partielles, si l'administration forestière offre d'y faire droit dans le délai de six mois, en procédant à la délimitation générale de la forêt.

10. Lorsqu'il y aura lieu d'opérer la délimitation générale et le bornage d'une forêt de l'état, cette opération sera annoncée deux mois d'avance par un arrêté du préfet, qui sera publié et affiché dans les communes limitrophes, et signifié au domicile des propriétaires rivirains, ou à celui de leurs fermiers, gardes ou agents.

Après ce délai, les agents de l'administration forestière procéderont à la délimitation en présence ou en l'absence des propriétaires riverains.

11. Le procès-verbal de la délimitation sera immédiatement déposé au secrétariat de la préfecture, et par extrait au secrétariat de la sous-préfecture, en ce qui concerne chaque arrondissement. Il en sera donné avis par un arrêté du préfet, publié et affiché dans les communes limotrophes. Les intéressés pourront en prendre connaissance, et former leur opposition dans le délai d'une année à dater du jour où l'arrêté aura été publié.

Dans le même délai, le gouvernement déclarera s'il approuve ou s'il refuse d'homologuer ce procès-verbal en tout ou en partie.

Sa déclaration sera rendue publique de la même manière que le procès-verbal de délimitation.

12. Si, à l'expiration de ce délai, il n'a été élevé aucune réclamation par les propriétaires riverains contre le procès-verbal de délimitation, et si le gouvernement n'a pas déclaré son refus l'homologuer, l'opération sera définitive.

Les agents de l'administration forestière procéderont dans le mois suivant au bornage, en présence des parties intéressées, ou elles dûment appelées par un arrêté du préfet, ainsi qu'il est prescrit par l'art. 10.

13. En cas de contestations élevées, soit pendant les opérations, soit par suite d'oppositions formées par les riverains en vertu de l'art. 11, elles seront portées par les parties intéressées devant les tribunaux compétents, et il sera sursis à l'abornement jusque après leur décision.

Il y aura également lieu au recours devant les tribunaux de la part des propriétaires riverains, si, dans le cas prévu par l'art. 12, les agents forestiers se refusaient à procéder au bornage.

14. Lorsque la séparation ou délimitation sera effectuée par un simple bornage, elle sera faite à frais communs.

Lorsqu'elle sera effectuée par des fossés de clôture, ils seront exécutés aux frais de la partie requérante et pris en entier sur son terrain.

SECTION II. — De l'aménagement.

15. Tous les bois et forêts du domaine de l'état sont assujettis à un aménagement réglé par des ordonnances royales.

16. Il ne pourra être fait dans les bois de l'état aucune coupe extraordinaire quelconque, ni aucune coupe de quarts en réserve ou de massifs réservés par l'aménagement pour cro tre en futaie, sans une ordonnance spéciale du roi, à peine de nullité des ventes; sauf le recours des adjudicataires, s'il y a lieu, contre les fonctionnaires ou agents qui auraient ordonné ou autorisé ces coupes.

Cette ordonnance spéciale sera insérée au Bulletin des lois.

SECTION III. — Des adjudications des coupes.

17. Aucune vente ordinaire ou extraordinaire ne pourra avoir lieu dans les bois de l'état que par voie d'adjudication publique, laquelle devra être

annoncée au moins quinze jours d'avance par des affiches apposées dans le chef-lieu du département, dans le lieu de la vente, dans la commune de la situation des bois et dans les communes environnantes.

18. Toute vente faite autrement que par adjudication publique sera considérée comme vente clandestine et déclarée nulle. Les fonctionnaires et agents qui auraient ordonné ou effectué la vente seront condamnés solidairement à une amende de 3,000 fr. au moins et de 6,000 fr. au plus, et l'acquéreur sera puni d'une amende égale à la valeur des bois vendus.

19. Sera de même annulée, quoique faite par adjudication publique, toute vente qui n'aura point été précédée des publications et affiches prescrites par l'art. 17, ou qui aura été effectuée dans d'autres lieux ou à un autre jour que ceux qui auront été indiqués par les affiches ou les procès-verbaux de remise de vente.

Les fonctionnaires ou agents qui auraient contrevenu à ces dispositions seront condamnés solidairement à une amende de mille à trois mille francs; et une amende pareille sera prononcée contre les adjudicataires, en cas de complicité.

20. Toutes les contestations qui pourront s'élever, pendant les opérations d'adjudication, sur la validité des enchères ou sur la solvabilité des enchérisseurs et des cautions, seront décidées immédiatement par le fonctionnaire qui présidera la séance d'adjudication.

21. Ne pourront prendre part aux ventes, ni par eux-mêmes, ni par personnes interposées directement ou indirectement, soit comme parties principales, soit comme associés ou cautions :

1° Les agents et gardes forestiers et les agents forestiers de la marine dans toute l'étendue du royaume; les fonctionnaires chargés de présider ou de concourir aux ventes, et les receveurs du produit des coupes, dans toute l'étendue du territoire où ils exercent leurs fonctions;

2° Les parents et alliés en ligne directe, les frères et beaux-frères, oncles et neveux des agents et gardes forestiers de la marine, dans toute l'étendue du territoire pour lequel ces agents ou gardes sont commissionnés;

En cas de contravention, ils seront punis d'une amende égale à celle qui est prononcée par le paragraphe précédent;

3° Les conseillers de préfecture, les juges, les officiers du ministère public et greffiers des tribunaux de première instance, dans tout l'arrondissement de leur ressort.

En cas de contraventions, ils seront passibles de tous dommages et intérêts s'il y a lieu.

Toute adjudication qui serait faite en contravention aux dispositions du présent article sera déclarée nulle.

22. Toute association secrète ou manœuvre entre les marchands de bois ou autres tendant à nuire aux enchères, à les troubler, ou à obtenir les bois à plus bas prix, donnera lieu à l'application des peines portées par l'art. 412 du Code pénal, indépendamment de tous dommages-intérêts, et si l'adjudication a été faite au profit de l'association secrète ou des auteurs desdites manœuvres, elle sera déclarée nulle.

23. Aucune déclaration de command ne sera admise, si elle n'est faite immédiatement après l'adjudication et séance tenante.

24. Faute par l'adjudicataire de fournir les cautions exigées par le cahier des charges dans le délai prescrit, il sera déchu de l'adjudication par un arrêté du préfet, et il sera procédé, dans les formes ci-dessus prescrites, à une nouvelle adjudication de la coupe à sa folle enchère.

L'adjudicataire déchu sera tenu, par corps, de la différence entre son prix et celui de la revente, sans pouvoir réclamer l'excédant, s'il y en a.

25. Toute personne capable et reconnue solvable sera admise jusqu'à l'heure de midi du lendemain de l'adjudication à faire une offre de suren-

18

chère, qui ne pourra être moindre du cinquième du montant de l'adjudication.

Dès qu'une pareille offre aura été faite, l'adjudicataire et les surenchérisseurs pourront faire de semblables déclarations de simple surenchère jusqu'à l'heure de midi du surlendemain de l'adjudication, heure à laquelle le plus offrant restera définitivement adjudicataire.

Toutes déclarations de surenchère devront être faites au secrétariat qui sera indiqué par le cahier des charges, et dans les délais ci-dessus fixés ; le tout sous peine de nullité.

Le secrétaire commis à l'effet de recevoir ces déclarations sera tenu de les consigner immédiatement sur un registre à ce destiné, d'y faire mention expresse du jour et de l'heure précise où il les aura reçues, et d'en donner communication à l'adjudicataire et aux surenchérisseurs, dès qu'il en sera requis ; le tout sous peine de trois cents francs d'amende, sans préjudice de plus fortes peines en cas de collusion.

En conséquence, il n'y aura lieu à aucune signification des déclarations de surenchère, soit par l'administration, soit par les adjudicataires ou surenchérisseurs.

26. Toutes contestations au sujet de la validité des surenchères seront portées devant les conseils de préfecture.

27. Les adjudicataires et surenchérisseurs seront tenus, au moment de l'adjudication ou de leur déclaration de surenchère, d'élire domicile dans le lieu où l'adjudication aura été faite ; faute par eux de le faire, tous actes postérieurs leur seront valablement signifiés au secrétariat de la sous-préfecture.

28. Tout procès-verbal d'adjudication emporte exécution parée et contrainte par corps contre les adjudicataires, leurs associés et cautions, tant pour le paiement du prix principal de l'adjudication que pour accessoires et frais.

Les cautions sont en outre contraignables solidairement et par les mêmes voies au paiement des dommages, restitutions et amendes qu'aurait encourus l'adjudicataire.

Section IV. — Des exploitations.

29. Après l'adjudication il ne pourra être fait aucun changement à l'assiette des coupes, et il n'y sera ajouté aucun arbre ou portion de bois, sous quelque prétexte que ce soit, à peine, contre l'adjudicataire, d'une amende égale au triple de la valeur des bois non compris dans l'adjudication, et sans préjudice de la restitution de ces mêmes bois ou de leur valeur.

Si les bois sont de meilleure nature ou qualité, ou plus âgés que ceux de la vente, il paiera l'amende comme pour bois coupé en délit, et une somme double à titre de dommages-intérêts.

Les agents forestiers qui auraient permis ou toléré ces additions ou changements seront punis de pareille amende, sauf l'application, s'il y a lieu, de l'article 207 de la présente loi.

30. Les adjudicataires ne pourront commencer l'exploitation de leurs coupes avant d'avoir obtenu, par écrit et de l'agent forestier local, le permis d'exploiter, à peine d'être poursuivis comme délinquants pour les bois qu'ils auraient coupés.

31. Chaque adjudicataire sera tenu d'avoir un facteur ou garde-vente, qui sera agréé par l'agent forestier local, et assermenté devant le juge de paix.

Ce garde-vente sera autorisé à dresser des procès-verbaux, tant dans la vente qu'à l'ouïe de la cognée. Ses procès-verbaux seront soumis aux mêmes formalités que ceux des gardes forestiers, et feront foi jusqu'à preuve contraire.

L'espace appelé *l'ouïe de la cognée* est fixé à la distance de deux cent cinquante mètres à partir des limites de la coupe.

32. Tout adjudicataire sera tenu, sous peine de cent francs d'amende, de déposer chez l'agent forestier local et au greffe du tribunal de l'arrondissement l'empreinte du marteau destiné à marquer les arbres et bois de sa vente.

L'adjudicataire et ses associés ne pourront avoir plus d'un marteau pour la même vente, ni en marquer d'autres bois que ceux qui proviendront de cette vente, sous peine de cinq cents francs d'amende.

33. L'adjudicataire sera tenu de respecter tous les arbres marqués ou désignés pour demeurer en réserve, quelle que soit leur qualification, lors même que le nombre en excéderait celui qui est porté au procès-verbal de martelage, et sans que l'on puisse admettre, en compensation d'arbres coupés en contravention, d'autres arbres non réservés que l'adjudicataire aurait laissés sur pied.

34. Les amendes encourues par les adjudicataires, en vertu de l'article précédent, pour abatage ou déficit d'arbres réservés, seront du tiers en sus de celles qui sont déterminées par l'art. 192, toutes les fois que l'essence et la circonférence des arbres pourront être constatées.

Si, à raison de l'enlèvement des arbres et de leurs souches, ou de toute autre circonstance, il y a impossibilité de constater l'essence et la dimension des arbres, l'amende ne pourra être moindre de cinquante francs ni excéder deux cents francs.

Dans tous les cas, il y aura lieu à la restitution des arbres, ou, s'ils ne peuvent être représentés, de leur valeur, qui sera estimée à une somme égale à l'amende encourue;

Sans préjudice des dommages-intérêts.

35. Les adjudicataires ne pourront effectuer aucune coupe ni enlèvement de bois avant le lever ni après le coucher du soleil, à peine de cent francs d'amende.

36. Il leur est interdit, à moins que le procès-verbal d'adjudication n'en contienne l'autorisation expresse, de peler ou d'écorcer sur pied aucun des bois de leurs ventes, sous peine de cinquante à cinq cents francs d'amende; et il y aura lieu à la saisie des écorces et bois écorcés, comme garantie des dommages-intérêts, dont le montant ne pourra être inférieur à la valeur des arbres indûment pelés ou écorcés.

37. Toute contravention aux clauses et conditions du cahier des charges relativement au mode d'abatage des arbres et au nettoiement des coupes sera puni d'une amende qui ne pourra être moindre de cinquante francs ni excéder cinq cents francs, sans préjudice des dommages-intérêts.

38. Les agents forestiers indiqueront par écrit aux adjudicataires les lieux où il pourra être établi des fossés ou fourneaux pour charbon, des loges ou des ateliers; il n'en pourra être placé ailleurs, sous peine, contre l'adjudicataire, d'une amende de cinquante francs pour chaque fossé ou fourneau, loge ou atelier, établi en contravention à cette disposition.

39. La traite des bois se fera par les chemins désignés au cahier des charges, sous peine, contre ceux qui en pratiqueraient de nouveaux, d'une amende dont le minimum sera de cinquante francs et le maximum de deux cents francs, outre les dommages-intérêts.

40. La coupe des bois et la vidange des ventes seront faites dans les délais fixés par le cahier des charges, à moins que les adjudicataires n'aient obtenu de l'administration forestière une prorogation de délai, à peine d'une amende de cinquante à cinq cents francs, et, en outre, des dommages-intérêts, dont le montant ne pourra être inférieur à la valeur estimative des bois restés sur pied ou gisant sur les coupes.

Il y aura lieu à la saisie de ces bois, à titre de garantie, pour les dommages-intérêts.

41. A défaut par les adjudicataires d'exécuter dans les délais fixés par le cahier des charges les travaux que ce cahier leur impose, tant pour relever et faire façonner les ramiers, et pour nettoyer les coupes des épines, ronces et arbustes nuisibles, selon le mode prescrit à cet effet, que pour les réparations de chemins de vidanges, fossés, repiquement de places à charbon et autres ouvrages à leur charge, ces travaux seront exécutés à leurs frais, à la diligence des agents forestiers, et sur l'autorisation du préfet, qui arrêtera ensuite le mémoire des frais et le rendra exécutoire contre les adjudicataires pour le paiement.

42. Il est défendu à tous les adjudicataires, leurs facteurs et ouvriers, d'allumer du feu ailleurs que dans leurs loges ou ateliers, à peine d'une amende de dix à cent francs, sans préjudice de la réparation du dommage qui pourrait résulter de cette contravention.

43. Les adjudicataires ne pourront déposer dans leurs ventes d'autres bois que ceux qui en proviendront, sous peine d'une amende de cent à mille francs.

44. Si, dans le cours de l'exploitation ou de la vidange, il était dressé des procès-verbaux de délits ou vices d'exploitation, il pourra y être donné suite sans attendre l'époque du récolement.

Néanmoins, en cas d'insuffisance d'un premier procès-verbal, sur lequel il ne sera pas intervenu de jugement, les agents forestiers pourront, lors du récolement, constater par un nouveau procès-verbal les délits et contraventions.

45. Les adjudicataires, à dater du permis d'exploiter, et jusqu'à ce qu'ils aient obtenu leur décharge, sont responsables de tout délit forestier commis dans leurs ventes et à l'ouïe de la cognée, si les facteurs ou gardes-ventes n'en font leurs rapports, lesquels doivent être remis à l'agent forestier dans le délai de cinq jours.

46. Les adjudicataires et leurs cautions sont responsables, et contraignables par corps au paiement des amendes et restitutions encourues pour délits et contraventions commis, soit dans la vente, soit à l'ouïe de la cognée, par les facteurs, gardes-ventes, ouvriers, bûcherons, voituriers et tous autres employés par les adjudicataires.

SECTION V. — *Des réarpentages et récolements.*

47. Il sera procédé au réarpentage et au récolement de chaque vente dans les trois mois qui suivront le jour de l'expiration des délais accordés pour la vidange des coupes.

Ces trois mois écoulés, les adjudicataires pourront mettre en demeure l'administration par acte extra-judiciaire signifié à l'agent forestier local ; et si, dans le mois après la signification de cet acte, l'administration n'a pas procédé au réarpentage et au récolement, l'adjudicataire demeurera libéré.

48. L'adjudicataire ou son cessionnaire sera tenu d'assister au récolement ; et il lui sera, à cet effet, signifié, au moins dix jours d'avance, un acte contenant l'indication des jours où se feront le réarpentage et le récolement ; faute par lui de se trouver sur les lieux ou de s'y faire représenter, les procès-verbaux de réarpentage et de récolement seront réputés contradictoires.

49. Les adjudicataires auront le droit d'appeler un arpenteur de leur choix pour assister aux opérations du réarpentage ; à défaut par eux d'user de ce droit, les procès-verbaux de réarpentage n'en seront pas moins réputés contradictoires.

50. Dans le délai d'un mois après la clôture des opérations, l'administration et l'adjudicataire pourront requérir l'annulation du procès-verbal pour défaut de forme ou pour fausse énonciation.

Ils se pourvoiront à cet effet devant le conseil de préfecture, qui statuera.

En cas d'annulation du procès-verbal, l'administration pourra, dans le mois qui suivra, y faire suppléer par un nouveau procès-verbal.

51. A l'expiration d'un délai fixé par l'article 50, et si l'administration n'a élevé aucune contestation, le préfet délivrera à l'adjudicataire la décharge d'exploitation.

52. Les arpenteurs seront passibles de tous dommages-intérêts par suite des erreurs qu'ils auront commises, lorsqu'il en résultera une différence d'un vingtième de l'étendue de la coupe;

Sans préjudice de l'application, s'il y a lieu, des dispositions de l'article 207.

SECTION VI. — *Des adjudications de glandée, panage et paisson.*

53. Les formalités prescrites par la section III du présent titre pour les adjudications des coupes de bois seront observées pour les adjudications de glandée, panage et paisson.

Toutefois, dans les cas prévus par les articles 18 et 19, l'amende infligée aux fonctionnaires et agents sera de 100 fr. au moins et de 1,000 fr. au plus, et celle qui aura été encourue par l'acquéreur sera égale au montant du prix de la vente.

54. Les adjudicataires ne pourront introduire dans les forêts un plus grand nombre de porcs que celui qui sera déterminé par l'acte d'adjudication, sous peine d'une amende double de celle qui est prononcée par l'article 190.

55. Les adjudicataires seront tenus de faire marquer les porcs d'un fer chaud, sous peine d'une amende de 3 fr. par chaque porc qui ne serait point marqué.

Ils devront déposer l'empreinte de cette marque au greffe du tribunal, et le fer servant à la marque au bureau de l'agent forestier local, sous peine de 50 fr. d'amende.

56. Si les porcs sont trouvés hors des cantons désignés par l'acte d'adjudication, ou des chemins indiqués pour s'y rendre, il y aura lieu, contre l'adjudicataire, aux peines prononcées par l'article 199. En cas de récidive, outre l'amende encourue par l'adjudicataire, le pâtre sera condamné à un emprisonnement de cinq à quinze jours.

57. Il est défendu aux adjudicataires d'abattre, de ramasser ou d'emporter des glands, faînes ou autres fruits, semences ou productions de forêts, sous peine d'une amende double de celle prononcée par l'article 144.

SECTION VII. — *Des [affectations à titre particulier dans les bois de l'état.*

58. Les affectations de coupes de bois ou délivrances, soit par stères, soit par pieds d'arbres, qui ont été concédées à des communes, à des établissements industriels ou à des particuliers, nonobstant les prohibitions établies par les lois et les ordonnances alors existantes, continueront d'être exécutées jusqu'à l'expiration du terme fixé par les actes de concession, s'il ne s'étend pas au delà du 1er septembre 1837.

Les affectations faites au préjudice des mêmes prohibitions, soit à perpétuité, soit sans indication de termes, ou à des termes plus éloignés que le 1er septembre 1837, cesseront à cette époque d'avoir aucun effet.

Les concessionnaires de ces dernières affectations qui prétendraient que leur titre n'est pas atteint par les prohibitions ci-dessus rappelées, et qu'il leur confère des droits irrévocables, devront, pour y faire statuer, se pourvoir devant les tribunaux pendant l'année qui suivra la promulgation de la présente loi, sous peine de déchéance.

Si leur prétention est rejetée, ils jouiront néanmoins des effets de la concession jusqu'au terme fixé par le second paragraphe du présent article.

Dans le cas où leur titre serait reconnu valable par les tribunaux, le gouvernement, quelles que soient la nature et la durée de l'affectation, aura la faculté d'en affranchir les forêts de l'état, moyennant un cantonnement qui sera réglé de gré à gré, ou, en cas de contestation, par les tribunaux, pour tout le temps que devait durer la concession. L'action en cantonnement ne pourra pas être exercée par les concessionnaires.

59. Les affectations faites pour le service d'une usine cesseront en entier, de plein droit et sans retour, si le roulement de l'usine est arrêté pendant deux années consécutives, sauf le cas d'une force majeure dûment constatée.

60. A l'avenir, il ne sera fait dans les bois de l'état aucune affectation ou concession de la nature de celles dont il est question dans les deux articles précédents.

SECTION VIII. — *Des droits d'usage dans les bois de l'état.*

61. Ne seront admis à exercer un droit d'usage quelconque dans les bois de l'état que ceux dont les droits auront été, au jour de la promulgation de la présente loi, reconnus fondés, soit par des actes du gouvernement, soit par des jugements ou arrêts définitifs, ou seront reconnus tels par suite d'instances administratives ou judiciaires actuellement engagées ou qui seraient intentées devant les tribunaux dans le délai de deux ans à dater du jour de la promulgation de la présente loi, par des usagers actuellement en jouissance.

62. Il ne sera plus fait, à l'avenir, dans les forêts de l'état, aucune concession de droit d'usage, de quelque nature et sous quelque prétexte que ce puisse être.

63. Le gouvernement pourra affranchir les forêts de l'état de tout droit d'usage en bois, moyennant un cantonnement qui sera réglé de gré à gré, et, en cas de contestation, par les tribunaux.

L'action en affranchissement d'usage par voie de cantonnement n'appartiendra qu'au gouvernement, et non aux usagers.

64. Quant aux autres droits d'usage quelconques et aux pâturages, panage et glandée, dans les mêmes forêts, ils ne pourront être convertis en cantonnement; mais ils pourront être rachetés moyennant des indemnités qui seront réglées de gré à gré, ou, en cas de contestation, par les tribunaux.

Néanmoins le rachat ne pourra être requis par l'administration dans les lieux où l'exercice du droit de pâturage est devenu d'une absolue nécessité pour les habitants d'une ou de plusieurs communes. Si cette nécessité est contestée par l'administration forestière, les parties se pourvoiront devant le conseil de préfecture, qui, après une enquête *de commodo et incommodo*, statuera, sauf le recours au conseil d'état.

65. Dans toutes les forêts de l'état qui ne seront point affranchies au moyen du cantonnement ou de l'indemnité, conformément aux articles 63 et 64 ci-dessus, l'exercice des droits d'usage pourra toujours être réduit par l'administration, suivant l'état et la possibilité des forêts, et n'aura lieu que conformément aux dispositions contenues aux articles suivants.

En cas de contestations sur la possibilité et l'état des forêts, il y aura lieu à recours en conseil de préfecture.

66. La durée de la glandée et du panage ne pourra excéder trois mois.

L'époque de l'ouverture en sera fixée chaque année par l'administration forestière.

67. Quels que soient l'âge ou l'essence des bois, les usagers ne pourront exercer leurs droits de pâturage et de panage que dans les cantons qui auront été déclarés défensables par l'administration forestière, sauf le

recours au conseil de préfecture, et ce, nonobstant toutes possessions contraires.

68. L'administration forestière fixera, d'après les droits des usagers, le nombre des porcs qui pourront être mis en panage et des bestiaux qui pourront être admis en pâturage.

69. Chaque année, avant le 1er mars pour le pâturage, et un mois avant l'époque fixée par l'administration forestière pour l'ouverture de la glandée et du panage, les agents forestiers font connaître aux communes et aux particuliers jouissant des droits d'usage les cantons déclarés défensables, et le nombre des bestiaux qui seront admis au pâturage et au panage.

Les maires seront tenus d'en faire la publication dans les communes usagères.

70. Les usagers ne pourront jouir de leurs droits de pâturage et de panage que pour les bestiaux à leur propre usage, et non pour ceux dont ils font commerce, à peine d'une amende double de celle qui est prononcée par l'art. 199.

71. Les chemins par lesquels les bestiaux devront passer pour aller au pâturage ou au panage et en revenir seront désignés par les agents forestiers.

Si ces chemins traversent des taillis ou des recrus de futaies non défensables, il pourra être fait à frais communs entre les usagers et l'administration, et d'après l'indication des agents forestiers, des fossés suffisamment larges et profonds, ou toute autre clôture, pour empêcher les bestiaux de s'introduire dans les bois.

72. Le troupeau de chaque commune ou section de commune devra être conduit par un ou plusieurs pâtres communs, choisis par l'autorité municipale; en conséquence les habitants des communes usagères ne pourront ni conduire eux-mêmes ni faire conduire leurs bestiaux à garde séparée, sous peine de deux francs d'amende par tête de bétail.

Les porcs ou bestiaux de chaque commune ou section de commune usagère formeront un troupeau particulier et sans mélange de bestiaux d'une autre commune ou section, sous peine d'une amende de cinq à dix francs contre le pâtre, et d'un emprisonnement de cinq à dix jours en cas de récidive.

Les communes et sections de communes seront responsables des condamnations pécuniaires qui pourront être prononcées contre lesdits pâtres ou gardiens, tant pour les délits ou contraventions prévus par le présent titre que pour tous autres délits forestiers commis par eux pendant le temps de leur service et dans les limites du parcours.

73. Les porcs et bestiaux seront marqués d'une marque spéciale.

Cette marque devra être différente pour chaque commune ou section de commune usagère.

Il y aura lieu, par chaque tête de porc ou de bétail non marquée, à une amende de trois francs.

74. L'usager sera tenu de déposer l'empreinte de la marque au greffe du tribunal de première instance, et le fer servant à la marque au bureau de l'agent forestier local; le tout sous peine de cinquante francs d'amende.

75. Les usagers mettront des clochettes au cou de tous les animaux admis au pâturage, sous peine de deux francs d'amende pour chaque bête qui serait trouvée sans clochette dans les forêts.

76. Lorsque les porcs et les bestiaux des usagers seront trouvés hors des cantons déclarés défensables ou désignés pour le panage, ou hors des chemins indiqués pour s'y rendre, il y aura lieu contre le pâtre à une amende de trois à trente francs. En cas de récidive, le pâtre pourra être condamné en outre à un emprisonnement de cinq à quinze jours.

77. Si les usagers introduisent au pâturage un plus grand nombre de bestiaux ou au panage un plus grand nombre de porcs que celui qui aura

été fixé par l'administration, conformément à l'art. 68, il y aura lieu, pour l'excédant, à l'application des peines prononcées par l'art. 199.

78. Il est défendu à tous usagers, nonobstant tous titres et possessions contraires, de conduire ou faire conduire les chèvres, brebis ou moutons, dans les forêts ou sur les terrains qui en dépendent, à peine, contre les propriétaires, d'une amende qui sera double de celle qui est prononcée par l'article 199, et, contre les pâtres ou bergers, de quinze francs d'amende. En cas de récidive, le pâtre sera condamné, outre l'amende, à un emprisonnement de cinq à quinze jours.

Ceux qui prétendraient avoir joui du pacage ci-dessus en vertu de titres valables ou d'une possession équivalente à titre pourront, s'il y a lieu, réclamer une indemnité qui sera réglée de gré à gré, ou, en cas de contestation, par les tribunaux.

Le pacage des moutons pourra néanmoins être autorisé, dans certaines localités, par les ordonnances du roi.

79. Les usagers qui ont droit à des livraisons de bois, de quelque nature que ce soit, ne pourront prendre ces bois qu'après que la délivrance leur en aura été faite par les agents forestiers, sous les peines portées par le titre XII pour les bois coupés en délit.

80. Ceux qui n'ont d'autre droit que celui de prendre le bois mort, sec et gisant, ne pourront, pour l'exercice de ce droit, se servir de crochets ou ferrement d'aucune espèce, sous peine de trois francs d'amende.

81. Si les bois de chauffage se délivrent par coupe, l'exploitation en sera faite, aux frais des usagers, par un entrepreneur spécial nommé par eux et agréé par l'administration forestière.

Aucun bois ne sera partagé sur pied ni abattu par les usagers individuellement, et les lots ne pourront être faits qu'après l'entière exploitation de la coupe, à peine de confiscation de la portion de bois abattu afférente à chacun des contrevenants.

Les fonctionnaires ou agents qui auraient permis ou toléré la contravention seront passibles d'une amende de cinquante francs, et demeureront en outre personnellement responsables, sans aucun recours, de la mauvaise exploitation et de tous les délits qui pourraient avoir été commis.

82. Les entrepreneurs de l'exploitation des coupes délivrées aux usagers se conformeront à tout ce qui est prescrit aux adjudicataires pour l'usance et la vidange des ventes ; ils seront soumis à la même responsabilité et passibles des mêmes peines en cas de délits ou contraventions.

Les usagers ou communes usagères seront garants solidaires des condamnations prononcées contre lesdits entrepreneurs.

83. Il est interdit aux usagers de vendre ou d'échanger les bois qui leur sont délivrés, et de les employer à aucune autre destination que celle pour laquelle le droit d'usage a été accordé.

S'il s'agit de bois de chauffage, la contravention donnera lieu à une amende de dix à cent francs.

S'il s'agit de bois à bâtir ou de tout autre bois non destiné au chauffage, il y aura lieu à une amende double de la valeur des bois, sans que cette amende puisse être au dessous de cinquante francs.

84. L'emploi des bois de construction devra être fait dans un délai de deux ans, lequel néanmoins pourra être prorogé par l'administration forestière. Ce délai expiré, elle pourra disposer des arbres non employés.

85. Les défenses prononcées par l'art. 57 sont applicables à tous usagers quelconques, et sous les mêmes peines.

§ 3.

Titre XIII. — *De l'exécution des jugements.*

Section Ire. — *De l'exécution des jugements rendus à la requête de l'administration forestière ou du ministère public.*

209. Les jugements rendus à la requête de l'administration forestière, ou sur la poursuite du ministère public, seront signifiés pas simple extrait qui contiendra le nom des parties et le dispositif du jugement.

Cette signification fera courir les délais de l'opposition et de l'appel des jugements par défaut.

210. Le recouvrement de toutes les amendes forestières est confié aux receveurs de l'enregistrement et des domaines.

Ces receveurs sont également chargés du recouvrement des restitutions, frais et dommages-intérêts résultant des jugements rendus pour délits et contraventions dans les bois soumis au régime forestier.

211. Les jugements portant condamnation à des amendes, restitution, dommages-intérêts et frais, sont exécutoires par la voie de la contrainte par corps, et l'exécution pourra en être poursuivie cinq jours après un simple commandement fait aux condamnés.

En conséquence, et sur la demande du receveur de l'enregistrement et des domaines, le procureur du roi adressera les réquisitions nécessaires aux agents de la force publique chargés de l'exécution des mandements de justice.

212. Les individus contre lesquels la contrainte par corps aura été prononcée pour raison des amendes et autres condamnations et réparations pécuniaires subiront l'effet de cette contrainte jusqu'à ce qu'ils aient payé le montant desdites condamnations, ou fourni une caution admise par le receveur des domaines, ou, en cas de contestation de sa part, déclarée bonne et valable par le tribunal de l'arrondissement.

213. Néanmoins les condamnés qui justifieraient de leur insolvabilité, suivant le mode prescrit par l'article 420 du Code d'instruction criminelle, seront mis en liberté après avoir subi quinze jours de détention, lorsque l'amende et les autres condamnations pécuniaires n'excéderont pas 15 fr.

La détention ne cessera qu'au bout d'un mois lorsque ces condamnations s'élèveront ensemble de 15 à 50 fr.

Elle ne durera que deux mois, quelle que soit la quotité des condamnations.

En cas de récidive, la détention sera double de ce qu'elle eût été sans cette circonstance.

214. Dans tous les cas, la détention employée comme moyen de contrainte est indépendante de la peine d'emprisonnement prononcée contre les condamnés pour tous les cas où la loi l'inflige.

Section II. — *De l'exécution des jugements rendus dans l'intérêt des particuliers.*

215. Les jugements contenant des condamnations en faveur des particuliers pour réparations des délits ou contraventions commis dans leurs bois seront, à leur diligence, signifiés et exécutés suivant les mêmes formes et voies de contrainte que les jugements rendus à la requête de l'administration forestière.

Le recouvrement des amendes prononcées par les mêmes jugements sera opéré par les receveurs de l'enregistrement et des domaines.

216. Toutefois, les propriétaires seront tenus de pourvoir à la consigna-

tion d'aliments prescrite par le Code de procédure civile, lorsque la détention aura lieu à leur requête et dans leur intérêt.

217. La mise en liberté des condamnés ainsi détenus à la requête et dans l'intérêt des particuliers ne pourra être accordée, en vertu des articles 212 et 213, qu'autant que la validité des cautions ou l'insolvabilité des condamnés aura été, en cas de contestation de la part desdits propriétaires, jugée contradictoirement entre eux.

CHAPITRE VI.

DOMAINES.

La partie domaniale est la plus vaste et la plus compliquée des attributions confiées à l'administration de l'enregistrement. La multiplicité des lois sur la matière, la nécessité de se pénétrer de la législation ancienne et des dispositions si diverses des coutumes locales, les difficultés sans cesse renaissantes pour la surveillance et l'administration des biens formant le domaine de l'état, les intérêts de toute nature qui s'y rattachent, tout contribue à rendre cette branche des services publics aussi importante que difficile.

Nous regrettons que les bornes de cet ouvrage nous contraignent à ne donner ici qu'un aperçu très succinct de ce qui demanderait des volumes de développements.

§ 1er. — *Lois principales sur les domaines.*

Domaine. — En général, on entend par *domaine* un fonds, un héritage; mais ce mot, pris dans son acception rigoureuse, signifie *propriété* d'une chose.

Le domaine, considéré dans cette acception, est un droit qui dérive tout à la fois du droit naturel, du droit des gens et du droit civil, ces trois sortes de droits ayant établi chacun diverses manières d'acquérir le *domaine* ou la *propriété* d'une chose.

Sous les lois féodales, l'on distinguait le domaine *direct* du domaine *utile*.

Le domaine *direct* était un droit de supériorité sur un fonds, mais qui n'en donnait pas la jouissance ; c'était une espèce de propriété honorifique, telle que celle que les seigneurs hauts-justiciers féodaux ou directs avaient sur les héritages dépendant de leurs justices aliénés à titre d'inféodation, d'emphytéose ou autrement.

Le domaine *utile* était celui dont on avait la jouissance. Ainsi le domaine direct et le domaine utile d'un même bien pouvaient appartenir à deux personnes différentes.

On distinguait encore :

Le domaine *corporel*, composé de tout ce qui, ayant une existence réelle, pouvait tomber sous les sens : les terres, bois, fleuves, etc.;

Le domaine *incorporel*, consistant en divers droits, tels que ceux de rendre la justice, de battre monnaie, etc.;

Le domaine *muable*, tout ce qui consistait en biens et droits qui s'affermaient et dont le produit pouvait varier, tels que les droits de greffe, sceaux, tabellionage, etc.;

Le domaine *immuable*, celui dont le produit ne variait pas, comme les cens, rentes, etc.;

Le domaine *fixe* comprenait tout ce qui faisait l'objet de baux à ferme de terres, bâtiments, etc.;

Le domaine *casuel*, ce qui provenait de conquêtes, confiscations, etc.;

Enfin il y avait l'*ancien* et le *nouveau* domaine, les *grands* et les *petits* domaines, etc., etc.

Le domaine de l'état s'est formé en même temps que la monarchie, au moyen des terres conquises sur les Romains ; ses revenus étaient consacrés aux dépenses du gouvernement.

Pour bien connaître l'origine et les progrès du domaine de l'état, il faut distinguer trois époques dans la monarchie :

La première, antérieure à l'établissement des Français dans les Gaules.

Alors il n'existait pas de propriété privée ; les vainqueurs ne reconnaissaient qu'une jouissance dans les mains des cultivateurs. Tout fonds de terre était considéré appartenir à l'état, soit comme domaine utile, soit comme domaine direct, c'est-à-dire que l'état était véritablement possesseur des uns, et qu'il prélevait sur les autres des droits personnels et réels, qui, dans le système féodal apporté de la Germanie, ont été appelés domaines directs. Il en était fait chaque année une nouvelle distribution par communautés et par familles, proportionnée au nombre de bras qu'elles pouvaient employer ; chaque particulier avait sa part, suivant son rang et sa condition.

La seconde époque date de l'origine de la monarchie en France. On divisa les terres entre les habitants, à la réserve de quelques portions qui furent attribuées aux communes pour en jouir en commun, et c'est

ainsi que la propriété patrimoniale fut consacrée. Dans ce partage, on
assigna au prince une portion considérable, comme patrimoine sacré et
inviolable, pour soutenir sa dignité et satisfaire aux charges de l'état.
Les rois vécurent des revenus de ces domaines jusqu'à l'établissement
des impôts ; ils étaient alors les maîtres de les inféoder à temps ou à
vie, même pour toujours, ce qui n'opérait pas une distraction véritable du domaine. Par la nature des fiefs, le *domaine direct* demeurait
toujours dans les mains du roi, et le *domaine utile*, devenant le prix
ou la récompense des services de fiefs, se trouvait employé d'une manière avantageuse, utile à l'état. L'investiture et les droits dus aux
mutations équivalaient d'ailleurs à la faculté de rachat perpétuel.

La troisième époque doit être fixée à 1566, sous Charles IX. Alors,
en effet, avec les inféodations cessèrent les dons à perpétuité des terres et droits faisant partie du domaine de l'état. Ce n'est pas que, long-
temps avant, le principe de l'inaliénabilité du domaine n'eût été consacré ; mais jusque là les lois n'avaient pas établi d'une manière
assez précise ce qu'était le domaine de la couronne.

Ce monarque rendit au sujet du domaine une ordonnance qui est
demeurée célèbre, et qui a depuis fait la base des règlements établis en
cette matière jusqu'à la révolution. Entre autres dispositions, cette ordonnance porte que le domaine de la couronne ne pourra être aliéné
que dans deux cas : le premier, pour apanage des puînés des rois de
France ; le second, pour les nécessités de la guerre ; et que dans ce
dernier cas il devra être expédié pour l'aliénation des lettres patentes
vérifiées par les parlements, et qu'il y aura faculté de rachat perpétuel.

Les troubles qui agitèrent le règne de Charles IX et de Henri III,
et la mort prématurée de Henri IV, empêchèrent, dit M. Dalloz, de
donner suite à cette ordonnance; mais elle n'en a pas moins fixé le principe de l'inaliénabilité, qui depuis fut une maxime fondamentale de
la monarchie, que les rois de France, lors de leur sacre, juraient de
maintenir.

Le dessein de réunir au domaine les biens qui en avaient été séparés
fut repris sous Louis XIV; et, en 1666, des arrêts du conseil ordon-
nèrent que les possesseurs et *engagistes* de propriétés dépendantes du
domaine représentassent les titres en vertu desquels ils détenaient,
ainsi que les quittances des finances qu'ils avaient payées pour en être
mis en jouissance, afin qu'il fût, sur le vu de ces pièces, pourvu à leur
remboursement. Cet arrêt et d'autres édits dans le même but ne furent
mis à exécution que d'une manière incomplète.

Sous Louis XV, l'état des finances ne permit point de songer à une
réunion dont la première condition eût été un remboursement que l'on
était hors d'état d'effectuer. On pensa donc à prendre une voie tout
opposée, celle d'*engager* les biens du domaine à de nouveaux conces-

sionnaires qui rembourseraient les finances dues aux anciens, et feraient en outre une certaine rente à l'état.

Ces diverses propriétés prirent le nom de *domaines engagés.*

La loi du 1er décembre 1790 décréta le principe que le domaine de l'état pouvait être aliéné en vertu d'un acte de la puissance législative, et opéra par cette mesure une grande révolution dans la législation du domaine de l'état.

Mais en même temps elle disposa que les engagistes dont les contrats étaient postérieurs à l'édit de Charles IX en 1566 seraient soumis au rachat perpétuel.

Les *domaines engagés* ont été depuis l'objet de plusieurs dispositions législatives qui n'ont point encore amené une solution définitive.

Toutefois la loi du 14 ventôse an 7, espèce de transaction entre les engagistes et l'état, est encore aujourd'hui la loi vivante en matière de domaines engagés.

MM. les surnuméraires consulteront avec succès, au sujet des *domaines engagés,* l'analyse des lois sur les domaines engagés publiée en l'an 7 par les rédacteurs des *Instructions décadaires,* aujourd'hui *Journal de l'Enregistrement,* et le *Manuel de l'Engagiste,* par M. Sergent.

En l'état actuel, on distingue :

1° Le *domaine de la couronne*, qui est le patrimoine attaché à la couronne des rois.

Aux termes de l'art. 19 de la Charte, il se compose d'une dotation immobilière faite par le législateur à l'avénement du prince au trône ; il est assujetti à des formes et à des règles spéciales.

Le domaine de la couronne n'est que la portion du domaine public qui fait partie de la *liste civile,* et dont les *revenus* se versent au trésor de la couronne elle-même.

Les biens qui composent le domaine de la couronne sont inaliénables et imprescriptibles; ils ne peuvent être échangés que par une loi; ils sont affranchis de l'impôt; leurs baux n'excéderont pas 18 années. Les forêts sont soumises au dispositions du Code forestier. (Loi du 2 mars 1832.)

2° *Domaine privé du roi.*

Le chef de l'état a un domaine privé, provenant soit de donations, soit de successions, soit d'acquisitions, le tout conformément aux règles du droit civil.

Le domaine privé supporte toutes les charges de la propriété, toutes les contributions et charges publiques, dans la même proportion que les biens des particuliers. (Art. 31 et 34 du sénatus-consulte du 30 janvier 1810.)

Les biens particuliers des princes qui parviennent à la couronne sont de plein droit, et à l'instant même, réunis au domaine de l'état à perpétuité.

3° *Domaine extraordinaire.*

Ce domaine avait été créé par le sénatus-consulte du 30 janvier 1810, 1° pour subvenir aux dépenses extraordinaires des armées ; 2° pour récompenser les soldats et les grands services civils et militaires rendus à l'état; 3° pour élever des monuments, faire faire des travaux publics, encourager les arts et ajouter à la splendeur de l'empire.

Il se composait des domaines et biens mobiliers et immobiliers que le chef de l'état, exerçant le droit de paix et de guerre, acquérait par des conquêtes, ou des traités, soit patents, soit secrets.

Les attributions de la division du domaine extraordinaire au ministère des finances, supprimée par l'arrêté du 31 déc. 1822, sont réparties entre le directeur de la dette inscrite et l'administration des domaines. (Inst. 1066.)

4° Le *domaine* proprement dit, qui se partage en *domaine de l'état* et *domaine public*. Le premier peut être aliéné en se conformant aux lois établies ; mais le *domaine public* a été solennellement déclaré non susceptible de propriété privée, et essentiellement inaliénable.

Le *domaine de l'état,* qui peut être considéré comme un fonds commun administré dans l'intérêt général de la société, se compose de tous les biens survenus au domaine depuis la publication du Code civil, ou qui lui surviendront à l'avenir par déshérence, acquisition ou autrement, ainsi que tous les biens vacants ou sans maîtres, et ceux des personnes qui décèdent sans héritiers, ou dont les successions sont abandonnées, etc. ; — les lais et relais de la mer, les îles, îlots et atterrissements dans les fleuves et rivières navigables ou flottables ; — les propriétés provenant d'acquisition à titre singulier par le roi décédé sans en avoir disposé. (Inst. 447, 519, 569 et 740.)

Le domaine public se compose des chemins, routes et rues à la charge de l'état ; des fleuves et rivières navigables ou flottables ; des rivages, lais et relais de la mer ; des ports, havres et rades ; des portes, murs, fossés et remparts des places de guerre et des fortifications, et généralement de toutes les parties du territoire français qui ne sont pas susceptibles d'une propriété privée.

L'administration des domaines n'a dans ses attributions que ceux de ces biens qui restent aux mains de l'état, qui sont susceptibles d'être aliénés, et qui ne sont pas, par conséquent, affectés à des établissements publics. (Inst. 614.)

De ces distinctions il résulte qu'un domaine de l'état peut, par sa destination, devenir domaine public, et par conséquent inaliénable : ainsi un domaine de l'état mis à la disposition de l'administration des ponts et chaussées, pour être employé à une route, et qui tombe par là dans le domaine public.

Les domaines de l'état ou domaines nationaux ont été régis par un grand nombre de lois : il serait difficile, inutile même, de les rappeler toutes. « En cette matière, dit encore M. Dalloz, les lois passent avec les circonstances qui les ont fait naître ; l'œuvre de la veille est détruite par le travail du lendemain. »

Toutefois, en voici quelques unes des plus essentielles :

2-4 novembre 1789. — Décret qui met les biens ecclésiastiques à la disposition de la nation.

17-24 mars 1790. — Décret sur l'aliénation aux municipalités des biens ecclésiastiques et domaniaux jusqu'à concurrence de 400 millions.

14 mai-17-25 juillet 1790. — Décret sur l'aliénation des domaines nationaux aux municipalités, et leur revente aux particuliers.

23 octobre-5 novembre 1790. — Décret relatif à la vente et à l'administration des biens nationaux.

Cette loi, en cinq titres, est une des plus importantes, et de celles dont les dispositions, notamment l'art. 15, titre 3, sont le plus souvent invoquées.

9-20 mars 1791. — Décret sur les régie, perception et liquidation des droits féodaux non supprimés, dépendant des biens nationaux.

19 août-11 septembre 1791. — Décret qui fixe l'époque à compter de laquelle la régie de l'enregistrement aura l'administration des domaines nationaux corporels et incorporels.

23 juillet-12 septembre 1791. — Décret sur les acquéreurs de droits supprimés et de justices seigneuriales.

30 mars-8 avril 1792. — Décret concernant les biens des émigrés.

27 juillet 1792. — Décret qui ordonne la confiscation et la vente des biens des émigrés.

18 août 1792. — Décret qui supprime les congrégations séculières et les confréries.

19 août-3 septembre 1792. — Décret concernant la vente des immeubles des fabriques des églises.

10 thermidor an 4. — Arrêté du directoire exécutif concernant la poursuite et la direction des actions judiciaires qui intéressent la république.

14 ventôse an 7. — Loi relative aux domaines engagés par l'ancien gouvernement.

28 pluviôse an 8 (art. 3). — Loi concernant la division du territoire français et l'administration.

Art. 69 et 83 du Code de procédure civile.

Loi du 28 avril 1815, art. 116.

— 15 mai 1818.

Loi du 12 mars 1820.

Voir, au surplus, la circulaire de l'administration du 28 octobre 1791, n. 157; — Inst. gén. 1459, 1551, 1552 et 1553, n. 436, 78; 1029, 1166, n. 201; 1180, n. 13.

§ 2. — *Ventes et baux des domaines de l'état.*

Les aliénations des biens de l'état ont été l'objet d'une multitude de lois, dont voici les principales :

25 juillet 1793. — Circ. 452.

2 et 3 nivôse an 4. — Circ. 864.

6 floréal et 28 ventôse an 4. — Circ. 893.

22 prairial an 4. — Circ. 917.

9 messidor an 4. — Circ. 925.

13 thermidor an 4. — Circ. 931.

16 brumaire an 5. — Circ. 990.

16 pluviôse an 5. — Circ. 1019.

9 germinal an 5. — Circ. 1044 et 1112.

9 vendémiaire an 6. — Circ. 1129.

16 frimaire an 6. — Circ. 1169.

24 frimaire an 6. — Circ. 1178.

26 vendémiaire an 7. — Circ. 1417 bis.

27 brumaire an 7. — Circ. 1441.

14 ventôse an 7. — Circ. 1531.

15 et 16 floréal an 10.

5 ventôse an 12.

25 ventôse an 12. — Inst. 215.

23 septembre 1814. — Inst. 663.

25 mars 1831. — Inst. 1361.

Ces diverses lois ont réglé :

1° Les biens aliénables;

2° Les biens inaliénables;

3° Les incapacités d'acquérir;

4° Le mode des ventes et adjudications;

5° Les formalités particulières à remplir pour les aliénations des lais et relais de mer, îles et îlots;

6° Les conséquences des ventes et le mode des paiements;

7° Les déchéances pour défaut de paiement.

Deux modes principaux de vente ont été adoptés pour les aliénations des domaines de l'état:

Les ventes sur enchères, et les ventes sur soumissions.

La loi du 17 mai 1790 avait divisé les biens en quatre classes :

1° Les biens ruraux, 2° les prestations en nature, 3° les prestations en argent, 4° tous les autres biens.

L'estimation avait lieu d'après les baux existants; et, à défaut de baux, elle se faisait par experts. Il était libre à tout citoyen de déclarer à l'administration qu'il désirait acquérir telle ou telle portion de biens; et si l'offre par lui faite était au moins égale au prix d'estimation, les administrateurs étaient obligés d'indiquer le jour, le lieu et l'heure auxquels les enchères seraient reçues.

Ce mode de vente, qui est celui sur enchères, a été mis en pratique par un grand nombre de lois subséquentes, et notamment par celles des 16 brumaire an 5 et 15 floréal an 10.

Ce fut pour rendre plus faciles les acquisitions de domaines nationaux, et, par conséquent, augmenter le nombre de ces acquisitions, que fut introduit un second mode de vente, celui sur soumission. La différence essentielle entre le dernier mode et le premier consiste en ce que dans celui-ci l'offre faite par celui qui voulait acquérir, et qu'on désignait aussi sous le nom de soumission, était suivie d'enchères, et le bien soumissionné n'était adjugé au soumissionnaire qu'autant qu'il restait dernier enchérisseur. Dans le second mode de vente, au contraire, le soumissionnaire, lorsqu'il avait consigné le prix de sa soumission, et que le contrat avait été passé entre lui et les administrateurs du département, était définitivement propriétaire. (Dalloz, v° *Domaines*.)

Ce dernier mode de vente, qui avait l'inconvénient grave d'être dégagé de la publicité, de la formalité des enchères, et, par conséquent, de la concurrence des acquéreurs, qui seule peut élever le prix des ventes, a été abandonné.

En l'état actuel, aussitôt qu'un immeuble est devenu inutile au service auquel il était affecté, la remise en est faite à l'administration des domaines, qui propose au ministre les moyens d'en disposer de la manière la plus convenable. Dans le cas où l'aliénation de l'immeuble est autorisée, l'administration fait toutes les dispositions relatives à la vente.

Ces diverses opérations rentrent plus spécialement, par leur importance, dans les attributions des directeurs.

C'est au préfet que le directeur des domaines doit s'adresser pour provoquer la vente des biens de l'état. (Circ. 1814.)

Le directeur fait d'abord estimer les biens par un expert nommé par le préfet. (Inst. 1361.)

Aussitôt que les procès-verbaux d'estimation sont remis au préfet, le directeur fait imprimer des affiches rédigées par lui, et soumises préalablement au préfet.

Ces affiches doivent contenir tous les détails nécessaires, et être apposées aux lieux convenables. (Circ. 854, 990, 1746, 1808, 1854, 1939, 1959; — Inst. 161, 663, 1361.)

Les directeurs sont présents aux ventes qui se feront devant le pré-

fet. Le receveur des domaines ou un employé supérieur assistera à celles faites devant les sous-préfets. (Inst. 663.)

La vente a lieu, suivant les cas, aux enchères ou au rabais (inst.
663, 1361), ou même encore sur soumission.

Les aliénations des lais et relais de mer, îles et îlots, sont assujetties
à une enquête préalable *de commodo et incommodo*, et à des formalités
particulières. (Inst. 1175.)

Les biens de l'état sont, comme les propriétés particulières, susceptibles d'être aliénés, en cas de besoin, pour cause d'utilité publique.
(Inst. 379.)

L'acquéreur est tenu d'acquitter en sus du prix, et dans un délai
déterminé, les frais et charges d'enregistrement, timbre, etc., mentionnés dans les inst. 1361 et 1379.

Les administrateurs des biens nationaux dont les ventes se font par
leur ministère ne peuvent se rendre adjudicataires. (Art. 1596 du
Code civ.)

Il n'y a pas lieu à prendre des inscriptions hypothécaires pour s'assurer le paiement des biens de l'état vendus, excepté dans le cas où il
s'agirait d'inscriptions relatives à des immeubles affectés au cautionnement, ou par suite des clauses des adjudications. (Inst. 418.)

Les règles de déchéance pour cause de non-paiement des prix de
ventes par les acquéreurs, et les formes à suivre pour le faire prononcer, ont été tracées par les inst. 61, 235, 674, 791 et 867.

Indépendamment des règles générales ci-dessus, nous croyons devoir
reproduire ici la décision de M. le ministre des finances du 19 octobre
1837, insérée dans l'inst. 1552.

« Art. 1er. Les préfets pourront d'office, lorsque la proposition leur
en aura été faite par le directeur des domaines, et que l'estimation de
chaque lot d'immeubles à vendre n'excédera pas 500 fr., déléguer soit
le sous-préfet de l'arrondissement, soit le maire du chef-lieu du canton ou celui de la commune de la situation, pour procéder à la vente
de ces immeubles, avec le concours et en présence du préposé de l'administration des domaines désigné à cet effet par le directeur.

» Ils useront de cette faculté, soit que la vente ait lieu par la voie des
enchères, soit qu'elle se fasse sur estimation contradictoire dans les
cas autorisés.

» Art. 2. Lorsque les préfets auront de justes motifs de croire que
la vente de lots d'immeubles au dessus de 300 fr. se ferait plus avan-
tageusement au chef-lieu du département, la faculté de déléguer, pour
y procéder, les sous-préfets ou maires, pourra leur être accordée
par le ministre des finances, sur leur demande, à laquelle devra être
joint l'avis du directeur des domaines.

» Art. 3. Dans tous les cas où les ventes n'auront pas été passées
directement par le préfet, la minute de chaque contrat devra, ainsi que

les procès-verbaux d'expertise, plans, affiches et autres actes préparatoires de la vente, lui être adressée dans les dix jours de l'enregistrement du contrat, pour le tout rester déposé dans les archives de la préfecture.

» La date de la transmission par le sous-préfet ou par le maire au préfet sera mentionnée en marge de l'inscription de l'acte de vente sur le répertoire de la sous-préfecture ou de la mairie.

» Mention de la réception sera également faite sur le répertoire de la préfecture.

» Art. 4. Conformément à l'art. 7 de l'arrêté du comité des finances de la convention du 4 brumaire an 4, additionnel aux décrets d'organisation de l'administration des domaines des 27 mai 1792 et 14 août 1793, le recouvrement des prix de ventes sera suivi par le receveur du bureau dans la circonscription duquel les ventes auront été faites.

» Les stipulations nécessaires seront à cet effet insérées dans les cahiers des charges des ventes, et au besoin dans les actes de vente eux-mêmes.

» Art. 5. Toutes décisions contraires à la présente seront considérées comme non avenues. »

Baux des domaines de l'état. — Les locations des domaines nationaux doivent être faites par les préposés des domaines, qui sont personnellement responsables de la non-location des biens par leur fait ou leur négligence. (Loi du 28 messidor an 2 ; circ. 637.)

Aucun bail ne peut être passé qu'après avoir été énoncé, un mois d'avance, par des affiches et publication; le cahier des charges doit être réglé par le préfet, qui fixera l'heure et le lieu de l'adjudication, qui ne peut avoir lieu qu'à la chaleur des enchères et devant le délégué du préfet.

En conséquence, lorsqu'un receveur sera dans le cas de passer ou renouveler un bail, il dressera un cahier des charges qu'il soumettra à l'examen du directeur ; et, après que le directeur l'aura approuvé, il le présentera au préfet pour être définitivement réglé et arrêté.

Au cahier des charges à soumettre au directeur le receveur joindra ses observations indicatives de la nature du bien, de la distance à laquelle il se trouve de la sous-préfecture, du revenu d'après le dernier bail, parce que, si le revenu n'excède pas 4 à 500 fr., et que le bien soit éloigné de deux myriamètres et plus de la sous-préfecture, le bail pourra être passé devant le maire de la situation des biens.

Il faut ensuite annoncer l'adjudication par des publications et des affiches, de quinzaine en quinzaine, et déposer le cahier des charges à la sous-préfecture et à la mairie de la situation des biens, pour que chacun puisse en prendre communication sans frais.

Après l'adjudication, le receveur doit adresser copie du procès-verbal au directeur.

Les baux subsistants des biens nationaux doivent être renouvelés, dans les campagnes, un an, et, dans les villes, six mois avant leur expiration.

Si le fermier demande une continuation de jouissance de l'année après l'expiration de son bail, et que le délai soit urgent, ou que d'autres circonstances obligent à affermer sur estimation, il faut que cette estimation soit faite par expert, aux frais du demandeur, et qu'elle présente le même prix de loyer qu'on pouvait espérer des enchères. (Circ. 157, 637, 1104, 1118, 1261, 1814, 1894, 1923 et 2040 ; Instr. 191 et 422.)

§ 3. — *Ventes d'effets mobiliers appartenant à l'état.*

Les préposés des domaines ont exclusivement le droit de procéder aux ventes du mobilier de l'état, en présence de l'autorité municipale, sans que l'absence de cette autorité puisse retarder ni empêcher la vente. Toutefois les commissaires-priseurs-vendeurs du département de la Seine doivent être considérés comme remplaçant les préposés de l'administration des domaines lorsqu'il s'agit de meubles provenant de successions vacantes.

Dans les départements où il faudrait employer le ministère des commissaires-priseurs, l'autorisation en serait demandée à l'administration.

Sur le rapport du receveur, le directeur engage le préfet à fixer par un arrêté le jour de la vente, et à lui adresser le procès-verbal d'estimation ; il donne ensuite les instructions nécessaires au receveur, qui procède au récolement de l'inventaire, en présence du délégué de l'autorité, et en rédige procès-verbal.

Jusqu'au jour de la vente les effets restent sous la garde de celui qui en est dépositaire, et qui signera le procès-verbal de récolement.

Le receveur fait ensuite annoncer la vente par des affiches qu'il fait apposer dans les lieux accoutumés, et au moins trois jours d'avance : ces affiches devront indiquer le lieu et le jour où les ventes s'opéreront, ainsi que la nature des différents meubles qu'elles ont pour objet.

Le receveur met lui-même les effets à l'enchère, en prononce l'adjudication, et rédige le procès-verbal de vente ; en cas d'absence du maire, il en sera fait mention.

Pour la vente des meubles dont l'estimation ou la première enchère dépasserait cent francs, il sera allumé des feux, et la délivrance n'en sera faite qu'à l'extinction du dernier feu sans enchères. Le procès-verbal d'adjudication fera mention expresse du nombre de feux successivement allumés, et indiquera les noms, prénoms, professions et domiciles des adjudicataires, ainsi que les quantité et nature des effets délivrés à chacun d'eux.

Il convient de multiplier les lots autant que possible, et aucun objet ne doit être délivré si le prix de l'enchère n'est au moins égal à celui porté dans l'estimation.

Il sera alloué aux receveurs, pour les ventes auxquelles ils procéderont, les frais du crieur et des hommes de peine qui pourraient être nécessaires ; ces frais seront déduits sur le produit des ventes, ainsi que les frais d'expertise, d'impression et d'apposition d'affiches, qui leur sont également alloués.

Les droits de timbre et d'enregistrement, ainsi que les autres frais qui pourraient être faits, seront mis à la charge des adjudicataires.

Les expéditions des procès-verbaux délivrées à des fonctionnaires publics sont, comme les affiches, exemptes du timbre.

Un double, sur papier libre, du procès-verbal, est adressé à la direction par le receveur, avec une copie de l'enregistrement en recette.

Cette recette ne doit comprendre que le montant net de la vente.

Les diverses dispositions ci-dessus sont applicables aux objets hors de service provenant des administrations des contributions indirectes, des douanes, des forêts, de la loterie, des monnaies et des postes. En conséquence la vente des effets que ces administrations reconnaîtront dans le cas d'être vendus devra être faite devant les préfets ou leurs délégués, en présence des préposés de l'enregistrement, qui seront chargés de faire la recette du prix de la vente. (Circ. 435, 1220, 1498 et 1732 ; Instr. 623, 653, 927, 1065, 1092, 1375, 1402, 1439, 1479 et 1499 ; Circ. de la compt., n. 24.)

Devront également être vendus par l'entremise de l'employé des domaines :

1° *Les effets déposés dans les greffes* (ordonnance du 22 février 1829); *les armes saisies, effets des prisonniers, métaux précieux.* Les receveurs des domaines feront recette du produit de ces ventes ; le prix en sera porté sur les bordereaux, au chapitre *Des correspondants du trésor,* article *De la caisse des dépôts et consignations.* Le prix est versé à la caisse des dépôts et consignations, qui, s'il y a lieu, en ordonnera la restitution aux ayant-droit. (Instr. 957, 969, 1275.)

2° *Le mobilier militaire.* Le produit *brut* de chaque vente de chevaux de réforme, ou d'objets mobiliers et immobiliers provenant du matériel de la guerre, sera versé dans les caisses de l'administration des domaines, qui demeurera chargée de payer les frais de toute nature occasionnés par lesdites ventes.

Ces frais, y compris les droits de timbre et d'enregistrement, seront acquittés suivant le mode établi pour les dépenses de l'administration; ils seront portés dans les comptes, à l'article *Frais d'estimation, d'affiches et de vente du mobilier et des domaines de l'état.*

Il est accordé à tout cavalier commandé pour monter des chevaux destinés à être vendus au profit de l'état un franc sur le produit de chaque vente, à titre de gratification. Cette allocation est payée sur la quittance de l'officier commandant le détachement, et est comprise dans les frais ; mais dans aucun cas il ne pourra être alloué au même homme plus de la double gratification. — Voir au surplus les instructions n. 840, 938, 1038, 1065, 1084, 1095, 1153, 1234 et 1479.

Pour éviter tout retard et quelquefois des dépenses inutiles, ainsi, en fourrages, s'il s'agit de chevaux, les receveurs des domaines procéderont, sur la seule réquisition des sous-intendants militaires, et sans attendre l'autorisation du préfet et du directeur, aux ventes de chevaux réformés, aussitôt après l'expiration du délai nécessaire pour les affiches et publications prescrites. Les receveurs auront soin de rendre compte de leurs opérations au directeur.

3° *Mobilier de la marine.* — Instr. 66, 645, 670, 811, 829, 991, 1065 et 1267.

4° *Animaux en fourrière.* Les animaux et tous objets périssables, pour quelque cause qu'ils aient été saisis, ne pourront rester en fourrière ou sous le séquestre plus de huit jours. Après ce délai, la mainlevée provisoire pourra être accordée. S'ils ne doivent ou ne peuvent être restitués, ils seront mis en vente, et les frais de fourrière seront prélevés sur le produit de la vente, de préférence à tous autres. Cette vente, ordonnée par le juge de paix ou d'instruction qui aura prescrit la mainlevée, sera faite à l'enchère, au marché le plus voisin, et à la diligence de l'administration des domaines. (Inst. 531.)

5° *Mobilier des départements.* Le mode de procéder est le même que pour celui de l'état, sauf cependant la clause spéciale à insérer dans le cahier des charges, que chaque acquéreur se libérera à la caisse du receveur des finances, qui est chargé de suivre le recouvrement du prix, et acquittera les frais. A cet effet, le receveur des domaines qui aura dirigé la vente lui remettra immédiatement le procès-verbal. (Inst. 1155.)

Toutefois une décision du ministre des finances du 30 octobre 1835, insérée dans l'instruction n. 1499, porte :

« Art. 1er. Le produit de la vente des vieux papiers, registres, etc., déposés par les agents des finances dans les archives des préfectures et sous-préfectures, appartiendra à l'état. Il en sera de même pour les papiers hors de service dont l'origine serait antérieure à la division de la France en départements.

» Art. 2. Le produit de la vente de tous les papiers inutiles non compris dans l'article ci-dessus appartiendra aux départements, et sera versé à la caisse du receveur général des finances sous le titre de *Ressources éventuelles.*

» Art. 3. Les ventes qui auraient été faites antérieurement à la présente décision, soit au profit des départements, soit au profit de l'état, contrairement à la distinction ci-dessus, ne donnent réciproquement lieu à aucune répétition. »

6° *Ponts et chaussées.* — V. Inst. 1120 et 1225.

7° Les objets provenant d'épaves, déshérences, etc., qui tous soit considérés comme mobilier de l'état. (Inst. 493.)

Indépendamment des produits ci-dessus, les préposés des domaines sont chargés de procéder à la vente des divers objets provenant :

1° *Des bergeries royales :* ainsi, la vente des béliers et brebis, celle des laines, des produits ruraux et des produits consommés en nature, enfin des objets mobiliers hors de service ;

2° *Des écoles des arts et métiers :* ainsi, produits des ateliers et objets mobiliers hors de service ;

3° *Des écoles vétérinaires :* produits des troupeaux d'expérience, de la vente des fumiers, des objets mobiliers hors de service ;

4° *Des établissements thermaux :* prix de vente des objets mobiliers hors de service ;

5° *Des haras et dépôts d'étalons :* vente de chevaux, de fumiers, d'objets hors de service.

Les règles relatives à ces divers établissements ont été tracées par décision ministérielle du 28 novembre 1837. (Inst. du 6 août 1838, n. 1567.)

§ 4. — *Recouvrements et mode de poursuites.*

Ainsi qu'il a été dit à la première partie, page 125, les contraintes pour recouvrement de droits et revenus domaniaux doivent être décernées par le directeur, visées et déclarées exécutoires par le président du tribunal de première instance de la situation des biens. (Loi du 12 septembre 1791 ; Circ. 157 ; Inst. 151.)

L'opposition à la contrainte ne peut être portée que devant ce même tribunal de la situation des biens, et les actions suivent les formes prescrites par les lois sur l'enregistrement, à la seule différence qu'elles subissent deux degrés de juridiction : ainsi l'instruction se fera par simples mémoires respectivement signifiés, sans plaidoiries. Les parties ne seront pas obligés d'employer le ministère des avoués. (Inst. 606-1029.)

Quant aux instances relatives aux propriétés domaniales, la marche à suivre a été déterminée par l'arrêté du ministre des finances du 3 juillet 1834, inséré dans l'instruction générale n. 1459, et dont voici les principales dispositions :

« Conformément aux dispositions des lois des 5 novembre 1790 et 25 mars 1791, les actions en justice sur des questions de propriété qui intéressent le domaine de l'état sont exercées, soit en demande, soit en défense, par les préfets, qui sous ce rapport ont remplacé les procureurs généraux syndics des départements.

» En ce qui concerne les actions à intenter au nom de l'état, il a été prescrit aux directeurs des domaines, par l'instruction n. 1101, de remettre préalablement aux préfets un mémoire énonciatif de la demande, avec les pièces à l'appui. L'art. 1er de l'arrêté réglementaire, en confirmant cette disposition, ajoute qu'une copie de ce mémoire sera adressée par le préfet aux parties intéressées, avec invitation de faire connaître leur réponse dans le délai d'un mois.

» Avant de remettre au préfet le mémoire dont il s'agit, le directeur devra le communiquer avec les pièces à l'administration.

» Ce mémoire, approuvé ou modifié par l'administration, sera adressé en double copie au préfet, qui communiquera une des copies aux parties intéressées.

» Il importe de remarquer que ni la remise du mémoire au préfet, ni sa communication aux parties, ni même la réponse de celles-ci, ne peuvent avoir pour effet d'interrompre la prescription dans l'intérêt de l'état. Ainsi, dans le cas où la prochaine expiration du délai de prescription ne permettrait pas d'attendre, pour l'introduction de l'instance, l'accomplissement de toutes ces formalités, il serait nécessaire de faire notifier aux parties un exploit d'ajournement. Toutefois le directeur devra se concerter préalablement, pour cette notification, avec le préfet à la requête duquel elle serait faite.

» A l'égard des actions que des particuliers, des communes, ou des établissements publics, auraient à exercer contre le domaine de l'état, l'art. 2 du règlement rappelle la disposition de l'art. 15, tit. 3, de la loi du 5 novembre 1790, d'après laquelle ils sont tenus de remettre préalablement au secrétariat de la préfecture un mémoire contenant l'exposé de leur demande et appuyé de pièces justificatives. Ce mémoire doit être immédiatement communiqué au directeur des domaines, pour qu'il fournisse ses observations et les renseignements qu'il possède sur l'affaire.

» Les directeurs se concerteront avec MM. les préfets pour la stricte exécution de l'art. 3 de l'arrêté, portant que le préfet statuera par forme d'avis sur le mémoire remis soit par le directeur des domaines, soit par les parties intéressées, un mois après les communications prescrites aux deux articles précédents. Cette disposition est conforme à l'art. 15, titre 3, de la loi du 5 novembre 1790.

Les art. 4 à 11 de l'arrêté réglementaire sont relatifs à la remise de l'avis du préfet au directeur des domaines et à sa transmission à l'administration, à l'introduction des instances, à la rédaction des mémoires, aux communications entre le préfet et le directeur auxquelles elle doit donner lieu, aux significations à faire à partie, et à la correspondance avec le ministère public pour régulariser et accélérer l'instruction des instances. Cette correspondance aura lieu directement entre le directeur des domaines et le procureur du roi.

L'art. 12 autorise le préfet, dans le cas qu'il détermine, à choisir, sur la proposition du directeur des domaines, un avocat et un avoué pour représenter à l'audience le domaine de l'état. Avant de faire au préfet une proposition de cette nature, le directeur des domaines devra la soumettre à l'administration et attendre son autorisation.

» La marche à suivre à l'égard des jugements conformes ou contraires aux conclusions prises au nom de l'état est réglée par les art. 13 et 14. Dans le premiers cas, le directeur informera l'administration du jugement, en même temps qu'il prendra des mesures pour son exécution. Dans le second cas, il joindra au rapport contenant ses observations et son avis, et qu'il doit adresser immédiatement au préfet, une copie entière et certifiée du jugement.

» Dans le cas d'appel, soit de la part de l'adversaire du domaine, soit au nom de l'état, l'art. 15 de l'arrêté ministériel statue qu'il sera procédé de la même manière qu'en première instance pour tout ce qui se rapporte à l'instruction et à la suite de la contestation.

» L'art. 16 prévoit spécialement le cas où le siège de la cour royale est dans un autre département que celui où l'action a été primitivement intentée. L'affaire sera dans ce cas suivie par l'intermédiaire du directeur des domaines résidant près de cette cour. Il agira de concert avec le directeur du département dans lequel l'instance aura été engagée.

» Lorsque l'arrêt aura été rendu, le directeur des domaines placé près de la cour devra non seulement en donner connaissance au directeur du département où l'affaire aura été jugée en première instance, ainsi que le porte l'art. 17, mais encore lui en envoyer une copie entière et certifiée.

» Le même article dispose que, si l'adversaire de l'état se pourvoit en cassation, le directeur des domaines enverra l'arrêt et les pièces à l'administration, qui fera défendre au pourvoi. Toutefois cet envoi n'aura lieu que sur la demande expresse de l'administration. Il serait sans objet si le pourvoi de l'adversaire de l'état n'était point admis, et il ne peut être utile qu'après l'arrêt d'admission rendu par la chambre des requêtes. (Voir au surplus l'Instr. 1537, page 60.)

» Les art. 18 et 19 du règlement tracent la marche à observer lorsqu'il y aura lieu dans l'intérêt de l'état de se pourvoir en cassation, soit par les voies de la tierce opposition ou de la requête civile.

» L'art. 20 prescrit le concours des agents de l'administration des forêts ou des autres services publics pour la défense des droits de l'état dans les causes concernant des propriétés régies par cette administration ou occupées par quelqu'un de ces services. Il importe d'observer que les titres, plans et documents dont ce même article prescrit la remise au préfet par les agents des forêts et des autres services publics, devront être communiqués au directeur des domaines, non pas seulement pour s'en aider dans la discussion devant les tribunaux, mais d'abord et principalement pour le mettre à même de rédiger le mémoire dont la remise au préfet est ordonnée par l'art. 1er, préalablement à l'action en justice. Ce mémoire, en effet, doit, dans tous les cas, et pour toutes les propiétés appartenant à l'état, être rédigé et présenté par le directeur des domaines. En ce qui concerne les biens régis par les préposés du domaine, le directeur agit de son chef; pour les autres propriétés de l'état, au contraire, les atteintes et usurpations dont elles sont l'objet ne pouvant être connues que des agents des forêts ou des chefs des services publics auxquels elles sont affectées, ce n'est que sur la communication de l'avis qu'ils en donnent au préfet, et des titres, plans et documents nécessaires, que le directeur des domaines peut s'occuper de la rédaction du mémoire dont la remise doit précéder l'introduction de l'instance.

» L'art. 15, titre 3, de la loi du 5 novembre 1790, a prescrit de tenir aux secrétariats de préfecture un registre spécial, pour y faire mention de la remise du mémoire adressé à l'autorité administrative par les particuliers, communes ou établissements publics qui ont à intenter une action contre le domaine de l'état. L'art. 21 de l'arrêté du 3 juillet dernier rappelle cette disposition, et exige en outre que le registre dont il s'agit constate la présentation du mémoire du directeur des domaines dans les cas prévus par l'art. 1er du règlement; qu'il indique la suite donnée à chaque affaire, les actes et communications dont elle aura été l'objet depuis son origine jusqu'à son terme. »

Il conviendra de consulter également les instructions 817, 861, 1284 et 1427. Cette dernière instruction n. 1427 renferme la prescription essentielle aux receveurs de l'enregistrement d'adresser aux directeurs copie du dispositif de tous les jugements et arrêts en matière de domaines, et avis de toutes les significations faites au préfet, comme représentant le domaine de l'état, dans les vingt-quatre heures de leur enregistrement.

Une ordonnance royale du 6 mai 1838 (instruction générale du 24 du même mois, n. 1559) a reproduit les obligations des domaines pour la défense des droits de l'état.

Aux termes de cette ordonnance, l'instruction de toutes les actions concernant la propriété des domaines de l'état affectés ou non affectés à des services publics sera préparée et suivie, jusqu'à l'entière exécution des jugements et arrêts, par les directeurs des domaines dans les départements, de concert avec les préfets, sous la surveillance du ministre des finances. Les chefs des différents services ministériels dans les départements seront appelés à concourir, chacun en ce qui concerne son service, à la défense des droits de l'état, en remettant au préfet, pour être communiqués au directeur des domaines, tous les titres, plans et documents qu'ils pourront avoir par devers eux; ils y joindront leurs observations et leurs avis.

Les dispositions ci-dessus ne sont pas applicables aux domaines militaires, dont la conservation est confiée spécialement au ministre de la guerre pa   a loi du 10 juillet 1791.

§ 5. — *Affectations et droits d'usage dans les forêts de l'état.*

N° 1. — Définition.
N° 2. — Origine.
N° 3. — Législation.
N° 4. — Principes généraux.

N° 1. — *Définition.*

Le *droit d'usage* personnel consiste dans la faculté qui est acquise à quelqu'un, indépendamment de la possession d'aucun héritage, de se servir de la chose d'autrui, à la charge d'en conserver la substance, ou, en d'autres termes, de prendre sur les fruits d'un fonds appartenant à un autre ce qui est nécessaire à ses besoins et à ceux de sa famille.

La nature de ce droit a beaucoup de rapport avec l'usufruit; mais il en diffère en ce que l'usufruitier a droit à la totalité des fruits, tandis que l'usager *ne peut en exiger que pour ses besoins et ceux de sa famille*, sans pouvoir vendre le surplus à son profit.

De là on a conclu que le droit d'usage est *indivisible*, parce qu'en effet la mesure de la nécessité n'est déterminée que par un seul point. (Voir Proudhon, *Traité de l'usufruit,* n° 2739.)

On distingue les grands et les petits usages.

Les *grands usages* sont : l'*affouage*, qui consiste dans le droit de prendre le bois nécessaire au chauffage ; le *marronnage*, qui est le droit de se faire délivrer des arbres pour les réparations et les constructions des bâtiments, outils, etc.; le *pâturage* et la *glandée*, qui comprennent les droits de panage, paisson, etc.

Les *petits usages* consistent seulement dans le droit d'enlever les branches sèches et bois mort, et les morts-bois.

On entend par *bois mort* celui qui est mort et sec en cime et en racine, soit sur pied, soit gisant et rampant.

On entend au contraire par *mort-bois* certains arbres ne produisant fruit : ainsi, saulx, marsaulx, épine, puisne, seur, aune, genêt, genièvre, ronce, et *non autre*, dit la *charte normande* donnée en 1515. (Voir Beaudrillart.)

On entend par *affectation* la faculté accordée à un établissement d'industrie de prendre, à un prix modique et pendant un certain temps, les bois nécessaires à l'alimentation de cet établissement.

N° 2. — *Origine.*

Presque tous les titres tant anciens que modernes, dit Salvaing dans son traité *De l'usage des fiefs,* ch. 96, p. 470, nous apprennent que la plupart des seigneurs, pour rendre leurs terres habitées, ayant distribué à des particuliers certaines portions de fonds à cultiver, ont été contraints, *pour se les conserver,* de leur accorder des droits d'usage dans leurs forêts, comme des *facultés accessoires* à leur habitation, et sans lesquelles ils auraient été nécessités à déguerpir les fonds et à chercher un établissement ailleurs.

Cette opinion est aussi celle du président Bouhier.

« En effet, dit-il dans ses *Observations sur la coutume de Bourgogne,* chap. 62, n° 30, on ne saurait douter que cette considération de l'habitation n'ait donné lieu à ce droit d'usage : car les seigneurs, ayant le plus grand intérêt de peupler leur seigneurie, n'ont point trouvé de meilleur moyen, comme d'autres l'ont observé, pour y attirer beaucoup de sujets, et surtout des laboureurs, que de leur procurer des pâturages dans leurs bois et autres lieux, avec toutes les commodités que peuvent fournir les droits d'usage, comme une douceur sans laquelle ils seraient obligés d'aller s'établir ailleurs. ».

Enfin Henrion de Pansey s'exprime ainsi dans ses *Dissertations féodales,* v° *Communauté,* t. 1, p. 440, col. 2 :

« L'origine des droits d'usage se présente très naturellement. Les seigneurs avaient de grands domaines, des bois considérables, peu d'habitants, et le désir d'en augmenter le nombre. Pour y parvenir, le moyen le plus efficace était d'améliorer la condition de leurs sujets en favorisant l'agriculture. Pour cultiver il faut des bestiaux, il faut un bâtiment au cultivateur; mais les bestiaux exigent des pâturages, et comment bâtir sans la faculté de couper du bois dans les forêts ? Les seigneurs se trouvaient donc dans une espèce de nécessité de permettre à leurs habitants le pâturage sur les terres de leurs domaines, et même l'usage de leurs bois; et *c'est ainsi que la plupart ont fait.* »

N° 3. — *Législation.*

L'art. 636 du Code civil porte :

« L'usage des bois et forêts est réglé par des lois particulières. »

Jusqu'à la promulgation du Code forestier, les droits d'usage ont été régis par l'ordonnance de Louis XIV sur les eaux et forêts, en date du mois d'août 1669, titres 19 et 20.

Le code forestier a été sanctionné le 21 mai 1827.

MM. les surnuméraires devront étudier avec soin la section 7, *Des affectations à titres particuliers dans les bois de l'état,* art. 58, 59 et

60 ; la section 8, *Des droits d'usage dans les bois de l'état,* art. 61 et suivants.

Dans l'intervalle de 1669 à 1827 il a été rendu un grand nombre de lois en matière forestière ; voici l'indication de celles concernant plus particulièrement les droits d'usage :

27 mars 1791. — Loi relative aux droits de chauffage, pâturage et usages qui s'exerçaient dans les bois nationaux, et qui déclare nulles les ventes de ces droits.

28 août 1792. — Loi qui autorise les communes à se pourvoir, dans l'espace de cinq ans, par devant les tribunaux, à l'effet de faire annuler les triages, partages, etc., faits à leur préjudice en vertu de jugements et transactions.

10 juin 1793. — Loi qui soumet à l'arbitrage forcé la connaissance des contestations relatives à la révision permise par la loi du 28 août 1792.

12 fructidor an 2. — Décret qui permet à tous les particuliers d'aller ramasser les glands, faînes, etc., dans les bois et forêts appartenant à l'état.

5 vendémiaire an 6. — Arrêté du gouvernement relatif au pâturage des bestiaux dans les forêts de l'état.

19 frimaire an 10. — Arrêté sur le mode de partage des bois communs d'affouage.

28 ventôse an 11. — Loi relative aux droits de pâturage, pacage, etc., dans les forêts de l'état. — La même loi accorde un délai de six mois aux usagers pour produire leurs titres.

14 ventôse an 12. — Loi qui proroge de six mois le délai accordé par la loi du 28 ventôse an 11.

17 nivôse an 13. — Décret relatif au mode de jouissance des droits de pâturage et de parcours dans les bois de l'état, des communes et des particuliers.

Nº 4. — *Principes généraux.*

La surveillance du mode de jouissance des droits d'usage, les délivrances d'affectations, en un mot tout ce qui concerne l'administration et l'exploitation des bois et forêts de l'état, rentre dans les attributions exclusives de l'administration forestière ; l'administration des domaines n'est appelée à émettre son avis que sur les demandes de reconnaissances des droits formées par les usagers, et sur les propositions de cantonnement.

Les droits d'usage des communes et des particuliers, soit qu'ils consistent dans la faculté de prendre dans une forêt le bois nécessaire aux besoins des habitants, soit qu'ils aient pour objet le pâturage des bestiaux, se rangent naturellement dans la classe des *servitudes discontinues.*

Or, aux termes de l'art. 691 C. civ., les servitudes discontinues ne peuvent s'établir que *par titres*; la possession, même immémoriale, ne suffit pas.

Mais le même article ajoute aussitôt : « sans cependant qu'on puisse attaquer aujourd'hui les servitudes de cette nature déjà acquises par la possession dans les pays où elles pouvaient s'acquérir de cette manière ».

Ainsi, pour savoir si les communes et les particuliers qui, au moment où a été promulgué le Code civil, possédaient des droits d'usage non fondés en titre, doivent y être maintenus, il faut se reporter à la jurisprudence qui régissait en cette matière les différentes parties du territoire français.

Les bois de l'état sont de deux sortes : les uns font partie du domaine public qui existait à l'époque de la publication de l'ordonnance de 1669; les autres n'ont été réunis au domaine public que postérieurement à cette époque.

Dans les premiers, les communes et les particuliers ne peuvent réclamer aucun droit d'usage, *s'ils n'ont été compris dans les états arrêtés au conseil*, en exécution des art. 4, tit. 18; art. 1, tit. 19, et art. 5, tit. 30, de l'ordonnance de 1669.

Dans les seconds, ils sont également déchus de tout droit d'usage si, dans le délai fixé par les lois du 28 vent. an 11 et 14 vent. an 12, ils n'ont pas représenté leurs titres ou actes possessoires. (Voir Merlin, v° *Usage*, § 4.)

Les droits d'usage anciennement concédés à une commune ne peuvent être exercés que par ceux de ses habitants dont les maisons existent depuis un espace de temps assez reculé pour que la construction en soit censée remonter à l'époque de la concession de ces droits. Cet espace de temps doit être fixé à 40 années.

Le motif en est, dit Merlin, que c'est improprement que l'on donne aux habitants qui jouissent de pareils droits la dénomination d'*usagers:* ce sont plutôt leurs maisons qui doivent être qualifiées d'*usagères*, et c'est ainsi, en effet, que les qualifiaient expressément les art. 5 et 14 du tit. 19 de l'ordonnance de 1669.

Toutefois, il faut consulter le titre de concession : car la concession a pu être faite de manière à comprendre formellement *toutes* les maisons qui seraient bâties à l'avenir, comme celles qui existaient à cette époque.

Si les usagers dans les forêts de l'état ne peuvent point, quoiqu'ils puissent être fondés en titre, avoir exercé régulièrement leurs droits pendant 30 ans, la prescription peut leur être opposée.

La preuve de l'existence d'un droit d'usage dans une forêt ne peut résulter de la longue possession que celui qui le réclame aurait eue de ce droit que dans le cas où la possession *aurait été conforme aux lois et aux règles de la matière.*

Le droit d'usage est incontestablement un droit réel, un droit qui entame la propriété, et qui, par conséquent, fait partie de la propriété elle-même. Or les questions de propriété sont essentiellement du domaine des tribunaux : c'est donc aux tribunaux seuls qu'il appartient de statuer définitivement sur la question de savoir si tel droit d'usage existe légalement, s'il doit être maintenu ou non.

Les lois des 28 vent. an 11 et 14 vent. an 12 avaient accordé aux communes et aux particuliers qui se prétendaient fondés, par titre ou possession, en droit d'usage dans les forêts de l'état, des délais pour produire leurs titres. A défaut de production dans ces délais, les prétendants aux droits d'usage étaient déclarés déchus de tout droit.

L'art. 61 du Code forestier (V. le texte) a relevé implicitement de la déchéance prononcée par les lois ci-dessus les usagers *qui étaient en jouissance à l'époque de la promulgation de ce Code,* quoiqu'ils ne fussent pas munis d'un acte du gouvernement récognitif de leurs titres et de leurs droits. Il leur est accordé par cet article un délai de deux ans pour intenter, devant les tribunaux, des instances tendant à faire reconnaître leurs droits.

Ces instances devront être instruites ainsi qu'il a été dit au § 4 ci-dessus, et d'après les règles tracées par les instructions 982, 1101, 1251 et 1459.

Pour déterminer l'exécution de l'art. 61 du Code forestier, le ministre des finances a invité les préfets à faire connaître aux maires des communes et aux administrateurs des établissements publics de leur département qui sont en possession de droits d'usage qu'ils aient à se pourvoir devant les tribunaux dans le délai de deux ans, en se conformant d'ailleurs à la loi du 5 novembre 1790, qui les oblige à remettre préalablement un mémoire explicatif de leurs demandes, et qu'à défaut de se pourvoir dans les termes prescrits, ils auraient encouru la déchéance. (Circ. du min. du 7 mars 1828.)

Lorsqu'en exécution de la loi du 28 vent. an 11, des usagers ont produit leurs titres et fait reconnaître leurs droits par des arrêtés de conseils de préfecture, contradictoirement avec l'administration forestière, ils ne sont plus dans le cas de se pourvoir devant les tribunaux, selon que le prescrit l'art. 61 du C. for., si ces arrêtés ont reçu l'approbation du ministère des finances, parce qu'alors on doit les considérer comme des actes du gouvernement qui ont un effet définitif.

Mais, les arrêtés non revêtus d'approbation n'ayant que le caractère de *simple avis*, les usagers porteurs de ces arrêtés doivent être censés en instance administrative, et peuvent se borner à soumettre ces arrêtés à l'approbation du ministre, sauf, en cas de refus d'approbation, à se pourvoir devant les tribunaux. (Décis. du min. des fin. 12 oct. 1828; Instr. 1265, § 3.)

Voir, pour les difficultés d'interprétation et d'application de cette décision, l'instr. 1294.

Voir aussi les instructions 982 et 1039.

Voir encore ci-dessus le texte de la loi sur les forêts, n. 61 et suivants.

Les *affectations* sont régies par la législation sous laquelle elles ont été concédées. Si elles n'ont pas été concédées dans le principe par le souverain, mais par des propriétaires de forêts dont les bois soient devenus domaniaux, elles sont *irrévocables*.

Si elles ont eu lieu dans des pays réunis, antérieurement à la réunion, il faut, sur la question de révocabilité, consulter la législation domaniale de ces pays; souvent même il faudra examiner si le prince a fait la concession comme souverain du pays où est située l'usine, ou s'il tenait le pays en mouvance (1) d'un autre souverain.

Si elles ont eu lieu depuis la réunion, il faut examiner s'il s'est élevé des contestations sur leur validité qui aient été décidées par des arrêts du conseil ou de cours souveraines, et qui aient acquis l'autorité de chose jugée. A défaut de ces moyens exceptionnels, consulter, dans chaque espèce, l'esprit des actes qui ont établi les affectations.

Voir au surplus au texte du Code forestier, art. 58 et suivants; voir aussi Circulaires 1741, 1789, et Circulaire du 17 novembre 1828.

§ 6.—*Successions dévolues à l'état en qualité de successeur irrégulier.*

On entend par *succession en déshérence* celle qui est acquise à l'état lorsque le défunt ne laisse ni parents au degré successible, ni enfants naturels, ni conjoints survivants, non divorcés. (Art. 767 et 768 Code civ.)

La succession est réputée *vacante* lorsque, après l'expiration des délais pour faire inventaire (trois mois, suivant l'art. 795) et pour délibérer (quarante jours après), *il ne se présente personne pour réclamer la succession, qu'il n'y a pas d'héritiers connus, ou que les héritiers connus y ont renoncé.* (Art. 811.)

Il faut donc, pour qu'une succession soit réellement *vacante*, la réunion de ces deux circonstances : l'une, qu'il n'y ait pas d'héritiers connus, ou que ceux connus y aient renoncé; l'autre, qu'aucun des successeurs irréguliers que la loi appelle à cette succession ne se présente pour revendiquer l'hérédité. (Instr. 1118.)

La régie des successions *vacantes* n'appartient point au domaine. Le tribunal désigne un curateur qui fait procéder à la levée des scellés, à l'inventaire et à la vente des meubles.

Toutefois, par mesure d'ordre public, le ministre des finances a dé-

(1) Dépendance d'un fief.

cidé, le 20 octobre et le 6 novembre 1826 (instr. 1203, § 1), que les receveurs des domaines des chefs-lieux d'arrondissement poursuivront contre les curateurs aux successions vacantes le recouvrement des deniers provenant de ces successions, après l'acquittement des premiers frais; que le produit de ce recouvrement sera versé intégralement entre les mains du receveur particulier des finances, confusément avec les recettes pour le compte du trésor; mais qu'ils adresseront chaque mois au directeur un état présentant, article par article, les recouvrements opérés sur le produit des successions vacantes; et le montant de ces recettes devra, d'après l'ordre du directeur, être versé par le receveur des domaines du chef-lieu à la caisse du receveur général des finances, comme agent de la caisse des dépôts et consignations, et ce comptable lui délivrera, en cette qualité, un récépissé spécial.

Les receveurs des domaines devront donc exiger des curateurs aux successions vacantes le compte provisoire de leur gestion toutes les fois qu'ils auront des motifs pour penser que les curateurs restent détenteurs de deniers provenant des successions, après l'acquittement des *premiers frais*, et ils en poursuivront ensuite, s'il est nécessaire, le recouvrement par voie de contrainte, ainsi qu'il est prescrit par l'instr. 1235.

Toutefois il conviendra de prévenir les curateurs que le compte *provisoire* n'a d'autre effet que d'établir leur situation vis-à-vis la caisse des consignations, comme dépositaire légal du produit des successions vacantes, et ne les affranchit d'aucune des obligations attachées à la qualité d'administrateur des biens de la succession vacante. (Inst. 1290.)

Voir les Inst. 219, 300, 467, 1118, 1203, 1235 et 1290.

Succession en déshérence.—Antérieurement à 1789, on appelait *déshérence* le droit qui appartenait au roi ou au seigneur haut justicier de prendre, chacun dans sa haute justice, les biens délaissés par un régnicole français né en légitime mariage, et décédé sans héritiers connus habiles à lui succéder.

Ce droit paraît avoir été introduit parmi nous d'après ce qu'on pratiquait à Rome, où l'on vendait à l'encan les successions vacantes pour en déposer le prix dans le trésor public.

Il ne sera point dépourvu d'intérêt de consulter Merlin, v° *Déshérence*, pour connaître l'ancienne jurisprudence à ce sujet.

Dans l'état actuel de la législation, les droits de l'état à une succession sont ouverts, à titre de déshérence, toutes les fois qu'il n'y a pas d'héritiers connus, ou que les héritiers connus ont renoncé, que les enfants naturels ou époux survivant n'ont pas réclamé. (Art. 539, 767, 768, C. civ.)

On avait pensé d'abord que, quand l'état était appelé à une succes-

20

sion par droit de *déshérence*, il ne pouvait y renoncer, ni s'abstenir de la recueillir; mais une décision du ministre des finances du 31 août 1832, insérée dans l'instruction 1407, a décidé :

1° Qu'il n'y a pas lieu, par les préfets, de prendre des arrêtés pour déclarer qu'une succession est acquise à l'état, suivant les art. 539, 723 et 768, du C. civ., et qu'elle est appréhendée par lui à titre de déshérence ;

2° Que dans les cas prévus le domaine examinera s'il est dans l'intérêt du trésor de recueillir la succession ou de s'en abstenir ;

3° Que, s'il reconnaît qu'il y a lieu d'accepter la succession, il sera procédé, à la diligence de ses agents, et avec le concours des officiers ministériels dont ils auront fait choix, à l'exécution des formalités prescrites par les art. 769 et 770 du Code civil.

A cet effet le directeur présente au tribunal civil dans le ressort duquel la succession est ouverte un mémoire dans lequel il conclut 1° à être autorisé à faire apposer des affiches dans le ressort du tribunal, à trois mois d'intervalle les unes des autres; 2° à faire rédiger inventaire et tous autres actes qu'il désignera et qui seront nécessaires pour la conservation et la régie des biens; 3° à ce qu'il soit statué de suite sur ces deux propositions, et qu'expédition du jugement à intervenir soit adressée au ministre des finances, pour en ordonner l'insertion dans le *Moniteur ;* 4° enfin, à ce que l'envoi en possession soit prononcé un an après le premier jugement. (Inst. 300, 1118.)

Après l'envoi en possession, s'il y a lieu, le directeur prescrira au receveur 1° de faire lever les scellés et procéder à l'inventaire; 2° de faire verser à sa caisse tout le numéraire qui sera trouvé dans la succession; 3° de faire procéder publiquement, et par la voie des enchères, à la vente des effets mobiliers suivant le mode prescrit; 4° de poursuivre le recouvrement des créances actives; 5° de régir les immeubles dans la même forme que les domaines nationaux; 6° enfin de défendre et soutenir les droits de la succession dans tous les procès intentés et à intenter. (Inst. 219, 300 et 517.)

Après l'inventaire, le domaine a la faculté de renoncer à la succession, d'après les termes de l'art. 775 du Code civil : *Nul n'est tenu d'accepter la succession qui lui est échue.*

Il est à observer, à l'égard des immeubles qui pourraient provenir des successions recueillies par l'état, et *dont la propriété ne lui est définitivement acquise qu'après la prescription de trente ans*, que c'est par le préfet ou ses délégués qu'il doit être procédé à la location de ces immeubles, sur la réquisition des employés des domaines ; c'est aussi devant le préfet que devront être dressés les divers actes concernant l'administration des successions vacantes, toutes les fois qu'il sera nécessaire de faire constater par des écrits ayant un caractère public et authentique les faits ou circonstances relatifs à cette administration. (Inst. 1407.)

Les héritiers peuvent, dans les trente ans du décès, réclamer la restitution des biens de la succession. (Loi du 24 juillet 1793. — C. civ. art. 2262.)

Il est de principe que, quand une succession qui a été dévolue par jugement au domaine, à titre de déshérence, est réclamée ensuite par des tiers, ceux-ci doivent se pourvoir devant les tribunaux pour faire juger leur qualité et statuer sur leurs droits ; que l'administration, contre laquelle cette demande doit être formée, ne peut s'en constituer juge en prononçant sur le mérite de la filiation et des degrés de parenté, et qu'une pareille demande n'est autre chose qu'une pétition d'hérédité, dont les tribunaux ont seuls le droit de connaître.

Mais comme, d'après la règle établie par la loi du 5 novembre 1790 (art. 15, titre 3), on doit préalablement présenter la demande à l'administration, avec les titres et pièces justificatives, et que c'est à elle à défendre sur cette demande, le préfet peut, sur l'avis du directeur des domaines, et dans le cas où il n'existerait aucune difficulté, aucune matière, et que les prétendants à la succession n'auraient qu'un intérêt commun, consentir la délivrance de l'hérédité ; mais s'il se présentait d'autres héritiers, la décision du préfet ne saurait leur être opposée, et l'affaire devrait être portée devant les tribunaux.

Une décision ministérielle du 13 août 1832, rapportée dans l'instr. 1407, a réglé les formes à suivre dans ces diverses circonstances.

Aux termes des art. 7 et 8 de cette décision, le préfet statuera, sur le rapport du directeur des domaines, et sauf l'approbation du ministre des finances, sur les demandes d'héritiers qui revendiqueraient une succession que l'administration des domaines se trouverait régir, soit en vertu d'un jugement qui lui en aurait donné l'autorisation provisoire, soit en conséquence du jugement d'envoi en possession, quand les héritiers seront tous réunis pour former cette revendication, et qu'ils seront d'accord entre eux ; hors ce cas, ils seront renvoyés à se pourvoir devant les tribunaux.

Voir les instr. 219 ; 300, n° 1 ; 467 ; 713, § 3 ; 1118 ; 1203, § 1 ; 1235, 1290, 1312, 1407 et 1444.

§ 7. — *Epaves.*

On entend par *épave* tout ce qui est trouvé sans maître sur le sol d'un terrain quelconque et sur la surface des eaux ; en d'autres termes, c'est le droit de confiscation des objets mobiliers abandonnés et non réclamés par personne.

Antérieurement à 1789, on distinguait les trésors consistant en or et en argent, qui devaient échoir au roi seul ; mais les épaves devaient advenir aux seigneurs hauts justiciers.

Il en était de même des adjudications des biens des condamnés : elles étaient faites soit au profit du roi, soit aux seigneurs des fiefs ou aux seigneurs hauts justiciers. Mais les biens résultant de cette échoite n'étaient réunis au domaine de l'état qu'après une administration confuse de dix années avec les autres biens ou droits domaniaux ; avant la réunion le roi pouvait en disposer comme d'un domaine privé. Ceux adjugés aux ci-devant seigneurs se réunissaient de plein droit au fief auquel était attachée la haute justice, ou plutôt à la haute justice elle-même ; d'où il suit que les aliénataires des droits de justice du domaine possédaient ces domaines à eux advenus par confiscation au même titre que la justice elle-même.

Il existait une jurisprudence particulière sur le sort de ces épaves.

Dans l'état actuel de la législation, tout objet mobilier resté sans maître est une épave : les biens vacants sont attribués au fisc, et tombent dans le domaine de l'état. (Loi du 1er décembre 1790 ; art. 539 et 713 Code civil.)

Celui qui a trouvé l'épave est tenu d'en faire la déclaration au maire de la commune ; le défaut de déclaration par le détenteur de l'épave le fait réputer coupable de mauvaise intention, et il est passible d'une amende envers le domaine, et même de dommages-intérêts envers le maître, si ce maître vient à se faire connaître.

Dans le cas où l'épave ne serait pas réclamée sur-le-champ, la propriété n'en est acquise au domaine qu'à la suite de plusieurs affiches et proclamations, à l'effet de mettre le propriétaire à portée de réclamer.

Sont considérées comme *épaves* les bêtes égarées et dont on ne connaît pas le propriétaire, telles que vaches, chevaux ou tous autres animaux errant sans conducteur ;

Les effets et objets mobiliers confiés aux entrepreneurs de roulage ou de messageries par terre ou par eau, lorsqu'ils ne seront pas réclamés dans le délai de six mois à dater du jour de l'arrivée au lieu de leur destination. (Décret du 13 août 1810 ; instr. 493.)

La même instr. 493 détermine les formalités préalables aux ventes des divers objets advenus au domaine à titre d'épave ; elle trace aux employés la marche à suivre pour l'insertion au journal, le paiement des frais, les vérifications à faire des registres des entrepreneurs de roulages et messageries.

§ 8.—*Séquestre et administration des biens des contumax.*

On entend par *contumax* celui qui, traduit au criminel, est en fuite, ou ne se présente pas.

Lorsque après un arrêt de mise en accusation l'accusé n'a pu être saisi ou ne se présente pas dans les dix jours de la notification qui en a été faite à son domicile, il est rendu une ordonnance portant que l'accusé sera tenu de se présenter, sinon que ses biens seront séquestrés pendant l'instruction de la contumace. (Code instr. crim., art. 465.)

Le procureur du roi adresse une expédition de cette ordonnance au directeur des domaines du domicile du contumax. (Art. 466.)

Si le contumax est condamné, ses biens sont, à partir de l'exécution de l'arrêt, considérés et régis comme biens d'absent, et le compte du séquestre est rendu à qui il appartient, après que la condamnation est devenue irrévocable par l'expiration du délai donné pour purger la contumace. (Art. 471.)

L'extrait du jugement de condamnation est envoyé, dans les trois jours de la prononciation, au directeur des domaines du domicile du contumax. (Art. 472.)

Aussitôt que le directeur a reçu l'ordonnance de mise de séquestre, il la transmet au receveur du domicile du contumax, et en envoie même copie à celui dans l'arrondissement duquel celui-ci a des biens.

Le receveur fait aussitôt notifier le séquestre aux fermiers et débiteurs, et fait les diligences nécessaires pour le recouvrement des sommes qui seraient exigibles, sauf à provoquer auprès de l'autorité administrative la location des biens et l'inventaire du mobilier appartenant au contumax.

Quant à l'opposition du séquestre, la première formalité à remplir est l'apposition des scellés, puis on procédera à l'inventaire du mobilier.

Les règles à suivre sont tracées aux officiers de l'ordre judiciaire par les lois des 27 septembre, 30 octobre et 25 novembre 1792.

Voir la circulaire n. 495.

Les comestibles, les provisions diverses de consommation journalière, les animaux, seront vendus, immédiatement après l'ordonnance qui autorise le séquestre; mais, à l'égard de tout autre mobilier, on se bornera à prendre les précautions nécessaires pour en rendre la conservation moins dispendieuse. Toutefois, si la modicité du mobilier ne devait pas suffire à une année de frais de garde, la vente pourrait en être ordonnée dans la forme prescrite par l'arrêté du 23 nivôse an 6 (Circ. 1220) pour les ventes du mobilier de l'état. (Voy. ci-dessus, § 3.)

Si les immeubles sont affermés, les baux doivent être entretenus, et il ne s'agit que de faire signifier aux fermiers une sommation libellée, portant défense de payer à tous autres qu'au receveur des domaines, à peine de payer deux fois, et d'exiger d'eux une déclaration de ce qu'ils peuvent devoir, à l'appui de laquelle ils rapporteront leur dernière quittance.

Si les biens ne sont pas affermés, il faut s'occuper sur-le-champ de les mettre en ferme. (Circ. 495. — Voy. ci-dessus, § 2.)

La perception des revenus se fait au bureau de la situation des biens (Circ. 756.)

La voie du séquestre n'a été ordonnée que par mesure d'ordre public, et pour que les biens des contumax soient régulièrement administrés jusqu'à l'époque de l'envoi en possession des héritiers, ou jusqu'à ce que la contumace ait été purgée : ainsi les fruits perçus pendant la durée du séquestre n'appartiennent point à l'état ; l'administration doit rendre compte du séquestre, mais elle ne peut y être contrainte avant l'expiration du délai de cinq ans fixé pour purger la contumace.

Les receveurs doivent entretenir avec soin les comptes ouverts relatifs au séquestre des biens des contumax, afin d'être en état de faire connaître, à toute réquisition, la situation du compte de chaque contumax. (Inst. 462.)

Les frais de justice criminelle *au remboursement desquels* le contumax *a été condamné* doivent être acquittés par la caisse du séquestre, lorsque les recettes ont été faites; et s'il n'y a pas eu de recette avant l'envoi en possession provisoire des héritiers, ou avant que la contumace ait été purgée, la répétition doit en être faite contre les héritiers ou contre les condamnés, selon le cas. (Inst. 292, 302 et 354.)

Les receveurs doivent acquitter les mandats des préfets délivrés pour secours aux pères et mères, femmes et enfants des contumax, mais seulement jusqu'à concurrence du produit net du séquestre, et lorsque ces mandats ont été approuvés par le ministre des finances. (Inst. 462.)

Les mandats sont remis aux directeurs, qui les comprennent dans leurs états de liquidation et d'ordonnancement. (Inst. 1065.)

L'approbation du ministre n'est pas nécessaire lorsque les sommes liquidées par les préfets n'excèdent pas 300 fr. (Inst. 1444.)

Voir au surplus, pour les difficultés qui peuvent s'élever, ainsi que pour les *contestations, dettes, droits des créanciers*, etc., les circ. 621, 693, 756, 1720, 1814 et 1997 ; les instr. 292, 302, 354, 462, 469, 1065 et 1444.

CHAPITRE VII.

OPÉRATIONS EN PRÉSENCE DES EXAMINATEURS.

— · —

§ 1. — Enregistrement d'actes et de jugements compliqués.
§ 2. — Déclaration d'une succession grevée de legs particuliers de sommes d'argent n'existant point en nature dans l'actif.
§ 3. — Rédaction d'un rapport sur une perception critiquée, ou d'un mémoire dans une instance relative à un droit contesté.

— · —

§ 1er. — *Enregistrement d'actes et de jugements compliqués.*

Arrivés à la fin de la troisième année de leur temps d'étude, les surnuméraires doivent avoir lu, analysé et enregistré un grand nombre d'actes et de jugements à dispositions diverses et compliquées ; il serait par conséquent superflu de reproduire ici des copies d'actes ou de jugements, qui, variant à l'infini, ne pourraient, pas plus que mille autres, leur servir de terme de comparaison ou de point de départ.

Cependant on ne saurait trop insister, alors surtout que le candidat est appelé à opérer devant les examinateurs, sur la nécessité de lire avec sang-froid et la plus grande attention l'acte ou le jugement proposés, de bien saisir l'intention réelle des contractants, s'il s'agit d'un acte, et des motifs et considérants du tribunal, s'il s'agit d'un jugement ; enfin, de bien se pénétrer des rapports qui existent dans les diverses parties de l'acte ou du jugement, afin de distinguer nettement les dispositions indépendantes les unes des autres, et celles qui par leur connexité ont une liaison telle, que les scinder pour leur appliquer un droit distinct serait en détruire l'ensemble. .

§ 2. — *Déclaration d'une succession grevée de legs particuliers d'argent n'existant point en nature dans l'actif.*

Aux termes de l'instruction générale du 26 août 1833, n. 1432, la première règle à suivre est que la déclaration des héritiers ou légataires universels doit comprendre l'universalité de la succession, et que les droits de mutation doivent être liquidés sur la veleur intégrale de ces biens.

Il y a lieu d'observer cette règle dans tous les cas, soit que la déclaration du légataire particulier *suive* celle de l'héritier ou du légataire universel, soit qu'elle la *précède,* soit que les deux déclarations se fassent *simultanément.*

Quant à la manière d'opérer, la même instruction donne les règles à suivre dans deux hypothèses qui peuvent s'appliquer aux différents cas, comme par exemple :

PREMIÈRE HYPOTHÈSE. — *Déclaration de l'héritier ou du légataire universel* antérieure *au paiement des droits sur les legs particuliers de sommes d'argent.*

Si les droits résultant des legs particuliers sont d'une quotité *inférieure* à celle des droits qui ont été acquittés par l'héritier ou le légataire universel tant sur les immeubles que sur les meubles de la succession, les légataires particuliers sont entièrement libérés, et il n'y a lieu à aucune répétition contre eux.

Si le droit dû pour le legs particulier est d'une quotité *supérieure* à celle des droits payés par l'héritier, soit sur les meubles, soit sur les immeubles, on doit réclamer des légataires particuliers l'excédant résultant de l'imputation sur les droits dont le legs est passible de ceux qui ont été perçus, lors de la déclaration de l'héritier, sur une valeur tant mobilière qu'immobilière, égale au montant du legs particulier.

Si le droit exigible pour le legs particulier est *inférieur* en quotité à celui que l'héritier a acquitté sur les immeubles, et *supérieur* au droit par lui payé sur les meubles de la succession, on doit imputer sur le droit résultant du legs particulier, d'une part, celui qui a été perçu, lors de la déclaration de l'héritier, sur les valeurs mobilières de la succession, d'autre part le droit dû par le légataire particulier lui-même sur la somme formant la différence entre le montant des valeurs mobilières de la succession et le montant du legs particulier.

DEUXIÈME HYPOTHÈSE. — *Déclaration de l'héritier ou du légataire universel* postérieure *au paiement des droits sur les legs particuliers de sommes d'argent.*

Lorsque le droit payé par le légataire particulier est d'une quotité *inférieure* à celle des droits dus par l'héritier tant sur les meubles que sur les immeubles, il y a lieu de déduire du montant de ces droits liquidés sur la totalité des biens de la succession la somme précédemment acquittée par le légataire particulier, et de n'exiger de l'héritier ou du légataire universel que l'excédant.

Lorsque le droit perçu pour le legs particulier est *supérieur* en quotité à celui que l'héritier doit acquitter soit sur les meubles, soit sur les immeubles, il faut imputer sur le montant de ces droits liquidés sur la totalité des biens de la succession les droits dus par l'héritier sur une valeur, tant mobilière qu'immobilière, égale au legs particulier ; ou, ce qui est la même chose pour les résultats, distraire de la valeur entière des biens de la succession une valeur égale à celle du legs particulier, et ne percevoir le droit de mutation à la charge de l'héritier que sur le restant en immeubles.

Enfin, lorsque le droit acquitté pour le legs particulier est *inférieur* en quotité à celui que l'héritier doit payer sur les immeubles, mais *supérieur* au droit exigible sur les meubles de la succession, il y a lieu d'imputer sur ces droits liquidés sur la totalité des biens de la succession, d'une part, celui qui est dû par l'héritier ou le légataire universel sur une valeur égale à celle du mobilier existant dans la succession, d'autre part, le droit payé par le légataire particulier sur la somme représentant la différence entre le montant des valeurs mobilières de la succession et le montant du legs particulier; ou, ce qui revient au même pour le trésor, on peut distraire de l'actif total de la succession les valeurs mobilières insuffisantes pour faire face au legs particulier, ne liquider le droit à la charge de l'héritier que sur les immeubles, et imputer sur le montant de ce droit celui qui a été acquitté par le légataire particulier sur une somme égale à la différence existant entre la valeur du mobilier de la succession et celle du legs particulier.

Dans le cas où la déclaration de l'héritier et le paiement des droits sur le legs particulier ont lieu simultanément, on doit, ainsi qu'on l'a déjà indiqué, opérer de la même manière que lorsque la déclaration de l'héritier est postérieure au paiement des droits par le légataire particulier.

Dans le cas de *simultanéité*, on procède de la même manière que dans celui où la déclaration de l'héritier est postérieure au paiement des droits sur les legs particuliers.

§ 3. — *Rédaction d'un rapport sur une perception critiquée, ou d'un mémoire dans une instance relative à un droit contesté.*

Le plus ou moins de mérite d'un rapport ou d'un mémoire dépend nécessairement du degré d'intelligence de l'employé rédacteur, ainsi que de l'étendue de son instruction.

Clarté, précision et logique, telles sont les qualités essentielles d'un pareil travail : l'expérience, l'habitude, l'étude de bons modèles, parviendront seuls à former sur ce point les surnuméraires, qui devront consulter avec soin les excellents documents de l'espèce que leur offre le mouvement des instances de chaque direction.

Bien qu'il soit difficile d'indiquer un plan uniforme à suivre, puisque le travail doit se modifier suivant la diversité des questions, il y a cependant une division méthodique tracée par la nature même des choses, que les surnuméraires pourront adopter dans leurs rapports et leurs projets de mémoire, savoir :

1° Exposition succincte, mais claire, des faits, ou analyse de l'acte;

2° Résumé suffisant des moyens opposés par la partie adverse, ou des motifs de la perception critiquée ;

3° Développements des moyens du rédacteur, appuyés, autant que possible, sur des décisions transmises par l'administration, ou sur des arrêts formant jurisprudence.

Toute autre citation devra être employée avec une grande réserve, et plutôt à titre de renseignements que comme autorité.

4° Conclusion renfermant les demandes et prétentions motivées.

Il conviendra de terminer chaque travail de l'espèce par la note détaillée de pièces produites à l'appui.

Voici au surplus comment s'exprime à ce sujet l'instruction générale du 5 juin 1837, n. 1537, page 55.

« En tête des mémoires, on indique sommairement l'objet de l'instance et les conclusions de l'administration. On expose ensuite avec fidélité et dans un ordre méthodique les faits de la cause.

De l'exposé des faits on fait découler la question ; on la pose en termes clairs et précis, et on passe à la discussion.

Celle-ci doit être complète, établir les droits de l'administration et détruire les moyens de la partie.

Les dispositions de la loi, l'interprétation des conventions, l'appréciation de leur nature et de leurs effets d'après les règles de droit civil, la jurisprudence et l'opinion des auteurs, tels sont les éléments de la discussion.

Quant aux autorités, il convient de s'en tenir aux arrêts de la cour de cassation et aux jugements des tribunaux sur la question ou les questions analogues à celle qui s'agite ; si l'on cite des décisions du ministre des finances ou des instructions de l'administration, ce ne doit pas être à titre d'autorité : c'est précisément à développer et à justifier les motifs de ces décisions, lorsqu'il est nécessaire de les défendre, que l'on doit s'appliquer dans les mémoires.

Il importe que les conclusions soient présentées avec soin, qu'elles embrassent toutes les circonstances de l'affaire et prévoient la solution de toutes les questions agitées même subsidiairement dans le procès. »

FIN DE L'EXAMEN DE LA TROISIÈME ANNÉE.

SÉRIE

DE

QUESTIONS SUR LES TROIS EXAMENS.

PREMIÈRE ANNÉE.

Quelle est l'organisation actuelle de l'administration de l'enregistrement et des domaines?

Quel est le mode de perception?

Quel est le mode de contrôle et de surveillance?

Quel est le mode de direction et d'administration?

Quelles sont les conditions pour parvenir aux divers emplois?

Quels sont les impôts dont la perception est confiée à l'administration des domaines?

Quels sont les attributions, les devoirs et les obligations des surnuméraires? — des receveurs? — des receveurs du timbre extraordinaire? — des gardes-magasins? — des conservateurs?, — des premiers commis? — des vérificateurs? — des inspecteurs? — des directeurs?

Quel est le but du droit d'enregistrement?

Quelle est l'origine de cet impôt?

Quels sont les avantages de l'impôt de l'enregistrement sous le point de vue d'organisation sociale?

Quelles sont les lois principales sur l'enregistrement?

Quels sont les principes généraux de l'enregistrement?

La date d'un acte peut-elle influer sur la perception du droit?

Peut-on scinder la perception des droits d'un acte?

Quelles sont les règles relatives à la restitution des droits perçus?

N'y a-t-il pas des exceptions?

Les employés peuvent-ils s'expliquer sur la quotité des droits avant que la formalité en soit requise?

Un acte sous seing privé translatif de propriété ou d'usufruit peut-il être retiré sans être enregistré, après avoir été déposé?

Quelles sont les règles à suivre relativement aux dispositions d'un acte indépendantes entre elles?

Qu'entend-on par droit fixe?

Qu'entend-on par droit proportionnel?

Un même acte peut-il être assujetti tout à la fois à un droit fixe et à un droit proportionnel?

Quelles sont les obligations des tuteurs et curateurs relativement aux déclarations de successions?

Qu'entend-on par contre-lettre ?

Quelle est la peine prononcée pour les contre-lettres ?

Quelle est la peine prononcée contre les officiers publics qui délivreraient copie ou expédition d'un acte non enregistré ?

Quelle est la peine prononcée contre tout officier public qui rédigerait un acte en vertu d'un acte sous seing privé ou passé en pays étranger, *non enregistré*, ou qui le recevrait en dépôt, et en délivrerait copie ou expédition ?

Quelles sont les exceptions ?

Un notaire ou greffier peut-il recevoir un acte sans en rédiger dépôt ?

Quelles sont les obligations des officiers publics relativement à la mention de la quittance des droits ?

Quelles sont les peines encourues pour fausse mention de quittance d'enregistrement ?

Sous quelles peines est-il défendu aux juges et arbitres de rendre aucun jugement, et aux administrations centrales et municipales de prendre aucun arrêté sur des actes non enregistrés ?

Quelles sont les mentions à faire lorsqu'une condamnation est rendue ou qu'un arrêté est pris sur un acte enregistré ?

Quels sont les officiers publics et secrétaires obligés à tenir des répertoires ?

Quelles sont les peines prononcées pour défaut de tenue de répertoire ?

Quelle est la forme des répertoires ?

Par qui sont cotés les divers répertoires ?

Quelles sont les différentes obligations des personnes assujetties à tenir des répertoires ?

Quel est le minimum des droits à percevoir ?

Quelles sont les conditions nécessaires pour que la mutation d'un immeuble en propriété ou usufruit soit suffisamment établie pour la demande du droit d'enregistrement ?

Comment la valeur des *biens meubles* est-elle déterminée par la liquidation et le paiement des droits pour les baux, — pour les créances, — pour les quittances, — pour les marchés et traités, — pour les ventes, — pour les créations de rentes à titre onéreux, — pour les cessions de rentes, — pour les transmissions entre vifs et par décès, — pour les rentes et pensions créées sans expression de capital, — pour les actes et jugements portant condamnation ?

Comment s'évalue l'usufruit transmis à titre gratuit ?

Comment la valeur de la propriété, de l'usufruit et de la jouissance des *immeubles*, est-elle déterminée pour la liquidation et le paiement des droits pour les baux à ferme ou à loyer, — pour les baux à rentes perpétuelles et ceux dont la durée est illimitée, — pour les baux à vie, — pour les échanges, — pour les engagements, — pour les ventes, adjudications, cessions, etc.; — pour les transmissions d'usufruit seulement, soit entre vifs, à titre gratuit, soit par décès ?

Que doit-on faire lorsque les sommes et valeurs ne sont pas déterminées dans un acte ou jugement ?

Que doit-on faire lorsque le prix énoncé dans un acte translatif de propriété ou d'usufruit de *biens immeubles* à titre onéreux paraît inférieur à la valeur vénale ?

Quels sont les délais pour la demande en expertise ?

Quelle est la marche à suivre pour provoquer l'expertise ?

Que doit-on faire lorsque le revenu des immeubles, transmis à tout autre titre qu'à titre onéreux, ou l'insuffisance dans l'évaluation, ne pourront être établis par des actes ?

Quels sont les délais pour l'enregistrement des actes et déclarations ?

Quels sont les bureaux où les actes et mutations doivent être enregistrés ?

Par qui les droits doivent-ils être acquittés ?

Quel est le recours des officiers publics qui ont fait l'avance des droits d'enregistrement ?

Quel est le privilége du trésor pour les droits de succession ?

Quelles sont les peines pour défaut d'enregistrement des actes dans les délais prononcés contre les notaires, — les huissiers, — les greffiers, — les secrétaires des mairies et des sous-préfectures ?

Quelles sont les exceptions aux règles générales ci-dessus ?

Quels sont les délais pour les actes sous seing privé ?

Quels sont les délais pour les déclarations de successions ?

Quelles sont les obligations de diverses personnes chargées des archives et dépôts de titres publics relativement aux communications à faire aux employés de l'enregistrement ?

Quelles sont les obligations des secrétaires des mairies pour les notices de décès ?

Quelles sont les obligations des receveurs de l'enregistrement pour le prompt enregistrement des actes ?

Que doivent faire les receveurs lorsqu'il leur paraîtra nécessaire de conserver copie d'un acte dont il n'existe pas de minute ?

Comment les receveurs constatent-ils que la formalité de l'enregistrement a été donnée ?

Les receveurs peuvent-ils délivrer extraits de leurs registres sur toutes réquisitions ?

Appartient-il à quelque autorité d'accorder remise ou modération des droits établis ?

Un droit régulièrement perçu peut-il être restitué ?

Quels sont les divers délais de prescription pour la demande des droits ?

A qui appartient, avant l'instance, la solution des difficultés relatives à la perception des droits ?

Quel est le premier acte de poursuite ?

Devant quel tribunal s'introduisent les instances ?

Comment l'instance s'instruit-elle ?

Quelles sont les règles pour l'acquittement des frais ?

PERCEPTION.

Quels sont les droits dont sont passibles les actes ci-après :

Abandon de biens par un débiteur à ses créanciers.

Acceptation de donations passées en l'absence des donataires.

Acceptation de succession, legs ou communauté pure et simple.

Acceptation de succession sous bénéfice d'inventaire.

Acceptation de transport ou délégation de créance à terme.

Acquiescement pur et simple.

Actes refaits pour cause de nullité, sans aucun changement aux conventions premières.

Acte de complément.

Actes de notoriété.

Actes respectueux.

Actes de société.

Actes de tutelle officieuse.

Actes innommés.

Adjudication à la folle enchère lorsque le prix n'est pas supérieur à celui de la précédente adjudication.

Adjudication au rabais. — Marchés dans l'intérêt de l'état.

Adjudication pour constructions, réparations, etc., entre particuliers.

Adoption.

Apposition de scellés.

Assurance contre l'incendie.

Assurance maritime.

Atermoiement.

Avis de parents.

Bail à ferme et à loyer.

Bail à rente perpétuelle.

Bail emphytéotique.

Bail pour nourriture de personnes.

Bail de pâturage.

Bail d'industrie.

Bail à cheptel.

Bilan.

Billet à ordre.

Brevet d'apprentissage.

Cahier des charges.

Cautionnement.

Certificat de caution.

Certificat pur et simple.

Cession d'actions.

Cession de bail emphytéotique.

Cession et transport de créance à terme.

Compromis.

Compte.—Règlement de compte.

Connaissement ou reconnaissance de chargement par mer.

Consentement pur et simple.

Contrainte.

Contrat de mariage.

Contre-lettre.

Décharge.

Déclaration d'appel.

Déclaration de command.

Déclaration pure et simple.

Délégation de créances à terme.

Délégation de rente.

Dépôt de pièces.

Désistement pur et simple.

Devis d'ouvrages.

Dissolution de société.

Dommages-intérêts.

Donation entre vifs; — ligne directe; entre époux ; en ligne collatérale jusqu'au 4ᵉ degré ; en ligne collatérale du 4ᵉ au 12ᵉ degré; entre étrangers.

Donation non acceptée.

Donation éventuelle.

Echange.

Emancipation.

Enquête.

Etat de dettes.

Exécutoire de dépens.

Exploits : justice de paix ; — tribunaux ; — cours royales; — cour de cassation.

Interdiction.

Inventaires.

Jugements préparatoires, interlocutoires et définitifs, des bureaux de paix et conseils de prud'hommes, — des juges de paix, — des tribunaux civils, — des tribunaux de commerce, — des tribunaux correctionnels, — des cours royales, — de la cour de cassation, — des conseils de préfecture, — du conseil d'état.

Lettres de change.

Lettre missive.

Lettres patentes.

Lettres de voiture.

Levée de scellés.

Licitation de meubles et immeubles.

Liquidation de sommes et valeurs.

Mainlevée par acte civil.

Mainlevée par acte extrajudiciaire.

Maintenue en possession.

Nomination d'experts.

Nomination de juge-commissaire.

Nomination de tuteur et curateur.

Nomination de gardes champêtres, forestiers, etc.

Obligation de sommes.

Obligation à la grosse aventure.

Offres réelles.

Ordonnances royales portant nomination d'officiers publics.

Partage sans soulte et avec soulte.

Plans.

Prestation de serment des divers employés, officiers et fonctionnaires publics.

Prêt sur dépôt en matière de commerce.

Prise de possession.

Prisée de meubles.

Procès-verbal de carence.

Procès verbaux de toute nature.

Procuration.

Promesse d'indemnités indéterminées.

Promesse de payer.

Prorogation de delai.

Protêt.

Quittance.

Ratification.

Récépissé de pièces.

Reconnaissance pure et simple.

Reconnaissance d'enfants naturels par contrat de mariage et autrement.

Remboursement de rente.

Renonciation à succession, legs ou communauté, par acte civil et par acte judiciaire.

Résiliement.

Résolution de contrat.

Retrait en vertu de réméré.

Réunion d'usufruit à la propriété, et *vice versa*.

Révocation et rétractation.

Saisie-brandon.

Saisie-exécution.

Saisie immobilière.

Séparation de corps et de biens.

Subrogation.

Succession directe entre époux et collatérale, —mobilière et immobilière.

Testament.

Titre nouvel.

Traité.

Transaction.

Transport de rente.

Union et direction des créanciers.

Vente de meubles.

Vente d'immeubles.

Vente de marchandises avariées par suite d'événements de mer.

Vente de marchandises par les courtiers de commerce.

Vente de navire.

Quels sont les actes de nature à être enregistrés en débet ?

Quels sont les actes susceptibles d'être enregistrés gratis ?

Quels sont les actes exempts de la formalité de l'enregistrement ?

TIMBRE.

En quoi consiste l'impôt du timbre ?

Quelle est l'origine de cet impôt ?

Quelle différence y a-t-il entre l'impôt du timbre et celui de l'enregistrement ?

Qu'entend-on par timbre de dimension ?

Qu'entend-on par timbre proportionnel ?

Qu'entend-on par timbre extraordinaire ?

Quels sont les actes soumis au timbre, soit proportionnel, soit de dimension ?

Quels sont ceux qui en sont affranchis ?

Qu'entend-on par timbre de *papier-minute* et par *papier expédition?*

Qu'entend-on par timbre des avis, annonces et affiches ?

Quelles sont les règles pour les affiches ?

Quelle est la quotité du timbré des journaux ?

Quelle est la quotité du timbre du *papier-musique*?

Par quoi a été remplacé le timbre des livres de commerce ?

Qu'entend-on par visa pour timbre ?

Quels sont les actes susceptibles d'être visés pour timbre *en débet ?*

Quels sont ceux que l'ou doit viser *gratis ?*

Quels sont ceux qui ne peuvent être visés pour timbre qu'*au comptant?*

Quelles sont les principales lois sur le timbre ?

Quelles sont les obligations respectives des notaires, huissiers , greffiers, secrétaires des administrations, arbitres et experts, des diverses autorités publiques, des préposés de la régie, et des citoyens, relativement au timbre, et quelles sont les peines prononcées contre les contrevenants ?

CODE CIVIL.

Qu'entend-on par immeubles ?

Qu'entend-on par immeuble par destination ?

Qu'entend-on par meubles ?

Quelles sont les différentes espèces de meubles?

Qu'est-ce que la propriété ?

Quelles sont les règles du droit d'accession sur ce qui est produit par la chose ?

Quelles sont les règles du droit d'accession sur ce qui s'unit et s'incorpore à la chose ?

Quelles sont les règles du droit d'accession relativement aux choses mobilières?

Qu'entend-on par usufruit ?

Quels sont les droits de l'usufruitier ?

Quelles sont les obligations de l'usufruitier ?

Comment l'usufruit prend-il fin ?

Qu'entend-on par droit d'usage et d'habitation ?

Quels sont les devoirs de l'usager ?

L'usager peut-il céder ou louer son droit à un autre ?

Celui qui a un droit d'habitation dans une maison peut-il y demeurer avec sa famille, quand même il n'aurait pas été marié à l'époque où ce droit lui a été donné ?

DEUXIÈME ANNÉE.

MANUTENTION.

Qu'entend-on par manutention d'un bureau ?

Quelles sont les principales obligations d'un receveur relativement à la tenue de sa caisse, et aux soins qu'il doit prendre des deniers du trésor ?

Un inspecteur de l'enregistrement, ou tout autre employé supérieur, pourrait-il exiger d'un receveur qu'il versât entre ses mains tout ou partie de ses recettes ?

Un receveur peut-il acquitter un mandat qui serait tiré sur sa caisse par le receveur général de son département ?

Que devrait faire un receveur si un préfet voulait disposer des fonds de sa caisse ?

Un inspecteur général des finances peut-il exiger à toute réquisition la représentation des papiers timbrés et des deniers d'un receveur ?

Que doit faire un receveur lorsqu'à la réception du papier timbré il trouve des rames en plus ou en moins, ou du papier déchiré ?

Quels sont les principaux soins à prendre à l'égard du papier timbré ?

Que doit faire un receveur qui, par une débite extraordinaire et non prévue, se trouve, avant la fin du trimestre, n'avoir plus de papier timbré ?

Quels sont les jours fériés ?

Quelles sont les règles principales pour la forme et le libellé des enregistrements ?

Quelle est la forme des arrêtés ?

Un receveur pourrait-il se borner à signer des arrêtés qui seraient écrits d'une autre main ?

Quels sont les principaux éléments qui doivent composer une déclaration de succession ?

Qu'entend-on par livre de dépouillement ?

Quelle est l'utilité du livre de dépouillement ?

Comment tient-on le livre de dépouillement ?

Qu'est-ce qu'un journal de dépense ?

Comment tient-on le journal de dépense ?

Qu'est-ce que le carnet ? Quel est le but du carnet ? Comment le tient-on ? Par quoi est-il aujourd'hui remplacé ?

Que doit faire le receveur si le notaire se refuse à déposer un à-compte sur le montant présumé des droits d'enregistrement de ses actes ?

Qu'entend-on par droits constatés et par droits au comptant ? Différences entre ces deux natures de droits.

Quels sont les registres et sommiers destinés aux droits constatés ? Règles générales pour la tenue des registres et sommiers des droits constatés.

Qu'entend-on par bordereau de recettes et dépenses, autrefois état de mois ?

Par quoi la minute a-t-elle été remplacée ?

21

Qu'entend-on par compte d'année ?

Quels sont les employés qui concourent à la rédaction du compte d'année, et quel en est le mode de rédaction ?

En quoi consiste la responsabilité des receveurs ?

Quels sont les divers sommiers tenus dans les bureaux, indépendamment des sommiers de droits constatés ?

Qu'entend-on par tables alphabétiques ?

Quelles sont les diverses tables alphabétiques tenues dans les bureaux?

Quelle est l'utilité de ces diverses tables ?

Quel est le but du sommier de la contribution foncière ?

Quels sont les actes dont on fait le renvoi d'un bureau à l'autre ?

Quelle est l'utilité des renvois ?

Comment constate-t-on les renvois reçus et envoyés ?

Qu'entend-on par recouvrement ?

Quelle est la marche progressive à suivre dans les poursuites ?

Quels sont les droits et quelles sont les amendes dont le premier acte de poursuite est une contrainte ?

Quelles sont les contraventions pour lesquelles il faut rédiger un procès-verbal ?

Comment poursuit-on le recouvrement des condamnations correctionnelles et de simple police ?

DROITS DE GREFFE.

Qu'est-ce que le greffe ?

Qu'entend-on par droits de greffe ?

Quelles sont les différentes espèces de droits de greffe, mise au rôle, rédaction, expédition ?

Quelles sont les principales dispositions de la loi du 21 ventôse an 7, sur les droits de greffe ?

Quelle est la remise accordée aux greffiers ?

NOTARIAT.

Qu'est-ce qu'un notaire ?

Un notaire peut-il refuser son ministère ?

Quelle est la résidence des notaires ?

Quelle est le ressort des fonctions des notaires ?

Quelle est la forme des actes reçus par les notaires ?

Deux notaires parents ou alliés peuvent-ils concourir à la rédaction d'un même acte ?

Peut-on mettre indifféremment les renvois à la marge ou à la fin d'un acte ?

Quelles sont les obligations des notaires relativement aux personnes interdites ou assistées d'un conseil judiciaire ?

Les notaires doivent-ils garder minute de tous les actes qu'ils reçoivent ?

Les notaires doivent-ils se dessaisir de leurs minutes ?

Les notaires peuvent-ils confier leurs minutes aux employés supérieurs de l'enregistrement ?

QuellQuelle est la forme des grosses délivrées par les notaires ?
Par qui les actes des notaires sont-ils légalisés ?
Les notaires sont-ils assujettis à tenir un répertoire ?
Quelle est la forme de ce repertoire ?
Quelles sont les règles relatives à la garde et à la transmission des minutes ?
Quelles sont les diverses contraventions à la loi sur le notariat que doivent relever les employés ?
Quel est le mode à suivre pour constater ces contraventions ?
Quelles sont les obligations des employés relativement aux irrégularités remarquées dans la rédaction des actes ?
Que devrait faire un employé auquel un notaire refuserait de communiquer son répertoire ?
Les employés peuvent-ils faire des observations en marge des actes des notaires ?

VENTES DE MEUBLES.

Quelles sont les personnes autorisées à procéder à des ventes de meubles ?
Quelles sont les formalités préalables à la vente ?
Quelle est la forme de la vente ?
Quelles sont les contraventions à constater par les employés ?
Que devrait faire l'employé qui apprendrait que des particuliers non autorisés procèdent à une vente publique de meubles ?
Quelle est la forme des procès-verbaux de contravention ?

CODE CIVIL.

Comment s'ouvrent les successions ?
Qu'entend-on par la *saisine* des héritiers ?
Quelles sont les qualités requises pour succéder ?
Quels sont les divers ordres de successions ?
Qu'est-ce que la représentation ?
Qu'entend-on par successions directes ?
Qu'entend-on par successions collatérales ?
Qu'entend-on par successions irrégulières ?
Quels sont les droits du conjoint survivant ?
Quels sont les droits de l'état ?
Quelles sont les règles pour l'acceptation et la répudiation des successions ?
Quels sont les effets de l'acceptation sous bénéfice d'inventaire ?
Quelles sont les obligations de l'héritier bénéficiaire ?
Qu'entend-on par successions vacantes ?
Quelles sont les règles générales des donations entre vifs ?
Quelles sont les conditions voulues pour disposer et recevoir par donation entre vifs ou par testament ?
Qu'entend-on par portion disponible ?
Quelles sont les règles de la réduction des donations et legs ?
Quelles sont les formes des donations entre vifs ?

Quelles sont les règles générales sur la forme des testaments?
Quelles sont les règles particulières sur la forme de certains testaments?
Qu'entend-on par legs universel?
Qu'entend-on par legs à titre universel?
Qu'entend-on par legs particuliers?
Quelles sont les obligations des légataires?
Quelles sont les diverses espèces de contrats?
Quelles sont les conditions essentielles pour la validité des conventions?
Quels sont les effets des conventions?
Quels sont les résultats de l'inexécution des conventions?
Comment doit-on interpréter les conventions?
Quels sont les effets des conventions à l'égard des tiers?
Qu'entend-on par obligations conditionnelles?
Qu'est-ce que la condition suspensive?
Qu'est-ce que la condition résolutoire?
Qu'entend-on par obligations à terme?
Qu'entend-on par obligations alternatives?
Qu'est-ce que les obligations solidaires?
Qu'entend-on par obligations divisibles?
Quels sont les effets des obligations indivisibles?
Qu'entend-on par obligations avec clause pénale?
Comment s'éteignent les obligations?

TROISIÈME ANNÉE.

HYPOTHÈQUES.

Quel est le but des hypothèques?
Quel est le système actuel des hypothèques?
A qui est confiée la conservation des hypothèques?
Où sont placées les conservations des hypothèques?
Quelles sont le formalités que doivent remplir les conservateurs des hypothèques avant d'entrer en fonctions?
Quelles sont les diverses quotités des cautionnements des conservateurs?
Quels sont les divers registres des formalités hypothécaires?
Quelles sont les règles pour la tenue de ces registres?
Quels sont les registres de manutention dans une conservation des hypothèques?
Quelles sont les règles pour la tenue de ces registres?
Quels sont les droits perçus au profit du trésor par les conservateurs des hypothèques?
En quoi consistent les salaires des conservateurs? Quelle est la quotité de ces salaires?
Quelle est la responsabilité des conservateurs 1° envers le public, 2° envers l'administration?

Quelle est la responsabilité par rapport aux erreurs commises par les précédents conservateurs ?

Quelle est la responsabilité des employés chargés de l'intérim d'une conservation ?

Quelles sont les peines indépendantes de ces diverses responsabilités?

CODE CIVIL.

Quelles sont les règles générales concernant les contrats de mariages et les droits respectifs des époux ?

Quel est le régime qui forme le droit commun entre époux, à défaut de stipulations spéciales ?

Peut-on apporter quelques changements aux conventions matrimoniales après la célébration du mariage?

Qu'entend-on par régime de la communauté ?

Qu'est-ce que la communauté légale?

De quoi se compose l'actif de la communauté ?

En quoi consiste le passif de la communauté?

Quelles sont les actions résultant du passif contre la communauté ?

Quelles sont les règles de l'administration de la communauté ?

Quels sont les effets des actes de l'un ou de l'autre des époux relativement à la société conjugale?

Quelles sont les règles et conditions de l'acceptation de la communauté ?

Quelles sont les règles et conditions de la renonciation à la communauté ?

Comment partage-t-on l'actif de la communauté ?

Comment partage-t-on le passif de la communauté ?

Quelles sont les règles de la contribution aux dettes de la communauté?

Quels sont effets de la renonciation à la communauté ?

Quelles sont les dispositions relatives à la communauté légale lorsque l'un des époux ou tous deux ont des enfants de précédents mariages ?

Qu'entend-on par communauté conventionnelle?

Quelles sont les conventions qui peuvent modifier ou même exclure la communauté légale?

Qu'entend-on par communauté réduite aux acquêts?

Quelles sont les règles de la clause qui exclut de la communauté le mobilier en tout ou en partie?

Quelles sont les règles concernant la clause d'ameublissement ?

Quels sont les effets de cette clause ?

Quelles sont les règles relatives à la clause de séparation de dettes ?

Quels sont les effets de cette clause?

Comment se règle la faculté accordée à la femme de reprendre son apport franc et quitte?

Qu'entend-on par préciput conventionnel ?

Comment règle-t-on les clauses par lesquels on assigne à chacun des époux des parts inégales dans la communauté ?

Qu'entend-on par communauté à titre universel ?

Quelles sont les conventions exclusives de la communauté ?

Quelles sont les règles concernant la clause portant que les époux se marient sans communauté ?

Quelles sont les règles concernant la clause de séparation de biens ?

Qu'entend-on par régime dotal ?

Quelles sont les règles relatives à la constitution de la dot ?

Quels sont les droits du mari sur les biens dotaux ?

Quelles sont les règles relatives à l'inaliénabilité du fonds dotal ?

Quelles sont les règles relatives à la restitution de la dot ?

Qu'entend-on par biens paraphernaux ?

Quelles sont les règles relatives aux biens paraphernaux ?

Qu'entend-on par vente ?

Quelles sont les formes de la vente ?

Quelles sont les personnes pouvant vendre ou acheter ?

Quelles sont les choses qui peuvent être vendues ?

Quelles sont les obligations du vendeur ?

Quelles sont les obligations de l'acheteur ?

Quelles sont les causes de nullité et de résolution de la vente ?

Comment se stipule et se règle la faculté de rachat ?

Comment se règle la rescision de la vente pour cause de lésion ?

Qu'entend-on par licitation ?

Quelles sont les règles concernant le transport des créances et autres droits incorporels ?

Qu'entend-on par échange ?

Quelles sont les règles de l'échange ?

Qu'entend-on par contrat de louage ?

Quelles sont les règles relatives au louage des choses ?

Quelles sont les règles communes aux baux des maisons et des biens ruraux ?

Quelles sont les obligations du bailleur ?

Quelles sont les obligations du preneur ?

Comment finit le bail ?

Comment proroge-t-on la durée d'un bail ?

Quelles sont les règles particulières aux baux à loyers ?

Quelles sont les règles particulières aux baux à ferme ?

Qu'entend-on par louage d'ouvrage et d'industrie ?

Quelles sont les règles de louage de domestiques et d'ouvriers ?

Quelles sont les règles concernant les voituriers par terre et par eau ?

Quelles sont les règles relatives aux devis et marchés ?

Qu'entend-on par bail à cheptel ?

Quelles sont les règles du cheptel simple ?

Quelles sont les règles du cheptel à moitié ?

Quelles sont les règles du cheptel donné par le propriétaire à son fermier ou colon partiaire ?

Qu'entend-on par privilège ?

Quels sont les privilèges généraux sur les meubles ?

Quels sont les privilèges sur les immeubles ?

Quels sont les priviléges qui s'étendent sur les meubles et immeubles?

Comment se conservent les priviléges ?

Qu'entend-on par hypothèques ?

Qu'entend-on par hypothèques légales ?

Qu'entend-on par hypothèques judiciaires ?

Qu'entend-on par hypothèques conventionnelles ?

Quel est le rang des hypothèques entre elles ?

Quel est le mode de l'inscription des priviléges et hypothèques?

Comment se radient les inscriptions?

Comment s'effectue la réduction des inscriptions ?

Quels sont les effets des priviléges et hypothèques contre les tiers détenteurs?

Comment s'éteignent les priviléges et hypothèques?

Quel est le mode pour purger les propriétés des priviléges et hypothèques?

Comment purge-t-on les hypothèques, quand il n'existe pas d'inscription sur les biens des maris et des tuteurs?

Comment s'opère la publicité des registres des conservateurs ?

Quelle est la responsabilité des conservateurs?

Qu'entend-on par réception de cautions?

Comment s'effectue la liquidation des dommages-intérêts ?

Quelles sont les règles pour les redditions de comptes?

Comment liquide-t-on les dépens et les frais ?

Quelles sont les règles générales sur l'exécution forcée des jugements et des actes?

Comment s'effectuent les saisies-arrêts et oppositions ?

Quelles sont les formalités des saisies-exécutions?

Quelles sont les formalités pour les saisies de fruits pendants par racine, ou saisies-brandons?

Quelles sont les règles pour la saisie des rentes constituées sur particuliers ?

Comment s'opère la distribution par contribution?

CODE DE COMMERCE.

Qu'entend-on par *société en nom collectif?*

Qu'entend-on par *société en commandite?*

Qu'entend-on par *société anonyme?*

Comment se décident les contestations entre associés?

Quelle est la forme de la lettre de change ?

Qu'entend-on par provision?

Qu'entend-on par acceptation ?

Quelles sont les règles de l'échéance?

Qu'entend-on par endossement?

En quoi consiste la solidarité?

Qu'est-ce que l'aval?

Comment s'effectue le paiement ?

Qu'entend-on par paiement par intervention?

Quels sont les droits et les devoirs du porteur ?

Qu'entend-on par protêt?

Quelles sont les règles de rechange?
Qu'entend-on par billet à ordre?
Quelles sont les règles de la prescription des effets de commerce?

CODE FORESTIER.

Quels sont les bois soumis au régime forestier?
Comment s'opèrent la délimitation et le bornage?
Qu'entend-on par aménagement?
Quelles sont les formalités prescrites pour l'adjudication des coupes?
Quelles sont les règles à suivre pour l'exploitation des coupes?
Comment s'opèrent les réarpentages et récolements?
Quelles sont les règles pour les adjudications de glandée, panage et paisson?
Comment se règlent les affectations à titre particulier dans les bois de l'état?
Quelles sont les formalités à remplir pour être admis à exercer des droits d'usage dans les bois de l'état?
Comment s'exercent les droits d'usage?
Comment s'exécutent les jugements rendus à la requête de l'administration forestière ou du ministère public?
Comment s'exécutent les jugements rendus dans l'intérêt des particuliers?

DOMAINES.

Qu'entend-on par domaine en général?
Qu'est-ce que le domaine direct?
Qu'est-ce que le domaine utile?
Qu'entend-on par domaine corporel, incorporel, muable, immuable, fixe, casuel, etc.?
Qu'entend-on par domaines engagés?
Qu'entend-on par domaine de la couronne?
Qu'est-ce que le domaine privé du roi?
Qu'est-ce que le domaine extraordinaire?
Qu'entend-on par domaine proprement dit?
En quoi consiste le domaine public?
En quoi consiste le domaine de l'état?
Quelles sont les lois principales sur les domaines?
Quels sont les principes généraux sur l'aliénabilité du domaine?
Quelles sont les règles générales pour la vente des domaines de l'état?
Quelles sont les règles générales pour les baux des domaines de l'état?
Quelles sont les règles générales pour la vente des effets mobiliers appartenant à l'état?
Quelles sont les diverses espèces de mobiliers susceptibles d'être vendus par les soins des employés des domaines?
Quel est le mode de poursuites et de recouvrements en matière domaniale?
Par qui l'état est-il représenté dans les instances domaniales?

Quelles sont les règles générales pour la suite des instances en matière domaniale ?

Qu'entend-on par droits d'usage ?

Quelles sont les différentes espèces de droits d'usage ?

Quelle est l'origine des droits d'usage ?

Quelles sont les principales lois sur les droits d'usage ?

Quelles sont les conditions voulues par le Code forestier pour être admis à jouir des droits d'usage ?

Quels sont les principes généraux pour la reconnaissance des droits d'usage dans les forêts de l'état ?

Qu'entend-on par affectation ?

Quelle est la législation actuelle des affectations ?

Quelles sont les conditions voulues par le Code civil pour que l'état soit admis comme successeur irrégulier ?

Qu'entend-on par succession en déshérence ?

Qu'entend-on par succession vacante ?

Quelles sont les mesures d'ordre public concernant les successions vacantes ?

Quelles sont les formalités à remplir par le domaine : lors de l'ouverture d'une succession en déshérence ; — avant l'envoi en possession ; — lors de l'envoi en possession ; — après l'envoi en possession ; — relativement aux restitutions aux ayant-droit ?

Qu'entend-on par épaves ?

Quelles sont les obligations des employés des domaines relativement aux épaves ?

Qu'entend-on par contumax ?

Quelles sont les règles relatives au séquestre des biens d'un contumax ?

Quelles sont les règles relatives à l'administration des biens d'un contumax, à la restitution aux ayant-droit ?

Deuxième Partie.

LÉGISLATION SPÉCIALE A L'ALGÉRIE.

§ 1er. — OBSERVATIONS GÉNÉRALES.

DOMAINE.

Après la guerre, la plus grande affaire de l'Algérie, a dit l'un des plus illustres généraux de cette nouvelle France (M. de Lamoricière), *c'est le domaine.*

Aussi, avec le développement de la colonisation, et alors que par suite des mesures que, dans sa sollicitude, le gouvernement ne cesse de prendre pour accélérer le mouvement et attirer en Algérie une plus grande affluence d'habitants et de capitaux, les devoirs des employés grandissent, une plus grande activité leur est imposée.

Appelés par la nature de leurs fonctions à concourir puissamment à l'œuvre de la colonisation, à fonder une nouvelle France, les employés des domaines en Algérie doivent redoubler d'efforts pour se mettre à la hauteur de la tâche qui leur est confiée.

Leur rôle n'est plus celui qui serait dévolu en France, où, en dehors de la perception des droits d'enregistrement, la partie domaniale, faible accessoire dans la plupart des bureaux, est pour ainsi dire nulle dans les autres; ici, au contraire, c'est la part la plus importante, la plus belle de leurs attributions.

Il ne suffit pas en effet de conserver et mettre en produit aux meilleures conditions possibles la richesse domaniale; il faut, par un intelligent et large concours, faire appel à toutes les forces vives de la France et de l'Europe, et contribuer à résoudre le plus promptement possible le problème de la colonisation de l'Algérie, et de son assimilation à la France.

La propriété domaniale est la propriété de tous: c'est le fonds commun de la société; c'est la réserve pour les temps difficiles; c'est un dépôt dont la garde leur est confiée; mais aussi c'est l'un des éléments les plus puissants pour féconder l'Algérie; sa répartition entre les mains qui doivent la mettre en œuvre doit être intelligente, utile et équitable.

A ce sujet, la tâche des agents du domaine est délicate, importante, et d'une grande action.

Ils doivent éviter avec le même soin *et un esprit étroit de fiscalité qui étoufferait la production dans son germe, et une facilité coupable qui prodiguerait inutilement de précieuses ressources.*

Les biens domaniaux, quelle que soit d'ailleurs leur origine : *Domaine de l'état, Domaine de la Colonie, biens des corporations,* et *biens séquestrés*, etc.; quelle que soit aussi la répartition de leurs produits, sont tous administrés par les agents spéciaux de l'enregistrement et des domaines, au même titre, et d'après les mêmes règles.

Ces règles sont celles tracées par les lois de France pour tout ce qui n'est point déterminé par les ordonnances ci-après, spéciales à l'Algérie :

Arrêté du 1er décembre 1840, sur le séquestre; ordonnance du 21 juillet 1845, sur les concessions; ordonnance du 1er octobre 1844, sur la propriété; ordonnance du 31 octobre 1845, sur le séquestre; ordonnance du 9 novembre 1845, sur le domaine.

Les mesures générales pour l'administration des biens domaniaux peuvent se diviser en trois parties distinctes :

1° *Reconnaissance* des biens domaniaux; 2° *Mise en produit* des biens domaniaux ; 3° *Défense* des biens domaniaux.

La reconnaissance des biens domaniaux, la poursuite et la répression des usurpations et empiétements, doivent être incessantes.

Les receveurs devront à ce sujet recueillir tous les renseignements que mettront en leur pouvoir la connaissance des localités, les travaux des agens du cadastre, les documents que les études de notaires, la comparaison des actes et jugements, les demandes même des parties, leur procureront.

Chaque immeuble découvert devra immédiatement être consigné au sommier douteux des immeubles domaniaux, et chaque trimestre un état de ces immeubles sera, d'après le modèle n° 1 ci-joint, être adressé à la direction.

Quand les receveurs des domaines auront de justes raisons pour croire qu'un immeuble est indûment possédé par un tiers, l'arrêté ministériel du 26 juillet 1834 leur donne les moyens suffisants pour exiger la représentation des titres de propriété. Ils pourront au besoin invoquer les dispositions de l'ordonnance du 1er octobre 1844, et celles de l'ordonnance du 9 novembre dernier.

Toutefois les premières démarches à ce sujet devront être faites avec prudence, et de manière à éviter d'inquiéter sans motifs réels les détenteurs d'immeubles.

La mise en produit a lieu par les moyens ci-après :

Locations, — Ventes aux enchères et de gré à gré.

Locations.

Les locations ont lieu aux enchères et de gré à gré.

Pour les locations aux enchères les receveurs devront, trois mois avant l'expiration des baux, adresser à la direction le relevé de tous les immeubles à mettre en location aux enchères publiques ; et à l'expiration de chaque trimestre ils transmettront un état portant indication de toutes les locations faites aux enchères dans le trimestre précédent.

Les locations de gré à gré sont réglées par l'ordonnance royale du 9 novembre 1845, art. 4 et suivants.

Les receveurs devront donc instruire immédiatement, et avec le plus grand soin, les demandes de l'espèce qui leur seraient adressées, soit directement, soit par l'administration.

Tous les trois mois ils adresseront à la direction un état des baux de ce genre approuvés et réalisés dans le trimestre précédent.

Cet envoi ne les dispensera pas de transmettre pour chaque affaire particulière, au fur et à mesure qu'elle est consommée, une copie certifiée du bail passé.

Ventes aux enchères.

Cette opération et les formalités préalables exigent de la part des receveurs les plus grandes précautions et les renseignements les plus exacts, afin de bien établir :

1° La nature de l'immeuble ; 2° sa situation, contenance, confronts et limites ; 3° son origine ; 4° la certitude que le domaine en est propriétaire, et peut librement en disposer ; 5° sa valeur appréciée après expertise, ainsi qu'il est prescrit par l'art. 10 de l'ordonnance royale du 9 novembre 1845 ; 6° les servitudes actives et passives ; 7° sa division en lots, s'il y a lieu, en ayant égard à la nature du sol et à la configuration du terrain ; 8° enfin la mise à prix déterminée par l'expertise.

Quand la vente est approuvée, et qu'il y a lieu d'y procéder, les formalités sont indiquées par l'arrêté du 14 mai 1841. MM. les agents des domaines, chargés de son exécution, ne sauraient trop y apporter d'attention.

Si avant l'adjudication il se présentait des oppositions motivées d'une manière sérieuse, il serait sursis à la vente ; dans le cas contraire acte serait donné aux parties dans le procès-verbal de vente, et en tous les cas il en serait rendu compte à l'administration.

Tous les trois mois les receveurs devront adresser à la direction un état des ventes aux enchères réalisées dans le courant du trimestre précédent.

Concessions de gré à gré.

L'ordonnance du 21 juillet 1845 et celle du 9 novembre 1845 tracent les règles générales pour les concessions de gré à gré, et déterminent dans quelles limites et sous quelles conditions elles peuvent être accordées.

Les agents du domaine de tous grades devront se pénétrer de leurs dispositions. Mais il est une partie essentielle de leurs attributions sur laquelle je crois devoir appeler leur attention.

Dans un pays où il est bon d'attirer le plus grand nombre d'habitants, le mode de vente de gré à gré a dû, en dehors des autres moyens de mise en produit du pays, être adopté avec faveur. Aussi *tout le monde veut-il des concessions.* Vainement M. le ministre de la guerre a-t-il dans plusieurs dépêches, et notamment le 6 juin 1844, fait connaître que toute demande de la part d'officiers et fonctionnaires n'ayant pas dix ans de séjour en Afrique devrait être écartée. Les demandes de l'espèce, fondées peut-être en équité et en raison, puisque toute personne est apte à se présenter, mais contraires aux instructions, affluent à l'égal de celles des simples colons; à ceux-là se joignent les cultivateurs, les capitalistes, et les esprits aventureux, faiseurs d'expériences, les spéculateurs enfin.

C'est ici que la tâche des receveurs des domaines devient délicate, et exige tout à la fois du discernement, du tact, de la fermeté et un esprit conciliant.

M. le ministre de la guerre a maintes fois, et notamment dans les dépêches des 6 avril et 16 juillet 1843, exprimé le désir de voir les demandes des anciens militaires accueillies avec faveur, et surtout dans les villes de l'intérieur.

Il a vu aussi avec plaisir que l'on reçût favorablement de bons cultivateurs, riches d'une nombreuse famille, possédant le capital le plus vrai : le courage et l'amour du travail.

Les personnes ayant des capitaux et pouvant consacrer des sommes importantes à de grandes entreprises agricoles méritent aussi de trouver encouragement et faveur; mais, conformément aux instructions récentes de M. le ministre de la guerre, on devra s'assurer au préalable, et *de la manière la plus positive, que les pétitionnaires possèdent les ressources nécessaires pour mettre en valeur les terrains dont ils sollicitent la concession.*

Les expériences utiles, les importations nouvelles, demandent aussi à être appuyées et aidées.

Enfin il est des services éclatants et hors ligne qu'il est bon de récompenser par ces sortes de rémunérations publiques et nationales, comme aussi il est de ces infortunes auxquelles le fonds commun doit au plus vite venir en aide.

En dehors de ces circonstances qui constituent des exceptions à la *règle générale*, laquelle demande, pour la distribution de la richesse publique, *concurrence* et *publicité*, il est des cas où les ventes de gré à gré sont en quelque sorte forcées par la position des parties et la situation des lieux : ainsi dans le cas d'enclave ou d'indivision des immeubles, ou bien encore quand la licitation est démontrée impossible.

A toutes ces causes, les agents du domaine doivent leur concours actif et zélé. Mais surtout ils ne doivent pas se lasser d'accueillir avec empressement les parties intéressées, car elles méritent les égards de l'administration tant par elles-mêmes que par l'importance de leurs projets et des fonds qu'elles pourraient consacrer à leur exécution, alors surtout qu'elles se présentent au nom de l'autorité supérieure.

M. le ministre de la guerre a fait à ce sujet les recommandations les plus expresses dans la lettre du 10 novembre dernier, n° 2180.

Les receveurs des domaines devront donc mettre à la disposition des personnes qui s'adresseront directement à eux ou qui leur seraient envoyées par l'administration tous les renseignements en leur pouvoir, plans, documents, titres, etc.

Quant à la manière de traiter ces sortes de demandes, l'instruction préliminaire et les précautions à prendre sont les mêmes que pour les ventes aux enchères.

Pour les prix à stipuler, ils recevront les offres faites et les discuteront dans leur rapport en émettant leur avis motivé.

Tous les trois mois ils enverront à la direction un relevé de toutes les demandes en concession qui leur auront été adressées, soit par les parties directement, soit par l'administration. Cet état indiquera la suite donnée par eux à chaque demande.

Pour toutes les opérations qui précèdent : locations, ventes aux enchères et de gré à gré, les receveurs ne devront proposer aucune mesure définitive avant d'avoir consulté les divers services du génie militaire, des ponts et chaussées et des travaux publics, afin de connaître les alignements, les réserves ou les conditions à imposer et à insérer dans les actes.

Défense du domaine.

Les instances en matière domaniale sont judiciaires ou administratives.

L'intervention des receveurs des domaines autres que ceux des résidences des tribunaux se bornent à transmettre sans retard les ajournements et significations qui leur seraient notifiés et à fournir dans les plus grands détails tous les renseignements nécessaires pour la défense de l'état; ils devront se reporter à l'arrêté du 25 octobre 1841 pour les instances judiciaires, à l'égard desquelles, au surplus, des instructions spéciales leur seront, en chaque circonstance, adressées.

Il est un autre mode d'utiliser les immeubles domaniaux : ce sont *les affectations à des services publics.*

Les receveurs ne devront point, à ce sujet, perdre de vue les dispositions de l'article 2 de l'ordonnance royale du 9 novembre 1845, ainsi conçu :

« Lorsqu'il y a lieu d'affecter un bien domanial à un service public, la demande en est faite par le chef de service; elle est communiquée au directeur des finances et du commerce; elle est effectuée par une décision de notre ministre de la guerre, rendue sur la proposition ou l'avis du gouverneur général, le conseil supérieur d'administration entendu. »

A l'expiration de chaque trimestre ils adresseront à la direction l'état de tous les *immeubles domaniaux affectés à des services* publics dans le courant du trimestre précédent.

En résumé, les receveurs des domaines doivent, à l'expiration de chaque trimestre, adresser les états ci-après :

1° État des immeubles découverts présumés domaniaux;
2° État des immeubles loués ou affermés aux enchères publiques;
3° État des locations de gré à gré;
4° État des ventes aux enchères publiques ;
5° État des demandes en concession ;
6° État des instances domaniales ;
7° État des affectations à des services publics ;

Chacun des états fournis devra toujours porter distinctement les immeubles *urbains* et les immeubles *ruraux.*

Les états dont il s'agit devront être ensuite exactement fournis par trimestre, alors même qu'ils devraient être négatifs.

Quant aux *échanges* de biens domaniaux, dont il n'est point spécialement question dans la présente circulaire, les règles générales en sont tracées par les articles 13 et suivants de l'ordonnance du 9 novembre dernier, lesquels reproduisent en partie les principes généraux de l'ordonnance royale du 12 décembre 1827 (instr. gén. n° 1233), à laquelle il conviendra de se rapporter pour le surplus.

Chaque affaire de l'espèce donnera, du reste, lieu, de la part de la direction, à des instructions spéciales. Les receveurs devront apporter à leur exécution les plus grands soins, en raison des difficultés qui accompagnent d'ordinaire ces sortes d'opérations.

Aux observations générales ci-dessus il a paru utile de joindre ci-après :

1° L'indication sommaire des parties essentielles formant le cadre du manuel du domaniste en Algérie ;

2° Le texte des ordonnances principales rendues sur le domaine.

Pour la première partie chaque agent pourra remplir lui-même ce cadre au moyen de la législation spéciale, de la législation française et des dispositions applicables du droit commun.

Indication sommaire des matières à étudier par le domaniste.

Principes généraux sur le domaine.
Du domaine en Algérie.
Domaine public.
Domaine de l'état.
Domaine de la colonie.
Domaine des corporations.
Domaine militaire.
Agents chargés de la gestion du domaine.
Reconnaissance du domaine.
Recherche des immeubles domaniaux.
Rapport du receveur à la direction pour signaler les usurpations.
Remises aux agents qui ont fait recouvrer un immeuble.
Mise en demeure des détenteurs d'immeubles présumés domaniaux d'avoir à justifier de leurs titres. (Arrêté du 26 juillet 1831).
Constatation sur les sommiers de consistance.
Changements à opérer sur les sommiers.
Réparations et entretien des immeubles domaniaux.
Formalités à remplir.
Acquittement des frais.
Mise en produit des immeubles domaniaux.
Locations aux enchères.
État de consistance et de lieux.
Devis des réparations.
Estimation et mise à prix.
Projet d'affiches.
Envoi à la direction.
Affiches et annonces.
Adjudications. — Fonctionnaires qui y procèdent.
Rédaction du procès-verbal.
Titre de recette transmis au receveur.
Sommier des baux.
Registres de droits et produits constatés.
Poursuites et recouvrements.
Folle enchère.
Locations de gré à gré.
Rapport du receveur à la direction.
Autorisations préalables.
Règles générales pour les baux et locations.

Droit commun. — Obligations principales du bailleur et du preneur.
Règles spéciales. — Obligations imposées.
Cessation des baux.
Résiliation.
Restitution du prix des loyers.
Non-valeurs.
Surveillance à exercer sur les locataires.
Ventes des biens du domaine.
Adjudications publiques aux enchères.
Formalités préalables.
Levée des plans. — Reconnaissance des lieux.
Constatation des droits du domaine.
Estimation. — Mise à prix. — Envoi à la direction.
Rapport au conseil.
Approbation du ministre.
Arrêté du gouverneur.
Annonce dans les journaux et affiches.
Mode d'adjudications. — Fonctionnaires qui y procèdent.
Droit commun. — Conditions générales. principales obligations du vendeur et de l'acquéreur.
Conditions spéciales. — Pénalités.
Incapacité d'acquérir.
Rédaction du procès-verbal. — Transcription.—Formalités hypothécaires.
Délivrance des grosse et expéditions.
Titre de recette transmis au receveur.
Insertion du prix de vente au sommier des créances actives.
Surveillance des conditions imposées.
Rédaction de procès-verbal de non-exécution.
Signification à la partie.
Envoi à la direction.
Déchéance encourue.
Formalités préalables.
Rapport au conseil.
Approbation du ministre.
Arrêté du gouverneur.
Mise en vente à la folle enchère.
Aliénation de gré à gré dans les cas d'in-

22

division, d'enclave ou autre d'intérêt commun ou spécial.

Production et examen des titres de propriété du demandeur.

Reconnaissance des droits de propriété.

Levée de plan. — Reconnaissance des lieux.

Estimation d'après les prix moyens et en raison des circonstances.

Soumission écrite du demandeur.

Envoi à la direction.

Rapport au conseil.

Approbation du ministre.

Arrêté du gouverneur.

Réalisation de la concession en acte public.

Formalités hypothécaires.

Délivrance des grosse et expéditions.

Inscription de l'acte sur le registre des aliénations.

Envoi du titre de perception au receveur.

Envoi d'un extrait aux agents de surveillance pour l'accomplissement des conditions imposées.

Echanges. — Examen de l'opportunité.

Production et examen des titres de propriété du demandeur.

Reconnaissance et établissement de la propriété domaniale.

Levée du plan des immeubles.

Envoi des pièces à la direction avec indication d'un expert.

Nomination d'experts pour apprécier les objets à échanger.

Dépôt du rapport des experts.

Rédaction de l'acte d'échange provisoire.

Transcription aux hypothèques. (C. civ. 2194. C. pr. civ. 834.)

Certificat de non-inscription ou mainlevée.

Rapport au conseil.

Approbation du ministre.

Arrêté du gouverneur.

Transcription de cet arrêté sur l'acte d'échange et sur les expéditions.

Envoi au receveur.

Acquisitions par le domaine.

Affectation des immeubles domaniaux à des services publics.

Demande du chef de service.

Avis du directeur des finances.

Décision du gouverneur.

Avis au receveur.

Remise de l'immeuble.

Procès-verbal à rédiger.

Annulation sur le sommier de consistance.

Compte rendu par le receveur à la direction.

Compte rendu au ministre.

Formalités spéciales pour les concessions de logements.

Inventaire général des immeubles affectés à des services publics.

Surveillance et entretien de ces immeubles.

Défense du domaine.

Instances judiciaires.

Mémoire préalable.

Ajournements.

Actions devant les tribunaux.

Constitution d'avoué et d'avocat.

Jugements préparatoires et interlocutoires.

Enquêtes. — Expertises. — Incidents.

Jugements définitifs.

Appel, pourvoi.

Déclinatoires et conflits.

Jugements de conflits.

Transaction.

Exécution des jugements.

Paiements des frais.

Mobilier de l'état.

Importance de la richesse mobilière de l'état.

Du mobilier et du matériel des administrations, établissements ou services entretenus par l'état.

Inventaires du mobilier fourni par l'état à des fonctionnaires publics.

Récolements périodiques.

Ventes du mobilier de l'état.

Capacité de vendre.

Mode de la vente.

Frais.

Mobiliers divers. — Animaux en fourrière. — Arbres des routes, etc.

Effets hors de service des administrations financières.

Effets déposés dans les greffes.

Mobilier militaire.

Mobilier de la marine.

Mesures d'ordre.

Registres et sommiers à tenir à la direction, — au bureau.

Attributions et devoirs des receveurs, — vérificateurs, — inspecteurs, — directeur.

Moyens d'ordre pour assurer le contrôle de tout ce qui a été ou a dû être perçu.

Relevé trimestriel de tous les titres de recette à envoyer aux vérificateurs.

§ 2. — TEXTES.

PERSONNEL.

Ordonnance royale du 15 avril 1845, promulguée le 31 août 1835 (n° 207).

TITRE I. — *Dispositions communes au personnel des divers services administratifs.*

Art. 1er. Nul ne peut être pourvu d'un emploi en Algérie qu'en vertu d'une ordonnance royale ou d'une nomination faite ou approuvée par notre ministre de la guerre.

Cette disposition n'est applicable ni au personnel de la marine, ni aux membres de l'inspection des finances et des agents de la trésorerie et des postes, dont la nomination appartient aux ministres de ces deux départements, chacun en ce qui le concerne.

Art. 2. Les ordonnances et décisions portant nomination de fonctionnaires ou d'agents appartenant à un département autre que celui de la guerre sont toujours concertées avec le ministre compétent.

Art. 3. Aucun fonctionnaire, agent ou employé, ne peut exercer de fonctions en Algérie qu'en vertu d'une lettre de service délivrée par notre ministre de la guerre ou avec son autorisation, ni rentrer en France qu'en vertu de ses ordres ou de son consentement préalable.

Art. 4. Le personnel des services publics en Algérie se divise en *personnel continental* et en *personnel colonial.*

Art. 5. Le personnel continental est celui qui, appartenant aux corps et aux administrations du continent, est détaché pour le service de l'Algérie sur la demande de notre ministre de la guerre et le consentement du ministre compétent.

Le personnel colonial est celui qui est nommé par notre ministre de la guerre, en dehors des corps ou des administrations du continent.

Les employés de l'une et de l'autre catégorie exercent au même titre.

Art. 6. Des arrêtés de notre ministre de la guerre règlent l'organisation intérieure des services et celle des bureaux des diverses administrations centrales et locales.

Art. 7. Dans le cas de travaux extraordinaires et urgents, notre ministre secrétaire d'état de la guerre peut autoriser l'admission temporaire, dans les bureaux, d'employés auxiliaires dont les emplois, rétribués sur les crédits spéciaux, seront supprimés dès que les circonstances ne les rendront plus nécessaires.

Art. 8. Les chefs et employés des bureaux de l'administration centrale, établie auprès du gouverneur général, sont choisis indistinctement parmi le personnel continental ou colonial.

Ces chefs employés conservent leur position dans les cadres; mais ils reçoivent le traitement spécial attaché à leur emploi dans les bureaux de ladite administration.

Art. 9. Les fonctionnaires et agents du personnel continental sont assujettis à porter, dans l'exercice de leurs fonctions, l'uniforme attribué en France à leur grade ou emploi.

Notre ministre de la guerre déterminera l'application qui devra être faite de cette prescription aux agents du personnel colonial.

TITRE II. — *Du personnel continental.*

Art. 10. Le personnel de la magistrature, de l'instruction publique, du service télégraphique, des ponts-et-chaussées, des mines, de l'enregistrement et du domaine, des douanes, des contributions diverses et des forêts, est exclusivement choisi en France parmi les fonctionnaires et agents appartenant à ces services.

La hiérarchie des emplois en Algérie est la même qu'en France.

Art. 11. La lettre de service délivrée par notre ministre de la guerre à un fonctionnaire ou agent d'une administration continentale ne lui attribue aucun grade ni aucun traitement dont il puisse se prévaloir en France.

Art. 12. Aucun avancement ne peut être accordé que conformément aux règles spéciales à chaque corps ou à chaque administration, par le ministre compétent, et sur la proposition de notre ministre de la guerre.

Le grade accordé, soit au départ, soit pendant la durée du séjour en Afrique, est toujours constaté par une commission.

Art. 13. Les fonctionnaires, agents et employés continentaux, quelle que soit leur position en Algérie, continuent d'appartenir aux cadres respectifs des corps ou des administrations dont ils sont détachés.

Ils y figurent avec le grade et le traitement que leur commission leur attribue en France.

Le rang d'ancienneté, dans les corps ou les administrations du continent, date du jour indiqué sur les commissions.

Art. 14. Les fonctionnaires, employés et agents continentaux, sont aptes à rentrer en France avec le grade et le traitement indiqués sur la dernière commission qui leur aura été délivrée, pourvu qu'ils aient au moins cinq ans de service en Algérie, dont deux années dans le dernier grade obtenu.

Les fonctionnaires ou employés qui rentrent en France avant l'expiration de ces délais, pour quelque cause que ce soit, ne peuvent être réadmis dans leur corps ou dans leur administration qu'avec le grade et le traitement dont ils étaient pourvus avant leur dernière nomination, sauf examen des titres qu'ils pourraient avoir acquis à l'avancement au moment de leur retour sur le continent.

Art. 15. Le nombre des surnuméraires attachés à chacun des services financiers en Algérie est fixé au quinzième des employés titulaires.

Ils reçoivent en Algérie, pendant les deux premières années du surnumérariat, une indemnité annuelle de 1,200 fr. A l'expiration de ces deux années, ceux qui sont maintenus comme admissibles à un emploi sont portés de droit au traitement de 1,500 fr.

Art. 16. Nul ne peut être admis comme surnuméraire des services financiers en Algérie que sur la demande de notre ministre de la guerre, et en vertu d'une commission de notre ministre des finances.

Art. 17. Les fonctionnaires, agents et employés du personnel continental, reçoivent en Algérie le traitement attribué en France au grade pour lequel ils sont commissionnés.

Ils ont droit en outre à un suplément colonial qui ne pourra être inférieur au cinquième du traitement normal ni en excéder le tiers.

Lorsque ce supplément n'élèvera pas le traitement intégral à 1,500 fr., le taux en sera augmenté jusqu'à concurrence de ce chiffre.

Les dispositions du présent article ne sont applicables ni aux magistrats dont les traitements restent fixés par nos ordonnances spéciales, ni aux comptables rétribués sur remises.

TITRE III. — *Du personnel colonial.*

Art. 18. Nul ne peut être admis dans le personnel colonial en Algérie qu'après avoir subi un examen.

Notre ministre de la guerre détermine par une instruction spéciale et par un programme les conditions d'aptitude à exiger des aspirants aux services civils, au service des bâtiments civils et de la voirie, et à celui de la topographie parcellaire.

Art. 19. Sont dispensés de l'examen en Algérie les aspirants à un service autre que ceux des bâtiments civils et de la topographie parcellaire, qui auraient déjà été admis comme employés titulaires dans les bureaux du ministère de la guerre et des autres départements ministériels.

Art. 20. Tout aspirant à un emploi dans les services coloniaux en Algérie, autre que les indigènes, devra prouver :

Qu'il est né ou naturalisé Français ;

Qu'il a satisfait à la loi du recrutement ;

Qu'il n'a pas dépassé l'âge de trente ans.

Seront néanmoins admissibles jusqu'à l'âge de quarante ans :

1. Les anciens militaires ;

2. Les anciens employés des administrations générales ou municipales du continent.

Art. 21. Des commissions spéciales nommées par notre ministre secrétaire d'état de la guerre, sur la proposition du gouverneur général, procéderont à l'examen des aspirants aux emplois :

1. Dans les bureaux ou les services civils ;

2. Dans le service des bâtiments civils et de la voirie ;

3. Dans le service de la topographie parcellaire.

Art. 22. Ces commissions dresseront, par ordre de mérite, la liste de ceux des candidats dont elles auront constaté l'aptitude.

En ce qui concerne le service des bureaux, il est formé deux listes :

L'une pour les emplois de commis rédacteur ou vérificateur ;

L'autre pour les emplois de commis expéditionnaire.

Ces listes mentionnent ceux des candidats reconnus admissibles qui ont produit le diplôme de licencié en droit ou de bachelier ès-lettres, ou qui parlent une langue étrangère, et spécialement la langue arabe.

A mérite égal, tout aspirant parlant couramment la langue arabe est préféré.

Art. 23. Les candidats reconnus admissibles sont placés, au fur et à mesure des vacances, et suivant l'ordre de leur classement, dans celui des services pour lequel leur aptitude a été constatée.

Néanmoins les deux premières années sont considérées comme un temps de stage, pendant la durée ou à l'expiration duquel les agents qui ne satisferaient pas complétement à leurs obligations ou aux devoirs de leur emploi pourront être congédiés ou placés dans un autre service.

Art. 24. Le traitement minimum est fixé à 1,500 francs.

Tout avancement emporte une augmentation de traitement qui ne peut être moindre de 300 francs.

Art. 25. Nul ne peut obtenir d'avancement qu'après deux ans d'exercice dans l'emploi du grade ou de l'emploi dont il est titulaire.

Il pourra être dérogé à cette règle pour récompenser des services extraordinaires et importants dûment reconnus par décision spéciale de notre ministre de la guerre.

Art. 26. Dans le cas d'infraction à l'ordre, à la discipline ou à la morale, les employés de tous grades peuvent être punis suivant les cas :

1° De la réprimande simple ; d'une retenue disciplinaire de un à cinq jours de solde ;

2° De la réprimande avec mise à l'ordre du service; de la suspension de cinq jours à un mois;

3° Du retrait d'un grade ou d'une classe; de la révocation.

Les peines de la première catégorie peuvent être imposées par le chef de service;

Celles de la seconde, par le directeur général et par les directeurs de l'intérieur et des finances. Notre ministre secrétaire d'état de la guerre peut seul prononcer le retrait d'un grade ou d'une classe, ou la révocation des agents coloniaux qui sont à sa nomination.

Dans les deux cas réservés ci-dessus à la décision de notre ministre de la guerre, les faits seront préalablement constatés par une commission d'enquête nommée par lui.

Art. 27. Le personnel colonial n'a point droit à être placé dans les administrations spéciales du continent. Néanmoins, pour la première formation du service des contributions diverses, les agents actuellement employés dans ce service, et réunissant d'ailleurs les conditions requises, pourront être attachés aux administrations des contributions directes ou indirectes, jusqu'à concurrence de la moitié du nombre d'agents continentaux qui devront être détachés en Algérie.

Art. 28. Tous les agents et employés des services coloniaux participeront aux charges et aux conditions de pensions de retraite, stipulées par les règlements des ministères auxquels ils ressortissent par leurs attributions.

TITRE IV. — *Dispositions transitoires.*

Art. 29. Les dispositions des titres II et III précédents seront applicables à toutes les nominations qui suivront la première organisation effectuée en vertu de la présente ordonnance.

Néanmoins les nouvelles fixations de traitement ne seront pas applicables à ceux des fonctionnaires, agents et employés, qui, maintenus dans l'organisation, se trouveraient alors en possession d'un traitement supérieur; ce traitement leur sera conservé exceptionnellement jusqu'à la cessation de leurs fonctions actuelles, sans que leurs successeurs puissent s'en prévaloir pour réclamer le même avantage.

Art. 30. Toutes les dispositions contraires à la présente ordonnance sont et demeurent abrogées.

Art. 31. Notre ministre secrétaire d'état de la guerre, président du conseil, est chargé de l'exécution de la présente ordonnance.

COMPTABILITÉ.

Ordonnance royale du 2 janvier 1846, promulguée le 7 février suivant (n° 217).

TITRE IV. — *Des services financiers.*

§ 1er. — Régies financières.

Art. 65. Les régies financières placées sous les ordres et la surveillance du directeur des finances et du commerce, institué par notre ordonnance du 15 avril 1845, sont fixées au nombre de cinq, savoir:

Enregistrement et domaines;

Forêts;

Douanes;

Contributions diverses;

Opérations topographiques (pour la reconnaissance des propriétés).

Elles embrassent dans leurs attributions la gestion des services, l'administration et la perception des droits et revenus mentionnés pour chaque régie au tableau n° 4, annexé à la présente ordonnance.

Les services, produits ou revenus, qui seraient créés ultérieurement, seront rangés par analogie dans les attributions des régies indiquées audit tableau.

Art. 66. Les frais de perception des produits et revenus, et de paiement des dépenses classées au budget local et municipal en exécution des art. 15 et 21 de notre ordonnance du 17 janvier 1845, sont remboursés au trésor au moyen d'un prélèvement de 10 pour 100 sur le montant brut des recouvrements effectués par les agents du trésor au titre dudit service local et municipal.

Le décompte de ce prélèvement est établi de mois en mois, au vu des bordereaux de recette, par le directeur des finances et du commerce, qui en ordonnance le montant au nom des trésoriers payeurs de chaque province.

Art. 67. Les chefs de service des régies financières remettent au directeur des finances et du commerce :

Tous les trois mois un rapport sur l'événement des produits ;

Tous les six mois 1° un rapport sur leur gestion et sur le service dont ils sont chargés, 2° les tableaux de signalement des agents sous leurs ordres.

Ces rapports et états de signalement sont adressés à notre ministre de la guerre, et communiqués par lui à notre ministre des finances, qui les lui renvoie avec les observations auxquelles a donné lieu leur examen. Ces observations sont ensuite transmises aux chefs de service par l'intermédiaire du gouverneur général (*direction des finances et du commerce*).

Art. 68. Le directeur des finances et du commerce soumet au gouverneur général toutes propositions à transmettre à notre ministre de la guerre, concernant les créations, suppressions ou modifications, d'emplois des régies financières, les avancements, récompenses et punitions des agents financiers.

Il prend ses ordres sur les demandes de congés, et les propositions de mutation d'une résidence à une autre.

Art. 69. Le directeur des finances et du commerce est entendu au conseil supérieur d'administration sur toutes les demandes de crédit ou de virement de crédit.

Art. 70. Il approuve les transactions consenties par les chefs de service des régies financières jusqu'à concurrence de trois mille francs, pour le montant des condamnations encourues ; au dessus de ce chiffre, il adresse les transactions au gouverneur général, pour être soumises à notre ministre de la guerre.

Il vérifie et arrête les états de droits constatés.

Il reçoit, contrôle et arrête les états de restes à recouvrer.

Il prononce sur les restitutions de droits indûment perçus.

Il autorise les admissions en décharge et non-valeurs.

Art. 71. Il reçoit, vérifie et centralise tous les documents nécessaires pour faire connaître le mouvement des recettes et des dépenses, celui du commerce, de la navigation et de l'exploitation des revenus.

Art. 72. Il transmet au gouverneur général, outre les documents qui peuvent lui être demandés, ceux qui sont mentionnés au tableau n° 5, annexé à la présente ordonnance.

Art. 73. Les chefs de service des régies financières, quel que soit leur grade, remplissent en tout ce qui n'est pas contraire aux règlements spéciaux à l'Algérie, sous les ordres et la surveillance du directeur des finances et du commerce, les fonctions attribuées en France aux directeurs des administrations financières, conservateurs des forêts et géomètres en chef, dans les départements.

Art. 74. Ils correspondent seuls avec le directeur des finances et du commerce ; ils donnent des ordres aux agents de leur administration., sous la réserve prescrite par l'art. 50 de notre ordonnance du 15 avril 1845.

Art. 75. Les chefs de service des régies financières adressent au directeur des finances et du commerce toutes les propositions concernant le personnel sous leurs ordres ; ils peuvent néanmoins prescrire les mutations des préposés des douanes et forêts.

Art. 76. Ils mandatent, en vertu des sous-délégations qui leur sont faites par le directeur des finances et du commerce, les dépenses à la charge du trésor, et les dépenses locales et municipales afférentes à leur service.

Art. 77. Ils transmettent directement à la comptabilité générale du ministère des finances les bordereaux, pièces et documents, que les directeurs des administrations financières en France sont tenus d'envoyer à ce département.

Ils adressent au directeur des finances et du commerce un double de leurs bordereaux, ainsi que des autres éléments nécessaires pour la centralisation que l'art. 71 ci-dessus lui impose.

Leur correspondance avec lui est réglée et suivie d'une manière analogue à celle des directeurs des départements avec les directeurs généraux des administrations centrales.

§ 3. — Service de l'inspection générale des finances.

Art. 80. Les régies financières, les comptables de deniers publics ou de matières dépendant du trésor, et tout préposé chargé d'une perception quelconque ou de l'acquittement de dépenses, sont soumis aux vérifications des inspecteurs des finances, conformément aux dispositions de notre ordonnance du 16 décembre 1843.

TITRE V. — Des agents comptables.

§ 1er. — De la perception.

Art. 81. La perception des deniers publics dans l'Algérie, tant pour le compte du trésor que pour le compte du service local et municipal, est confiée aux receveurs de l'enregistrement et des domaines, à ceux des douanes, des contributions diverses, aux préposés aux recettes placés sous leur surveillance immédiate, aux entreposeurs des poudres à feu, aux trésoriers payeurs et à leurs préposés.

Art. 82. Les produits et revenus de toute nature à percevoir en Algérie sont répartis entre les diverses régies financières conformément au tableau n° 4, annexé à la présente ordonnance.

Chaque comptable effectue, pour la régie à laquelle il appartient, les recouvrements à faire pour le compte du trésor, du service local et municipal, ou à titre d'opérations de trésorerie.

Art. 83. Les préposés aux recettes effectuent, sous la surveillance des receveurs de l'enregistrement et des domaines, des douanes, des contributions diverses, les perceptions qui leur sont confiées par les instructions. Les faits de leur gestion sont rattachés au fur et à mesure des versements à la comptabilité des receveurs ci-dessus désignés, suivant la nature des recettes.

Art. 84. Dans les localités où l'importance des recettes n'exige pas le concours de ces divers comptables, le même receveur pourra faire toutes les opérations de recette.—.

§ 2. — Des titres de perception, de la constatation des droits et recouvrements.

Art. 87. Les rôles de contributions ne peuvent être mis en recouvrement avant d'avoir été rendus exécutoires, savoir :

Ceux des contributions arabes, par le gouverneur général, ou, en vertu de ses ordres, par les commandants supérieurs;

Tous autres rôles, par le directeur des finances et du commerce.

Les recouvrements à effectuer par suite des décisions judiciaires ou administratives s'opèrent à la diligence des receveurs de l'enregistrement et des domaines, sur les extraits de jugement ou les arrêtés en forme exécutoire.

Art. 88. Les rôles de taxes, de sous-répartitions ou de prestation, doivent, aussitôt qu'ils ont été rendus exécutoires, être transmis aux agents comptables.

Il leur est en outre adressé une expédition en forme de tous les arrêtés, baux, contrats, jugements, déclarations, titres nouveaux et autres, concernant les revenus dont la perception leur est confiée.

Art. 89. Les receveurs recouvrent les produits aux échéances déterminées par les titres de perception ou par l'administration.

Ils sont tenus, sous leur responsabilité personnelle, de faire toutes les diligences nécessaires pour la perception des revenus, legs, donations, amendes et recouvrements d'avances; de faire faire contre les débiteurs en retard de payer, à la requête du directeur des finances et du commerce, les exploits, significations, poursuites et commandements nécessaires; d'avertir les administrateurs à l'expiration des baux; d'empêcher les prescriptions; de veiller à la conservation du domaine, des droits, priviléges et hypothèques; de requérir et renouveler à cet effet l'inscription au bureau des hypothèques de tous les titres qui en sont susceptibles; enfin de tenir registre de ces inscriptions, et autres poursuites et diligences.

Art. 90. Ils ne peuvent accorder ni crédit ni escompte, en ce qui concerne les droits de douane et autres produits attribués au trésor, qu'en vertu d'un règlement spécial concerté entre les ministres de la guerre et des finances.

Art. 91. Tous les droits et produits constatés du 1er janvier au 31 décembre de chaque année, ainsi que les droits et produits payables comptant, dont le recouvrement est effectué dans le même intervalle, appartiennent à l'exercice auquel l'année donne son nom.

Art. 92. Les droits et produits constatés pour chaque exercice, tant ceux au profit du trésor que ceux au profit du service local et municipal, doivent être entièrement recouvrés dans le cours de dix-huit mois à partir de l'ouverture de l'exercice.

En conséquence les comptables sont déclarés responsables des droits et produits constatés qu'ils n'auraient pas recouvrés au 30 juin de la deuxième année de l'exercice.

Les comptables ne peuvent être déchargés de cette responsabilité qu'en justifiant qu'ils ont été dans l'impossibilité de recouvrer les sommes qui restaient dues à ladite époque.

Art. 93. A cet effet les trésoriers payeurs, les receveurs de l'enregistrement et des domaines, des douanes et des contributions diverses, dressent le 1er juillet de la deuxième année de l'exercice le relevé des articles non recouvrés, indiquant par chaque article les motifs de défaut du recouvrement; ils y joignent les certificats délivrés par l'autorité locale, et constatant que les débiteurs sont insolvables, absents ou inconnus; les décisions portant remise ou modération de créances, et toutes autres pièces destinées à justifier les obstacles qui ont empêché la réalisation des sommes restant dues.

Art. 94. Ces relevés, et les pièces à l'appui, vérifiés et visés par le chef de service, sont adressés avant le 15 juillet au directeur des finances et du commerce, qui arrête provisoirement l'état des sommes dont le comptable doit être déchargé, de celles qui doivent être mises à sa charge, et de celles qu'il y a lieu de reporter à l'exercice courant.

Cet état est soumis à l'approbation de notre ministre de la guerre.

L'état indicatif du résultat final de ces liquidations est adressé le 1er septembre au ministre des finances.

§ 3. — Versements et récépissés.

Art. 95. Les comptables sont tenus de verser les 10, 20 et dernier jour de chaque mois, et plus souvent si les instructions du directeur des finances et du commerce le prescrivent, le montant total des recouvrements qu'ils ont effectués tant pour le compte du trésor que pour le compte du service local et municipal, aux trésoriers payeurs ou à leurs préposés.

Art. 96. Les trésoriers payeurs et leurs préposés délivrent immédiatement un récépissé à talon pour chacun des versements qui leur sont faits en exécution de l'article précédent, et pour toutes les sommes qu'ils reçoivent des particuliers, et des débiteurs envers le trésor ou le service local et municipal.

Ce récépissé est libératoire et forme titre, à la charge, par la partie versante, de le faire viser et séparer de son talon dans les vingt-quatre heures de sa date, savoir : sur les territoires civils, par les sous-directeurs de l'intérieur ou les commissaires civils ; sur les territoires mixtes et arabes, par les fonctionnaires de l'intendance militaire.

A l'égard des envois faits par des comptables à d'autres comptables qui n'habitent pas la même résidence, le visa à apposer sur le récépissé est requis par celui qui a reçu les fonds et valeurs.

Les récépissés, revêtus du visa après que le talon en a été détaché, sont immédiatement rendus aux parties.

Art. 97. Les talons de récépissé délivrés par les trésoriers payeurs sont adressés aux directeurs des finances et du commerce par les fonctionnaires qui les ont visés.

Les talons de récépissé délivrés par les préposés comptables, dûment visés, sont par eux transmis aux trésoriers payeurs.

Art. 98. Dans les cinq premiers jours de chaque mois, les préposés comptables dressent un relevé partiel, par nature de produits, des récépissés qu'ils ont délivrés pendant le mois expiré. Ce relevé est remis au sous-directeur, commissaire civil ou fonctionnaire de l'intendance militaire de leur résidence, qui, après l'avoir vérifié et certifié, l'adresse au directeur des finances et du commerce.

Art. 99. Les trésoriers payeurs établissent également, dans les cinq premiers jours de chaque mois, un relevé des récépissés qu'ils ont délivrés dans le mois précédent. Ce relevé est sommaire, et énonce seulement le numéro, la date et le montant des versements.

Les récépissés sont inscrits et totalisés par nature de produits.

Les trésoriers payeurs dressent ensuite un bordereau récapitulatif comprenant non seulement les recettes faites directement par eux, mais encore le montant, par place et par nature de produits, des recettes de leurs préposés dont ils ont passé écriture dans le mois.

Art. 100. Le 5 de chaque mois, au plus tard, les trésoriers payeurs envoient les états mentionnés en l'article précédent au directeur des finances et du commerce.

Art. 101. Le directeur des finances et du commerce est tenu de renvoyer avant le 10 de chaque mois, aux trésoriers payeurs, les deux états ci-dessus, visés et certifiés conformes à ses écritures.

Il y joint, en ce qui concerne les trésoriers payeurs, les talons des récépissés, et, en ce qui concerne les préposés, les relevés partiels dressés par ces comptables.

Art. 102. Les trésoriers payeurs procèdent au classement des talons dans l'ordre des relevés partiels, et les transmettent à notre ministre secrétaire d'état des finances, avec leurs éléments de compte du mois auquel la recette se rapporte.

§ 4. — Des paiements.

Art. 103. Les dépenses, soit à la charge du trésor, soit à la charge du service local et municipal, sont acquittées par les trésoriers payeurs ou par leurs préposés. Les mandats sont délivrés sur leur caisse ; ils peuvent néanmoins, pour la facilité des parties prenantes, les faire payer en leur nom par les receveurs des administrations financières : dans ce cas, les mandats sont revêtus d'un visa daté et signé par les trésoriers payeurs ou par leurs préposés, qui indique le receveur auquel ils délèguent le paiement.

Art. 104. Toute saisie-arrêt ou opposition sur des sommes dues par l'état ou par le service local et municipal, toute signification de cession ou transport desdites sommes, et toutes autres ayant pour objet d'en arrêter le paiement, doivent, pour être valables, être faites conformément à la loi du 9 juillet 1836, et à l'ordonnance royale du 31 mai 1838.

§ 5. — Vérifications mensuelles et en fin d'année.

Art. 110. Les chefs de chaque service, dans les différentes localités, vérifient le plus souvent possible, et au moins à la fin de chaque mois, les registres de perception, et ceux qui sont relatifs au travail et aux opérations du service actif; ils en vérifient la concordance, se font représenter les valeurs de caisse et de portefeuille, et arrêtent les recettes du mois.

Ils contrôlent les bordereaux au vu des pièces de recette et dépense, et constatent leurs vérifications par un arrêté, tant sur les registres que sur les bordereaux et les pièces à l'appui.

Les négligences, irrégularités ou manquements, reconnus dans le cours des vérifications, soit pendant le mois, soit lors des arrêtés mensuels, sont constatés sur un registre spécial, et mentionnés dans les journaux de travail avec les recommandations auxquelles ils donnent lieu.

Art. 111. Le directeur des finances et du commerce constate ou fait constater le 31 décembre de chaque année, après la fermeture des bureaux, par un procès-verbal en double expédition, les espèces et valeurs existant dans la caisse des trésoriers payeurs.

La même opération a lieu, savoir :

Pour les préposés des payeurs, par le fonctionnaire ou l'agent désigné à cet effet par le directeur des finances et du commerce ;

Pour les autres comptables, par le chef de service sous la surveillance duquel ils sont placés.

Art. 112. L'une des expéditions du procès-verbal des sommes et valeurs en caisse ou en portefeuille est laissée au comptable pour être jointe à son compte de fin d'année ; l'autre est envoyée au directeur des finances et du commerce ou conservée par lui.

§ 6. — Livres et écritures des agents comptables.

Art. 113. Chaque comptable tient, selon les ordonnances, règlements et instructions, des sommiers des droits et produits constatés à la charge des redevables de l'état ou du service local et municipal, à l'égard de ceux de ces droits et produits dont la perception n'a pas lieu au comptant.

Art. 114. Tout comptable chargé de la perception des droits et revenus est tenu d'enregistrer les faits de sa gestion sur les livres ci-après :

1° Un livre journal de caisse et de portefeuille où sont consignés les entrées, les sorties d'espèces et valeurs, et le solde de chaque journée.

Ce livre présente le total général des valeurs de caisse et de portefeuille, quelle qu'en soit l'origine.

2° Des registres auxiliaires destinés à présenter les développements propres à chaque nature de service.

3° Des sommiers ou livres récapitulatifs présentant, par service, par nature de produits et par article, les entrées et les sorties de chaque jour.

Art. 115. Tout préposé à la perception des deniers publics est tenu de procéder :

1° A l'enregistrement en toutes lettres aux rôles, états de produits ou autres titres légaux, quelles que soient leur dénomination et leur forme, de la somme reçue et de la date du recouvrement ;

2° A son inscription immédiate en chiffres sur son livre récapitulatif ou sur les autres sommiers de recette ;

3° A la délivrance d'une quittance à souche.

Le total de chaque journée au journal à souche est reporté à la fin du jour au journal général, lorsque celui-ci n'est pas complétement suppléé par le journal à souche.

Sont néanmoins exceptés de la formalité d'une quittance à souche les recettes des droits d'enregistrement, de timbre, de greffe et d'hypothèques ; le produit de la taxe des lettres, et les menues recettes, qui, par leur nature, ne peuvent être soumises à cette formalité.

§ 7. — Bordereaux mensuels et trimestriels.

Art. 117. Les receveurs de l'enregistrement et des domaines, des douanes et des contributions diverses, et les entreposeurs des poudres, adressent également le 1er de chaque mois au chef de la régie financière à laquelle ils appartiennent, chacun en ce qui le concerne, un bordereau présentant pour le mois expiré et pour les mois antérieurs :

1° Le montant des recouvrements qu'ils ont effectués pour le trésor, pour le service local et municipal, et sur les opérations de trésorerie ;

2° Les versements qu'ils ont faits, les dépenses qu'ils ont acquittées comme opérations de trésorerie, et la situation de leurs caisses.

Ils joignent à ces bordereaux les pièces justificatives des versements et des dépenses.

Art. 118. Les bordereaux mensuels contiennent tous les développements qui sont exigés en France pour le service du trésor, et ceux que comporte par analogie le service local et municipal.

Art. 119. Chaque chef de service des régies financières dresse, d'après ces bordereaux particuliers, un bordereau général dans la même forme, et l'envoie à notre ministre secrétaire d'état des finances, avec les pièces à l'appui, le 10 de chaque mois au plus tard.

Art. 120. Les receveurs de l'enregistrement et des domaines, des douanes et des contributions diverses, et les entreposeurs de poudres, adressent le premier jour de chaque trimestre au chef du service de la régie financière un état des droits et produits constatés à la charge des redevables, présentant les recouvrements faits et ceux qui restent à faire.

Art. 121. Le chef de service de chaque régie financière rédige, d'après ces états, par comptable, un état général dans la même forme, et l'adresse à notre ministre des finances le 10 du premier mois de chaque trimestre.

§ 8. — Des comptes annuels.

Art. 123. Le 1er janvier, chacun des receveurs de l'enregistrement et des domaines, des douanes et des contributions diverses, et des entreposeurs des poudres, dresse le compte des droits et produits constatés, ainsi que des recettes et dépenses, et des versements effectués pendant l'année écoulée.

Ce compte, affirmé et signé par le receveur, est formé en triple expédition, dont une reste entre les mains du comptable, et dont les deux autres sont adressées, avec les pièces à l'appui, au chef du service.

Art. 124. Les comptes dont l'établissement est prescrit par l'article précédent sont vérifiés par le chef de service ; il en établit un bordereau récapitulatif en triple expédition, appose un visa sur les comptes, et les adresse avant le 1ᵉʳ février, avec deux expéditions du bordereau récapitulatif, à notre ministre des finances (comptabilité générale).

Art. 125. Les pièces justificatives envoyées périodiquement au ministère des finances par les chefs de service sont jointes aux comptes annuels par le directeur de la comptabilité générale, et adressées à la Cour des comptes avec ces comptes et une expédition du bordereau récapitulatif.

Art. 126. Dans la première quinzaine de septembre, les comptables dressent, d'après leurs écritures, un état de situation de l'exercice clos en ce qui concerne les revenus locaux et municipaux. Cet état doit faire ressortir les recouvrements effectués et les restes à recouvrer, les dépenses faites et celles à payer, ainsi que les crédits annulés, et enfin l'excédant définitif des recettes.

Il est remis par les comptables aux chefs de service, et transmis au directeur des finances et du commerce pour être joint, comme pièce justificative, au compte d'administration, et pour servir au règlement définitif des recettes et des dépenses de l'exercice clos.

Art. 127. En cas de mutation dans les emplois de comptables, il est procédé pour la remise du service et la reddition des comptes selon les règles prescrites par notre ordonnance du 31 mai 1838, portant règlement général sur la comptabilité publique, et par les instructions données pour son exécution.

Art. 128. Sont justiciables directs de la Cour des comptes pour toutes les recettes et dépenses faites par eux ou pour leur compte :

Les trésoriers payeurs ;

Les receveurs de l'enregistrement et des domaines, des douanes et des contributions diverses ;

Les conservateurs des hypothèques ;

Les entreposeurs des poudres.

TITRE VII. — *Dispositions générales.*

Art. 134. Pour tout ce qui n'est pas prévu par la présente ordonnance, les dispositions de notre ordonnance du 31 mai 1838 et les règlements particuliers sur la comptabilité de chaque département ministériel seront appliqués par analogie aux services civils, ainsi qu'aux services locaux et municipaux de l'Algérie.

Art. 135. Toutes dispositions contraires à la présente ordonnance sont et demeurent abrogées.

ENREGISTREMENT.

Ordonnance royale du 19 *octobre* 1841, *publiée au* Moniteur algérien (*partie officielle*) *le* 16 *novembre suivant* (*nᵒ* 459).

Art. 1ᵉʳ. A partir du 1ᵉʳ janvier 1842 seront applicables et exécutoires en Algérie, sauf les exceptions et modifications ci-après, et celles qui résulteraient de l'exécution de notre ordonnance du 28 février 1841, art. 10, les lois, décrets et ordonnances qui régissent en France :

1° Les droits d'enregistrement ;
2° Les droits de greffe ;
3° Les droits d'hypothèques ;
4° Les obligations des notaires, huissiers, greffiers, commissaires-priseurs, et tous autres officiers publics et ministériels, en ce qui concerne la rédaction matérielle des actes et la tenue des répertoires.

Art. 2. Il ne sera perçu pour les droits d'enregistrement, de greffe et d'hypothèques, que la moitié des droits, soit fixes, soit proportionnels, *décime non compris*, qui sont perçus en France, sans que néanmoins dans aucun cas le minimum du droit perçu pour un même acte puisse être au dessous de vingt-cinq centimes.

Art. 3. Les droits de greffe continueront à être perçus au profit du trésor conformément à l'art. 28 de notre ordonnance du 28 février 1841.

Art. 4. Les mutations de biens meubles ou immeubles, droits et créances, opérées par décès, ne sont assujetties à aucun droit ni soumises à aucune déclaration.

Art. 5. Il est fait remise de toutes les amendes encourues jusqu'au jour de la publication de la présente ordonnance pour contravention aux lois sur l'enregistrement, le greffe et les hypothèques.

Art. 6. Il est accordé jusqu'au 1er janvier 1842 pour faire enregistrer sans droits en sus ni amendes tous les actes qui n'auraient pas été soumis à la formalité.

Le même délai de faveur est accordé pour faire la déclaration des mutations entre vifs d'immeubles ou de droits immobiliers qui n'auraient pas encore été constatées par des conventions écrites.

Art. 7. Les droits et ordonnances qui seraient rendues en France relativement aux droits d'enregistrement, de greffe ou d'hypothèques, ne deviendront exécutoires en Algérie qu'en vertu d'ordonnances spéciales.

Art. 8. Toutes dispositions contraires à la présente ordonnance sont et demeurent abrogées.

Art. 9. Notre président du conseil, ministre secrétaire d'état de la guerre, et notre ministre secrétaire d'état des finances, sont chargés, chacun en ce qui le concerne, de l'exécution de la présente ordonnance.

Les art. 10 et 28 de l'ordonnance royale sur la justice en date du 28 février 1841, mentionnés dans l'ordonnance ci-dessus, sont ainsi conçus :

Art. 10. Les arrêtés du ministre de la guerre déterminent provisoirement et modifient, s'il en est besoin, les règles de procédure à observer devant les juges de paix ou commissaires civils, et pour l'exécution de leurs jugements.

Art. 28. Les greffiers et les commis greffiers sont nommés par le ministre de la guerre.

Les droits de greffe et d'expédition sont perçus au profit du trésor.

Ordonnance royale du 10 janvier 1843, insérée au Moniteur algérien *(partie officielle) le 25 mars suivant (n° 530).*

Art. 1er. A partir du 1er mars 1843 seront applicables et exécutoires en Algérie les lois, décrets et ordonnances, qui régissent actuellement en France l'impôt et les droits de timbre.

Art. 2. Les lois et ordonnances qui seraient rendus par la suite en France relativement aux droits de timbre ne deviendront exécutoires en Algérie qu'en vertu de nos ordonnances spéciales.

Art. 3. Notre président du conseil, ministre secrétaire d'état de la guerre, et notre ministre secrétaire d'état des finances, sont chargés, chacun en ce qui le concerne, de l'exécution de la présente ordonnance.

Par ordonnance royale du 12 mars 1843 l'exécution de l'ordonnance ci-dessus a été prorogée au 1ᵉʳ juillet suivant.

DOMAINE.

Ordonnance royale du 1ᵉʳ octobre 1844, promulguée le 21 du même mois (nᵒ 186 du Bulletin officiel) (1).

TITRE Iᵉʳ. — *Des acquisitions d'immeubles.*

Art. 1ᵉʳ. Les ventes et autres actes translatifs de propriété, antérieurs à la présente ordonnance, consentis à des Européens, au nom de propriétaires indigènes, et dans lesquels, sans mandat spécial, les cadis auront stipulé pour des mineurs ou des absents, les maris pour leurs femmes, les pères pour leurs enfants, gendres ou belles-filles, les frères pour leurs frères, sœurs ou alliés au même degré, les chefs de famille pour les membres de la famille placés sous leur protection, présents ou absents, ne pourront être argués de nullité à raison de l'insuffisance des pouvoirs des cadis, maris, pères, frères et chefs de famille, sauf le recours des ayant-droit, s'il y a lieu, contre ceux qui auront agi en leur nom.

Ne pourra être contestée la validité des procurations écrites ou données devant témoins, en vertu desquelles il aura été procédé aux actes ci-dessus, lorsque ces procurations auront été, avant la vente, reconnues suffisantes et certifiées par le cadi.

Art. 2. Tout bail à rente, ou par annuité, dont la durée n'est pas fixée par le contrat, est considéré comme perpétuel, et emporte transmission définitive et irrévocable des immeubles qui en sont l'objet.

La rente ou l'annuité stipulée est également considérée comme perpétuelle, sauf l'exercice de la faculté de rachat par le débiteur.

Art. 3. Aucun acte translatif de propriété d'immeuble consenti par un indigène au profit d'un Européen ne pourra être attaqué par le motif que les immeubles étaient inaliénables, aux termes de la loi musulmane.

Art. 4. Toutes les fois que l'état ou un Européen seront en cause, comme demandeur ou défendeur, les actions en revendication d'immeubles, en nullité ou en rescision de ventes ou autres actes translatifs de propriété, et en général toutes les actions réelles, seront portées devant les tribunaux français de la situation des immeubles, et jugées d'après les lois françaises, combinées avec la présente ordonnance et les dispositions antérieures.

Art. 5. Le dernier paragraphe de l'art. 1ᵉʳ, et les art. 2, 3 et 4, ci-dessus, sont applicables aux ventes antérieures à la promulgation de la présente ordonnance, comme à celles qui auront lieu ultérieurement.

Art. 6. Dans les ventes d'immeubles ruraux antérieures à la présente ordonnance, et qui n'auront pas été faites à raison de tant la mesure, l'indication de la contenance ne donnera lieu à une diminution de prix pour insuffisance, ou à supplément de prix pour excédant de mesure, qu'autant que la différence de la mesure réelle à celle exprimée au contrat sera de plus du tiers de la mesure réelle.

L'action en diminution de prix de la part de l'acquéreur, ou en supplément de prix de la part du vendeur, devra, sous peine de déchéance, être intentée dans l'année de la promulgation de la présente ordonnance.

(1) Nous avons supprimé le titre 5 de cette ordonnance (*Terres incultes*), le gouvernement ayant prescrit la révision de cette partie de l'ordonnance.

Art. 7. Toute action en nullité ou en rescision de ventes antérieures à la présente ordonnance, ou en revendication d'immeubles compris dans ces ventes, devra, sous peine de déchéance, être intentée dans les deux ans de la promulgation de la présente ordonnance, sans préjudice des prescriptions et déchéances qui seraient encourues avant ce terme.

Ce délai court contre les interdits, les mineurs et les femmes mariées, sauf leur recours, s'il y a lieu, contre qui de droit.

Les ventes qui auront lieu à l'avenir demeurent soumises aux dispositions du Code civil.

Art. 8. Les acquéreurs d'immeubles pourront, à toute époque, exiger de ceux de leurs auteurs médiats ou immédiats qui sont détenteurs des titres de propriété, la remise ou le dépôt de ces titres en l'étude d'un notaire. L'action sera portée devant le tribunal de la situation des immeubles. Le tribunal ne pourra statuer qu'après que l'administration du domaine aura été mise en cause pour surveiller ses droits.

S'il est dû, pour le prix ou pour partie du prix des immeubles, soit une rente, soit les intérêts d'un prix à terme, le débiteur pourra en suspendre le paiement durant le procès, tant à l'égard du vendeur qu'envers son cessionnaire; sans préjudice des dommages-intérêts, s'il y a lieu.

Art. 9. L'action en production de titres ne pourra être intentée à raison des ventes antérieures à la promulgation de la présente ordonnance que dans le délai de deux ans à partir de cette promulgation.

Art. 10. Lorsque le domaine aura vendu comme sien un immeuble non occupé et que la propriété de cet immeuble sera revendiquée par un tiers, la vente faite par le domaine sera maintenue, et si les droits du réclamant sont reconnus valables, l'état lui restituera le prix qu'il aura perçu et le subrogera à tous ses droits à raison du prix restant dû ou de la rente constituée.

A l'avenir, le domaine sera autorisé à vendre les immeubles sur lesquels personne n'aura fait acte public de possession. Avis de cette vente sera publié trois mois à l'avance dans le *Moniteur Algérien*. Le propriétaire qui n'aura pas fait de réclamation dans ledit délai de trois mois ne pourra, après la vente, exercer d'autre droit que celui de demander la restitution du prix payé et de se faire subroger aux droits du domaine en ce qui concerne le prix à payer ou la rente stipulée.

TITRE II. — *Du rachat des rentes.*

Art. 11. Toute rente perpétuelle, constituée ou à constituer, pour prix de vente ou de concession d'un immeuble, ou pour cession d'un droit immobilier, au profit des particuliers, des corporations ou du domaine, est essentiellement rachetable, nonobstant toutes coutumes ou stipulations contraires.

Les parties peuvent seulement convenir que le rachat ne sera pas fait avant un délai qui ne pourra pas excéder dix ans, ou sans avoir averti le créancier au terme d'avance qu'elles auront déterminé.

Art. 12. Le rachat s'effectuera au taux légal de l'intérêt de l'argent, tel qu'il se trouvera fixé pour l'Algérie à l'époque du remboursement.

Toute convention ou disposition contraire sera considérée comme non écrite.

Art. 13. Le rachat des rentes dues au domaine, ou aux établissements de piété, de charité ou d'utilité publique, s'effectuera sur les bases fixées par l'article précédent.

Art. 14. Si le créancier n'accepte pas le rachat, le débiteur peut lui faire des offres réelles, et, au refus du créancier de les accepter, consigner le capital dans le dépôt public établi pour recevoir les consignations.

Par l'acte de notification des offres réelles, le créancier sera averti des lieu, jour et heure, auxquels la consignation sera effectuée; il sera sommé d'y assister. S'il ne se présente pas, le procès-verbal de consignation lui sera notifié, avec sommation de retirer les sommes consignées.

Art. 15. Tout débiteur, envers le domaine, d'une ou plusieurs rentes établies pour aliénation ou concession de biens, aura la faculté d'offrir en compensation de sa dette, et jusqu'à due concurrence, une ou plusieurs rentes liquidées à la charge du domaine, et provenant de cession ou d'expropriation d'immeubles.

TITRE III. — *Des prohibitions d'acquérir ou de former des établissements.*

Art. 16. Nul officier des armées de terre ou de mer, nul fonctionnaire ou employé militaire ou civil salarié, ne pourra, pendant la durée de son service en Algérie, y acquérir des propriétés immobilières, directement ou indirectement, par lui-même ou par personnes interposées, ou devenir preneur ou locataire de semblables propriétés par bail excédant neuf années, s'il n'a obtenu de notre ministre de la guerre une autorisation spéciale.

Art. 17. L'autorisation sera délivrée, s'il y a lieu, sur l'avis motivé du gouverneur général et du conseil d'administration.

Art. 18. Les acquisitions d'immeubles faites contrairement aux prohibitions portées en l'art. 16 seront nulles.

La nullité de la vente ou du bail sera prononcée par le tribunal civil, sur la demande de toute partie intéressée ou sur l'action d'office du ministère public. Le tribunal statuera en même temps, s'il y a lieu, sur les dommages-intérêts réclamés.

Art. 19. Sont nulles de plein droit toutes acquisitions à titre onéreux d'immeubles situés même dans les territoires régis par la présente ordonnance, si lesdits immeubles ne sont pas renfermés dans les limites qui seront successivement assignées aux établissements européens et à la colonisation par des arrêtés de notre ministre de la guerre rendus après avis du conseil d'administration et du gouverneur général, et publiés au journal officiel de la colonie.

Un plan certifié, indiquant le périmètre des circonscriptions ainsi limitées, sera annexé à chacun des arrêtés de notre ministre de la guerre; une copie, également certifiée, demeurera déposé au greffe du tribunal civil, pour être donnée en communication, sans frais, à toute partie intéressée.

Art. 20. Sont exceptées de la prohibition portée en l'article précédent :
1° Les acquisitions faites par l'administration pour des services publics;
2° Les acquisitions faites par des particuliers pour des établissements d'industrie et de commerce formés en dehors des limites ci-dessus fixées, pourvu que ceux qui les ont fondés aient obtenu une autorisation spéciale et personnelle, délivrée dans les formes prescrites par l'art. 17.

Art. 21. Les actes prohibés par l'article 19 ne pourront en aucun cas produire effet, alors même que les biens qui en auraient été l'objet deviendraient ultérieurement susceptibles de libre transmission en faveur des colons, par l'extension du territoire assigné à la colonisation.

Art. 22. Tous notaires, cadis ou rabbins, qui prêteraient leur ministère pour les actes interdits par la présente ordonnance, seront, selon la gravité des cas, suspendus ou révoqués, sans préjudice, s'il y a lieu, de dommages-intérêts envers les parties.

Art. 23. Sont vables et sortiront leur plein et entier effet les actes d'acquisitions d'immeubles situés en dehors des limites assignées à la colonisation, si ces actes sont antérieurs à la promulgation de la présente ordonnance, et si les acquéreurs s'en sont mis en possession.

Si, par l'effet de la force majeure, l'acquéreur n'a pu se mettre ou se maintenir en possession desdits immeubles, la vente pourra être résiliée. Toute action à cet effet devra être intentée dans le délai de six mois à compter de la promulgation de la présente ordonnance.

23

En cas de résiliation, le capital stipulé sera restitué; mais il ne pourra être ordonné de restitution, soit des arrérages payés, soit des fruits perçus.

TITRE IV. — *De l'expropriation et de l'occupation temporaire pour cause d'utilité publique.*

CHAPITRE Ier. — *Formes de l'expropriation.*

Art. 24. L'expropriation pour cause d'utilité publique sera prononcée dans les cas et dans les formes ci-après déterminés, sauf les exceptions aux art. 107 et 111 de la présente ordonnance.

Art. 25. L'expropriation pour cause d'utilité publique ne pourra avoir lieu que :

1° Pour la fondation de villes, villages ou autres centres de population ;

2° Pour l'agrandissement des enceintes de tous ces centres de population ;

3° Pour tous travaux relatifs à la défense et à l'assainissement du territoire ;

4° Et pour toutes autres causes pour lesquelles la loi du 3 mai 1841 autorise l'expropriation.

Art. 26. Lorsqu'il y aura lieu de déclarer l'utilité publique, un avis indiquant la nature et la situation des travaux à entreprendre et des établissements à former sera, à la diligence du gouverneur général, inséré dans le journal officiel de l'Algérie et affiché au siége de la justice de paix, et, à défaut de justice de paix, au chef-lieu du commissariat civil.

Pendant dix jours à partir de ces insertions et affiches, les propriétaires et autres intéressés seront admis à consigner leurs observations sur un registre ouvert, pour la province d'Alger, à la direction de l'intérieur, et, pour les autres provinces, à la sous-direction de l'intérieur.

Toutefois, dans les portions du territoire qui seront formées en district, ces observations pourront être faites au commissariat civil du district.

Les observations des propriétaires et autres intéressés seront soumises au conseil d'administration, qui en constatera sommairement les résultats.

La déclaration d'utilité publique ne pourra être faite qu'après l'accomplissement de ces formalités : elle sera rendue par notre ministre de la guerre, sur les avis du conseil d'administration et du gouverneur général.

Art. 27. Extrait de la décision ministérielle portant déclaration d'utilité publique, et indiquant en outre les immeubles qui doivent être soumis à l'expropriation, leur nature, leur situation et leurs propriétaires, s'ils sont connus, sera inséré dans le journal officiel de l'Algérie et affiché aux lieux déterminés au paragraphe 1er de l'article précédent.

Les observations des propriétaires et autres parties intéressées seront reçues dans les formes et délais déterminés au même article, et soumises au conseil d'administration, qui en constatera sommairement les résultats.

Art. 28. L'expropriation sera prononcée par une décision de notre ministre de la guerre, rendue sur l'avis du conseil d'administration et sur celui du gouverneur général.

Toutes les pièces de l'instruction seront, à cet effet, transmises à notre ministre de la guerre par le gouverneur général. Les parties intéressées pourront adresser au même ministre leurs réclamations ou observations, indépendamment de celles qui auront été faites conformément à l'article précédent.

Extrait de la décision portant iudication des immeubles expropriés, avec les désignations portées en l'article précédent, sera publié et affiché sans délai, de la même manière que la décision déclarative de l'utilité publique.

Pareil extrait sera notifié aux propriétaires intéressés.

CHAPITRE II. — *Effets de l'expropriation quant aux privilégés, hypothèques et autres droits réels.*

Art. 29. Immédiatement après la notification prescrite par l'article précédent, la décision ministérielle portant expropriation sera transcrite, sans frais, au bureau de la conservation des hypothèques, conformément à l'article 2181 du Code civil.

Art. 30. Dans la quinzaine de la transcription, les priviléges, et les hypothèques conventionnelles, judiciaires et légales, antérieurs à la publication de la décision, seront inscrits.

A l'expiration de ce délai, l'immeuble exproprié deviendra libre de tout privilége et de toute hypothèque non encore inscrits, de quelque nature qu'ils soient, sans préjudice du recours contre les maris, tuteurs et autres administrateurs qui auraient dû requérir ces inscriptions, et les droits des créanciers, des femmes, mineurs, interdits, et de l'état, seront transportés sur le montant de l'indemnité tant qu'elle n'aura pas été payée, ou que l'ordre n'aura pas été définitivement réglé.

Les créanciers inscrits n'auront dans aucun cas la faculté de surenchérir; mais ils pourront exiger que l'indemnité soit fixée par l'autorité judiciaire, conformément aux dispositions ci-après.

Art. 31. Les actions en résolution ou en revendication, et toutes autres actions réelles, ne pourront arrêter l'expropriation ni en empêcher l'effet. Le droit des réclamants sera transporté sur le prix, et l'immeuble en demeurera affranchi.

CHAPITRE III. — *Règlement, attribution et paiement de l'indemnité.*

Art. 32. Le propriétaire qui voudra faire valoir ses droits à l'indemnité sera tenu de justifier de son droit de propriété. Les titres et autres documents qu'il aura produits seront communiqués au directeur des finances, qui procédera à leur examen, et prendra ou provoquera telles mesures qu'il jugera convenables pour la conservation des intérêts du domaine.

Art. 33. Dans la huitaine qui suit la notification prescrite par l'art. 28, le propriétaire est tenu d'appeler et de faire connaître à l'administration les fermiers, locataires, ceux qui ont des droits d'usufruit, d'usage ou d'habitation, tels qu'ils sont réglés par le Code civil, et ceux qui peuvent réclamer des servitudes résultant des titres mêmes du propriétaire ou d'autres actes dans lesquels il serait intervenu; sinon il restera seul chargé envers eux des indemnités que ces derniers pourront réclamer.

Les autres intéressés seront en demeure de faire valoir leurs droits par l'avertissement énoncé en l'art. 28, et tenus de se faire connaître à l'administration dans le même délai de huitaine; à défaut de quoi ils seront déchus de tous droits à l'indemnité.

Art. 34. Les dispositions de la présente ordonnance relatives aux propriétaires et à leurs créanciers sont applicables à l'usufruitier et à ses créanciers.

Art. 35. Dans la huitaine de la notification prescrite par l'art. 28, l'administration notifiera aux propriétaires et à tous autres intéressés qui auront réclamé les sommes qu'elle offre pour indemnités.

Art. 36. Dans la quinzaine suivante, les propriétaires et autres intéressés sont tenus de déclarer leur acceptation, ou, s'ils n'acceptent pas les offres qui leur sont faites, d'indiquer le montant de leurs prétentions.

Ils seront également tenus de déclarer dans le même délai, à peine de déchéance, s'ils requièrent l'expropriation entière des bâtiments, dont une portion seulement serait comprise dans l'expropriation pour cause d'utilité publique.

Art. 37. Si dans le délai ci-dessus les offres de l'administration ne sont pas acceptées, l'administration citera les propriétaires et tous les autres intéressés devant le tribunal civil de première instance de la situation de l'immeuble exproprié, pour qu'il y soit procédé au règlement de l'indemnité.

La citation contiendra l'énonciation des offres qui auront été faites, et les moyens à l'appui.

Art. 38. Dans la huitaine de la citation, les parties assignées signifieront leurs demandes et les moyens à l'appui.

A l'expiration de ce délai, le tribunal pourra se transporter sur les lieux, ou déléguer à cet effet un ou plusieurs de ses membres.

Il fixera par le même jugement le jour et l'heure où le transport devra s'effectuer, et nommera d'office, s'il y a lieu, un ou plusieurs experts.

Art. 39. Le tribunal, ou, le cas échéant, le juge commissaire, parties présentes ou dûment appelées, fera sur les lieux toutes vérifications, y prendra tous renseignements, ou entendra toutes personnes qu'il croira pouvoir l'éclairer.

Les experts prêteront serment, et procéderont en la forme ordinaire.

Les opérations terminées, la minute du procès-verbal sera remise au greffe du tribunal dans les huit jours.

Lorsque le procès-verbal aura été déposé, le tribunal délibérera en chambre du conseil, toutes affaires cessant, sur les mémoires produits et sur les conclusions écrites du ministère public. Le jugement sera prononcé en audience publique.

Art. 40. Le tribunal appréciera la sincérité des titres produits, et les actes et circonstances qui seront de nature à modifier l'évaluation de l'indemnité.

Si l'exécution des travaux qui ont motivé l'expropriation doit procurer une augmentation de valeur immédiate et spéciale au restant de la propriété, cette augmentation sera prise en considération dans l'évaluation du montant de l'indemnité.

Art. 41. Si le tribunal acquiert la conviction que des ouvrages ou travaux quelconques ont été faits par le propriétaire, de mauvaise foi et dans la vue d'obtenir une indemnité plus élevée, le tribunal devra, selon les circonstances, rejeter ou réduire la valeur de ces ouvrages ou travaux.

Art. 42. Si dans les six mois à compter de la décision ministérielle prononçant l'expropriation l'administration ne poursuit pas la fixation de l'indemnité, les parties pourront exiger qu'il soit procédé à cette fixation.

Quand l'indemnité aura été réglée, si elle n'est acquittée ni consignée dans les six mois du jugement du tribunal, les intérêts courront de plein droit à l'expiration de ce délai.

Art. 43. Le tribunal accordera des indemnités distinctes aux parties qui les réclameront à des titres différents, comme propriétaires, fermiers, locataires, ou en toute autre qualité.

Dans le cas d'usufruit, le tribunal ne fixera qu'une seule indemnité, égale à la valeur totale de l'immeuble; le nu propriétaire et l'usufruitier exerceront leurs droits sur le montant de l'indemnité, au lieu de l'exercer sur la chose.

L'usufruitier sera tenu de donner caution. Les père et mère ayant l'usufruit légal des biens de leurs enfants en sont seuls dispensés.

Art. 44. L'indemnité allouée par le tribunal ne pourra en aucun cas être inférieure aux offres de l'administration, ni supérieure à la demande de la partie intéressée.

Art. 45. La décision du tribunal, seulement en ce qui concerne la fixation du montant de l'indemnité, sera souveraine et sans appel.

Art. 46. Les frais de l'instance en règlement de l'indemnité seront supportés comme il suit :

Si l'indemnité réglée par le tribunal ne dépasse pas l'offre de l'administration, les parties qui l'auront refusée seront condamnées aux dépens.

Si l'indemnité est égale à la demande des parties, l'administration sera condamnée aux dépens.

Si l'indemnité est à la fois supérieure à l'offre de l'administration et inférieure à la demande des parties, les dépens seront compensés de manière à être supportés par les parties et par l'administration dans la proportion de l'offre et de la demande avec l'indemnité réglée.

Tout indemnitaire qui n'aura pas indiqué le montant de ses prétentions, conformément à l'art. 36, sera dans tous les cas condamné aux dépens.

Art. 47. L'indemnité sera liquidée en une somme capitale.

Toutefois, si l'immeuble exproprié est grevé d'une rente valablement constituée pour prix de la transmission du fonds, cette rente ne sera pas comprise dans la liquidation. L'indemnité en ce cas consistera dans la somme que l'immeuble sera jugé valoir en sus de la rente.

L'administration aura l'option de continuer le service de la rente ou de la racheter au taux légal.

Art. 48. L'administration ne pourra se mettre en possession des immeubles qu'après avoir délivré aux propriétaires expropriés le montant de l'indemnité ou en avoir fait la consignation.

Art. 49. S'il s'élève des contestations relatives à l'attribution de l'indemnité, le tribunal en ordonnera la consignation pour le compte de qui il appartiendra.

La consignation sera également ordonnée, si l'immeuble est chargé d'inscriptions hypothécaires, ou s'il s'élève des oppositions ou autres empêchements à la délivrance de l'indemnité.

Les titres de liquidation ne seront délivrés par l'administration que sur le vu d'un jugement ou d'un arrêt définitif, ou sur une transaction régulière et authentique.

CHAPITRE IV. — De l'occupation temporaire.

Art. 50. Dans le cas où l'exécution des travaux d'utilité publique définis dans l'art. 25 nécessitera l'occupation temporaire d'un immeuble en tout ou en partie, il sera procédé de la manière suivante :

Art. 51. L'occupation temporaire sera autorisée par décision rendue par notre ministre de la guerre, sur l'avis motivé du conseil d'administration et sur celui du gouverneur général.

Dans les trois jours de la réception de l'arrêté de notre ministre de la guerre, le directeur de l'intérieur transmettra ampliation dudit arrêté au procureur du roi près le tribunal de l'arrondissement où seront situées les propriétés qu'il s'agira d'occuper, et au maire la commune de leur situation.

Sur le vu de cet arrêté, le procureur du roi requerra de suite et le tribunal ordonnera immédiatement que l'un des juges se transporte sur les lieux, avec un expert que le tribunal nommera d'office.

Le maire fera, sans délai, publier l'arrêté par affiche, tant à la principale porte de l'église du lieu qu'à celle de la maison commune, et par tous les autres moyens possibles. Les publications et affiches seront certifiées par ce magistrat.

Art. 52. Dans les trois jours, le juge-commissaire rendra, pour fixer le jour et l'heure de sa descente sur les lieux, une ordonnance qui sera signifiée, à la requête du procureur du roi, au maire de la commune où le transport devra s'effectuer, et à l'expert nommé par le tribunal.

Le transport s'effectuera dans les dix jours de cette ordonnance, et seulement huit jours après la signification dont il vient d'être parlé.

Le maire, sur les indications qui lui seront données par l'agent de l'administration chargé de la direction des travaux, convoquera, au moins cinq jours à l'avance, pour le jour et l'heure indiqués par le juge-commissaire :

1° Les propriétaires intéressés, et, s'ils ne résident pas sur les lieux, leurs agents, mandataires ou ayant-cause ;

2° Les usufruitiers ou autres personnes intéressées, telles que fermiers, locataires ou occupants à quelque titre que ce soit.

Les personnes ainsi convoquées pourront se faire assister par un expert ou arpenteur.

Art. 53. Un agent de l'administration du domaine, désigné par le directeur des finances, et un expert ingénieur, architecte ou arpenteur, choisi par le directeur de l'intérieur, se transporteront sur les lieux, au jour et à l'heure indiqués pour se réunir au juge-commissaire, au maire ou à l'adjoint, à l'agent chargé des travaux et à l'expert désigné par le tribunal. Le juge-commissaire recevra le serment préalable des experts sur les lieux, et il en sera fait mention au procès-verbal.

L'agent chargé des travaux déterminera, en présence de tous, par des pieux et piquets, le périmètre du terrain dont l'exécution des travaux nécessitera l'occupation.

Cette opération achevée, l'expert désigné par le directeur de l'intérieur procédera immédiatement et sans interruption, de concert avec l'agent de l'administration du domaine, à la levée du plan parcellaire, pour indiquer dans le plan général de circonscription les limites et la superficie des propriétés particulières.

Art. 54. L'expert nommé par le tribunal dressera un procès-verbal qui comprendra :

1° La désignation des lieux, cultures, plantations, clôtures, bâtiments et autres accessoires du fonds ; cet état descriptif devra être assez détaillé pour servir de base à l'appréciation de la valeur foncière, et, en cas de besoin, de la valeur locative, ainsi que des dommages-intérêts résultant des changements ou dégâts qui pourront avoir lieu ultérieurement ;

2° L'estimation de la valeur foncière et locative de chaque parcelle de ces dépendances, ainsi que de l'indemnité qui pourra être due pour frais de déménagement, pertes de récoltes, détériorations d'objets mobiliers ou tous autres dommages.

Ces diverses opérations auront lieu contradictoirement avec l'agent de l'administration du domaine et l'expert nommé par le directeur de l'intérieur, avec les parties intéressées, si elles sont présentes, ou avec l'expert qu'elles auront désigné, si elles sont absentes et qu'elles n'aient pas nommé d'expert ; ou si elles n'ont point le libre exercice de leurs droits, un expert sera désigné d'office par le juge-commissaire pour les représenter.

Art. 55. L'expert nommé par le tribunal devra, dans son procès-verbal :

1° Indiquer la nature et la contenance de chaque propriété, la nature des constructions, l'usage auquel elles sont destinées, les motifs des évaluations diverses, et le temps qu'il paraît nécessaire d'accorder aux occupants pour évacuer les lieux ;

2° Transcrire l'avis de chacun des autres experts et les observations et réquisitions, telles qu'elles lui seront faites, de l'agent chargé des travaux, du maire, de l'agent du domaine et des parties intéressées ou de leurs représentants.

Chacun signera ses dires, ou mention sera faite de la cause qui l'en empêche.

Art. 56. Lorsque les propriétaires, ayant le libre exercice de leurs droits, consentiront à la cession qui leur sera demandée et aux conditions qui leur seront offertes par l'administration, il sera passé entre eux et le directeur de l'intérieur un acte de bail ou de vente, qui sera rédigé dans la forme des actes d'administration, et dont la minute restera déposée aux archives de la direction de l'intérieur.

Art. 57. Dans le cas contraire, sur le vu de la minute du procès-verbal dressé par l'expert et de celui du juge-commissaire qui aura assisté à toutes les opérations, le tribunal, dans une audience tenue aussitôt après le retour de ce magistrat, déterminera sans retard et sans frais :

1° L'indemnité de déménagement à payer aux détenteurs avant l'occupation ;

2° L'indemnité approximative et provisionnelle de dépossession qui devra être consignée, sauf règlement ultérieur et définitif, préalablement à la prise de possession.

Art. 58. Le même jugement autorisera le directeur de l'intérieur à se mettre en possession, à la charge :

1° De payer sans délai l'indemnité de déménagement soit au propriétaire, soit au locataire ;

2° De signifier avec le jugement l'acte de consignation de l'indemnité provisionnelle de dépossession.

Ledit jugement déterminera le délai dans lequel, à compter de l'accomplissement de ces formalités, les détenteurs seront tenus d'abandonner les lieux. Ce délai ne pourra excéder cinq jours pour les propriétés non bâties, et dix jours pour les propriétés bâties.

Le jugement sera exécutoire nonobstant appel ou opposition.

Art. 59. Aussitôt après la prise de possession, le tribunal procédera au règlement définitif de l'indemnité de dépossession.

L'indemnité annuelle représentative de la valeur locative de la propriété et du dommage résultant du fait de la dépossession sera payée, par moitié, de six en six mois, au propriétaire et au fermier, le cas échéant.

Lors de la remise des terrains qui n'auront été occupés que temporairement, l'indemnité due pour les détériorations causées par les travaux, ou pour la différence entre l'état des lieux au moment de la remise, et l'état constaté par le procès-verbal descriptif, sera payée, sur le règlement amiable ou judiciaire, soit au propriétaire, soit au fermier ou exploitant, et selon leurs droits respectifs.

Art. 60. Lorsque des terrains seront occupés temporairement, pour l'extraction des pierres ou autres matériaux nécessaires aux travaux publics, il ne sera dû de dédommagement au propriétaire que pour la destruction des bâtiments ou clôtures, pour la perte des récoltes pendantes et pour la diminution de valeur que les terrains auraient subie par suite des travaux de l'administration.

Il n'y aura lieu à faire entrer dans l'estimation la valeur des matériaux à extraire que dans le cas où l'administration s'emparerait d'une carrière ou minière déjà en exploitation. Dans ce cas les matériaux seront évalués d'après leur prix courant, abstraction faite de la hausse occasionnée par le travail d'utilité publique pour lequel ils seraient pris.

Art. 61. Si l'occupation temporaire se prolonge plus de trois ans, le propriétaire aura le droit d'exiger la prise de possession définitive par une déclaration expresse notifiée à l'administration ; en ce cas il sera procédé à l'expropriation, conformément aux dispositions de la présente ordonnance, et l'indemnité sera réglée eu égard à l'état et à la consistance de l'immeuble, tels qu'ils auront été constatés par les procès-verbaux mentionnés aux art. 54 et 55.

CHAPITRE V. — De la prise de possession en cas d'urgence.

Art. 62. Lorsqu'il y aura urgence de prendre possession des terrains et

bâtiments qui seront soumis à l'expropriation, l'urgence sera spécialement déclarée par une décision de notre ministre de la guerre.

Art. 63. En ce cas, la décision portant expropriation, et celle qui déclare l'urgence, seront notifiées au propriétaire, avec assignation devant
le tribunal civil. L'assignation sera donnée à huit jours au moins, outre le
délai des distances, s'il y a lieu. Elle énoncera la somme offerte par l'administration.

Art. 64. Au jour fixé le propriétaire et les détenteurs seront tenus de
déclarer la somme dont ils demanderont la consignation avant l'envoi en
possession.

Faute par eux de comparaître, il sera procédé contre eux en leur absence.

Art. 65. Le tribunal fixe les sommes à consigner.

Le tribunal peut se transporter sur les lieux ou commettre un juge pour
visiter les terrains, recueillir tous les renseignements propres à en déterminer la valeur, et en dresser, s'il y a lieu, un procès-verbal descriptif.
Cette opération devra être terminée dans les dix jours à dater du jugement qui l'aura ordonnée.

Dans les trois jours de la remise de ce procès-verbal au greffe, le tribunal déterminera les sommes à consigner.

Art. 66. La consignation doit comprendre, outre le principal, la somme nécessaire pour assurer pendant deux ans le paiement des intérêts
au taux légal.

Art. 67. Sur le vu du procès-verbal de la consignation, et sur une nouvelle assignation à deux jours de délai, le président ordonne la prise de
possession.

Art. 68. Le jugement du tribunal et l'ordonnance du président sont
exécutoires sur minutes, et ne peuvent être attaqués par opposition ni par
appel.

Art. 69. Le président taxera les dépens qui seront supportés par l'administration.

Art. 70. Après la prise de possession, il sera, à la poursuite de la partie
la plus diligente, procédé à la fixation définitive de l'indemnité, conformément aux articles 40 et suivants de la présente ordonnance.

Art. 71. Si cette fixation est supérieure à la somme qui a été déterminée
par le tribunal, le supplément doit être consigné dans la quinzaine de la
notification du jugement, et, à défaut, le propriétaire peut s'opposer à la
continuation des travaux.

CHAPITRE VI. — *Dispositions générales.*

Art. 72. La décision qui déclare l'utilité publique et celle qui prononce
l'expropriation sont rendues sur la proposition du chef du service dans
l'intérêt duquel l'expropriation est poursuivie.

Le règlement et l'attribution de l'indemnité sont effectués, pour tous les
services publics, à la diligence du directeur de l'intérieur.

Le domaine et les anciennes corporations sont représentés par le directeur des finances, soit devant l'autorité judiciaire, soit devant l'autorité
administrative.

Art. 73. Les significations et notifications mentionnées en la présente
ordonnance seront faites ainsi qu'il est prescrit par les articles 3 et 4 de
notre ordonnance du 16 avril 1843.

Art. 74. Pour les ajournements donnés en exécution des art. 37 et 63 de
la présente ordonnance seront observés les délais fixés par les art. 6 et 7 de
l'ordonnance du 16 avril 1843, sans que dans aucun cas le délai puisse
excéder trente jours.

Art. 75. Les significations et notifications mentionnées en la présente ordonnance peuvent être faites tant par huissiers que par tout agent de l'administration dont les procès-verbaux font foi en justice.

Art. 76. Les plans, procès-verbaux, certificats, significations, jugements, contrats, quittances et autres actes faits en vertu de la présente ordonnance, seront visés pour timbre et enregistrés gratis, lorsqu'il y aura lieu à la formalité de l'enregistrement.

Il ne sera perçu aucun droit pour la transcription des actes au bureau des hypothèques.

Art. 77. Les concessionnaires de travaux publics exerceront tous les droits et seront soumis à toutes les obligations de l'administration, tels que ces droits et obligations sont réglés par la présente ordonnance.

Art. 78. Les ordonnances et arrêtés antérieurs sur l'expropriation et l'occupation temporaire pour cause d'utilité publique sont abrogés, sauf ce qui sera dit aux art. 107 et 198 de la présente ordonnance.

CHAPITRE VII. — *Dispositions transitoires.*

Art. 79. Les indemnités dues pour expropriations consommées depuis le 5 juillet 1830 jusqu'à la promulgation de la présente ordonnance seront réglées conformément à la législation sous l'empire de laquelle ces expropriations auront été consommées. Pour le temps antérieur à l'arrêté du 17 octobre 1833, l'expropriation est réputée consommée :

1° Par le seul fait de la démolition ou de l'occupation effective de l'immeuble ;

2° Par l'attribution qui en aura été faite à un service public ;

3° Par la disposition que l'administration en aurait faite en faveur des tiers à titre d'aliénation, d'échange ou de concession ;

4° Enfin, par tout acte ou fait administratif ayant eu pour résultat de faire cesser la possession du propriétaire.

TITRE VI. — *Des marais.*

Art. 109. Les marais sont réputés biens vacants.

L'administration peut immédiatement prendre, pour leur dessèchement, telle mesure, passer tel marché, et faire telle concession qu'elle jugera convenable.

110. Les droits à la propriété d'un marais ne pourront s'établir que contradictoirement avec l'administration des domaines, et par des titres remontant, avec date certaine, à une époque antérieure au 5 juillet 1830. L'action sera portée devant le tribunal de la situation des marais.

Art. 111. Dans le cas où les titres produits seront reconnus valables, le droit du propriétaire se résoudra en une indemnité, à la fixation de laquelle il sera procédé conformément aux art. 107 et 108 ci-dessus.

Art. 112. Le propriétaire d'un marais exproprié en vertu de l'article précédent pourra, au lieu de demander une indemnité, exiger une égale quantité de terres incultes, s'il s'en trouve à la disposition du domaine dans l'un des périmètres affectés à la culture ; il sera, quant à ces terres incultes, soumis aux dispositions des articles 94 et suivants du titre V ci-dessus.

TITRE VII. — *Dispositions générales.*

Art. 113. Les dispositions de la présente ordonnance sont applicables aux portions de l'Algérie qui se trouvent comprises dans le ressort des tribunaux civils de première instance.

Art. 114. Pour l'avenir l'étendue et la limite du ressort des tribunaux déjà institués ou de ceux qui le seraient ultérieurement ne pourront être déterminées ou modifiées que par des ordonnances royales.

Art. 115. La disposition de l'article 5, paragraphe 2, de notre ordonnance du 22 juillet 1834, est abrogée en ce qui concerne toutes les matières qui se rapportent à la propriété.

Ordonnance royale du 21 juillet 1845 sur les concessions, *promulguée le* 1ᵉʳ *septembre* 1845 (*n° 208 du Bulletin officiel*).

Art. 1ᵉʳ. Il est statué par ordonnances royales sur les concessions
De terres,
De forêts,
De mines et bancs de sel gemme et artificiel,
De sources minérales,
De sources d'eau salée,
De dessèchements de marais,
De forces motrices pour l'établissement de moulins et usines sur les rivières et cours d'eau, et de prises d'eau pour les irrigations.

Art. 2. Les propriétés domaniales non affectées à un service public, et les terres incultes réputées vacantes aux termes de l'article 83 de notre ordonnance du 1ᵉʳ octobre 1844, peuvent être affectées à la fondation des villes, villages et hameaux, ou concédées à des particuliers.

Art. 3. Nos ordonnances déterminent la fondation et le périmètre des villes, villages et hameaux, ainsi que l'étendue de leur territoire.

Les concessions à faire, soit à l'intérieur, soit à l'extérieur de ce périmètre et de ce territoire, pour des étendues moindres de 100 hectares, sont autorisées par notre ministre de la guerre, qui nous soumet chaque trimestre un état des concessions délivrées pour être sanctionnées par ordonnance royale.

Art. 4. Le conseil supérieur d'administration est consulté sur les concessions réglées par la présente ordonnance.

Le gouverneur général transmet la délibération de ce conseil, **avec son** avis personnel, à notre ministre de la guerre, dans le délai déterminé par le même ministre.

Art. 5. Tout individu qui se trouvera dans l'un des cas prévus par l'article 89 de notre ordonnance du 1ᵉʳ octobre 1844 pourra réclamer une concession de terres incultes dont l'étendue sera proportionnée au montant de la rente stipulée comme prix d'acquisition dans les titres produits, et sera fixée à raison d'un hectare par chaque 3 fr. de rente établis auxdits titres; le tout moyennant les conditions ordinaires de culture imposées aux autres concessionnaires.

Art. 6. Toute concession soumet le concessionnaire à payer au domaine de l'état une rente annuelle et perpétuelle dont la quotité est, dans chaque cas, déterminée par l'acte de concession, qui fixe également l'époque à partir de laquelle cette rente est exigible.

Cette disposition n'est pas applicable aux concessions mentionnées dans l'article précédent.

Art. 7. Si, à l'expiration des délais déterminés par l'acte de concession, il est constaté que les conditions imposées au concessionnaire ont été accomplies, une nouvelle ordonnance royale déclare la concession définitive.

Avant l'expiration des mêmes délais, le concessionnaire a la faculté de demander qu'il soit procédé à la vérification prescrite par le paragraphe précédent.

Art. 8. Lorsque la vérification, faite d'office ou sur la demande du concessionnaire, établit que les conditions imposées par l'acte de concession n'ont pas été remplies, le concessionnaire peut être déclaré déchu du bénéfice de tout ou partie de la concession.

Cette déchéance est prononcée par notre ministre de la guerre, sur le rapport du gouverneur général et l'avis du conseil du contentieux, le concessionnaire préalablement entendu, sauf recours devant nous en notre conseil d'état par la voie contentieuse.

Art. 9. Tant que son titre n'est pas déclaré définitif, le concessionnaire ne peut aliéner ni hypothéquer les biens compris dans la concession, sans l'autorisation de notre ministre de la guerre.

Ordonnance royale du 31 octobre 1845 sur le séquestre, publiée au Moniteur algérien *du 25 novembre suivant (n° 721).*

TITRE I. — *Des biens séquestrés antérieurement à la présente ordonnance.*

Art. 1er. Sont maintenues et sortiront leur plein et entier effet toutes décisions antérieures d'une autorité civile ou militaire ordonnant la remise de biens séquestrés.

Si la remise ordonnée n'a pas été effectuée, elle se fera immédiatement.

Sortiront également leur plein et entier effet les décisions définitives, rendues avant la publication de la présente ordonnance, qui ont rejeté des demandes en mainlevée de biens séquestrés.

Art. 2. Les biens séquestrés qui sont encore dans les mains du domaine, et sur la remise desquels il n'a pas été définitivement statué, seront remis aux anciens propriétaires qui justifieront ne se trouver dans aucun des cas prévus par l'article 10 de la présente ordonnance.

Art. 3. Les demandes en remise seront recevables à quelque époque que le séquestre ait été établi depuis 1830.

Elles devront, à peine de déchéance, être formées dans le délai d'un an à partir de la publication de la présente ordonnance.

Art. 4. Il ne sera statué sur les anciennes demandes non rejetées qu'autant qu'elles auront été renouvelées dans le délai d'un an à partir de la publication de la présente ordonnance.

Art. 5. Les demandes en remise seront déposées à la direction des finances à Alger; il en sera donné récépissé.

Dans les trois mois de ce dépôt, la demande sera transmise à notre ministre de la guerre par le gouverneur général, avec son avis et celui du conseil d'administration.

Il sera statué par notre ministre de la guerre dans les six mois de la réception des pièces au ministère.

La décision sera définitive.

Art. 6. La remise des biens séquestrés antérieurement à la présente ordonnance ne donnera droit qu'à la restitution des fruits perçus depuis les demandes faites ou renouvelées dans le délai établi par les articles 3 et 4.

Art. 7. Si les immeubles séquestrés ont été, durant le séquestre, baillés à rente ou vendus par l'état, l'ancien propriétaire n'aura droit qu'à la rente constituée ou au prix principal de la vente reçu par l'état, avec restitution des arrérages ou intérêts, conformément à l'article précédent.

Art. 8. Nulle remise de biens séquestrés ne sera faite aux anciens propriétaires, s'ils ne sont pas, à l'époque de la promulgation de la présente ordonnance, établis sur le territoire algérien soumis à notre domination, et s'ils ne se présentent, en personne, devant le directeur des finances à Alger, ou devant le chef du service des domaines dans les provinces.

Le conseil supérieur d'administration de l'Algérie sera juge des cas de légitime empêchement qui seraient allégués, sauf recours devant notre ministre de la guerre, dont la décision sera définitive.

Art. 9. En cas d'aliénation des biens séquestrés, l'état pourra se faire tenir quitte par l'acquéreur en lui remboursant le prix de la vente ou de la cession avec les intérêts à compter du jour où ledit prix a été payé et les loyaux coûts dûment justifiés.

Si le bien séquestré était, lors de la vente, affecté notoirement à un service public, l'état pourra user de la faculté mentionnée au paragraphe précédent, et en ce cas il ne sera tenu de rembourser à l'acquéreur que le prix capital sans intérêts, avec les frais et loyaux coûts.

TITRE II. — *Des biens séquestrés postérieurement à la présente ordonnance.*

CHAPITRE I⁰ʳ. — *Etablissement du séquestre.*

Art. 10. A l'avenir, le séquestre ne pourra être établi sur les biens meubles et immeubles des indigènes que si ces indigènes ont :

1° Commis des actes d'hostilité, soit contre les Français, soit contre les tribus soumises à la France, ou prêté, soit directement, soit indirectement, assistance à l'ennemi, ou enfin entretenu des intelligences avec lui;

2° Abandonné, pour passer à l'ennemi, les propriétés ou les territoires qu'ils occupaient.

L'abandon et le passage à l'ennemi seront présumés à l'égard de ceux qui seront absents de leur domicile depuis plus de trois mois, sans permission de l'autorité française.

Art. 11. Aucun séquestre ne pourra être établi que par un arrêté du gouverneur général, le conseil d'administration préalablement entendu.

L'arrêté indiquera les causes qui l'auront motivé.

Toutefois le séquestre pourra être ordonné provisoirement et d'urgence par les commandants militaires, sauf décision ultérieure du gouverneur général dans la forme ci-dessus déterminée.

Tout arrêté portant établissement du séquestre sera soumis par le gouverneur général à notre ministre de la guerre, qui statuera définitivement.

Art. 12. Les arrêtés ainsi confirmés seront publiés immédiatement en arabe et en français dans le journal officiel de l'Algérie.

Dans le cas où ces articles ne désigneraient pas nominativement les individus atteints par le séquestre, les états nominatifs en seront ultérieurement dressés et arrêtés après avoir entendu le conseil supérieur d'administration. Ils seront publiés en la même forme que les arrêtés établissant le séquestre.

Il sera également dressé des états des biens immeubles séquestrés que les agents du domaine découvriront. Ces états seront arrêtés et publiés en la même forme aussitôt après la découverte ou la prise de possession.

CHAPITRE II. — *Effets du séquestre.*

Art. 13. Les biens séquestrés seront régis par l'administration des domaines.

Elle ne pourra consentir des baux pour un temps excédant neuf années.

Les maisons et bâtiments dont l'état de dépérissement sera constaté pourront être aliénés, sur la proposition du gouverneur général et l'autorisation de notre ministre de la guerre, dans la même forme que les immeubles domaniaux.

Il en sera de même des terres incultes nécessaires pour l'exécution de l'article 80 de notre ordonnance du 1ᵉʳ octobre 1844.

Art. 14. Toutes les sommes principales échues, les intérêts desdites sommes, les loyers et fermages, et généralement tout ce qui sera dû à un individu frappé de séquestre, sera versé dans la caisse du domaine.

L'administration des domaines pourra, en cas d'offres de la part des débiteurs, recevoir les sommes non échues et le principal des rentes perpétuelles.

Art. 15. Les paiements faits durant le séquestre à l'individu qui en est frappé ou à ses héritiers, ayant-cause ou mandataires, ne libéreront pas le débiteur envers l'état.

Il en sera de même des paiements de sommes non échues faits antérieurement au séquestre, s'ils ne sont constatés par des actes ayant date certaine.

Art. 16. Tous détenteurs, dépositaires, administrateurs et gérants, fermiers ou locataires des biens placés sous le séquestre, tous débiteurs de rentes, créances ou autres droits incorporels, atteints par le séquestre, seront tenus d'en faire la déclaration dans les trois mois qui suivront la publication, soit de l'arrêté de séquestre, soit de l'état nominatif, désignant le propriétaire desdits biens.

Art. 17. Cette déclaration indiquera aussi exactement que possible :

1° La nature, la situation, la consistance des immeubles, et le montant des fermages, rentes et loyers ;

2° La nature des biens meubles, objets mobiliers, droits et actions, le montant des capitaux exigibles ou non exigibles, avec les noms, profession et domicile des débiteurs et détenteurs ;

3° Les noms, profession et domicile des propriétaires ;

4° Les noms, profession et domicile des déclarants.

Art. 18. La déclaration sera faite, dans chaque localité, au chef du service des domaines, qui l'inscrira sur un registre à talon, ouvert à cet effet, et qui en donnera récépissé.

Art. 19. Toute personne assujettie à la déclaration énoncée en l'article 16 qui aura omis de la faire dans le délai prescrit pourra, suivant le cas, être condamnée par le conseil du contentieux à une amende qui ne pourra excéder le quart de la valeur des biens non déclarés.

Le recours, s'il y a lieu, sera porté devant nous en notre conseil d'état.

Art. 20. Postérieurement à la publication de l'arrêté qui aura ordonné le séquestre, aucun droit utile ne pourra être conféré au préjudice de l'état sur les biens séquestrés.

Art. 21. Tous créanciers des individus atteints par le séquestre devront, à peine de nullité, inscrire les hypothèques et privilèges établis en leur faveur par des actes antérieurs au séquestre, et présenter leurs demandes, avec les titres à l'appui, à la direction des finances à Alger, dans le délai d'un an à partir de la publication de l'arrêté ou de l'état contenant le nom du débiteur.

Le dépôt de la demande et des titres sera constaté par un procès-verbal énonçant la nature du titre, le montant de la créance et l'époque de son exigibilité. Il en sera donné récépissé.

Art. 22. Nul titre de créance sur un individu frappé de séquestre ne sera admis, s'il n'a une date certaine et antérieure au séquestre.

Art. 23. Le conseil du contentieux prononcera sur l'admission ou le rejet des titres déposés.

Si la créance antérieure au séquestre n'est pas établie par titre, le conseil statuera sur la légitimité des droits des réclamants.

Art. 24. Les créances admises ne seront payées qu'après que les biens séquestrés auront été définitivement réunis au domaine, conformément à l'article 28 ci-après, et jusqu'à concurrence seulement de la valeur totale de ces biens.

En cas d'insuffisance, les biens séquestrés seront vendus, et il sera procédé, devant les tribunaux, à l'ordre ou à la distribution, à la requête de la partie la plus diligente.

CHAPITRE III. — *Mainlevée du séquestre.*

Art. 25. Toute demande en remise de biens séquestrés devra établir, ou que le propriétaire desdits biens n'était pas l'individu désigné dans l'arrêté du séquestre, ou qu'il ne s'est rendu coupable d'aucun des faits énoncés en l'article 10 ci-dessus.

Art. 26. Les demandes seront formées et il y sera statué conformément aux articles 3 et 5 ci-dessus.

Art. 27. La remise des biens séquestrés postérieurement à la présente ordonnance donnera droit à la restitution des fruits ou intérêts perçus depuis le jour de la demande en remise, sauf déduction des impenses faites par le domaine.

Les immeubles seront repris dans l'état où ils se trouveront, sans aucun recours contre l'état, et à la charge de maintenir les baux existants.

CHAPITRE IV. — *Réunion des biens séquestrés au domaine.*

Art. 28. Seront réunis définitivement au domaine, sauf les droits des créanciers, les biens frappés de séquestre qui n'auront pas été réclamés dans le délai de deux ans à compter des publications prescrites par l'article 12 de la présente ordonnance.

Il en sera de même en cas de rejet des réclamations, prononcé dans les formes prescrites par les articles 25 et suivants.

Art. 29. Lorsque le séquestre sera établi sur des terres, villes ou villages abandonnés en masse par la population, l'arrêté qui l'établira ou une décision ultérieure pourront en ordonner immédiatement, soit la réunion au domaine, soit l'affectation à un service public, soit la concession à d'autres populations indigènes, ou à des colons européens.

TITRE III. — *Dispositions générales.*

Art. 30. Si, antérieurement à la demande en remise de biens séquestrés, soit avant, soit après la présente ordonnance, les immeubles réclamés ont été affectés à un service public, et si l'administration veut maintenir cette affectation, l'ancien propriétaire dont la réclamation aura été admise n'aura droit qu'à une indemnité qui sera réglée par le conseil d'administration, sauf recours devant nous en notre conseil d'état.

Cette indemnité sera liquidée conformément aux dispositions de l'art. 47 de notre ordonnance du 1er octobre 1844.

Art. 31. Les actions en revendication et toutes actions des tiers prétendant un droit quelconque sur les biens remis en vertu de la présente ordonnance seront portées devant les tribunaux, sans recours contre l'état.

Si la remise n'a pas encore été effectuée, elle sera suspendue jusques après les jugements définitifs ou arrêts à intervenir.

Art. 32. Nonobstant toutes déchéances ou tout rejet de réclamations, les biens séquestrés pourront, tant qu'ils seront dans les mains du domaine, être remis par nous, par grâce spéciale, et en vertu de notre pleine autorité, aux anciens propriétaires ou à leurs héritiers, qui les reprendront dans l'état où ils se trouveront, et sans aucune restitution de fruits perçus.

Art. 33. Toutes dispositions des ordonnances, arrêtés ou règlements antérieurs, sont abrogées en ce qu'elles ont de contraire à la présente ordonnance.

Art. 34. Notre ministre secrétaire d'état de la guerre, président du conseil, est chargé de l'exécution de la présente ordonnance.

Ordonnance royale du 9 novembre 1845 sur l'administration des biens domaniaux, promulguée en Algérie le 15 décembre 1845 (n° 214 du Bulletin).

TITRE Ier. — *Administration des biens du domaine de l'état et du domaine public.*

Art. 1er. Il sera dressé pour chaque province un état général des biens domaniaux, indiquant leur situation, leur nature, leur consistance, leur emploi et leurs produits. Ces états seront tenus constamment à jour. Ils seront centralisés à la direction des finances et du commerce, et transmis à notre ministre de la guerre par le gouverneur général. Il sera rendu compte chaque mois à notre ministre de la guerre des modifications faites auxdits états pendant le mois précédent.

Art. 2. Lorsqu'il y a lieu d'affecter un bien domanial à un service public, la demande en est faite par le chef du service, et elle est communiquée au directeur des finances et du commerce.

Elle est effectuée par une décision de notre ministre de la guerre, rendue sur la proposition ou l'avis du gouverneur général, le conseil supérieur d'administration entendu.

Art. 3. Il sera dressé un tableau de ces affectations. Ce tableau sera constamment tenu à jour; il contiendra la date de l'affectation, et l'indication du service auquel l'immeuble est affecté, ainsi que sa valeur estimative.

Art. 4. Les immeubles domaniaux qui ne sont pas affectés à un service public doivent être affermés dans les formes suivantes :

Les baux ont lieu aux enchères publiques, sur des cahiers de charges approuvés par notre ministre de la guerre. Ils sont faits dans la forme administrative, et passés par le directeur des finances et du commerce.

Néanmoins, si des circonstances exceptionnelles l'exigent, les baux peuvent être faits de gré à gré avec l'autorisation préalable et spéciale de notre ministre de la guerre, et sur l'avis du conseil supérieur d'administration.

La durée des baux n'excédera pas neuf ans.

Art. 5. Lorsqu'il y a lieu d'affermer, en tout ou en partie, des immeubles ou portions d'immeubles domaniaux affectés à un service public, il est procédé conformément à l'article précédent.

Art. 6. Ceux des biens faisant partie du domaine public ou considérés comme des dépendances de ce domaine, et qui sont de nature à produire des fruits, peuvent être momentanément affermés dans les formes établies par l'art. 4 de la présente ordonnance.

Art. 7. Les baux mentionnés aux art. 5 et 6 sont essentiellement révocables sans indemnité.

Art. 8. Toute cession de bail doit être autorisée par notre ministre de la guerre, sinon elle sera de plein droit nulle et de nul effet, sans qu'il soit besoin de jugement.

TITRE II. — *Aliénation des biens domaniaux.*

Art. 9. Les immeubles dépendant du domaine de l'état peuvent être aliénés :

1° Aux enchères publiques ;

2° Par vente de gré à gré sur estimation préalable ;

3° Par voie d'échange ;

4° Et à titre de concession, soit individuelle à des colons ou à des indigènes, soit collective à des communes.

Notre ministre de la guerre détermine celui des modes à suivre dans chaque cas spécial.

Art. 10. Les ventes aux enchères publiques auront lieu en vertu d'autorisations de notre ministre de la guerre, le conseil supérieur d'administration entendu, sur une mise à prix établie par expertise.

Les adjudications ne seront valables et exécutoires qu'en vertu de l'approbation de notre ministre de la guerre.

L'entrée en possession de l'adjudicataire n'aura lieu qu'après cette approbation, sauf les cas d'urgence reconnue.

Art. 11. Les ventes de gré à gré sont précédées d'une estimation contradictoire.

Le directeur des finances et du commerce prépare l'acte de vente. Cet acte est soumis à l'examen du conseil supérieur d'administration, et transmis à notre ministre de la guerre par le gouverneur général, avec son avis personnel.

Il est statué définitivement par une ordonnance royale rendue sur le rapport de notre ministre de la guerre.

Art. 12. Lorsque le procès-verbal d'expertise établit une estimation inférieure au capital de 5,000 fr. ou à une rente représentant cette somme, l'acte de vente est approuvé par notre ministre de la guerre, qui nous soumet tous les trois mois un état des ventes effectuées dans l'intervalle, pour être sanctionné par ordonnance royale.

Art. 13. Toute demande en échange est soumise au conseil supérieur d'administration par le directeur des finances et du commerce, avec les titres de propriété, et l'état des charges, servitudes et hypothèques.

Si le conseil supérieur est d'avis de l'utilité de l'échange, il est procédé contradictoirement à l'estimation des biens par trois experts désignés, l'un par le directeur des finances et du commerce, l'autre par le propriétaire, le troisième par le président du tribunal de la situation des biens.

Les résultats de l'expertise sont constatés par un procès-verbal que les experts affirment devant le même magistrat.

Le conseil supérieur d'administration délibère sur les conditions de l'échange, le gouverneur général donne son avis, et notre ministre de la guerre décide s'il y a lieu de passer acte avec l'échangiste.

Art. 14. Le contrat d'échange détermine la soulte à payer s'il y a lieu. Il contient la désignation de la nature, de la consistance et de la situation des immeubles, avec énonciation des charges et des servitudes dont ils seraient grevés.

Il relate les titres de propriété, les actes qui constatent la libération du prix, enfin les procès-verbaux d'estimation qui doivent y demeurer annexés.

Le contrat d'échange est sanctionné, s'il y a lieu, par une ordonnance royale rendue sur le rapport de notre ministre de la guerre; l'entrée en possession de l'échangiste n'a lieu qu'après cette sanction.

Art. 15. Le contrat d'échange est enregistré gratis et transcrit sans autres frais que le salaire du conservateur. La soulte est régie, quant au droit proportionnel d'enregistrement, par les dispositions relatives aux aliénations des biens de l'état.

Les frais de l'échange sont supportés, moitié par l'état, moitié par l'échangiste.

Les formalités établies par l'art. 2194 du Code civil, par les avis du conseil d'état des 9 mai 1807 et 5 mai 1812, et par l'art. 854 du Code de procédure civile, sont remplies à la diligence de l'administration des domaines.

S'il existe des inscriptions sur l'échangiste, il est tenu d'en rapporter mainlevée et radiation dans quatre mois du contrat d'échange, à moins qu'il ne lui ait été accordée un plus long délai. Faute par lui de rapporter ces mainlevée et radiation, le contrat d'échange est résilié par notre ministre de la guerre, et l'échangiste demeure passible de tous les frais auxquels l'échange a donné lieu.

L'acte d'échange, ainsi que toutes les pièces et titres de propriété, sont déposés aux archives de la direction des finances et du commerce.

Art. 16. Les dispositions des art. 13, 14 et 15, ne sont pas applicables aux échanges ayant pour objet des terres incultes. L'échange en ce cas a lieu dans la même forme que les concessions.

Art. 17. Les concessions continueront d'être régies par notre ordonnance du 21 juillet 1845.

TITRE III. — *Dispositions finales.*

Art. 18. Lorsque, pour établir le droit de l'état sur un immeuble quelconque, le domaine alléguera la possession de l'autorité existant avant l'occupation française, il sera statué par le conseil du contentieux, sauf recours par devant nous en notre conseil d'état.

Art. 19. Les droits des tiers sur les bois et forêts, et les cimetières abandonnés, ne peuvent être établis que par des titres réguliers et conformes aux dispositions de l'art. 82 de notre ordonnance du 1er octobre 1844.

Art. 20. Sont abrogées toutes les dispositions contraires aux dispositions qui précèdent.

Arrêté du 25 octobre 1841 sur les instances, *inséré au Moniteur le 26 du même mois (n° 456).*

Art. 1er. Préalablement à toute action contre le domaine de l'état, de la colonie ou des corporations musulmanes, les demandeurs seront tenus de se pourvoir devant le directeur des finances, par simple mémoire, avec production de pièces à l'appui. Ce mémoire devra contenir élection de domicile, soit à Alger, soit dans le ressort du tribunal compétent.

Un récépissé en sera délivré, qui interrompra la prescription de l'action, lorsqu'il aura été, dans les trois mois de sa date, suivi d'une assignation en justice.

Dans les 30 jours à partir de celui du récépissé, le directeur des finances notifiera aux parties, dans la forme administrative et au domicile élu, les instructions de l'administration.

Art. 2. Nulle action relative à une propriété domaniale ne pourra être portée devant les tribunaux, au nom de l'état, de la colonie ou des corporations musulmanes, si préalablement le directeur des finances n'a fait notifier, en la forme administrative, aux parties intéressées, l'objet et les motifs de la demande, avec invitation de faire connaître leurs observations en réponse dans le délai de 30 jours. Cette notification interrompra la prescription de l'action, comme il est dit en l'article 1er.

Après l'expiration du délai ci-dessus fixé, il sera statué ou procédé comme il appartiendra.

Communication des pièces, sans déplacement, sera donnée aux parties si elles le requièrent.

Art. 3. Toute audience sera refusée au demandeur, s'il n'est justifié de l'accomplissement des formalités ci-dessus prescrites.

Si les motifs ou les conclusions de l'assignation en justice diffèrent de l'exposé communiqué par le demandeur, en conformité des deux articles précédents, le tribunal pourra, sur la demande de l'une des parties, ordonner que le défendeur produira ses défenses écrites, et, à cet effet, accorder le délai qu'il jugera nécessaire.

Il en sera de même lorsque, durant le cours de l'instance, soit devant le premier juge, soit en appel, les conclusions de la demande originaire seront modifiées.

Art. 4. L'instruction des instances se fera et le jugement sera rendu sur simples mémoires respectivement signifiés sans plaidoiries.

Art. 5. Il ne sera statué par le tribunal qu'après communication au ministère public, dont les conclusions écrites seront mentionnées au jugement.

Art. 6. Toutes notifications de mémoires, pièces et actes judiciaires ou extra-judiciaires, en matière domaniale, seront faites, dans les villes où siégent les tribunaux qui auront à connaître, savoir : à Alger, au directeur des finances, et dans les autres chefs-lieux judiciaires, en la personne du chef de service des domaines, qui délivrera le récépissé prescrit par l'article 1er et fournira les communications dont il est parlé dans l'article 2.

Art. 7. Tous les délais réglés par le présent arrêté seront augmentés ou à raison de la résidence, ou à raison des distances, conformément aux articles 56 et 70 de l'ordonnance du 28 février 1841.

Art. 8. Les requêtes civiles et tierces oppositions sont introduites et jugées conformément aux dispositions du présent arrêté.

Art. 9. Les oppositions sont formées et les appels interjetés par le directeur des finances. Ils peuvent l'être en son nom, dans les provinces autres que celle d'Alger, par les chefs de service de l'enregistrement et des domaines, mais seulement contre les jugements rendus par les tribunaux de leur résidence.

Art. 10. Il ne peut être valablement transigé sur les actions litigieuses intéressant le domaine de l'état, de la colonie ou des corporations musulmanes, sans l'autorisation préalable du ministre.

Cette autorisation est également nécessaire pour l'acquiescement aux jugements de 1re instance qui rejettent les demandes de l'administration ou prononcent contre elle des condamnations.

Art. 11. Le directeur des finances et le procureur général sont chargés, chacun en ce qui le concerne, de l'exécution du présent arrêté.

FIN.

NOTICE

DES PRINCIPAUX OUVRAGES

PUBLIÉS SUR SUR L'ENREGISTREMENT (1).

Journal de l'Enregistrement et des Domaines ; par une SOCIÉTÉ D'EMPLOYÉS SUPÉRIEURS DE L'ADMINISTRATION.

Ce journal paraît depuis l'an 7 (1798), les 1, 11 et 21 de chaque mois, en une feuille in-8. contenant 16 pages d'impression. Chaque année forme un très fort volume, accompagné d'une table.

Prix annuel : 15 fr.

S'adresser au bureau du Journal, rue Saint-Florentin, n° 14, à Paris, où l'on trouve aussi les ouvrages ci-après :

1° *Dictionnaire des droits d'enregistrement, de timbre, de greffe et d'hypothèques*, 2ᵉ édition ; par les RÉDACTEURS DU JOURNAL DE L'ENREGISTREMENT —2 gros vol. in-4. de 1000 pages d'impression à doubles colonnes.

Chaque mot de ce dictionnaire commence par un petit traité, où les lois civiles sont analysées et rapprochées des lois de l'impôt.

Prix (le port en sus) : pour les abonnés au Journal,   30 fr.
—   pour les autres personnes,   36

La 1ʳᵉ édition de ce dictionnaire avait paru en janvier 1810.

2° *Tarif des droits d'enregistrement, de timbre et d'hypothèques*, 10ᵉ édition. — Brochure in-8. de 6 feuilles. — Prix : 1 fr. 50 c.

3° *Table générale, alphabétique et analytique, des circulaires et instructions de l'Administration de l'Enregistrement et des Domaines, et de la comptabilité générale des finances* (1791-1834).—1 vol. in-8. de plus de 500 pages, à deux colonnes, sur papier collé. — Prix : pour les abonnés au Journal de l'Enregistrement, 5 fr. à Paris, ou rendu sans frais, au chef-lieu de chaque département, et 6 f. 50 c. franc de port par la poste; et pour les autres personnes 7 fr. à Paris, et 8 fr. 50 c. franc de port par la poste.

Suppléments de cette table, années 1835 et suivantes — Prix de chaque année, 60 c. franco par la poste.

Nota. Ces suppléments, qui forment la table de chacun des volumes 34, etc., de la collection des instructions générales, sont imprimés séparément pour faire suite à la table générale.

4° *Instructions générales sur l'Enregistrement et les Domaines*, du 1ᵉʳ novembre 1802 au 31 décembre 1837. — 44 vol. in-8., imprimés

---

(1) Le défaut d'espace s'est opposé à ce que l'on comprît dans cette nomenclature les ouvrages anciennement publiés sur l'enregistrement : ainsi l'excellent *Dictionnaire des domaines*, de Bosquet ; le *Répertoire du domaniste*, de Désormaux, etc.

sur papier collé. — Prix, à Paris ou par la messagerie, savoir : pour les abonnés au Journal de l'Enregistrement, 88 fr. ; pour les autres personnes, 132 fr. Le prix de chaque volume, *pris séparément* ou reçu annuellement, est réduit à 3 fr. pour les abonnés du Journal, *le port en sus*, et reste toujours fixé à 4 fr. pour les autres personnes.

Dictionnaire général des droits d'enregistrement, de timbre, de greffe et d'hypothèques, de manutention et des domaines, etc. ; par MM. Roland, ancien inspecteur de 1re classe, receveur de l'enregistrement des adjudications d'immeubles au Palais de justice à Paris, et Trouillet, vérificateur des domaines, ancien élève de l'Ecole polytechnique. — 1 gros vol. in-4. — Prix : 22 fr.

La première édition de ce Dictionnaire a été publiée au mois de juillet 1821, et le cinquième en février 1835.

A partir de l'année 1821, ce Dictionnaire a été suivi d'un *Recueil* périodique des lois, ordonnances, arrêts, jugements, avis du conseil d'état, décisions de l'Administration et instructions générales concernant l'enregistrement, etc., ainsi que des principaux articles de la jurisprudence du notariat, paraissant tous les trimestres par cahier de 5 à 6 feuilles, et faisant suite aux cinq éditions du Dictionnaire général.

Depuis le 1er juillet 1837 ce recueil paraît en six livraisons tous les deux mois, de 2 à 3 feuilles, sous le nom seul de M. Roland, quai Malaquais, n° 21, à Paris. — Prix : 6 fr. par an, y compris les tables alphabétique et chronologique des instructions générales.

Dictionnaire de l'Enregistrement et des Domaines ; par M. Fessard, sous-chef à l'Administration de l'Enregistrement et des Domaines.

Cet ouvrage forme quatre Dictionnaires distincts, en deux forts volumes de 1166 pages, contenant la matière de 18 volumes in-8. ordinaires, du prix de 3 à 4 fr.

La première partie contient tout ce qui est relatif à l'enregistrement, aux greffes, au timbre, au notariat et aux contraventions.

La seconde partie contient : 1° les domaines ; — 2° les hypothèques ; — 3° la manutention et la comptabilité.

Le prix de chaque exemplaire, rendu franc de port au chef-lieu du département, est fixé savoir : à 24 fr. pour les abonnés au recueil ou pour les personnes qui s'abonnent pour cinq ans au recueil précédemment publié par M. Roland et continué par M. Fessard.

A 30 fr. pour toutes les autres personnes.

Mémorial du Notariat et de l'Enregistrement ; par une société de jurisconsultes et d'anciens notaires. — Depuis le 1er avril 1826, ce journal paraît une fois par mois en un cahier de 48 pages in-8. avec couverture imprimée, indépendamment d'une table de matières et d'un appendice à la fin de chaque année, ce qui porte le nombre des pages à environ 600 par an. — Prix : 15 fr. A Paris, rue Saint-Honoré, n° 348, chez M. Gagneraux, éditeur, et l'un des rédacteurs.

Commentaire de la loi du 25 ventôse an 11, contenant l'organisation du notariat ; par M. L. Gagneraux. — 2 vol. in-8. d'environ

1300 pages. — Prix : 12 fr., indépendamment du port. — A Paris, chez l'auteur.

Cet ouvrage résume les obligations des notaires en ce qui concerne le timbre et l'enregistrement.

Code Forestier, conféré avec l'ancienne législation et la jurisprudence relatives aux forêts, précédé des rapports et discours des orateurs du gouvernement, et annoté de la discussion aux deux chambres législatives, par M. L. GAGNERAUX, sous-chef à l'administration des domaines. — 2 vol. in-8. d'environ 900 pages. — Prix : 10 fr.

Le même auteur a publié :

Encyclopédie du Notariat et de l'Enregistrement. L'auteur a suivi le plan de son *Commentaire de la loi du 25-ventôse an 11.* Chaque loi est accompagnée des rapports et discours des orateurs du gouvernement, et de la discussion aux chambres, et sous le mot générique *Enregistrement* sont compris non seulement l'enregistrement, mais encore le timbre, les droits de greffe et ceux d'hypothèques.

Moniteur de l'Enregistrement et des Domaines, journal mensuel, de 2 feuilles in-8 ; par une société d'employés de tous grades, de notaires, avoués, avocats, etc. — Prix : 6 fr. par année pour Paris, et 7 fr. 50 c. pour les départements. — S'adresser au Directeur-gérant du *Moniteur*, Marché Saint-Honoré, n° 24, à Paris.

La même société a publié :

Code de l'Enregistrement, comprenant les lois régissant Alger et les colonies. — Paris, 1833, 2 vol in-8. — Prix : 3 fr. le volume.

Manuel des héritiers, légataires et donataires, en matière de droits de succession. — Paris, 1838. — Prix : 1 fr. 50 c.

Tarif par tableaux synoptiques des droits d'enregistrement. — Prix : 1 fr. 10 c. franco.

Tarif en livret explicatif. — Prix : 1 fr. 25 c. franco.

Livret des papiers timbrés. — Prix : 1 fr. 10 c.

Elle a annoncé comme étant sous presse :

Dictionnaire général des Hypothèques, 2 vol. in-4. — Prix : 20 fr.

Manuel des contraventions et nullités relatives au Notariat ; par M. Roy, inspecteur des Domaines ; 3e édition, Chaumont, 1824. — 1 vol. in-8. — Prix : 7 fr. 50 c.

Suppléments au Manuel, publiés par le même auteur, depuis 1821 jusqu'en 1837 exclusivement, divisés en deux parties : l'une pour les contraventions, nullités, etc. ; l'autre pour les questions d'enregistrement. — Prix annuel : 1 vol. in-8., 1 fr. 50 c.

Cette publication a cessé de paraître.

Dictionnaire des contraventions et nullités relatives au Notariat, ou Table générale du *Manuel* et des suppléments, jusques et compris celui de 1829; par M. Roy, directeur des Domaines à Mézières (Ardennes). 1830, 1 vol. in-8. — Prix : 7 fr. 50 c.

Code annoté de l'enregistrement, Répertoire complet des lois sur l'enregistrement, le timbre, les droits de greffe, d'hypothèques, et les
amendes de contravention, de condamnation et de consignation, relatives aux huissiers, au notariat, aux patentes, aux poids et mesures
métriques, et à la procédure civile; par M. MASSON DE LONGPRÉ, chef
à l'administration de l'Enregistrement et des Domaines.— 2ᵉ Édition
en deux volumes. Prix de chaque vol. 9 fr. — Paris, chez Gustave
Pissin, libraire-éditeur, place du Palais-de-Justice, 1, et au bureau
du *Bulletin annuel de l'Enregistrement,* rue Mont-Thabor, 32.

    La 1ʳᵉ édition avait été publiée en 1837.

*Bulletin annuel de l'enregistrement, du timbre, des droits de greffe, des
hypothèques et des amendes* ; du même auteur. — Prix : 2 fr.

Le Contrôleur de l'enregistrement; par MM. RIGAUD, avocat à la Cour
de cassation, et CHAMPIONNIÈRE, avocat à la Cour royale, sous la direction d'un *ancien employé de l'Administration.*

    Ce journal paraît chaque année, depuis 1818, en dix cahiers, avec
couverture, composés chacun de 32 pages (2 feuilles) d'impression
in 8. — Prix : 8 f. 50 c. par an.— S'adresser à M. Palette, directeur
du *Contrôleur,* quai des Orfèvres, n. 36, à Paris.

    MM. Rigaud et Championnière ont aussi publié :

Traité des droits d'enregistrement, contenant l'examen, sous un nouveau jour, de tous les principes du droit civil et, d'après ces principes et ceux de la loi fiscale combinés, l'exposé méthodique des règles
de la perception. — 4 vol. in-8. d'environ 700 pages.— Prix : 8 fr.
50 c. le volume. — Les deux premiers volumes ont paru en 1835, et
le troisième a été mis en vente en 1838.

Lois du Timbre et de l'Enregistrement, avec notes, conférences des lois
entre elles, analyses des arrêts, etc.; par M. TARDIF, avocat à la cour
royale de Paris. — Paris, 2 vol. in-8., chez M. Guillaume et com-
pagnie.

Journal des Notaires et des Avocats, publié par une société de jurisconsultes et de notaires.

    Ce journal paraît, depuis le 1ᵉʳ janvier 1808, le dernier jour de
chaque mois, en un cahier de 64 pages d'impression. — Prix : 15 fr.
par an.—A Paris, rue Condé, n. 10.

Dictionnaire du Notariat, par les rédacteurs du *Journal des Notaires
et des Avocats.* —Paris, 1821-1822, 5 vol. in-8. 2ᵉ édition en 1825;
une 3ᵉ édition en 6 vol. a été publiée de 1820 à 1822. — Prix :
48 fr.

Supplément à la 3ᵉ édition du Dictionnaire. — Paris, 1837, 2 vol. in-8.
— Prix : 12 fr.

Le Conseil des Notaires et des Conservateurs des hypothèques, Journal
du Notariat, des Hypothèques, de l'Enregistrement et du Timbre, par
une société de jurisconsultes et d'anciens employés de l'enregistrement, paraissant tous les mois, depuis juillet 1835, par cahiers de 4

feuilles in 8. — Prix : 12 fr. par an. — A Paris, chez M. Bérard, rue Rameau, n. 6.

La même société a publié :

Dictionnaire des Notaires et des Préposés de l'Enregistrement et des Domaines. — 4 vol. très grand in-8.—Prix : 24 f.

Journal du Notariat, des Hypothèques et de l'Enregistrement. — Paris, Clament frères, 1809 et années suivantes.

Le même journal a été continué plus tard avec le double titre de :

Questions de jurisprudence notariale ; par M. ROLLAND DE VILLARGUES. 1 vol. in-8. Paris, 1813.

Jurisprudence du Notariat ; par une société de magistrats, de juris-consultes et de notaires, sous la direction de M. ROLLAND DE VILLAR-GUES.

Ce journal paraît en un cahier de 4 feuilles in-8. par mois, depuis le 1er janvier 1828.—Prix : 15 f. par an. — Paris, rue Gît-le-Cœur, n. 12.

Code du Notariat, et des droits de timbre, d'enregistrement, d'hypothè-que et de greffe ; par M. ROLLAND DE VILLARGUES, 1836, 2 vol. in-8. de 700 pages. — Prix : 12 f , le port en sus. — S'adresser au bureau de la *Jurisprudence du Notariat,* rue Gît-le-Cœur, n. 12, à Paris. — Le 1er volume, contenant le Code du Notariat, a paru en 1836 ; le 2e vol., concernant l'enregistrement, est sous presse.

Revue du Notariat et de l'Enregistrement , journal paraissant en un cahier in-8. par mois, à compter du 1er janvier 1834 ; par plusieurs avocats et jurisconsultes.—Paris, rue de Seine, n. 51.

Dictionnaire analytique des arrêts de la cour de cassation rendus depuis son origine jusqu'à ce jour en matière d'enregistrement, amendes, domaines engagés et timbre ; par M. TESTE-LEBEAU, avocat à la cour de cassation. —Paris, 1833, 1 vol. in-8. — Prix : 8 f.

Dictionnaire raisonné de la manutention des employés de l'administra-tion de l'enregistrement et du domaine national : par DESORMEAUX. — 1 fort vol. in-8. Versailles, Lebel, 1807.

Précis des ordres généraux et des circulaires de la régie, et instructions générales ; par M. GAUDIN, inspecteur au département de Seine-et-Marne. —Paris, 1806, 1 vol. in 8.

Commentaire sur la loi du 22 frim. an 7. — Paris, 1809, 1 vol. in-8. Ce travail a été généralement attribué à M. GAUDIN, ancien admi-nistrateur du domaine.

Guide des Notaires et des employés de l'Enregistrement.—Paris, Rip-pert-Beauregard, an 7 et années suivantes.

Cet ouvrage se publiait par 12 cahiers, formant 2 vol. par an, en tout 6 vol. — Il y a eu une seconde édition en 5 vol. in-8. — Paris, 1806, Moraux.

Eléments de la science notariale, ou Recueil complet de toutes les formules d'actes et des lois relatives au timbre et à l'enregistrement ;
par M. LORET. — Paris, 1807, 3 vol. in-4. Firmin Didot.

Mémorial des notaires et des employés de l'Enregistrement ; par F. B.
PERTUIS, receveur de l'Enregistrement. —Blois, 1818, 1 vol. in-8.

Lois du timbre et de l'enregistrement ; par TARDIF. — Paris, 1826, 2
vol. in-8. —Prix : 12 fr.

Jurisprudence de l'enregistrement ; par M. PERRY, premier commis des
domaines à Tulle. —Tulle, 1833, 1 vol. in-4. —Prix : 13 f.

Suppléments annuels à l'ouvrage ci-dessus. - Prix : 2 f. 50 c.

Code de l'enregistrement et du timbre, ou Réunion de toutes les lois,
décrets, ordonnances du roi, etc. ; par M. DUFOUR, avocat à la Cour
royale. —Paris, 1825, 1 vol. in-8. de 400 pages.

Tableau des codes et instructions, ou Refonte de l'article 8551 du
Journal de l'Enregistrement, jusqu'au 1er octobre 1835 ; par Ch. LE-
BON, premier commis de la Direction des Domaines au département de
la Loire. —Montbrison, 1836, 1 vol. in-8. de 334 pages. —Prix : 7 f.
50 c., et 8 f. 50 c. *franco.*

*Table alphabétique et analytique des circulaires et instructions de l'ad-
ministration de l'enregistrement et des domaines* jusqu'au 1er septembre 1835 ; par MM. BAUDOIN et VUARNIER. —Laon, 1835, 1 vol.
in-8. - Prix : 7 fr.

Manuel des droits de timbre et d'enregistrement, pour les maires, secrétaires des administrations, percepteurs et receveurs des communes
et établissements publics ; par H. de Saint-Genis, vérificateur des
domaines. — Paris, 1836, 1 vol. in-8. —Prix : 3 f. 50 c.

Manuel de l'enregistrement et du timbre ; par M. BIRET. —Paris, 1837,
1 v. in-18. — Prix : 3 fr. 50 c., chez Roret, rue Hautefeuille, n. 10.

Le Guide des employés, Journal spécial de manutention, par une société
d'employés supérieurs, sous la direction de M. BAUDOIN, ancien sous-
chef à l'administration centrale. — Paris, rue Saint-Honoré, 348 *bis.*
— Prix annuel · 10 f.

Traité x comptabilité, par M. GAGNEUR, premier commis de la Direction des Domaines de Chaumont. — Un fort volume grand in-4. —
Prix : 7 f. 50 c.

FIN DE LA NOTICE.

TABLE

PAR ORDRE DE MATIÈRES.

Première partie.

EXAMEN DE LA PREMIÈRE ANNÉE.

CHAPITRE Ier.

ADMINISTRATION DE L'ENREGISTREMENT ET DES DOMAINES.

CHAPITRE II.

ENREGISTREMENT.

CHAPITRE III.

TIMBRE.

(1) Par suite d'une transposition de chiffres, les titres du haut des pages lui donnent le n° 1740, qu'il faut changer pour 1470.

CHAPITRE V.

CODE CIVIL.

CHAPITRE VI.

OPÉRATIONS EN PRÉSENCE DES EXAMINATEURS.

EXAMEN DE LA TROISIÈME ANNÉE.

CHAPITRE Iᵉʳ.

HYPOTHÈQUES.

CHAPITRE II.

CODE CIVIL.

CHAPITRE III.

CODE DE PROCÉDURE CIVILE.

CHAPITRE IV.

CODE DE COMMERCE.

CHAPITRE V.

CODE FORESTIER.

CHAPITRE VI.

DOMAINES.

CHAPITRE VII.

OPÉRATIONS EN PRÉSENCE DES EXAMINATEURS.

Deuxième partie.

LÉGISLATION SPÉCIALE A L'ALGÉRIE.

§ 1er. — OBSERVATIONS GÉNÉRALES.

§ 2. — TEXTES.

FIN DE LA TABLE DES MATIÈRES.

PARIS. — IMPRIMERIE DE GUIRAUDET ET JOUAUST,
315, rue Saint-Honoré.

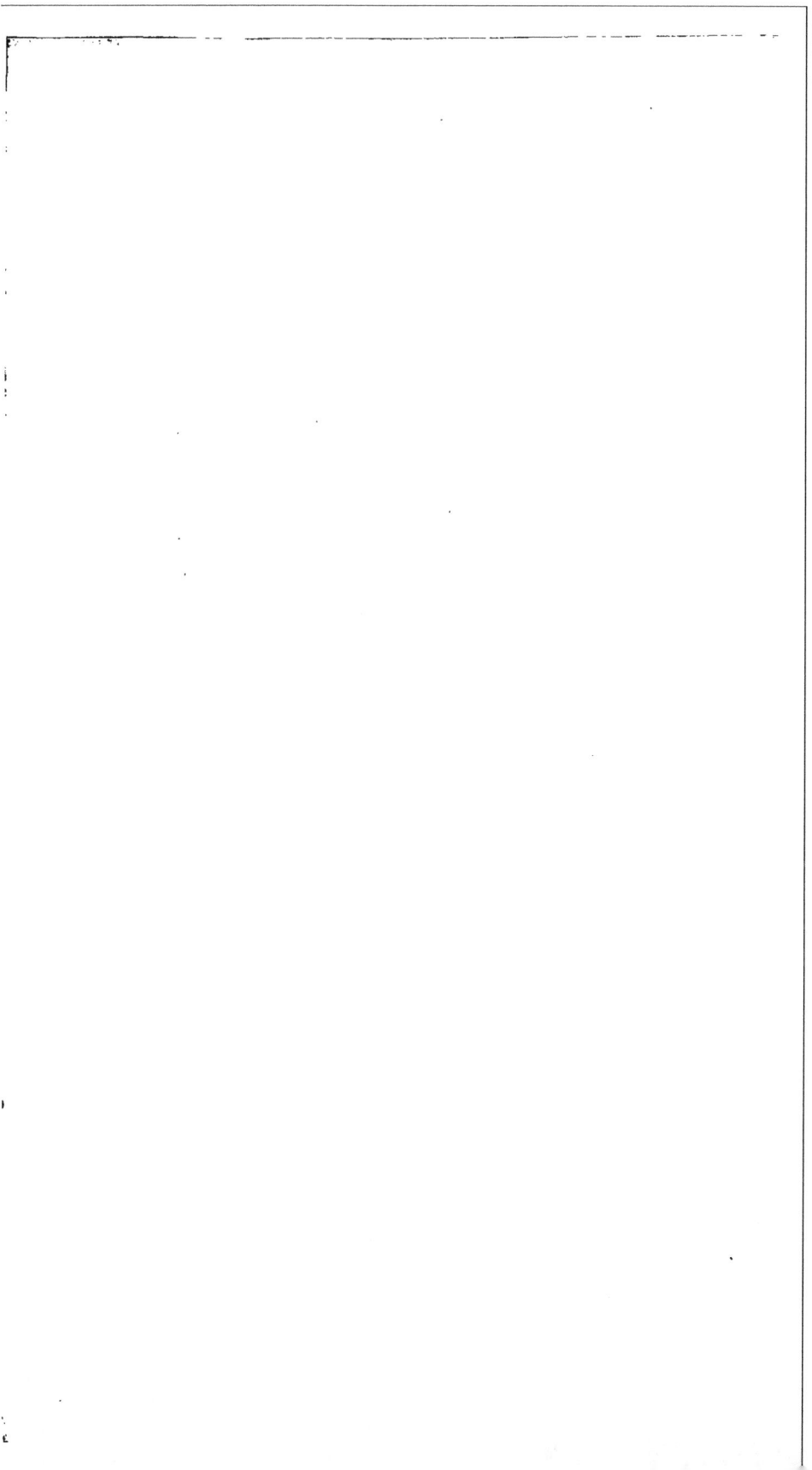

www.ingramcontent.com/pod-product-compliance
Lightning Source LLC
Chambersburg PA
CBHW052106230326
41599CB00054B/4016